国家科学技术学术著作出版基金资助出版

国家社会科学基金重大项目（项目批准号：17ZDA291）
"情报学学科建设与情报工作未来发展路径研究"
中国科学技术情报学会重点支持工程

新时代情报学与情报工作论丛
苏新宁◎主编 李 纲◎副主编

情报感知论

王延飞 杜元清◎著

·北京·

图书在版编目（CIP）数据

情报感知论 / 王延飞，杜元清著. —北京：科学技术文献出版社，2021.9
（新时代情报学与情报工作论丛 / 苏新宁主编）
ISBN 978-7-5189-8168-7

Ⅰ.①情… Ⅱ.①王… ②杜… Ⅲ.①情报学—研究 Ⅳ.① G250

中国版本图书馆 CIP 数据核字（2021）第 152309 号

情报感知论

策划编辑：梅　玲		责任编辑：王　培		责任校对：文　浩		责任出版：张志平	

出 版 者	科学技术文献出版社
地　　址	北京市复兴路15号　邮编 100038
编 务 部	（010）58882938，58882087（传真）
发 行 部	（010）58882868，58882870（传真）
邮 购 部	（010）58882873
官方网址	www.stdp.com.cn
发 行 者	科学技术文献出版社发行　全国各地新华书店经销
印 刷 者	北京时尚印佳彩色印刷有限公司
版　　次	2021年9月第1版　2021年9月第1次印刷
开　　本	787×1092　1/16
字　　数	390千
印　　张	23
书　　号	ISBN 978-7-5189-8168-7
定　　价	96.00元

版权所有　违法必究

购买本社图书，凡字迹不清、缺页、倒页、脱页者，本社发行部负责调换

《新时代情报学与情报工作论丛》

丛书顾问委员会

黄长著　梁战平　马费成　胡昌平　靖继鹏　赖茂生　王知津　张晓军　戴国强

丛书编委会

主　任　赵志耘　苏新宁
副主任　夏立新　李　纲　孙建军　卢小宾　潘云涛

编　委　（按姓氏拼音排序）
　　　　毕　强　曹树金　陈　超　初景利　邓三鸿　樊　博　高金虎　黄水清
　　　　蒋　颖　冷伏海　李广建　李月琳　栗　琳　陆　伟　马　捷　马海群
　　　　沈固朝　王　芳　王东波　王延飞　王曰芬　吴　鹏　吴晨生　许　鑫
　　　　杨建林　姚乐野　臧国全　曾建勋　章成志　郑彦宁　周晓英　朱庆华

学术秘书　赵筱媛

总　序

情报学的发展与情报工作的重点任务紧密相关，不同时期的情报工作重点，引导着情报学研究和情报学学科建设的发展方向。20世纪50—80年代，我国科学技术的发展亟待情报工作能够提供国内外最新的科技发展动态和文献资料，我国情报学研究也起始于探讨科技文献交流规律的情报研究。20世纪90年代，信息爆炸和信息化浪潮的袭来，使得情报工作更加重视信息资源建设和信息服务，情报学研究的重点转向了信息处理、检索与服务及信息资源建设。21世纪以来，随着互联网的普及，情报工作更加重视网络信息资源的构建和服务，并在国家智库建设中开始显现作用。因此，情报学研究开始转向网络信息资源的构建和知识服务的研究，以及如何融入国家战略的情报学研究尝试。可以说，我国情报学研究历经了"文献"情报学、"信息"情报学、"网络信息"情报学等多个发展阶段。今天，我们进入了大数据时代，情报环境的变化、技术发展的推动、国家战略的需求，情报学与情报工作将向何处发展？这是情报工作者和情报学者必须思考的问题。

作为一名情报学学者，长期以来我一直关注情报学的发展，迫切感觉到：时代的发展、社会的需求，情报学与情报工作必须与时俱进，需要做出响应，需要顺应转型，需要在新的时代做出更大贡献。因此，2017年年初，我向全国哲学社会科学规划工作办公室提交了国家社会科学基金重大项目"情报学学科、理论、方法及情报工作未来发展研究"选题，在本学科专家学者的支持和关爱下，该选题得以立项招标。我们团队经过对选题的充分讨论，并请教多位情报学前辈、专家，最后确定以"情报学学科建设与情报工作未来发展路径研究"为题申报国家社会科学基金重大项目。有幸再次得到评审专家的垂青，使本申报课题得以成为2017年国家社会科学基金重大项目之一。

课题在申请时，设立了5个子课题，团队成员也只有30余人。但学科专家高度重视该课题的研究，提出了扩充项目研究内容的建议。根据专家们的建议，我们进行了充分的论证，并向全国哲学社会科学规划工作办公室提出了课题变更申请，即从原有的5个子课题扩大到9个子课题，同时也得到了全国哲学社会科学规划工作办公室批准，从而使这项研究从原有的情报学学科建设、情报学教育体系、情报学理论与方法体系、情报工作未来发展、国家安全情报工作发展等5个方面的研究，又拓展到情报与智库的作用与关系、国外情报学与情报工作、情报工作制度建设、中国情报事业发展史等研究领域。课题组也得到了壮大，成员达到了140余人，涉及南京大学、武汉大学、北京大学、中国人民大学、中国科学院大学、南开大学、南京理工大学、南京农业大学、上海交通大学、华东师范大学、军事科学院、国防科技大学、中国人民公安大学、北京市科学技术情报研究所等20多所高校和10余家科研机构。

新时代的到来，新的环境、新的需求、国家战略实施的期待，使得情报学与情报工作迎来了大好的发展机遇，同样也面临许许多多的挑战。为了探讨我国情报学与情报工作的未来发展，2017年10月，中国科学技术情报学会、中国社会科学情报学会在南京大学召开了"首届情报学与情报工作发展论坛"，会议发布了由本课题组执笔撰写的《情报学与情报工作发展南京共识》（简称《南京共识》）。《南京共识》针对新时代国家安全与发展对情报学与情报工作的要求，重点强调了5个重新：重新定位情报学科发展目标，重新认识情报工作的性质和作用，重新设计情报学课程体系，重新认识理论、技术、方法的重要性，重新认识情报能力。《南京共识》为我们开展重大项目的研究指明了方向，也促使我们下定决心出版一套反映新时代情报学与情报工作发展的学术论丛。

为了写好这套学术丛书，课题组进行了反复论证，召开了10余次书稿论证会，并邀请了情报领域前辈、专家到会指导，专家对书稿的题名、大纲、初稿、修订稿等提出了许多建设性意见，保证了书稿内容的全面和完善。本套丛书涵盖了情报学理论、方法和技术，情报学学科建设和培养体系，情报应用方面的情报工作、情报感知、情报与智库、竞争情报，国外的情报学与情报工作发展，情报制度，中国情报事业的发展等，其中多本著作的主题为国内首次出版。整套丛书从新时代、新使命、新任务的角度来阐述情报学与情报工作的新内容，为我国情报学研究、情报学教育、情报工作和情报事业的发展提供了有力指导。

综观全套丛书，每一本都具有自己的创新和特色：

杨建林教授等所著的《情报学学科建设与发展》以哲学的视角阐述了情报学基本原理和基础理论体系，并基于信息范式与情报范式融合的指导思想，构建了情报学学科体系基本框架，并以此探讨了情报学学科知识体系建设与学科功能单位建设的主要内容。这些研究对促进人们更清晰地认识情报学、助力情报学学科良性发展有很大的帮助作用。

王东波教授等所著的《情报学教育和人才培养研究》紧扣大数据和人工智能下"耳目、尖兵、参谋"情报学人才培养的总目标，通过内容分析、调查问卷和文本挖掘的方法，在所掌握的多个维度的第一手数据基础上，首次对新中国成立以来情报学教育体系进行了系统的探析和全面的梳理，并对情报人才培养方案给出了切实可行的建议。

王芳教授等所著的《情报学理论：哲学基础与应用发展》用历史主义的视角对情报学理论流派和研究范式进行了系统梳理，对情报学理论支撑的哲学思想，包括本体论、认识论、方法论、元理论和范式等命题进行了深入探析，首次以哲学视角对情报学的理论研究进行了系统的审视。该书对于情报学的发展和学术研究的深化具有十分重要的意义，将会在情报学教学和实际工作中发挥理论指导作用。

章成志教授等所著的《情报学研究方法与技术体系》综合使用了信息组织、自然语言处理、机器学习等理论与技术，构建了情报学研究方法与技术体系，开发了情报学研究方法知识库与检索系统，并针对特定场景下的情报学体系问题进行探索。该书开创了机器辅助构建学科研究方法体系的先河，提出多层次、细粒度的情报学研究方法与技术体系，推动了人工智能时代的情报学理论研究。

吴晨生、李辉研究员等所著的《新时代我国情报工作的发展》站在我国情报工作发展的时代潮头，以新时代、新机遇为背景，以"转型"和"融合"两大核心问题为主线，着力从情报工作的使命担当、重点任务、情报机构的智库能力提升、国家情报工作体制构建等方面规划勾勒新时代我国情报工作战略转型的总体方向,为我国情报工作未来发展绘制了新的蓝图和大展宏图的愿景。

初景利教授等所著的《国外情报学与情报工作》立足国外情报学与情报工作历史与现实发展,梳理了部分发达国家的情报学与情报工作起源与发展、情报学理论研究、情报工作机制、情报学代表人物、情报学教育等,并以比较的视角审视了中国情报学与情报工作发展对策。全书以宏观的视野展示部分发达国家情报学与情报工作全貌,总结情报学与情报工作发展的主要特点,揭示情报学与情报工作历史变化与发展现状。

王延飞教授和杜元清研究员所著的《情报感知论》是作者在情报实践基础上所进行的情报理论深耕创新之作。作者秉持"解决决策信息不完备问题"的情报宗旨,着眼"早醒远眺"的情报使命,创造性地提出情报感知理论,阐明了通过情报感知、刻画和响应去应对和解决新时期战略性情报研究所面临的不确定性问题,构建了适合中国国情的情报感知理论和方法体系。

栗琳研究员和初景利教授等所著的《情报与智库》在深入研究战略情报理论方法,系统梳理具有中国特色的科技情报工作、智库建设实践基础上,对学界争论多年的情报与智库若干基础问题提出了独到的见解。作者团队来自科技情报和智库领域,其独特的研究经历为该书奠定了理论与实践基础。作为第一本系统论述情报学、智库研究及相关联系的著作,它的出版对于新时代情报学发展具有很大的推动作用。

许鑫教授等所著的《竞争情报分析方法及应用》立足大数据环境,展现了竞争情报在数据采集、组织存储、数据分析等全链条上的方法变化。该书寻数据驱动之门而入,立方法拓展之地而耕,破应用创新之门而出,极大地丰富了竞争情报分析既有的理论与知识体系,既为学界开阔学术视野,也为业界提供更具洞察力、科学性、普适性的竞争情报分析新范式。

马海群教授等所著的《大数据观下的国家情报工作制度研究》针对信息技术所创造的情报工作新场景、新模式和新业态,构建了国家情报工作制度新思维、新理论、新格局,并指出这是新时期我国情报学内涵演变及情报工作路径创新的根本性的核心组织部分,尤其以《中华人民共和国国家情报法》为标志的国家情报政策法律制度,彰显了我国情报工作制度的新图景与新定位。

周晓英教授等所著的《中国情报学历史与发展进程》对20世纪50年代中期情报学（中国科技情报学）诞生以来的中国情报学发展演变历史展开研究，采用先梳理归纳后分析演绎的方法，梳理中国情报学发展过程中的事件，提炼出一般性的概念，分析发展过程和结果，并阐述情报学发展演变过程及其规律。迄今为止，我国尚没有关于中国情报学历史方面的专门著作面世，该书的出版填补了国内该领域的一项空白。

今天，世界正处于百年未有之大变局，这一"变局"为情报学与情报工作带来了前所未有的发展良机。国家安全、经济发展、社会进步需要情报学与情报工作勇于担当，国家战略的实施赋予了情报学与情报工作神圣的使命。情报学与情报工作需要在新的时期有所作为，必须能够在新的时期做到守正与拓展，即守住情报领域，坚持在新环境、新技术、新需求下，对情报学理论、技术和方法的创新，突出情报本质，体现学科的情报话语内涵，展现学科的情报核心话语权，建立以情报为核心的学科话语体系。另外，拓展情报的应用领域，引进先进的理论技术和方法，以完善情报学学科体系。拓展强调两个方面：一是以大情报观构建情报学学科体系，建立适应国家安全与发展战略的大情报学科体系，构成包括科技、经济、医学、环境、生态、能源、社会科学、军事、国防、安全、外交等领域的情报学学科体系，实现各领域情报工作相互融合又各守其职；二是将先进的理念、理论、技术、方法引入情报学研究领域，开展深度的情报学研究，而不是专门研究人工智能、深度学习、人文计算、区块链等。准确地说，是将这些成果更科学合理地应用于情报学领域，拓展情报学研究方法，促进情报研究更加科学和精准。本套丛书正是在守正与拓展这一思想指导下，集情报学领域集体智慧构思完成的。

本套丛书为国家社会科学基金重大项目（项目批准号：17ZDA291）"情报学学科建设与情报工作未来发展路径研究"成果，出版过程中得到2020年度国家科学技术学术著作出版基金的资助，同时也得到中国科学技术情报学会的大力支持和资助。本套丛书在撰写过程中，还得到情报学前辈和专家们的大力支持与指导，他们是黄长著先生、梁战平先生、马费成先生、张晓军将军、胡昌平先生、靖继鹏先生、赖茂生先生、王知津先生等。在丛书付梓之际，由衷地感谢在本套丛书撰写出版过程中给予我们帮助与支持的机构和专家们。

  扬帆起航正当时,潮头掌舵逐浪高。在中华民族伟大复兴中国梦、强国梦践行时期,情报学与情报工作将以更加崭新的面貌,矗立在科学领域和国家安全与发展战略实施中。在这样一个契机下,《新时代情报学与情报工作论丛》面世了,相信这套丛书一定会在我国情报学建设及情报事业发展中发挥重要作用。

苏新宁

2021 年元旦于南京

前　言

国际科技贸易博弈的严峻形势给中国科技情报界敲响了警钟。历史与现实再次说明一个事实：国家和民族发展所遇到的困难和挑战，需要体系应对；而体系应对所需要的则是体系能力。在发展和安全均要兼顾的国家战略制定和执行过程中，对情报、情报事业和情报体系能力进行深入思考，是中国情报学者不可回避的义务。从大处着眼，由小处入手，探寻满足国家发展要求、符合时代条件要求、不辱特殊神圣使命的情报学术规律，则是情报学者的专业本分。

本书作者在长期科技情报研究工作实践与理论探索中，深刻感受到明辨情报工作的使命本质、探究情报业务的特殊要求何其重要！在国家社会科学基金重大项目的支持下，本书从情报任务种类和流程区分入手，探析情报感知的规律和规范，试图由此找到可以用于分析中国情报学术和情报事业发展的理论工具。

情报工作的根本目的是全面、快速、准确地解决决策过程中信息（泛指 wisdom、intelligence、knowledge、information、data，即 WIKID）不完备的问题。情报工作任务可以根据情报机构和情报工作者（情报供方）及情报用户（情报需方）对于所需 WIKID 的掌握状况分为以下 4 类：信息服务、信息共享、情报响应和情报感知（图 1）。

		WIKID 供方的 WIKID 掌控状态	
		已知	未知
WIKID 需方的 WIKID 认知状态	知	信息服务	情报响应
	不知	信息共享	情报感知

图 1　情报任务理解示意

①信息服务对应的是"知—已知"状态。所谓"知—已知"状态是指：情报任务主体（情报供方）清楚自己掌握的WIKID资源、且情报需方也清楚供方掌握的相关WIKID资源。在这种情况下，情报工作人员利用现有WIKID资源提供服务以帮助决策者更好地解决实际问题，主要任务就是采用信息查询、信息检索、信息处理等技术手段，完成现有WIKID与用户需求的匹配。

②信息共享对应的是"不知—已知"状态。所谓"不知—已知"状态是指：情报需方主体不了解自己可以获取和使用哪些信息资源。在这种情况下，情报需方人员或其所在组织对解决某问题所需WIKID不了解，但是该类问题所需的WIKID已被情报供方机构所掌握（如情报供方曾经为第三方供应过特定的WIKID，或者情报供方的合作渠道能供应特定WIKID），供需双方及有关方面可通过共享的方式解决问题（不用从头开始研究或重复采购，避免低水平重复，提高新研究项目起点水平）。此时，共享的内容可能涉及第三方甚至多方的版权或深度研究合作事宜。因此，信息共享的实现不仅需要技术支持，还要依靠制度保障。

③情报响应对应的是"知—未知"状态。所谓"知—未知"状态是指：情报需方主体根据以往互动经验，知道情报供方存量WIKID里暂缺直接可用的WIKID，但深信情报供方的工作能力能保证及时响应情报需方的需求。在这种情况下，情报工作人员根据情报任务目标，在信息不完备的情况下，依照情报流程，制订计划方案，收集处理信息，实施情报分析，形成最终情报产品并递送给特定用户以及时响应其决策需求。情报响应是传统环境下情报工作的主要内容。这类情报受需求方牵引的情报工作，通常包括大量的"紧急任务"和"临时任务"。

④情报感知对应的是"不知—未知"状态。所谓"不知—未知"状态是指：情报任务主体（情报供方）和情报用户（情报需方）都不清楚自己在WIKID资源配置上具体有何欠缺（但都知道欠缺的客观存在性，都在眼巴巴地盯着前沿动态）。未来尚未到来，正如人们所调侃的：你永远不知道"明天"和"死亡"哪一个先来。在这种情况下，情报工作人员和情报用户对具有复杂性和前瞻性的战略性问题，都有着强烈的不确定感，难以通过简单的分析技术直接推导出结果（也许可以推导出多种可能的选项），此类问题没有前例可循。情报感知的任务是：对"未知"问题进行感知探索，"早醒远眺"，对不确定的未来揭示预警，从而减少"意外"。这样的情报感知往往具有重大的意义，是情报工作的真正价值所在。情报感知既是新时期影响情报工作全局的认知理念，也是情

报工作的特色核心环节之一。

情报感知明确针对未知或知之不详的对象，情报感知之赋意理念（Sense Making）则为理解、评析和展望这些"未知或知之不详的对象"提供了认知框架和操作工具。

传统的情报分析方法往往尝试把一个问题拆分成多个组成部分，然后通过对已知事实的逻辑性处理来生成预测或解释，最终得出可用的结论。这种传统的情报分析方法的确可以非常有效地完成情报响应的任务。而随着时代的变化，情报工作所应对问题的不确定性增加，证据之间的关联性更为隐蔽和多变，使得情报感知成为情报工作的核心。此时，研究者们采用情报感知的理念和方法，通过一种有条理的方式运用系统分析框架去挑战更为潜在的假设，扩大对可能存在的结果进行考虑的范围。在情报分析之余，对分解出的多个方面进行重新排列整合，对证据（Evidence）的意义进行解释，发现证据之间更为隐蔽的关联，从而弥补传统情报分析方法的局限，就可以为有效的循证决策（Evidence Based Decision）提供更有力的支持。

本书的写作目的概括起来就是：着眼于情报使命，抓住情报感知这个专业特质，探寻契合国家发展战略需要的情报学术真谛。著述的内容安排如下。

第1章"情报感知的意义辨析"在情报学术认知的范畴里解析情报感知的意涵和作用关系，从历史和现实两个角度阐述情报感知研究的必要性和可行性。本章还阐释了情报感知的5个具体任务，明确了情报感知行为主体，讨论了情报感知研究工作的组织。

第2章"情报感知的对象体系"从情报需求感知、情报素材感知和国家情报治理过程中的情报任务感知3个方面，解析了情报感知的对象体系。本章还讨论了信息贫困、信息需求评价、知识审计等话题。

第3章"情报感知的生态构建"强调生态理念对于现代情报感知业务体系的重要性，阐述情报感知生态观的主要内容、情报感知生态研究的特殊使命、情报感知生态构建的核心内容和实施要点。

第4章"情报感知的信息环境"指出情报感知总是发生在信息环境里。本章研究了通用信息环境、情报工作信息环境、网络辅助的情报感知环境，以及情报感知所不能忽视的媒介因素。

第5章"情报感知的宏观样式"从"情报源""情报传递过程""情报用户／客户"3个维度，深入研究了情报感知的8种样式和相应的应用场景，给出了部分示例。

第6章"情报感知的特征信息提取"研究了特征信息采集的原理、特征信息提取的作业模式和特征信息采集的一般方法，探讨了特征信息的刻画力、特征信息的映射等效与同构问题。本章明确指出：情报感知的成败，取决于能否准确有效地提取对象事物的特征信息。

第7章"情报感知的效用发生机制"研究了特征信息采集折射的思维与智能、特征信息感知的效用机制、基于效果的数字化实例、影响力传递的感知效用、信息对抗所折射出的情报感知效用机制、特征信息公信力的特殊要求、基于网络信息环境的浸取分析法则，讨论了人机合作三角形模型、虚拟现实和体验经济、信息对抗、国家情报战略、公信力、浸取分析等话题。

第8章"情报感知的方法工具"针对情报感知业务要求，阐释基于地平线扫描理念的方法体系。本章讨论地平线扫描的相关概念——地平线、研究前沿、弱信号、技术监视、技术预见和技术评估，讨论地平线扫描的概念模型、流程和方法，提供一些典型的地平线扫描实操案例，展示地平线扫描三要素：扫什么、怎么扫、扫描成果怎么分发。本章明确指出，领衔或参与高品质的地平线扫描作业，是科技情报工作者的社会责任。

第9章"从情报感知到情报刻画"阐述作为情报感知产品生成环节的情报刻画的意义，研究情报刻画的动因，说明进行情报刻画所要注意的事项，给出情报刻画的典型案例，讨论情报刻画的能力保障，为今后开展情报导视研究埋下伏笔。

第10章"围绕人工智能的情报感知刻画实践"利用智能信息技术情报研究的任务实例，展示说明情报感知理论与实践的结合途径和成果形式。

情报学的研究对象是情报事业、情报业务和情报教育。情报学说或情报理论根植于丰富多彩的情报工作实践。本书所述难免挂一漏万，敬请读者批评指正。感谢情报科学读书会点燃思想火花！感谢苏新宁教授营造研究生态！感谢赵柯然博士、陈美华博士、刘记博士等开展先期专题探索！感谢评议同人包容支持！感谢科学技术文献出版社梅玲老师、王培老师及诸位编辑的辛苦付出！

王延飞　杜元清
2021年8月于北京大学信息管理系

目 录

第 1 章 情报感知的意义辨析 ·· 1

1.1 情报学术认知范畴里的情报感知 ································· 1
1.1.1 关于情报学术认知 ·· 1
1.1.2 情报感知的意涵 ·· 4
1.1.3 情报感知的作用关系 ······································ 6

1.2 情报感知研究的意义 ·· 12
1.2.1 情报感知研究的缘起 ····································· 12
1.2.2 情报感知研究的现实意义 ································· 12

1.3 情报感知的任务概述 ·· 14
1.3.1 情报感知的五大任务 ····································· 15
1.3.2 困惑思考与情报感知 ····································· 17
1.3.3 情报感知的意识密切伴随着五大任务的执行 ················· 18

1.4 情报感知的行为主体 ·· 18
1.4.1 情报感知主体分类 ······································· 19
1.4.2 情报感知共同体：由情报分析者组成的协同主体 ············· 20
1.4.3 伙伴主体（甲方） ······································· 20
1.4.4 非合作主体 ··· 23

1.4.5 三类主体间的关系 …… 24
1.5 情报感知研究工作的组织 …… 24
1.5.1 情报感知研究的对象内容 …… 24
1.5.2 情报感知研究的组织实施 …… 25
1.6 本章小结 …… 26

第2章 情报感知的对象体系 …… 27

2.1 情报需求感知 …… 27
2.1.1 情报需求的分类 …… 28
2.1.2 源于信息贫困的情报需求 …… 30
2.1.3 "客户需求"信息的获取 …… 36
2.1.4 需求评价：情报需求优先级的定义 …… 41
2.2 情报素材感知 …… 42
2.2.1 知识审计：探索"现有知识资产的翻新再用可能性" …… 42
2.2.2 情报源感知：系统扫描新素材 …… 47
2.3 国家情报治理过程中的情报任务感知 …… 54
2.3.1 信息资源建设是情报事业发展的基础条件 …… 55
2.3.2 完善的政策法规体系是情报事业发展的制度保障 …… 56
2.3.3 机构建设是情报事业发展的组织前提 …… 61
2.3.4 赋能评估是情报治理的感知手段 …… 64
2.3.5 国家情报治理中的情报感知对象体系集成案例 …… 73
2.4 本章小结 …… 75

第3章 情报感知的生态构建 …… 76

3.1 情报感知生态观的主要内容 …… 76
3.1.1 情报感知生态观中的存在与生长关系意识 …… 77

		3.1.2	情报感知生态观中的多样与进化关系意识	77
		3.1.3	情报感知生态观中的生存与贡献关系意识	78
		3.1.4	情报感知生态观中的共享与共赢关系意识	79
	3.2	情报感知生态研究的特殊使命		79
		3.2.1	新形势下的情报任务关切系于数据生态治理	79
		3.2.2	健康生态保证情报过程与能力的可持续发展	80
	3.3	情报感知生态构建的核心内容		81
		3.3.1	开源情报系统的生态解析	81
		3.3.2	情报学教育的生态解析	84
	3.4	情报感知生态构建的实施重点		94
		3.4.1	营造数据基础生长空间	94
		3.4.2	把握情报数据生态治理的关键环节	94
		3.4.3	理解情报数据生态治理的现实任务	95
	3.5	本章小结		95

第4章 情报感知的信息环境 …… 97

	4.1	通用信息环境		97
		4.1.1	一般信息环境模型	98
		4.1.2	一个主体参加多个业务项目的信息环境模型	100
		4.1.3	多主体共同从事一个项目的信息环境模型	100
		4.1.4	网络信息环境（计算环境）	103
	4.2	情报工作信息环境		105
		4.2.1	网络中枢模式下科技情报工作系列之间的联系	105
		4.2.2	情报工作所涉信息的集成和发布	106
		4.2.3	科技情报网络中枢信息环境的3个使命	107
	4.3	网络辅助的情报感知环境		108
		4.3.1	网络中枢的存在意义	108

4.3.2　网络应用力与网络内容水平 ·········· 109
　4.4　情报感知的媒介因素 ·········· 110
　　　4.4.1　媒介的作用意义 ·········· 110
　　　4.4.2　情报的送达问题 ·········· 114
　4.5　本章小结 ·········· 120

第5章　情报感知的宏观样式 ·········· 122

　5.1　S-T-U融合的信息环境设计规范 ·········· 122
　　　5.1.1　情报科学的S规范、T规范和U规范 ·········· 122
　　　5.1.2　S-T-U融合：信息环境设计规范 ·········· 124
　5.2　情报感知的S-T-U样式 ·········· 124
　　　5.2.1　感知样式的三维坐标系 ·········· 125
　　　5.2.2　感知样式的决定因素 ·········· 125
　5.3　部分感知样式的应用示例 ·········· 129
　　　5.3.1　特定信息meme ·········· 129
　　　5.3.2　感知样式二（meme在任意时间作用于特定传感器）的应用 ·········· 130
　　　5.3.3　感知样式三（meme在任意时间作用于任意传感器）的应用 ·········· 135
　　　5.3.4　感知样式五（meme在特定时间作用于特定传感器）的应用 ·········· 136
　　　5.3.5　感知样式七（meme在特定时间作用于任意传感器）的应用 ·········· 137
　5.4　本章小结 ·········· 139

第6章　情报感知的特征信息提取 ·········· 141

　6.1　特征信息采集的原理 ·········· 141
　　　6.1.1　特征信息的界定 ·········· 141
　　　6.1.2　特征信息的提取 ·········· 143
　　　6.1.3　特征信息提取的感知意义 ·········· 144

6.2 特征信息提取的作业模式 ·················· 146
6.2.1 第一层次的感知作业 ·················· 146
6.2.2 第二层次的感知作业 ·················· 148
6.2.3 第三层次的感知作业 ·················· 150

6.3 特征信息采集的一般方法 ·················· 153
6.3.1 约定本体 ·················· 153
6.3.2 令感知操作等于业务操作 ·················· 155

6.4 特征信息的刻画力 ·················· 155
6.4.1 事物本质特征的确定 ·················· 156
6.4.2 事物特征个数的选取 ·················· 157
6.4.3 事物特征刻画的品质 ·················· 158
6.4.4 事物特征信息提取案例 ·················· 159

6.5 特征信息的映射等效与同构 ·················· 165
6.5.1 映射与其对应原事物必须等效 ·················· 166
6.5.2 同构与等效是就完成任务的目标而言的 ·················· 167

6.6 本章小结 ·················· 169

第7章 情报感知的效用发生机制 ·················· 170

7.1 特征信息采集折射的思维与智能 ·················· 170
7.1.1 智力操作 ·················· 171
7.1.2 计算等效性 ·················· 173
7.1.3 机器辅助的感知 ·················· 174
7.1.4 基于计算的知识发现和格式转换 ·················· 176
7.1.5 人机界限的消失 ·················· 177

7.2 特征信息感知的效用机制 ·················· 179
7.2.1 事物特征信息与事物本身的分离 ·················· 179

7.2.2 直接经验、间接经验与体验经济 …… 180
7.2.3 管理现实世界 …… 181
7.3 基于效果的数字化实例 …… 182
7.3.1 现金传递 …… 183
7.3.2 报纸印发操作 …… 184
7.3.3 手机——声音的旅行 …… 184
7.3.4 未来的星际航行 …… 185
7.4 影响力传递的感知效用 …… 185
7.4.1 注意力（Attention）与影响力的关系 …… 185
7.4.2 人与信息环境相互作用的一般方式 …… 187
7.4.3 客户所设信息环境中的情报工作者 …… 188
7.5 信息对抗所折射出的情报感知效用机制 …… 188
7.5.1 可信的威慑——通过"让对手知道"而实现威慑 …… 188
7.5.2 掩耳盗铃问题与信息劣势 …… 189
7.5.3 信息优势 …… 190
7.5.4 情报发现：传统计谋的失效 …… 192
7.5.5 国家情报战略 …… 192
7.6 特征信息公信力的特殊要求 …… 193
7.6.1 区分正确知识与错误知识 …… 193
7.6.2 了解映射失真的两个因素 …… 194
7.6.3 弄清"所见"的6种可能 …… 194
7.6.4 识别针对特征采集的欺骗：4个案例 …… 195
7.7 基于网络信息环境的浸取分析法则 …… 198
7.7.1 科技情报工作流程中"浸取"概念的融入 …… 198
7.7.2 浸取分析法的操作实现 …… 199
7.8 本章小结 …… 199

第 8 章 情报感知的方法工具 ········· 202

8.1 地平线扫描的产生渊源 ········· 202
8.1.1 地平线扫描缘起于商业环境扫描 ········· 202
8.1.2 "环境扫描（Environmental Scanning）"的具体含义 ········· 203
8.1.3 "环境扫描"的流程 ········· 205
8.1.4 "环境扫描"有什么用 ········· 205

8.2 地平线扫描的定义形式 ········· 206
8.2.1 英国政府的地平线扫描定义 ········· 206
8.2.2 澳大利亚政府的地平线扫描概念 ········· 207
8.2.3 OECD 关于地平线扫描的定义 ········· 208
8.2.4 本书采用的地平线扫描定义 ········· 208

8.3 地平线扫描中的关键术语解析 ········· 209
8.3.1 地平线 ········· 209
8.3.2 "研究前沿"的两个含义 ········· 213
8.3.3 弱信号 ········· 215
8.3.4 技术监视 ········· 216
8.3.5 技术预见或面向未来的技术分析 ········· 217
8.3.6 技术评估 ········· 218

8.4 地平线扫描的实施要求 ········· 220
8.4.1 英国国防部的技术监视/地平线扫描概念模型 ········· 220
8.4.2 英国政府部门的地平线扫描新结构 ········· 221
8.4.3 美国国防部的技术监视/地平线扫描概念模型 ········· 222
8.4.4 地平线扫描的两个含义：瑞士模型 ········· 224
8.4.5 美国农业部的地平线扫描概念模型 ········· 225
8.4.6 欧洲委员会的地平线扫描模型 ········· 226
8.4.7 地平线扫描的其他模型 ········· 228

8.4.8 地平线扫描的方法体系 ⋯⋯⋯⋯⋯⋯⋯⋯⋯⋯⋯⋯⋯⋯⋯ 229
8.4.9 大型扫描团队对弱信号进行监测和评估的流程 ⋯⋯⋯⋯⋯ 232
8.4.10 地平线扫描的工作体系与产品体系 ⋯⋯⋯⋯⋯⋯⋯⋯⋯ 233

8.5 地平线扫描的应用解读 ⋯⋯⋯⋯⋯⋯⋯⋯⋯⋯⋯⋯⋯⋯⋯⋯⋯ 233
8.5.1 英国国防部 DSTL 的地平线扫描 ⋯⋯⋯⋯⋯⋯⋯⋯⋯⋯ 233
8.5.2 新加坡政府的风险评估和地平线扫描（RAHS）项目办公室 ⋯ 238
8.5.3 美国 FutureScout 公司为美国陆军执行的一个地平线扫描 ⋯ 239
8.5.4 英国剑桥大学 Sutherland 教授团队的地平线扫描 ⋯⋯⋯⋯ 240
8.5.5 美国对外关系委员会的年度应预防重点事件调查报告（PPS）⋯ 241
8.5.6 美国国防部从事技术监视和地平线扫描工作的机构及其产品举例 ⋯ 242
8.5.7 中国沈阳格微软件有限公司的地平线扫描案例 ⋯⋯⋯⋯⋯ 243

8.6 本章小结 ⋯⋯⋯⋯⋯⋯⋯⋯⋯⋯⋯⋯⋯⋯⋯⋯⋯⋯⋯⋯⋯⋯ 245

第 9 章　从情报感知到情报刻画 ⋯⋯⋯⋯⋯⋯⋯⋯⋯⋯⋯⋯⋯⋯ 247

9.1 情报刻画的意义 ⋯⋯⋯⋯⋯⋯⋯⋯⋯⋯⋯⋯⋯⋯⋯⋯⋯⋯⋯ 248
9.1.1 借"用户画像"理解"情报刻画" ⋯⋯⋯⋯⋯⋯⋯⋯⋯⋯ 248
9.1.2 "以促进感知的形式"呈现要送出的情报产品 ⋯⋯⋯⋯⋯ 251
9.1.3 把握情报刻画的实质 ⋯⋯⋯⋯⋯⋯⋯⋯⋯⋯⋯⋯⋯⋯ 253

9.2 情报刻画的动因 ⋯⋯⋯⋯⋯⋯⋯⋯⋯⋯⋯⋯⋯⋯⋯⋯⋯⋯⋯ 254
9.2.1 初心：赢取客户注意力 ⋯⋯⋯⋯⋯⋯⋯⋯⋯⋯⋯⋯⋯ 254
9.2.2 要求：凸显 WIKID 对接收者的意义 ⋯⋯⋯⋯⋯⋯⋯⋯ 255
9.2.3 追求：提高情报的可信度 ⋯⋯⋯⋯⋯⋯⋯⋯⋯⋯⋯⋯ 256
9.2.4 宗旨：方便客户理解和传播 meme ⋯⋯⋯⋯⋯⋯⋯⋯⋯ 257

9.3 情报刻画的实施要求 ⋯⋯⋯⋯⋯⋯⋯⋯⋯⋯⋯⋯⋯⋯⋯⋯⋯ 257
9.3.1 遵循情报刻画的原则 ⋯⋯⋯⋯⋯⋯⋯⋯⋯⋯⋯⋯⋯⋯ 257
9.3.2 把握情报刻画的品质 ⋯⋯⋯⋯⋯⋯⋯⋯⋯⋯⋯⋯⋯⋯ 259

9.4 刻画的典型案例 ⋯⋯⋯⋯⋯⋯⋯⋯⋯⋯⋯⋯⋯⋯⋯⋯⋯⋯⋯ 263

9.4.1　刻画案例一："补充素材" ……………………………… 263
　　9.4.2　刻画案例二：把程序性的知识变成陈述性的知识 ……… 264
　　9.4.3　刻画案例三：把500个词左右的文章缩写成120个词左右的文章 … 266
9.5　情报刻画的能力保障 ……………………………………………… 267
　　9.5.1　"能指"与"所指"的区分与歧义避免 …………………… 267
　　9.5.2　知识服务问题的识别 ……………………………………… 275
　　9.5.3　知识服务发生前提的理解 ………………………………… 277
　　9.5.4　吸收率金字塔原理的应用 ………………………………… 281
　　9.5.5　若干理论工具在情报产品供给侧的运用 ………………… 282
　　9.5.6　情报感知路径的优化 ……………………………………… 286
　　9.5.7　信息新秩序的建立 ………………………………………… 287
　　9.5.8　知识共同体的知识配置 …………………………………… 287
9.6　本章小结 …………………………………………………………… 290

第10章　围绕人工智能的情报感知刻画实践 …………………… 291

10.1　智能信息技术的谱系扫描 ……………………………………… 292
　　10.1.1　智能信息技术的概念 …………………………………… 292
　　10.1.2　人工智能分类 …………………………………………… 293
　　10.1.3　人工智能简史 …………………………………………… 295
　　10.1.4　人工智能与决策 ………………………………………… 297
10.2　智能信息技术与情报学的关系感知 …………………………… 298
　　10.2.1　智能信息技术与情报学的渊源 ………………………… 298
　　10.2.2　新时代智能信息技术与情报学的关系定位 …………… 301
10.3　智能信息技术的发展刻画 ……………………………………… 302
　　10.3.1　国家战略密集出台 ……………………………………… 303
　　10.3.2　产业化应用融合加速推进 ……………………………… 307
　　10.3.3　科学研究领域显著扩大 ………………………………… 310

10.3.4 人工智能技术加速发展的原因及启示 ………………… 314
10.4 新一代智能信息技术对情报学的影响展望 ……………………… 316
　　10.4.1 新一代智能信息技术对情报学基础理论的影响 ………… 317
　　10.4.2 新一代智能信息技术对情报学应用实践的影响 ………… 320
　　10.4.3 新一代智能信息技术对情报学专业教育的影响 ………… 323
10.5 本章小结 …………………………………………………………… 325

参考文献 ………………………………………………………………… 327

索　引 …………………………………………………………………… 336

第 1 章
情报感知的意义辨析

近年来，我国的科技情报机构发生了一些值得关注的变化。一方面，某些部委级科技情报机构继续沿用"信息"字样的机构名号，并将机构内负责输出情报分析报告的部门剥离出来作为新型智库来建设；另一方面，某些地方政府部门的信息院所保留或恢复使用"情报"字样的机构名号，某些机构甚至还在名号中增加了"规划"字样，充实并加强了支持决策的情报研究能力。机构名称的变化折射出管理部门对于情报工作属性与定位的认知状态变化，专业机构名称不同表达形式的存在也反映出情报学界对于本学科研究对象的特殊内涵仍未达成共识。在这种情况下，研究情报学与情报工作的学者们需要站在情报学术源自情报实践的立场上，剖析情报工作的核心内容，加强对情报学术研究特色的理解[①]。

1.1 情报学术认知范畴里的情报感知

1.1.1 关于情报学术认知

情报学术研究有明确目的和专门对象。情报学术研究的目的是针对情报工作实践的任务目标解决决策过程中的信息不完备问题。情报学术研究的领域对象是情报事业、情报业务和情报教育。情报学术研究的过程对象则是情报感知、情报刻画和情报响应。

情报学术研究目的和对象的明晰是中外学者持之以恒进行理论与实践探索的结果。

日本科技情报中心在 1981 年内部出版的《情报管理进修教材》中，在总结了梅绰忠夫、北川敏男、维纳、麦克唐纳等学者意见的基础上，申明"情报是为判断、决策、

---

① 王延飞，赵柯然，陈美华，等.情报感知的研究解析[J].情报理论与实践，2018，41（8）：1-4.

行动指明方向的知识或智慧"。《情报管理进修教材》还指出，情报的特性本来是指其传达的意义、内容，但是从情报管理的立场来看，（情报介质载体的）物理形态的区别也是重要的特性[①]。

韦利施（Wellisch）在撰写"情报的基本原理"时遵循了对情报概念核心内涵的坚持，提出情报与"认识状态"的关系概念，强调情报是促进或证实表示活动的东西。所谓表示活动，就是在人们头脑中形成对客观外界事物认识状态的活动，相当于逐步建造一个外部世界的智力模型[②]。

钱学森在1983年的国防科技情报工作会议中指出，"情报是一种特别的精神财富，是一种特别的知识，所谓特别是指情报是激活了、活化了的知识，是激活了、活化了的精神财富。""情报就是为了解决一个特定的问题所需要的知识，要注意它的及时性和针对性这个要求。""情报学是思维科学的一门技术科学。"[③]

陈雁居在1987年的《情报学导论》中梳理了对于情报学研究对象的情报概念的理解要点：第一，情报从根本上说来源于各类信息，信息是知识的原料，是情报的载体，因此，情报虽是一种精神产物，但有其物质基础。第二，知识和情报都是在认识过程中形成的某种认识状态，信息或知识之所以能形成情报，必须靠人脑去处理，使之激活后才能形成情报。知识的认识状态可运用认识论或形式逻辑表述为感觉、知觉、表象、概念、判断、推理等。第三，情报任务目标借由情报源、通道和受众组成的人际通信过程与系统得以完成和实现。第四，信息或知识形成情报，离不开情报环境。

从历史上看，情报学术研究的对象丰富多彩，使得研究的具体内容表现多样，仅在情报响应环节，相关的研究分支就有信息组织、信息检索、信息分析与服务等，研究者和从业者在自己熟悉的领域范围内去解析情报学术问题便是顺理成章的事情，用信息管理或信息资源管理来表征情报学、将"图书"字样冠于情报学之前也就成为情有可原的学术认知现象。正如陈雁居所指出的那样：作为情报学研究中的历史态度，必须意识到，任何科学都是一种社会历史现象，它的发生、发展同样受一定社会条件（如社会制度经济条件、科学技术与教育水平、资源及地理环境和人口问题等因素）的制约和影响，任何漠视或跨越历史条件的应用都将招致严重的后果。

---

① 日本科技情报中心. 情报管理进修教材［M］. 张保明，译. 哈尔滨：情报科学杂志社，1982.
② WELLISCH H. From information science to informatics：a terminological investigation［J］. Journal of librarianship，1972，4（3）：157-187.
③ 钱学森. 科技情报工作的科学技术［J］. 国防科技情报工作，1983（特刊）：3-12.

第1章
情报感知的意义辨析

在情报学术探索中应该注意，情报学并不研究情报的具体内容，具体的内容是相应科学或学科的研究对象；对情报进行逻辑加工，以及从质量上对情报进行评价，必然要运用这项情报所涉及的那门科学的事实、规律、理论和工具。基于这种共识，在情报实践与认知的历史长河中矗立着较为明显的演进特征标志。例如，情报事业和学术发展实践可以划分成以下5个阶段：情报观念自觉、文献组织交流、情报职业产生、情报的社会化运动和对情报认知进行抽象升华的新需求与新尝试。而在情报核心内容的认识问题上，老一代情报专家认为，从社会组织发展稳定的角度看，社会组织内情报的信噪比越小，各要素间的结合度就越差，组织则易涣散解体，因而为了强化组织，必须在组织内拓宽情报传递通道，疏通情报信息流，以提高情报传递的数量和质量。当代情报专家则提出要关注"不变的"情报核心实质、"纯净的"情报概念等[①]。

对于"情报"术语的概念辨析一直是学界和业界争议的问题。对"情报"术语进行严格细致的概念界定固然重要，但局限于专门领域概念则无益于情报事业整体健康发展。立足情报工作实践，从信息数据素材入手，围绕情报工作的宗旨使命，重视决策过程中信息不完备问题的情报研究专业特色，以工作内涵诠释术语，以概念理解指导实践，才会收获情报学术和情报实践的新成果。

梳理历史实践可以发现，对"intelligence"与"information"这两个概念的认知纠葛，在中日韩三国都造成了一定程度的理解混乱。日本和韩国采用了同一个术语来表达这两个概念。日本在明确日语"情报"具有双重含义时，在必要情境下用外来语来对二者做区别表达；韩国强调实践，对"情报还是信息"的概念区分着墨不多；我国则对二者间的语义差别给予了较多的重视，也产生了较多的争议[②]。

中日韩三国学界普遍认同"情报"与"信息"两个概念是存在内在差异的，并对此都有不同形式的表述，认为"information"不同于"intelligence"，这是两个关系密切但是并不相同的概念。就二者关系而言，一般地，我国学者认为"情报"是一种以"解决管理决策过程中信息不完备问题"为根本目的的特殊的信息[③]，"信息是情报产生的基础，情报则是信息分析、综合、内容重组、推断或预测的结果"[④]。因而，"情报"术语的语义和使用语境与"信息"有所不同。

[①] 王忠军，于伟，杨晴.科技情报机构实践创新发展专家访谈[J].情报理论与实践，2017（12）：封三.
[②] 赖纪瑶，严心月，邓灵敏，等.中日韩"情报"概念认知比较[J].情报杂志，2018，37（4）：1-5，54.
[③] 王延飞，何摇芳，闫志开.情报研究方法构建的关系基础[J].情报杂志，2015（4）：1-3，26.
[④] 沈固朝.两种情报观：Information还是Intelligence？在情报学和情报工作中引入"Intelligence"的思考[J].情报学报，2005，24（3）：259-267.

对于概念术语的理解，应当具有系统眼光，不应局限于具体的文字使用、字面表达。我国情报学界所广泛使用的"情报"一词究竟应被理解为"information"还是"intelligence"，应当从情报研究和实际工作的整体出发，着眼于情报研究的全过程、全要素、全领域进行系统分析和全面理解。从这一理解出发可以看出，情报学所探究的情报，是特定的、服务于决策的、解决管理决策中信息不完备问题的、经过分析加工和抽象提炼的"特殊信息"，而不是泛泛而谈的"所有信息"，情报本质上是信息，情报工作也是信息工作，但具有特殊性。

在国际学术交流中，"情报"这一概念应当以什么样的形象示人？或者说，情报学的"情报"术语英译是"information"还是"intelligence"？既然情报学中的情报可以被理解为 intelligence，那么在对外交流中使用"intelligence"的表述不应存在障碍，其实外国学者也以这种方式做过表述。例如，日本的饭沼教授就用"intelligence"在其著述中做相关表述。此外，由于情报工作的素材是信息，对外交流中使用"information"一词来对"情报"做表述的习惯做法，也是可以理解的。因此，在不造成认知混乱的前提下，根据使用环境可以灵活使用这些术语。

情报工作具有很强的实践性特点，相关术语的设定与理解应当适应于这种实践性，这就要求辩证理解和灵活使用术语。日韩等国使用同一词语表述"情报"，但由于理解和使用时的灵活包容，并未影响其情报事业的发展。因此，在学术共同体内得到理解、在实践工作中不造成混乱的前提下，具体的术语使用既要重视抽象概念的科学性、严谨性，也要具有灵活性和包容性。

由于情报实践与认知所关注的现实内容经过历史的积淀均能在情报感知这一体现专业特异性的情报业务中映射出来，因而在学术研究语境下则凸显出感知探索的重要性。

1.1.2 情报感知的意涵

在情报工作语境下，情报感知是情报专业人员在常规性信息采集、加工和分析处理过程中，综合运用各种工具完成的对情报用户需求、情报对象内容和情报任务组织的认知、解读和表达。"情报感知"一词在淡化情报任务语境色彩的情况下，亦可用"信息感知"来取代。

"感知"一词在心理学的研究语境下是指客观事物的刺激作用于人体的感觉器官并反映至大脑的信息[①]。1988 年，美国心理学家 Endsley 针对机组飞行人员的工作特点，

---

① 赵楠. 基于认知心理的购物网站对用户界面设计研究[D]. 无锡：江南大学，2012.

定义"态势感知是在一定时空范围内对环境元素的察觉和对这些环境元素含义的理解及未来状态的预测"①。这种将态势感知视为对环境元素的察觉和处理过程的做法，非常类似于情报工作。

在情报工作语境下，感知是主动而非被动的过程，是构建而不是记录"现实"的过程。我们认为，情报感知是专业人员对信息刺激进行主动寻求的过程，是情报分析最重要的成分之一。这个过程受情报分析者自身主客观条件影响，远比外界信息对人类感官的刺激机制复杂②。美军认为情报和感知是现代战争获胜的关键③，现代战争对信息优势的依赖性越来越强，实现信息优势则主要依赖于对多源情报的融合感知。正因如此，美军在《陆军情报分析手册》中将态势理解、网络分析和模式分析等与情报感知相关的方法列为核心分析方法④。美军还在《知识中心战》白皮书中指出：从信息向知识的转化，即实现"从简单地呈现原始数据到提供具有决策品质的关于战斗空间的知识和理解的过程"⑤。Fingar 则认为，在现实的政策制定环境中，拥有更多信息，特别是来自情报共同体（Information Community）的信息，是一个行动方案得到多疑的同事、国会领导人和公众认同的必要条件⑥。

以信息环境设计论者的观点来看，情报感知是指主体记忆装置在所处 WIKID 环境里形成情报图景和修改情报图景的过程。

这里，"主体"可以是人也可以是机器。"记忆装置"包括人脑、电脑、传感器及其他任何可对 WIKID 进行增/删/改/存操作的装置。在一定条件下，一个具体的网络信息环境（如为一个特定项目设立的在线协同工作空间），也可以算是"平时使用该空间的全部主体"所共享着的一个集体记忆装置。甚至，主体 A 的记忆装置可以是主体 B 的信息环境，也可以是主体 B 的记忆装置的延伸。"WIKID 环境"指围绕特定主体的那些承载着 WIKID 内容的所有载体的集合，包括"基于网络的信息环境"，如互联网、具体服务于某项目的知识管理环境、某项目组工作人员使用的网上工作空间，等等（参见第

---

① ENDSLEY M R. Design and evaluation for situation awareness enhancement［J］. Human factors & ergonomics society annual meeting proceedings，1988，32：97-101.
② HEUER J，RICHARDS J. Limits of intelligence analysis［J］.Orbis，2005，49（1）：75-94.
③ 黄晓勇．千年文化的回响［M］.北京：社会科学文献出版社，2015.
④ ARMY U S. Intelligence analysis ［EB/OL］.（2014-08-18）[2018-03-15］. https：//info.publicintelligence.net/USArmy-IntelAnalysis.pdf.
⑤ SOFGE R B. Knowledge centric warfare：an introduction［EB/OL］.（2009-03-25）[2018-03-16］.http://www.dtic.mil/dtic/tr/fulltext/u2/a500673.pdf.
⑥ FINGAR T. Intelligence and grand strategy［J］.Orbis，2012，56（1）：118-134.

4章"情报感知的信息环境")。"情报图景"也称情报映像（Image），包括事件图景（如动态）、模式图景（如综述）、趋势图景（如预判）。

情报感知总是发生在"信息环境里的WIKID与主体记忆装置里的WIKID相互激活、有机融合"之际。例如，你刚听说"碳达峰、碳中和"的事情，感觉不明所以就赶紧去百度输入"碳达峰、碳中和"并回车，百度则呈现一些查询结果供你阅读，于是你从无到有建立起关于"碳达峰、碳中和"的基本概念等；或者，你闲适地开机打开百度首页，随意浏览当时最新呈现的标题，点开其中一个感兴趣的标题——"图灵奖得主：人工智能在被滥用，自我监管行不通"[①]，然后开始阅读、刷新记忆中的同主题WIKID，结合你原先存储在头脑中或机器里的一些资料，展开新的思考或采取一个行动（如转发）。值得注意的是，当我们与百度、淘宝、腾讯等一般被认为是环境的事物进行交互的时候，百度、淘宝、腾讯同时也在对我们进行感知、画像。

总而言之，情报感知是一种过程，具体包括：①"记忆装置"形成情报图景（映像）的过程（情报图景从无到有）；②"记忆装置"对已有情报图景进行修改的过程。

情报感知过程本质上是"主体和情报之间的一种相互作用"。在这种相互作用中，主体传统上处于相对主动的位置（"感知"这个动作是主体发出的）。尽管有的情报产品本身会做动作（某个情报是一幅动图；动画在网页上跳出）以至于直接作用于主体的感官（如眼、耳、鼻、舌、身……）从而吸引到主体的注意力，然而，感知（觉察、理解、预判）情报、形成情报图景的具体过程，最终仍然需要落实到感知者的记忆装置里。

明确了解到情报感知是这样一个过程之后，我们就可以有意识地考虑我们在理论上和实践上可以、应该而且值得去做些什么工作。例如，理论上，进一步揭示情报感知过程的规律（这正是"情报感知论"在做的）；实践上，更多强调在情报刻画利用（Exploitation）环节和情报产品生产环节要时刻惦记客户关切（实际上，有一些热衷探索的科技信息分析机构就长期在这么做着，可以说实践已经走在了理论的前面）。

1.1.3 情报感知的作用关系

作用关系，是指发挥作用时的关联成分，含发挥作用时所影响到的成分及因这种作用而导致的成分之间的关联。情报感知的作用关系，涉及态势感知、情报分析、赋意（Sense-making，又译成"意义建构"）等大量理论和实践概念。"情报感知"贯穿从"WIKID"

---

① AI pioneer:'The dangers of abuse are very real'[EB/OL].（2019-04-04）[2019-11-14]. https://www.nature.com/articles/d41586-019-00505-2.

到"情报产品"的全过程。

（1）从态势感知到情报感知

Endsley关于态势感知的定义，启发我们找到情报感知的含义。在Endsley"动态决策中的态势感知模型"①中，态势感知（Situation Awareness）的基本含义是：①对当前态势中一些要素的觉察（Perception），是态势感知水平的第一级；②对当前态势的理解（Comprehension），是态势感知水平的第二级；③对未来状态的预判（Projection，也翻译成"推断"），是态势感知水平的第三级。这就是说，"感知（Awareness）"在这里被解读成"觉察""理解""预判"3个更细分的级别。

维基百科2019年9月3日修订过的"situation awareness"词条②中提供了一个较新版本的Endsley感知概念释图（图1-1）。

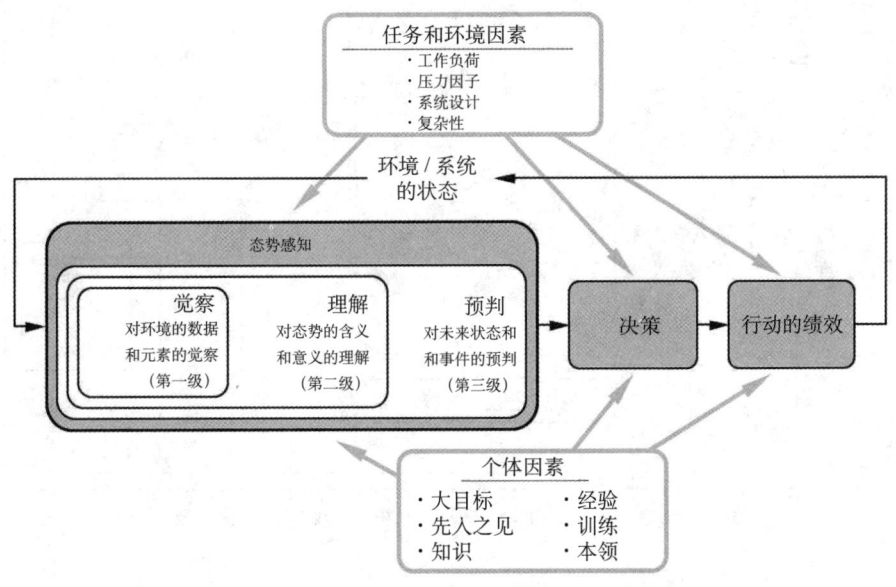

图1-1 Endsley感知概念释图

按照Endsley感知概念（图1-1），飞机驾驶舱里的操作者（飞行员）在飞行作业过程中自己感知（往往通过飞行控制面板感知）、自己决策、自己行动、自己知道效

---

① ENDSLEY M R. Toward a theory of situation awareness in dynamic systems [J]. Human factors, 1995, 37（1）：32-64.
② Situation awareness [EB/OL].（2018-03-17）[2018-04-10]. https：//en.wikipedia.org/wiki/Situation_awareness.

果。同理，汽车驾驶员（包括自动驾驶人工智能体），在道路上自己感知、自己决策、自己行动、自己知道效果。每一步操作决策的时间都非常紧迫，需当机立断以避免机毁人亡。

在驾驶舱环境下的 OODA 周期（图 1-2）里，态势感知者同时也是驾驶操作者（决策者+行动者）。感知、决策、行动的主体是同一个人（机），从感知者到决策者到行动者之间的情报传递损耗为零、时效损耗为零。

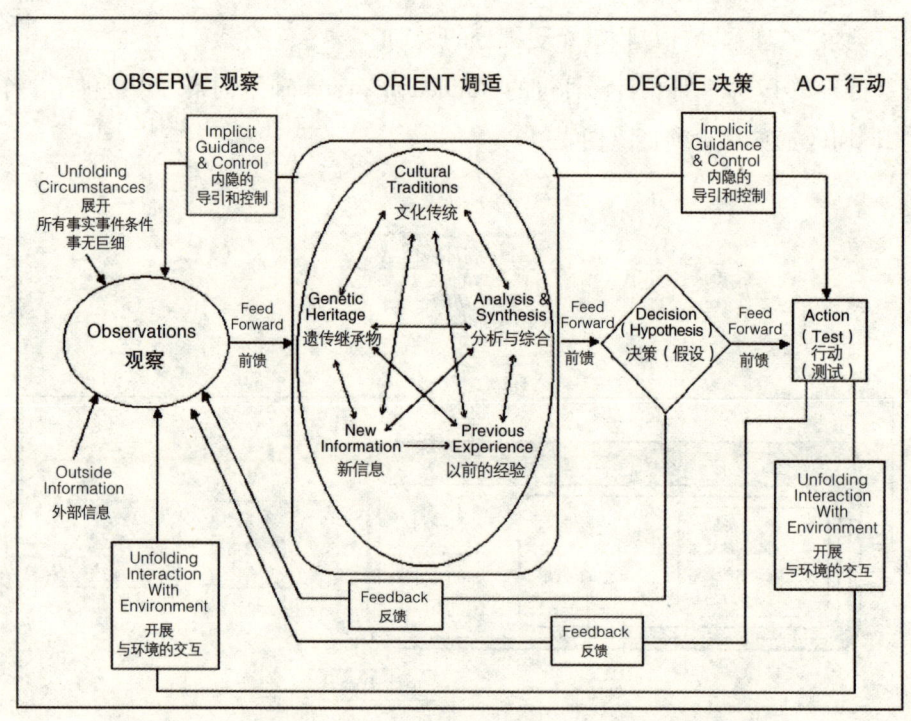

图 1-2 Boyd 的 OODA（观察、调适、决策、行动）环①

在情报分析第一个级别②的工作中，"觉察""理解""预判"三者都不会缺席。例如，情报产品生产团队中负责"感知情报源并甄选素材"的人（假设此人就是王工），在快速及时向团队成员推送各种素材的过程中，常常会想到"这篇可做一个动态快报 / 一个文摘 / 一个半月关注图。""这个素材里边的这个 meme③ 一定要打磨好，某某客户会对这个 meme 感兴趣。""马上先打个电话告诉某某客户有这样一个宝贵素材"。后续流程的

---

① https://www.valuebasedmanagement.net/images/picture_boyd_ooda_loop.gif.
② 杜元清. 情报分析的 5 个级别及其应用意义 [J]. 情报理论与实践，2014，37（12）：20-22.
③ meme，即从一个大脑转移到另一个大脑的知识单元。

科技情报分析者往往会跟甄选者王工说:"王工,我一看到你转的这篇,就知道你想要我们做什么了","我看到你转的这一系列同主题的线索和素材了,我写一篇综述吧"……

这就是说,与 Endsley 的态势感知相类似,情报感知(Intelligence Awareness)也包括 3 个细分的级别:事件的觉察、模式的理解、趋势的预判。事件可以指那些与某种情报需求可能有关联的事情。如果说"觉察事件"对应于"制作出一个 meme(参见第 5.3.1 小节)",那么"理解模式"就对应于"融合若干相关 meme 形成一个有更大意义的情报图景";"预判趋势"则是指"通过相关图景的不断迭代,发现并描摹出事物发展的特定走向"。与注重个体心理关切的一般感知理念所不同的是,情报感知成果往往是在科技情报机构中不同成员(甚至不同团队)间接力传递着的。在团队协同工作时,理想的情报感知状态是:一人感知,机构/团队全员同步感知。

情报感知不仅要研究不同情报分析团队的感知接力传递,还要研究把这种感知成果——情况的报告(情报)——研制刻画描摹得容易被决策环节主体(最终客户,情报共同体圈子外的主体)及时感知(如构造出精致 meme、准确及时命中客户关切),使情报传递时间延迟尽可能短、使情报传递内容损耗和时效损耗都尽可能小。

(2)情报分析与情报感知

"分析"(Analyze)[①] 是"把一件事物、一种现象、一个概念分成较简单的组成部分,找出这些部分的本质属性和彼此之间的关系"。"情报分析"是指:把各种来源的文献(报道、报告、访谈记录、实物等)中关系到特定事物、现象、概念本质属性的信息碎片提取出来,并找出这些碎片之间的联系,还原事物(现象、概念)本貌。

情报感知则深入情报分析的微观具体的对一个个 meme 颗粒进行操作[②]的进程中,是一般情报分析方法论的补充和发展。一方面,情报分析本身离不开情报工作者日常对用户的关切,离不开对 meme 颗粒的及时感知刻画传递;另一方面,在信息泛滥的环境下,情报分析所输出的产品只有比以往任何时候都有更高易感知性,才可能在获得主体注意力方面有更强竞争力。

于是,因为 meme 颗粒的引入,情报分析所还原出来的事物(现象、概念)本貌的样子(具体表达或体现),既可以是含有一个 meme 的微型情报研究报告,也可以是含

---

① 中国社会科学院语言研究所词典编辑室. 现代汉语词典(汉英双语)[M]. 北京:外语教学与研究出版社,2002:571.
② 杜元清. 信息环境与信息传递样式[J/OL]. 情报理论与实践,2009(8):16-20 [2020-10-10]. DOI:10.16353/j.cnki.1000-7490.2009.08.006.

有多个 meme 的长篇研究报告。这样，情报分析的过程就成为制作含有若干（1 到 n）个 meme 的各种报告的过程。

meme 概念的实践有效性加上情报感知八大样式（参见第 5 章）的宏观概括性，使得情报感知话题成为一个特别值得情报科学研究者讨论的重要议题。

(3)"情报感知"贯穿从"WIKID"到"情报产品"的全过程

信息环境里某个 WIKID 吸引到客户的注意力（客户发现这个 WIKID 正好有用/有趣），客户就会立刻感知吸收这个 WIKID：①当时就正好解决了一个具体信息贫困问题，立即做了个可心的决策；②说不定以后什么时候有用，下次会议上可以/应该讲一讲。

客户其实并不在乎这个 WIKID 到底被别人叫作 information 还是叫作 intelligence，抑或就叫作 data。在《情报感知论》的论述语境里，情报就是情报工作者分发的且被情报客户感知吸收的那些 WIKID。社会上关于"情报"定义的种种争论，并不影响我们在这里研究情报感知。只要那个及时被感知到的内容就是客户想要的，那么，所有关于 WIKID 定义的纠结都可以清零。

从这样的 WIKID 认知出发，所谓情报产品，其实就是情报工作者生产出来的自以为是情报的那些 WIKID 单元。而所谓情报，则是情报工作者分发的且被情报客户感知到的那部分 WIKID。情报产品≠情报。只有当你做出的情报产品被客户感知到、体验到（被客户关注、理解、判读），你的情报产品才在该客户的注意力空间里有了存在感，这时，你生产的情报产品就等于客户接收到的情报；当你所构建的 meme 被客户接下来传播给更多受众，那么你的这个 meme 就获得了更长的寿命。

科技情报工作者输出的产品最初之所以被科技情报机构或科技情报共同体称为情报产品，主要是为了便于科技情报工作部门（情报产品供给侧的感知共同体圈子内部）在进行内部管理时统计工作量而已。

情报机构输出的情报产品是否真是特定客户认为有用的情报，实际取决于该客户是否能在有效时间框架内（将做任何决策之际）知悉情报产品内容。若仅仅只在不得不交差的最后时刻给客户送过去一篇情报报告，就想当即得到客户关于这篇具体报告的反馈意见，你很可能会失望（不仅你失望，客户可能比你更失望）。但是，一种连续性的周期性的情报产品（如每日快报、周报、半月报、月报、季报、半年报、年报……），如果持续多年都有客户不停歇地索取，还经常有来自客户的反馈，那么，这些情报产品显然就已经被证明"里边真的含有客户日常需要的情报"了。

情报作为对接收者（内部用户和或外部客户）有意义且被接收者感知到的那部分

WIKID,其效用在于能帮助接收者建构意义并克服信息贫困。"对接收者有意义"意味着存在"价值判断",意味着会出现这样的情形:当决策者和决策支持者不是同一个人的时候,决策者很可能会对决策支持者(或作为决策支持者的情报工作者)送来的情报,表现出不以为然的态度(某些决策者对某些情报工作者缺乏信任时,往往会如此);甚至,即使决策者和决策支持者是同一个人,也会因时过境迁而在决策之际突然怀疑自己之前做出的情报产品。

"意义建构"(Sense-making)指的是寻找事物属性、事物间内在联系、事物变化规律、在头脑(记忆装置)中形成情报图景的过程。"意义建构"中的"意义"指的就是事物属性、事物间内在联系、事物变化规律。意义建构概念框架如图 1-3 所示。

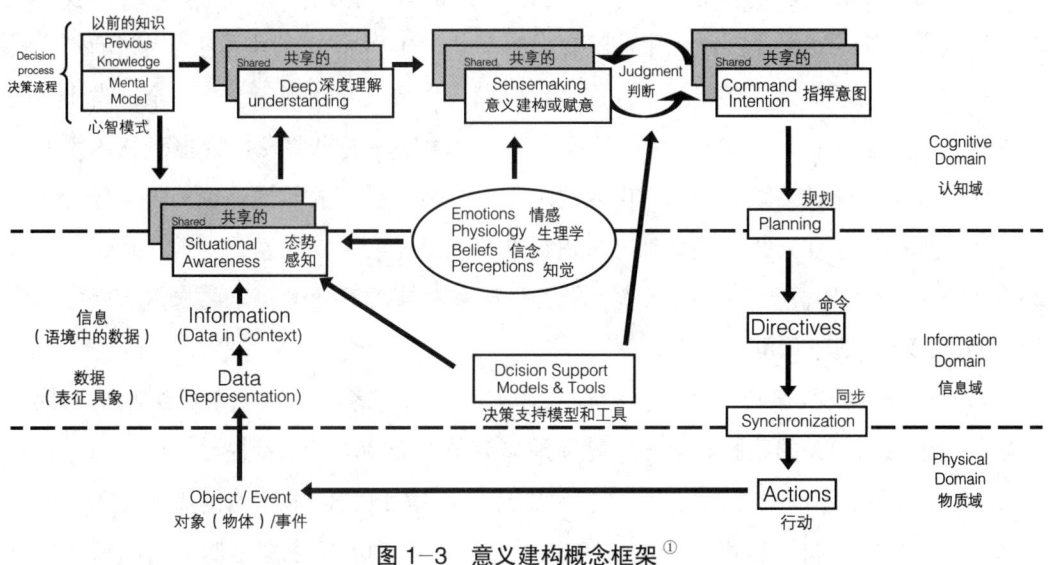

图 1-3 意义建构概念框架[①]

需要注意的是,Sense-making 一词自 20 世纪 70 年代以来便存在于两个不同但又有一定关联的研究领域,即 B. Dervin 所在的信息科学领域和 K. Weick 所在的组织行为学领域,该词在 20 世纪 90 年代随着计算机技术的发展被引入了人机交互的研究范畴。由于信息科学与图书情报学之间密切的关系,很容易让人简单误解为情报赋意仅来源于 B. Dervin 所提出的意义建构理论(Sense-making Theory)。我国的情报专家认为,K. Weick 关于组织赋意的观点,在情报事业理论和实践中同样发挥了重要的作用。2018 年 9 月,情报科学读

---

① LEEDOM D K. Final report:sensemaking symposium [EB/OL].(2001-10-23)[2019-09-23]. http:∥www.dodccrp.org/files/sensemaking_final_report.pdf.

书会在北京市科学技术情报研究所召开，标志着读书沙龙第八个年度以"'悉'与'析'"为主题的交流活动的正式开启。本次读书会得到了活跃于我国科技情报事业发展各个时期的优秀专家与管理者的大力支持，得到了高校及科研院所学者学子的热情参与，读友们围绕美国资深情报专家、情报教育家大卫·摩尔（D. T. Moore）所著的 *Sensemaking* 一书进行了阅读分享交流。霍忠文研究员在读书会上将 Sense-making 解释为"赋意"[①]。

1.2 情报感知研究的意义

1.2.1 情报感知研究的缘起

在我国科技情报事业历史上，有一个值得注意的事件。1990 年，为了应对科技情报部门普遍存在的从以编译文献为主向情报研究转化的工作调整转型压力，当时的国家科委和国防科工委于 7 月联合召开了全国情报研究工作会议并在同年 9 月向全国发布《关于加强情报研究工作的意见》（简称《意见》），《意见》提出要发挥情报研究体系的总体效能，要将计算机、图文处理、声像技术等用于情报研究的数据处理、内容分析和成果表达。如果站在今天的认识基础上来审视这个《意见》可以发现，中国科技情报界在20 世纪最后一个 10 年开始的时候就已经着手调整对情报感知的探索要求，为后面智库核心能力的建设埋下伏笔。

长期以来，我国那些身处科技情报实践前沿的研究者们一直重视总结归纳和抽象升华与情报感知相关的经验和规律。杜元清研究员在 2006 年 11 月提出"好情报，靠惦记"，中肯地揭示了情报感知的重要性，对情报感知意识的作用和地位描述一语中的，引起了情报研究分析同行们的强烈共鸣。当杜元清于 2008 年以"监测论"的形式来总结开源科技情报工作的特点和规律时，"有组织的'惦记'和'监测'"[②]成为一线科技情报感知工作形象而生动的写照，昭示着中国情报学者对于"情报感知"的认知追求。

情报理论与实践的历史提醒我们：情报感知是情报工作特殊性的表现形式，情报感知研究则是情报学术特色展示的基本舞台。

1.2.2 情报感知研究的现实意义

梳理国际上发达国家的科技发展战略动向可以发现，其竞争博弈（作战）体系的建

---

① 赵柯然，杜婉莹，王延飞.论情报感知的赋意方法[J].情报理论与实践，2019，42（5）：23-28.
② 杜元清.科技情报工作的特点和规律[J].中国国防科技信息学会通讯，2008（2）：32-56.

设正在从重视"信息域"向关注"认知域"转移,强调在信息创建与组织的基础上,通过对信息资源的分析、理解与判断,形成对竞争(战场)态势的快速准确认知,即真正实现从"创建网络"向"理解资源"的转变[①]。"感知者胜"的观点屡屡被战争实例所证实,彰显出情报感知在情报业务中的特殊地位和在情报学术研究中的重要性。尽管情报业务对象不等于情报学研究对象,但是作为业界核心业务环节的情报感知的规律与方法却是情报学术探索中不可回避的重要对象。

情报工作的特色核心环节决定了情报学术研究必须重视对情报需求、情报对象和情报任务的感知、刻画、响应。传统的情报学术研究大多围绕情报响应环节的信息采集、信息组织和信息分析而进行,对情报感知与刻画的研究不多,对情报学反映情报业务的特殊性重视不足,影响到对情报机构的定位与规划,使其疲于服务响应而难以落实感知、刻画,连带削弱了情报机构进行前瞻、预警和高质量政策研究的可持续发展业务能力。

传统的认知科学研究认为只有人类才是感知主体。现在,机器智能技术发展已屡屡超越人们曾经设定的边界。以前普遍认为只有人类才能实现的一些认知作业(如下围棋、开车),正在一个个地由机器实现。在情报感知作业中,那些基于人类与AI合作的新实践,将会让"人类+AI"组合既优于纯人类也优于纯计算机。区别于传统认知情报范式,考虑到机器感知技术的蓬勃发展,我们有必要把感知环节从传统认知范式里分解出来,凡是能让机器感知的,就让机器去感知。人类只去做机器不擅长的部分,在充分利用机器感知成果的基础上,更高效地开展科技情报工作。

原中国国防科技信息中心的陈雁居研究员在1987年就曾指出:情报工作是一种普遍存在的社会现象和社会活动,其自身具有强烈的人文与社会研究潜质,蕴含丰富的相关研究素材。在情报学的研究对象中,除了情报传递方式、传递速度等问题之外,还有判断情报质量和可行性的能力问题、利用和研究情报的方法问题;随着科技与社会的发展,从而产生了"局部可行、技术先进"与"整体、社会意义"的矛盾问题;现代学科的分化与融合,增加了情报研究中对社会因素的充分重视问题;社会科学的认识与方法也深入科学技术的各个环节。情报学注重于情报本身与运用情报的社会条件之间的相互作用与内在规律,其最终目的是谋求情报效果和社会效果的最佳值[②]。

历史经验和当今经济与社会发展的实践均已表明,情报感知是情报工作的核心业务,

---

① 张永亮.美军"知识中心战"的提出、发展及启示[EB/OL].(2018-01-31)[2019-09-23]. http://www.81it.com/2018/0131/8502.html.
② 陈雁居.情报学导论[M].北京:北京文献服务,1987:45.

也是情报专业的标志性体现形式，科技与人文交融是进行情报感知实践的必然要求，因此，情报感知研究既是理论探索的迫切问题，也是情报系统工程设计的核心抓手。

1.3 情报感知的任务概述

情报学是研究情报运动特点和规律的科学。① 情报运动依赖于情报工作的各个基本环节——收集可能含有情报的信息、对这些信息进行处理加工、识别信息中的有价值情报（并制造高品质易于被客户吸收的 meme）、把有价值的情报（高品质的 meme）分发送达客户（图 1-4）。

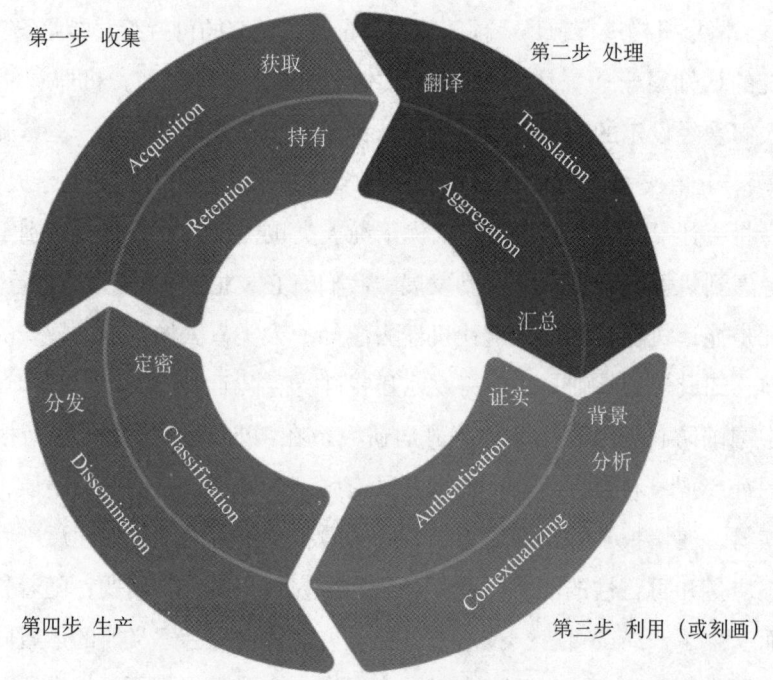

图 1-4　开源情报运行周期②

我们研究情报感知，需要考察情报工作 4 个基本环节中实施主体（全体情报工作者）与 WIKID 的相互作用。在比较大型的科技情报机构中，不同环节的实施主体，多数情

---

① 严怡民. 情报学与情报科学［J］. 情报学刊，1980（8）：89-90.
② WILLIAMS H J, BLUM I. Defining second generation open source intelligence（OSINT）for the defense enterprise［EB/OL］.（2018-05-17）［2019-09-23］. https：//www.rand.org/content/dam/rand/pubs/research_reports/RR1900/RR1964/RAND_RR1964.pdf.

况下，都会是不同的人（机）。

我们注意到，上述"开源情报运行周期"仅仅涵盖了科技情报机构内部的情报运动。鉴于情报工作的所有意义取决于客户需求的满足，我们在研究情报感知时还特别需要考察情报客户（情报产品消费者）与情报产品 WIKID 的相互作用。

因此，情报感知任务体系，除了覆盖情报工作四大环节之外，还要在前边突出地加上第一大任务——客户需求研究（准确地感知客户的关切）。

1.3.1 情报感知的五大任务

往往有这样的情形：一则情报当前，情报工作者认为其"对客户（决策者）有意义"，但遗憾的是客户（决策者）会认为没意义（或在时效窗口内没看出其意义、未能建构起有效的意义）。

要改善这种情况，情报产品生产者需要把情报感知意识贯彻到情报工作者必须完成的如下五大任务之中。

（1）第一个任务——情报需求感知（客户需求跟踪，关切着客户的关切）

情报需求感知任务（参见第 2.1 节"情报需求感知"）意味着科技情报工作者一开始就要建立客户需求图景，确定工作团队的关切焦点并持续地与客户需求保持一致，关切着客户的关切。这个任务并没有出现在"图 1-4 开源情报运行周期"中，也许正意味着"客户需求是毫无疑问要贯穿所有环节的"。在实际的科技情报工作过程中，所有环节都可以向客户输出产品，意味着客户的需求浸透在情报工作的每一个具体环节中，工作人员知道自己手里这样东西可以直接递给某个着急要用的具体客户。

（2）第二个任务——情报素材的感知

情报素材感知任务（参见第 2.2 节"情报素材感知"）与情报工作的收集环节相呼应（图 1-4）。具体就是要找到契合客户需求、与客户需求图景相匹配的素材，构建有针对性的信息资源体系全谱。参见本书第 2 章及《情报研究论》[①] 第 2 章第 2 节。

"收集可能含有情报的信息"这个环节可以被称为"情报源感知"或"情报素材感知"环节。实施此环节的这个感知作业的主体是一些已经知道其所在机构使命任务的人和/或一些已经知道基本客户需求的人。

负责这个环节的科技情报工作者们要解决的问题是：存量 WIKID 中，有哪些可以再用于匹配当前客户需求？回答这个问题的过程就是知识审计。

---

① 王延飞，杜元清，钟灿涛，等.情报研究论［M］.北京：北京大学出版社，2017.

去哪里找含有情报的新的信息源（简称"情报源"）？如何感知并甄选出日常流进某个科技情报机构（某个共同体）的情报源？回答这两个问题的过程就是地平线扫描的作业过程（参见第 8 章"情报感知的方法工具"）。

(3) 第三个任务——存储、加工、记忆

第三个任务——存储、加工、记忆，与图 1-4 中的翻译、处理、存储、汇总环节呼应。在对"第二个任务——情报素材感知任务"所收集来的信息（当然不限于这些信息）进行处理加工的这个环节，信息加工者负责及时感知已流进本机构（本共同体）的信息，必要时通知上一环节责任主体提供所需的补充信息源；及时分类编目、序化、翻译、汇总。

(4) 第四个任务——meme 策划和刻画

这个 meme 策划和刻画（参见第 9 章）任务对应着图 1-4 中的 exploitation（WIKID 利用）环节，针对那些对客户至关重要的内容，进行证实（去伪存真）、背景分析、考证内容的 5W2H[①]。这个环节意味着科技情报工作者需要把自己已经充分理解的东西显性地表达成客户可以理解的形式。

科技情报工作者在做策划和刻画时需要自问：即将递交出去给客户的 WIKID 产品，是以促进感知的形式呈现的吗（Was information put in a form that facilitated awareness）[②]？

"以促进感知的形式呈现信息"就是要求情报工作者要精心刻画/打造知识点（meme 点，如一段多一字嫌多，少一字嫌少地揭示事物重要属性的文字）、meme 链、meme 面、meme 体。

欲把从素材里感知出来的那些被认为对客户有用（客户愿意去感知）的东西，有效地展示给客户（让客户更快更有效感知），则需要有能力构建独特新颖、有统率力、便于客户快速领会那些有用内涵的框架和谱系。这个框架和谱系，实际就是情报分析者的独特视角，是情报分析者的创新、逻辑和真正有意义的研究成果。这个成果，比所谓"启示建议"要强大得多。

(5) 第五个任务——让 meme 与客户需求精准连接，令客户及时感知到情报

第五个任务与情报分发环节呼应。情报分发者负责把情报产品送达客户。执行第五个任务的过程，就是践行 5R（Right People, Right Time, Right Information, Right Format, Right Problem）理念的过程。

[①] 5W2H：何事、何时、何地、何人、何故、如何、多少。
[②] LEEDOM D K. Final report：sensemaking symposium［EB/OL］. (2001-10-23)［2019-09-23］. http://www.dodccrp.org/files/sensemaking_final_report.pdf.

情报分发者需要把不同的情报产品或产品组合分门别类发送到恰当客户。这时情报分发者第一需要感知情报产品的大致形式和大致内容，第二需要感知客户可能在哪个时段需要哪些形式、哪些内容的情报产品。

当然，要是有一个现成的配送清单，或者一项产品本身从一开始就是某个客户定制的，那么，传递的操作就相对简单了（如派一个快递过去就行了）。

在《情报感知论》里，"情报的分发"这个环节可以被称为"情报产品的送达（从情报机构输出的情报产品被送到客户手中）"。

阮冈纳赞图书馆学五原则之"让书有其读者、让读者有其书"启发我们：在做第五个任务的时候，就是要让每个 meme 找到其用户；让用户切实感知到 meme。

1.3.2　困惑思考与情报感知

客户因一个问题（也许是一个任务）不确定而困惑并陷入思考，这时你提供的关涉此问题的某情报产品恰好成了客户的"思考的食粮（Food for Thinking）"，那么，你的这个情报产品，就转化成情报了。此情报被客户及时感知吸收转发的可能性大幅提高。

情报工作者要设法将具体的 meme 和其对应的具体客户连接起来，用成体系的情报产品——众多 meme、meme 之链、meme 之面、meme 之网、meme 之体系，以及累积而成的可回溯查询的 meme 库、便于循证决策（Evidence Based Decision）的事实库、情报产品库等，建立围绕客户的情报环境，尊重客户实现情报感知的基本模式，用心构建导视[①]，与受众客户建立更强业务联系（情报产品能实时地沉浸进入客户日常工作环境，如把一份某智库新发表的科技前沿报告原文，在转发给科技情报工作团队的同时，也立刻转发给客户身边的参谋人员，参谋有机会设置甚至干预客户当时的工作议程），致力于增加情报产品的感染力，让受众客户自然而然进入一种信任状态（信任自己、信任情报供给者），增加 meme 被客户及时吸收的机会。

让我们来看看"客户的思维与 meme 发生连接——客户感知情报"的 4 个场景！

情报感知场景一：情报客户（甲方）收到情报机构（乙方，情报分析者所在机构）交付的情报产品。他首先可能会根据标题或者导读文字觉察到情报产品的大致 WIKID 内容，细读之后会理解其中的内容，思考之后就可以预判在什么情境下可以使用这个内容。他可能会写一个批示，责成相关幕僚做一个送给上级的专报，或者，向乙方提出更

---

① 王忠军，于伟. 情报导视：情报学术与实践的新视界：王延飞、张浩达、张骏、杜元清专家访谈[J]. 情报理论与实践，2018（4）：封三．

多更具体的情报需求,甚至就某个专题起草一份讲话稿,要召集一次会议并在会议上讲话、贯彻他的想法。

情报感知场景二:读者翻阅新一期《每日快报》,觉察里边有篇微型情报研究报告很好;读后理解了这篇微报告;预计下次演讲要引用这篇微报告。

情报感知场景三:从某篇情报报告中觉察到有一种概念叫区块链(Blockchain);通过阅读多篇同主题文章,理解了区块链概念;反复思考、阅读、与专家研讨,最后预判区块链将以某种模式在大致多少年以后会被结合进自己所在的业务领域,于是现在要开始布局本领域相关区块链某技术的研发活动。

情报感知场景四:客户日常议程中有一个专门阅读情报产品的固定环节,即使这个环节只有几分钟;客户随身携带着情报产品,趁各种活动的间隙阅读理解情报产品里传递的 WIKID 内容。

一个科技情报分析者如果能够在制作情报产品的每一个步骤中,让自己的思维在类如上述的情报感知场景中穿梭,那么,他就会在每一个步骤中都有更旺盛的情报敏感力。

1.3.3 情报感知的意识密切伴随着五大任务的执行

无论是在哪一个环节,无论收、存什么内容,你都要想一想这样做是否符合你预想中的接收者(包含未来的自己)的需要;无论编、发什么内容,你都要想一想是否能让接收者更愿意/更易于吸收。就像一个曾经当过老师的人,他在日后遇到任何事情、任何资料时,都会不由自主地想一下"这个事情/这个资料我可以讲给同学们",于是他就随时随地保留/整理那些未来备课可能会用到的素材。

情报感知的意识贯穿落实到情报作业的每个任务环节。

在每一个环节,情报分析者不仅要考虑下一环节同事们的需求,更要时刻惦记最终客户(最终应感知到 meme 的人们)对好情报的渴望。最终客户就是科技情报共同体外部那些可以决定科技情报机构存在意义的客户。

WIKID 分析人员在分析过程中的一切传递感知活动,最终都是为了情报客户的感知——一切为了客户的感知。

1.4 情报感知的行为主体

情报感知研究有两个重点关注事项:一是关注情报运动过程所涉及的主体,包括生产情报的人(机)和最终使用与体验情报产品的人(机)——包括情报分析者、情报客户、竞争对手；二是关注这些主体对"重要情报 meme 之生命"的接力托举——关注 meme 的成活延续到被最终客户及时感知到。

需要说明的是，情报感知、情报发现、情报吸收，在本书中都被当作同义词看待。

情报感知的主体（包括情报分析者、情报客户、竞争对手），是"感知"动作的具体执行者。为方便研究，《情报感知论》把情报感知主体分为 3 类：由科技情报分析者组成的协同主体（乙方）；情报客户（甲方）即伙伴主体（含最终客户和那些日常与情报分析者密切沟通、自认为要替最终客户把关的甲方人员）；非合作主体（一般公众、竞争对手、旁观者）。

不同类型的主体，在对情报进行感知时，具有不同的特点。

1.4.1 情报感知主体分类

情报感知的行为主体如表 1-1 所示，可以分为情报产品生产者、情报客户及其代理人和非合作主体三大类。

表 1-1 感知操作（行动）主体

	情报产品生产者	情报客户及其代理人	非合作主体
任务一 情报需求感知	杜一团队 T1（输出任务书，供给侧所有团队要知悉客户需求）	客户代理人陈六，代表最终客户与情报工作团队直接接洽的代理人，有时会和协同主体一道工作，做出被最终客户感知到的情报产品和服务；有时会表现得像情报工作团队与最终客户间的不良导体；有时能得到最终客户的反馈。最理想的情形是情报工作者能直面最终客户（获得最终客户信任） 赵七，最终客户	1. 一般公众 2. 感兴趣的人群（潜在客户） 3. 竞争对手 4. 被侵犯着隐私却有所不知的网民
任务二 情报素材感知	叶二团队 T2（输出素材，供给侧所有团队要知悉素材库的情况）		
任务三 存储加工记忆	张三团队 T3（输出数据库，供给侧所有团队要知悉素材库的情况）		
任务四 meme 策划和刻画	李四团队 T4（输出面向客户的情报产品，供给侧所有团队要知悉产品的情况）		
任务五 meme 与客户精准连接	王五团队 T5（把情报产品送达客户，供给侧所有团队要知悉送达情况；确认客户收到所送达的产品；努力获取客户的反馈）		
情报产品生产者（供给侧主体）的任务和对应团队及其输出		情报产品客户（需求侧主体）	

1.4.2 情报感知共同体：由情报分析者组成的协同主体

在一个有限任务（如一个任务包）目标下，相协同的若干主体（职业情报分析者或机器）为了在有约束的时空（或经费）内完成此任务包而形成的一个协同工作的组织，就是情报感知共同体。这种情报感知共同体里的所有成员，都是协同主体。

情报感知共同体内的所有协同主体都至少知道与自己有关的报告关系，都知道在什么情况下开始触发一个报告链，都知道存在一个需要共同遵守的信息收发规则（如每天上班第一件事就是检查日常任务项目工作信息环境；每天下班前的最后一件事，也要检查一次日常任务项目工作信息环境）。

同一情报感知共同体之内的某个成员，在任务项目工作信息环境中，可能一会儿是供应信息内容的信息输出者，一会儿又是浏览信息内容的情报感知者（接收者）。作为输出者，负责信息内容分析提取、输出格式选择（用"恰当的、与协同者约定的墨的分布"刻画表达信息内容）、送达调度安排（保障在恰当的时候传送给指定的协同者）等。

一旦协同主体把自己贡献的信息发布到情报感知共同体信息环境中，这个信息就立刻融入信息环境的信息内容因素（WIKID）中了。

协同主体团队内部的信息输出者和信息感知者之间，存在着高度信任。协同主体互相之间的这种信息服务，就是知识服务。没有信任就没有知识服务。所有协同主体都知道自己是特定情报感知共同体信息环境的主体。

协同主体角色众多，从收者、听者、读者、观赏者，到讲者、作者、表演者。

协同主体是一个显然必须"先当学生后当先生"的群体。

协同主体一开始作为"对来自上游源头的 meme 进行捕捉感知"的感知者（听者、读者、观赏者）时，就处在当学生的阶段——切实感知到、学到客户需求信息，切实感知到、学到需求所涉学科的最前沿信息。来不得半点的虚伪和骄傲。

情报工作者后来又作为"向共同体外部客户（伙伴主体及非合作主体）供应 meme"的人（讲者、作者、表演者）时，必须先让情报共同体外部的 meme 感知者（听者、读者、观赏者）相信你、接受你，给人家一个听下去、读下去、看下去的理由，然后人家才可以真的听得下去、读得下去、看得下去。

1.4.3 伙伴主体（甲方）

一个组织（如前述情报感知共同体）的效能，只有在这个组织之外才有意义。情报感知共同体工作的成果，需要最终送达情报感知共同体之外的某个接收方。

就一个具体情报课题项目而言，特定信息不仅流转在情报感知共同体内的协同主体之间，还将流转到情报感知共同体之外（尤其在课题研究的中间成果和最后成果完成后的外推外展过程中）。

情报感知共同体外部的、与情报感知共同体合作的情报产品接收方（如项目合同甲方），就是伙伴主体。伙伴主体一般指的是情报感知共同体的客户（需方），包括最终客户（阅读情报产品的决策者）的代理人（出面签合同者）及最终客户本身。

承担着任务包且作为情报供应方的情报感知共同体，与下达任务包且作为信息接收方的伙伴主体之间，往往有明显的契约（如课题研究合同）关系或垂直的权力制约关系（理解的要执行，不理解的也要执行）。

情报感知共同体向伙伴主体展现自己的绩效并企图获得伙伴主体的认可，从而获取持续的支持。对于承担情报咨询项目的情报工作者而言，客户（甲方）就是伙伴主体。从技术上看，客户（情报产品接收者、情报产品与服务购买者）包括独立的人类个体或群体，或人类所布设的提升其感知能力的传感器或传感器阵列、计算机，等等。

伙伴主体包括那些通过经费杠杆或指挥杠杆，调动情报感知共同体为其做项目的单位或个人。

（1）伙伴主体的细分

伙伴主体就是甲方，即科技情报机构外部的情报客户。

情报客户的分类方法很多。例如，可以分成技术一线客户/技术管理客户；政府客户/公私企业客户/公私高校客户；在海、陆、空、天、赛博五大空间里开展各种行动的客户；战略情报客户/战役情报客户/战术情报客户；显性直接客户和隐性间接客户；等等。

按其所在领域对客户进行分类，是实际工作中较多采用的分类模式，因为情报分析作业对技术专业内容的敏感性（隔行如隔山）目前还十分突出（尽管 AI 人工智能辅助的情报分析在未来可能降低这种敏感性）。例如，我们可以有航天/航空/计算电子/核和兵器/船舶/生物（农医食品）等科技和产业领域客户；或者根据《中国科协发布 60 个重大科学问题和重大工程技术难题》这篇文章[①]，我们可以有地球科学/公共安全/交通运输/空天科技/能源环境/农业科技/生命科学/数理化基础科学/先进材料/信息科技/医学健康/智能制造等科技和产业领域的科技情报客户。

按情报客户情报素养来分，可以分这样两类："知道怎么使用情报机构（成熟度高）

---

① 战钊. 中国科协发布60个重大科学问题和重大工程技术难题[EB/OL].（2018-05-29）[2019-09-23]. http://tech.gmw.cn/2018-05/29/content_29026680.htm.

的客户/懂情报工作的客户"和"不知道怎么使用情报机构（成熟度不高——每五年换届或因各种缘由换人，新上任者情报素养低、不能清晰地表达情报需求）的客户/不懂情报工作的客户"。

有的时候，情报产品生产者会按照经费来源划分情报客户的种类。一般来说，情报客户往往包括：①供给侧情报生产者所在机构的上级及其指定机构和人员；②来索取情报产品和服务的其他单位人员。正规的科技信息研究机构，往往需要与能够代理上级客户需求的主管部门直接沟通，形成一个关于情报客户群体及其分类的共识，便于平时开展情报产品分发工作。

具体落实到科技情报机构内部的情报产品生产部门，还可以按照产品生产、产品分发周期规律划分客户——日报客户、（双）周报客户、（双）月报客户、季报客户、半年报客户、年报客户；短篇快报客户、长篇详报客户；一级/二级/三级/四级/五级产品客户；等等。

(2) 伙伴主体与情报感知共同体的关系

在任务紧迫的条件下，伙伴主体与情报感知共同体在任务期限内直接频繁沟通，相当于共同进行一个项目的两个成员。伙伴主体处在情报感知共同体的外围，愿意的话也可以进入情报感知共同体里边，在情报感知共同体的信息环境中参与协同工作。经过适当的制度安排，有可能转变为协同主体。当然，伙伴主体是否进入情报感知共同体，取决于互信的程度。伙伴主体作为情报客户（项目合同规定的情报感知者），对情报产品供应者（做项目的情报感知共同体成员）的情报产品的信任度，至少有合同所规定的水平。伙伴主体如果进入工作环境中，往往会有助于任务一（表1-1中的需求感知，及时发送需求信息、反馈信息）。

情报感知共同体与伙伴主体的相互关系，有如下一些例子。

①美国中央情报局为特定的政府要员提供常规情报报告；

②美国国家情报总监（Director of National Intelligence）融合情报共同体18家单位[①]的情报，向总统提供《总统每日简报》；

③美国国会图书馆国会研究服务处为国会议员们提供CRS报告；

④情报机构小范围发送动态参考（如一组情报人员制作的某种只向指定人员发送的动态分析周报）；

---

① Office of the Director of National Intelligence. Members of the IC［EB/OL］.［2021-09-27］. https://www.dni.gov/index.php/what-we-do/members-of-the-ic.

⑤情报专家为一些机构的领导人提供紧急咨询报告；

……

在这些例子中，作为信息接收方的客户主体，都是伙伴主体。伙伴主体知道自己是"特定情报感知共同体为其建构的信息环境"的主体。

1.4.4 非合作主体

与情报感知共同体没有契约合作关系的信息接收者（情报感知者），被称作非合作主体。例如，具有零和博弈关系的双方，肯定都是对方的非合作主体。

一般地，如果一个人或一群人在一段时间里有预谋、有计划地连续注意、惦记、采集、影响某一个主体，而主体未觉察这种"注意、惦记、采集、影响"，未觉察这个人或这群人送达某种信息内容的种种操作，那么，这样的主体就是非合作主体。非合作主体的例子包括现在对手、潜在对手、潜在伙伴等。

被窃听、窃视的那些人，是典型的非合作主体。例如，一个人得到了一份礼物——一部令人爱不释手的高级手机。得手机者不知其一切言谈、位置从此暴露。这个得手机者就是非合作主体。

被客户画像（或用户画像）作业所刻画的那些人、被信息茧房包围的那些人、被"杀猪盘"电信诈骗团伙控制了思维的受害者，都是非合作主体的例子。

信息茧房

信息茧房（Information Cocoons）概念是由哈佛大学法学院教授、奥巴马总统的法律顾问凯斯·桑斯坦在其2006年出版的著作《信息乌托邦——众人如何生产知识》中提出的。通过对互联网的考察，桑斯坦指出，在信息传播中，因公众自身的信息需求并非全方位的，通常只注意自己选择的东西和使自己愉悦的领域，久而久之，会将自身桎梏于像蚕茧一般的"茧房"中。①

非合作主体不知道自己是某个信息环境的主体（不知道有人在谋划针对自己的信息环境），不知道自己的行为特征信息（如位置信息）正在被采集。

---

① https://wiki.mbalib.com/wiki/%E4%BF%A1%E6%81%AF%E8%8C%A7%E6%88%BF. （此页面最后修订于2018年11月14日）

1.4.5 三类主体间的关系

在美国情报共同体"总统每日简报"项目工作体制下，制作《总统每日简报》的16家情报机构里的情报工作者构成一个情报感知共同体[①]。

总统每天上班第一件事就是听取《总统每日简报》——总统是这个情报感知共同体的伙伴主体。

如果总统和这个情报感知共同体一道研究出一个应付A国首脑的秘密策略，则A国首脑就是总统和这个情报感知共同体共同营造的、与该秘密策略相对应的信息环境所包围的非合作主体。

兰德公司的研究报告除了呈交给赞助方（Sponsors，伙伴主体），还发布到互联网上，让世界上所有其他愿意阅读该研究报告的人（非合作主体）免费下载。这个时候，兰德公司研究报告激活的那个信息环境（如同某种气候）所影响的人，就以兰德公司的该报告研究团队（协同主体）为核心扩展开来，逐渐覆盖伙伴主体和非合作主体（利益相关者、兴趣相关者、其他好事者……）。

1.5 情报感知研究工作的组织

1.5.1 情报感知研究的对象内容

情报感知中所说的"感知"不等于了解、知道，而是要理解、评析、展望。对情报感知的研究应聚焦于3个对象：感知认识、感知准备和感知实施。

在感知认识问题上，应该明确情报感知所针对的主要是未知或知之不详的对象，而感知未知并不等于探索未知，在已然或现行情况了解的基础上进行判断和描述是情报感知的典型任务，减少"意外"（Surprising）才是对情报工作体系效果的根本要求，因此，对创新发展中情报先行的提法需要进行审慎解读。

说到情报感知的准备问题，需要明晰情报工作所指的"尖兵"作用。所谓尖兵发挥着探路和开路两种作用：探路是态势感知，开路则是条件准备。情报的专业性在前者体现最为强烈，而在后者运作中，情报专业被替代的概率则日渐增加。在领域技术探索中，以信息技术为例，如果说信息科学项目目标讲求"跑得快""算得准"，那么情报科学项目目标则还要加上"醒得早""看得远"的要求。若非如此，则情报专业的特殊性

---

① National Research Council. Intelligence analysis for tomorrow: advances from the behavioral and social sciences（2011）[M]. Washington, DC: The National Academies Press.

和存在的意义便会随着技术应用的深化普及而淡出管理决策者的关注视线。

至于实施问题，则要认识到情报感知的实施不是简单地组织若干任务流程，情报感知所处的任务环境、所面对的任务对象和所持有的任务手段之间的关系通常需要基于复杂系统的研究视角进行梳理，因而以生态理念进行情报感知实施的探索不失为一种可行且可信的研究观。

基于研究对象的聚焦要求，对于情报感知的相关项目研究内容可以被划分为情报感知通识研究、专门领域情报感知特色研究和情报感知生态研究三大类。在具体的研究过程中，对于3类研究内容的探索对象则可以被酌细分为以下几项：①情报感知行为主体解析；②情报感知行为客体解析；③情报感知需求环境解析；④情报感知条件与方法解析；⑤情报感知实施管理解析。

在对情报感知研究对象的把握重点上要明确以感知为核心，重点关注涉及情报感知环境建设、感知分析工具打造、感知对象谱系扫描和感知管理审视调整的情报工作与研究内容。尤其需要注意的是，上述这些对象内容并不是为了配合情报感知的要求而自发涌现出来的，对这些内容进行审视研究，除了需要树立清晰的情报感知认知理念、坚持认真的历史分析比较原则外，还需要进行合理的管理组织实施。

1.5.2 情报感知研究的组织实施

就情报感知成果的信息和知识形态而言，情报感知具有知识创新属性，从情报感知研究的关切来看，由于情报素材承载着人类社会的普遍信息，仅仅运用专门领域的知识手段难以胜任情报感知研究所面对的综合性、战略性任务需求，而掌握跨界知识能力，又不是简单地将具有明确学科边界的科技知识和方法技术从形式上聚合起来所能做到的，情报学人要向跨界创新和创意所赖以生长的人文艺术土壤索取养分，还要厘清组织开展情报感知研究的思路、目标和框架。

情报感知研究的基本思路是：从情报感知的研究关切出发，审视中外情报业务和学术研究历史，提取关于情报感知的认知共识，明晰情报感知的对象内涵，厘清实施情报感知的要件，探索数据感知、情境感知和态势感知的方法规律和运用规则，推导以情报感知为核心的情报事业、业务和教育解析理论工具。

情报感知研究的总目标是：构建情报感知研究的理论体系，探索情报感知能力的提升路径。探寻情报工作中情报感知的本质、支撑情报感知的条件及情报感知的方法，形成情报能力的新认知，建立情报感知分析模型，实现决策情报保障宗旨。

情报感知研究的总体框架按照任务要求则可以表示为以下几个方面。

①情报感知的历史解读。从缘起、渊源和演进历程入手，运用情报感知的基本认知解析评述情报事业、业务和情报学术的发展情况。

②情报感知的环境条件。立足人文关怀，树立生态理念，探索适合情报感知业务开展和学术研究的生态系统构建要件。

③情报感知的素材来源。结合专业领域和专门任务的特殊要求，解析对应的信息资源基础条件，探查情报数据融合的规律和途径。

④情报感知的核心方法。在全谱系扫描任务情境设定下，梳理、评析、引进和设计构建适于开展情报感知的方法、技术及相应的组合，探索相关的方法论要件。

⑤情报感知的组织实施。基于情报感知研究的核心关切，研究情报事业治理、业务管理和教育培训的规律、规制。

⑥情报感知的成果刻画。关注信息表达在情报业务中的具体体现，探索综合运用各种手段进行情报产品的表述与推介，求取提升情报投送和使用效率，践行情报工作"早醒远眺"的使命。

1.6　本章小结

本章研究了情报学术认知范畴里的情报感知、情报感知研究的意义、情报感知的任务概述、情报感知的行为主体和情报感知研究工作的组织。

对于情报感知研究的开展，以下几点值得关注。第一，情报感知是一种理念，秉持情报感知理念进行情报业务和学术活动时，既要关注和了解已发生的未知事态，也要重视发现那些不曾发生但未来可能发生的事件的些许端倪。第二，情报感知研究的一个主要目的就是探寻情报感知能力的提升路径。在特定价值取向下，对于由情报所带来的相关情报对象能力变化的评估——赋能评估，是未来情报感知研究不可忽视的内容。第三，情报感知研究宜重视生态观，将情报生态视作情报目标、情报过程、情报方法、情报机构、情报人员、情报教育、情报制度等要素相互作用的结果，在情报感知过程中实现情报生态系统的自组织、自生长和自适应，通过全谱扫描来感知生态系统的多样性，进而推动情报事业的可持续创新发展。

总之，情报感知论是情报学术理论与情报工作实践的天然交汇点，是承载着情报工作和情报学术固有特色的核心业务研究对象，也是着眼历史、面向现实与未来，进行跨学科、跨领域情报工作和学术创新探索的有力抓手，值得引起业界和学界同人的关注与思考。

第 2 章
情报感知的对象体系

情报感知的对象涉及研究情报产品供给侧主体们的情报感知和情报产品需求侧客户们（客户代理人及客户本身）的情报感知，明确回答"情报感知，到底要感知什么"这个问题。

情报产品供给侧主体的情报感知任务，具体就落实到前述情报感知五大任务中的前两个任务：需求感知和素材感知。

需求感知其实包括两个具体内容：一是情报客户群范围定义，二是情报客户群的情报需求定义。需求感知的核心任务是客户情报需求定义。而客户情报需求定义的最主要工作是明确客户所需情报的专业领域：是经济领域、军事领域，还是科技领域、工业领域；必要时（主要是在背景研究时）还要进行知识审计，了解客户已经知道了什么、还想知道什么，进一步明确后期工作所需要填平的鸿沟。需求感知的结果往往就是甲乙双方的合同文件和/或任务书。甲方是情报产品需求方（客户），乙方是情报产品供应方（情报产品生产者）。

素材感知主要包括的内容是：第一，知识审计，探索"能回应部分需求的那些现有知识资产的翻新/再用可能性"；第二，系统扫描，获取"含有'那些与客户需求可能匹配的情报'的新素材"。

本章第一节讨论对情报需求的感知，第二节讨论对情报素材的感知，第三节讨论对国家情报治理过程中的情报任务的感知。

2.1 情报需求感知

需求（本身可被看作一种类型的事件）的感知和更新（或重申），伴随所有各级情

报分析工作。被正确地感知到了的（或因经常更新而变得更准确的）客户需求，是全体情报工作者脑海里闪现着的一座指引科技情报工作团队协同思维航向的灯塔之光，或是情报工作者在工作过程中用于约束注意力的锚。

2.1.1 情报需求的分类

客户的情报需求，有时候是显在的，更多时候是潜在的。（每个）情报工作者都要千方百计去感悟、捕获、预判情报客户的需求，深刻了解客户想要的好情报的样子。

（1）按情报所涉及内容的时态划分情报需求

情报所涉及内容的时态是指受关注特定事物的过去、现在、将来。如此，相应的情报需求就可分为：对已然情报（过往属性）的需求、对动态情报（当前状态）的需求、对未然预判（未来状态）的需求。

已然情报——对已出现过的事物基本沉淀下来的事实、模式、结论进行梳理综述，如对重要属性 5W2H（What/When/Where/Who/Why/How Much/How）进行考证，强调精准，交代原始信息来源、分析方法等；报告一般比较长，3000 字以上。

动态情报——对当前正在出现的事物（含老事物的新变化）及时快速地提取重要属性 5W2H、事实、模式、结论，强调快速交代原始信息来源；报告一般比较短，千字以内。特别值得注意的是，此类动态情报报告所依据的原始信息及其出处要妥善保存，以备核查和再用。

未然预判——对尚未出现的事物（含现有老事物的可能的未来变化、未来场景）进行预判、预测、预见（交代路线图、逻辑、方法等；报告一般比较长，3000 字以上）。有些预判是原始信息里直接呈现过的，我们做分析时要直接从中进行提取/考证/更新。

（2）按情报所涉及内容的范围划分情报需求

1）宏观情报需求

这种宏观的系统性的情报需求，一般具有框架性、系统性、战略性、全局性，是永久常设科技情报机构或大型情报项目在制定战略定位时所需要探索的一类需求。宏观情报需求往往是不用经常去求证的那些需求。我们可以根据客户（客户团体）所在领域，来大致判断这些客户可能有什么样的宏观情报需求；也可以放眼世界，根据那些与我们的客户大致对等的各地同行们的情报需求，来判断这些客户可能有什么样的宏观情报需求。宏观情报需求框架的例子有以下几种。

①关于五大空间（海、陆、空、天、赛博）的情报。

② 关于全谱行动能力的情报。这里，全谱能力包括：对海、陆、空、天、赛博（Sea，Land，Air，Space，Cyber）五空间里敌我友活动进行感知的能力；敌我友对海、陆、空、天、赛博五空间进行利用的能力；敌我友对"对手使用海、陆、空、天、赛博的能力"进行阻止（deny）的能力。

③ 关于全球战略、地缘政治的情报。例如，美国陆军的BESTMAPS[①]（表2-1）。

表2-1 美国陆军情报分析涵盖的8个主要内容领域

情报内容领域	说明
B_ 传记情报	关于重要人物（如美国前总统特朗普）方方面面的信息
E_ 经济情报	关于资源、产能、经济强项和弱项、物资采办等方面的信息
S_ 社会情报	关于特定人群（如占领华尔街的那些人）的社会阶层、价值体系、传统、信仰和其他社会特性等方面的信息
T_ 交通与电信情报	关于交通与通信基础设施建设运行、交通与通信装置的研发和运行管理等方面的信息
M_ 军事地理情报	关于地形、天气和气候、海岸和滩头登陆点等方面的信息
A_ 武装力量情报	关于作战序列、装备、战略战术、后勤能力、人员等方面的信息
P_ 政治情报	关于政府结构、国家政策、政治动态等方面的信息
S_ 科学与技术情报	对具有颠覆性的新兴科学与在技术前沿有进展的信息进行搜集评估、整理分发的工作

2）微观情报需求

这种微观（项目、课题、战术、局部、客户个体层面）的面向课题的情报需求，是临时（如一年期）情报工作组织或小型情报项目在确定作业定位时所需要探明的需求。这里的微观并不意味着"简单""短小"，而是指所涉领域范围与前述大框架相比要相对微观一些。

一题一世界。一个个具体研究课题（问题）所折射出的情报需求，也可能是原先想象不到的一整个世界。

其他的关于微观情报需求的例子有以下几种。

---

① Department of the Army Headquarters. FM 2-22.3（FM 34-52）human intelligence collector operations［EB/OL］.（2006-09-06）［2021-07-31］. https：//www.globalsecurity.org/intell/library/policy/army/fm/2-22-3/fm2-22-3.pdf.

关于科学探索、技术开发、工程制造的;

关于基础研究、应用研究、先期技术开发、先期组件研制与样机、系统研制与演示论证、研发管理支持、运行系统研制的;

关于成熟度的:技术成熟度、制造成熟度、系统集成成熟度、生态成熟度、供应链成熟度、客户成熟度、其他成熟度;

关于具体的技术瓶颈的:如12类60种卡脖子技术,如表2-3所示。

(3)情报需求的其他分类

客户需求还有纵向情报需求和横向情报需求之分。来自情报机构上级单位的情报需求就属于纵向需求。纵向需求一般是上级比较强势(不能讲价钱)的需求。所有其他单位的情报需求,则往往被称作横向情报需求(客户往往需要先付费才能获得情报需求的满足)。

按照产品生产、产品分发周期、产品篇幅长短划分客户需求——日报客户的需求、(双)周报客户的需求、(双)月报客户的需求、季报客户的需求、半年报客户的需求、年报客户的需求;短篇快报客户的需求、长篇详报客户的需求。

按想要的情报分析产品的级别划分需求——一级/二级/三级/四级/五级产品客户的需求;等等。

2.1.2 源于信息贫困的情报需求

好情报应该是那些有助于克服信息贫困的情报。哪里有信息贫困,哪里就有情报需求。

(1)理解信息贫困

各行各业的业务工作人员每日的活动,大致都可以分解成各种层次的决策与创新活动。决策时,所处信息环境中充盈的恰当信息的品质与数量水平是高是低,直接影响着决策的品质与速度和决策者创新能力的发挥。

信息贫困就是主体在决策时缺失恰当信息的那种状态(没有恰当信息可以感知;信息太多、太庞杂以至于不能及时感知到其中的恰当信息;不小心陷入某个信息茧房里不能自拔了)。"恰当信息"就是关系到决策的那些信息,是作为宝贵资源的那些信息。

从将军到士兵,从官员到老百姓,从教授到学生,从考官到考生,从保险公司精算师到购买保险的客户……社会上的各色人等都可能遭遇信息贫困。

例如,负责为员工确定工资等级的人,若不去采集/没有手段采集员工的绩效数据,或采集来了却懒得研究应用,则这个人就处于信息贫困的状态。这个人所得出的

"员工工资等级"方案就不是在丰富信息基础上的决策(Well Informed Decision)。

1)普遍存在的"约束与不完全信息"现象

在现实生活中,人们无法及时得到关系到某个决策的完全信息,S、T、U(S=情报源,T=情报传递过程,U=情报客户。参见第5章"5.1 S-T-U融合的信息环境设计规范")方面的约束总是存在的。例如,人们常常感到时间的约束,比方说"80天环球旅行""限72小时破案"等。在美国,法官和陪审团"不能为了'等待(一段时间就)可能会减少围绕案子的不确定性'而推迟做出决定";美国人"接受法律系统的不完美,原因在于'宪法赋予了与我们地位相等的陪审团加速判决的权利'带来的更大好处"[①]。

除了时间的约束之外,还存在人力、物力、财力的约束(当然,在一定条件下,所有约束都可换算成时间约束或金钱约束)。而只要有约束,完全信息就不可能。雅可卡下面这一段话[②]说明了社会生活实践中"约束"与"信息贫困"如影随形。

雅可卡语录

人生最重要的就是时机……你已经有了95%的资料,要拿到剩下的5%还得需要6个月的时间,等6个月之后你现有的资料又过时了。因为市场一直在变。

理论上,能得到所有资料使我们有把握绝对成功当然好,但实际上优秀企业家不能坐失良机。

我们的确应该尽力收集相关资料并尽可能做出准确预测,但在一些关键的时刻,我们必须凭信心下决定。因为如果决定做得太晚,正确的决定也会变成错的。

在合理的范围内,我总是凭胆识下决心,我喜欢在第一线战斗,而不是躲在后方不停地修改战略。

面对稍纵即逝的时机,信息贫困是一种普遍现象。人们追求的是"在不失时机的前提下获得尽可能全面的相关信息"。

2)信息贫困的类型

信息贫困的情形可以被分为很多类型(表2-2)。主体是否知道自己处于信息贫困状态,直接决定着主体对信息及信息环境的态度,直接影响主体情报需求表达。

[①] 波拉克. 不确定的科学与不确定的世界[M]. 上海:上海科技教育出版社,2005.
[②] 冬青. 揭开行为的奥秘:行为科学概论[M]. 北京:中国经济出版社,1987.

表2-2 信息贫困的若干类型（按主体自知与不自知划分）

信息贫困类型			信息贫困的状态和特征	
主体知道自己掌握的信息有欠缺	找了未果	一型贫困	①未找到。无法在有效时间框架内找到。 ②不可用。找到的东西太多。无法在有效时间框架内消化	S贫乏 S过载
	不去找，或来不及找	二型贫困	专家：凭自己的知识储备或悟性，抵挡一些要即时（现场）供应知识的场合（如应邀参加评审会、头脑风暴会），认为所供应的知识错不到哪里去（是否好用则不一定）。 司机：有条近路但需要通过经常堵塞的某路段，假如能知道该路段当前及以后20分钟的车流信息就好了	等效于S贫乏
	不知反而有利	三型贫困	情报意味着权力（知情权力与一个人的职位权力相对应），也意味着责任。有些信息如果接收到了，就意味着要响应；没接收到就可不响应。 若"我不知道"或"别说我知道"有利于躲避问责之剑，主体就会甘于信息贫困状态，无意去坦然面对自己的信息贫困，不会积极用恰当的资源与手段去解决自己的信息贫困问题。 背后的文化是"不知不怪""不知者无罪"。这种文化对送达体制的运行是一个巨大挑战，是某些情报"送而不达"的原因	客户方故意远离S
主体不知道自己信息贫困		四型贫困	认为自己所知即全部。或对错误信息信以为真。"情况不明决心大，心中无数点子多"。易陷入对手或溜须者设置的陷阱式信息环境（信息茧房）中	客户方非故意远离S

(2) 信息贫困的几个案例

1) 一个年度论坛的信息贫困

好的信息环境（如品质不错的QQ群、BBS、会展、论坛等）能使参加者结成情报工作共同体，就一些有意义的话题进行思维接力。例如，一个连年举办的"××高峰论坛"要有水平、可持续，就必须让新一轮的讨论站在以前各次论坛的认知高度之上。

有一个导航领域的论坛，每年举办一次研讨会。每年的与会者中都会有以前参加过讨论的人（包括连年参加的和间歇参加的人），也有以前不曾参加过的人。如果没有一个让这些人有效共享论坛信息的环境，往次缺席者就可能处于信息贫困的境地。假如有一个专门服务于这个论坛的信息环境，那么这个环境就会像水库一样积累保存以往的论坛内容，使这些内容能在随后的参与者中有效传播，使得连续参与的人、新参与的人都知道以前有谁贡献过什么有意义的知识，确保来参加的人都站在高起点上，都有新收获，每个人都不炒自己的冷饭、不炒任何人的冷饭。

2）菜农的信息贫困[①]

2005年12月，济南一居民上街买了10斤白菜，花了7元钱。而在一年前的2004年12月，同分量白菜是5角钱。市场这只看不见的手，让菜农们体验了价格两重天。2004年11—12月，在山东、河南、河北等很多地方，每斤白菜只有一两分钱，根本不够成本。肥城一菜农在当地卖白菜卖不出去，拉到济南去卖，一车白菜1000多斤，仅卖了10元钱，一季辛苦付诸东流。不止白菜，芹菜、胡萝卜都出现了类似情况。

按常年规律，山东大白菜种植面积在200余万亩左右，供需基本平衡。而统计显示，2004年山东大白菜种植面积达到了惊人的490万亩。接下来的2005年，拱棚种植的白菜面积缩小，冬天的菜价又很快上升。

在2004年，农民为什么会种那么多白菜？分析起来，一是相关部门对市场行情缺乏有效的分析预测及预警，二是农民获取信息的渠道狭窄，对市场行情等信息缺乏了解，"凭经验种地"。

信息贫困导致了错误的市场定位。

3）贫困大学生家庭的信息贫困

一个贫困家庭里有个孩子得到了大学录取通知书。父亲、孩子急切需要上学经费。那时已有"高校绿色通道"，但该父子在此"恰当的时候"却未得到"恰当的信息"。他们缺乏发现这些信息的手段：无互联网，因而未能上网获得有关信息；无电视机，因而不知道关于绿色通道的新闻；孩子高中课程中也没有"如何申请资助"的内容。这位父亲自觉无路而选择了自杀。

4）专家、教授、院士的信息贫困

学富五车的专家、教授、院士，也可能会处于信息贫困状态。

专家、教授、院士面临的信息来源很多。应该说专家、教授、院士的鉴别力没有问题，但他们主要是没有时间去及时挑选、比较、鉴别，他们的注意力总是处于紧缺状态。假如他们习惯于从一两个来源（纯粹依靠自己个人力量）获取信息以支持自己的决策过程，这样就很可能碰上错误或偏颇而不自知地陷入一种信息贫困状态。每每发现有些专家、教授、院士在那里转述一些不恰当、不全面、有错误的信息时，我的内心都有一种深深的忧虑。专家、教授、院士往往离高层决策距离较近或本身就是决策者，因信息贫困导致的决策失准很容易影响到国家的利益。这里提供几个真实的例子。

[①] 何勇. 农民"信息贫困"猛于虎[EB/OL]. (2005-06-21)[2018-01-07]. http: //news.163.com/05/0621/22/1MQ9746H0001124T.html.

专家、教授、院士的信息贫困之例1

2000年年末的一次专家座谈会上,一院士在谈及互联网上某网站公布的我国海峡两岸导弹基地照片时,只依据某卫视的报道发表意见。假如该院士发言前亲自看了卫视报道中所提及的那个网站,就会发现该卫视"报道里说的网站上的内容"与"实际的网站上的内容"有显著偏差。媒体报道追求第一时间,但一些人把媒体报道中用以吸引注意力的诱饵信息[①]直接吞下,再把诱饵信息外推放大,然后又根据外推放大的东西发表自己的意见。

专家、教授、院士的信息贫困之例2

专家、教授、院士们受邀参加某一项目鉴定评审活动时,他们处于一种什么样的信息环境包围之中呢?他们有什么手段获取这个项目的真实过程信息?

上海交通大学陈进"汉芯造假"事件[②]中,为"汉芯一号"完成鉴定工作的院士和专家们在评审过程中无法在短时间内"直接经验"汉芯,所能看到的关于"汉芯一号本身研制的实际过程"的真实信息非常贫乏,他们处于信息贫困的境地[③]。关于"汉芯一号研制实际过程",陈进(及其研制团队)与院士专家之间就处于极度的信息不对称状态。

2006年1月,陈进的行径被知情人揭发。以下举报内容及调查结论,揭示了陈进设计欺骗性信息环境、致使专家和政府部门处于信息贫困境地的种种具体行为。

举报内容

上海交通大学教授博导、上海交大微电子学院院长、上海硅知识产权交易中心实际负责人陈进2002年8月从美国买来10片MOTO—freescale的56800芯片,找来几个民工将芯片表面的MOTO等字样用砂纸磨掉,然后找公司给芯片打上"汉芯一号"字样,并加上汉芯的LOGO。

假数字信号处理器(DSP)芯片磨好后,陈进通过种种关系弄到了"由国内设计、国内生产、国内封装、国内测试"等种种假证明材料。陈进请集成电路行业专家,召开研讨会给出鉴定:"汉芯一号"是达到国际先进水平的高端大规模集成电路。

---

① 媒体报道因其快速,可作为新鲜信息的重要引子。情报分析者重视媒体报道,是为了根据新闻报道中提到的消息源,进一步追溯真正的原始的源头。
② 上海交大通报"汉芯"系列芯片涉嫌造假的调查结论与处理意见 陈进被上海交大解除有关职务国家有关部委决定追缴相应拨款和经费[J].中国集成电路,2006,23(6):39,72.
③ 彭梧."汉芯一号"爆造假风波 多位知名院士选择沉默[EB/OL].(2006-01-28)[2019-09-23]. http://news.sohu.com/20060128/n241635137.shtml.

2003年2月26日，陈进蒙骗上海市政府新闻办公室，邀请了科技部、上海市政府、同行等召开新闻发布会，"汉芯一号"就这样诞生了，成为所谓"中国首个有自主知识产权的高端DSP芯片"。

在"汉芯一号"问世的3年时间内，陈进向国家各部门成功申报项目40多次，累计骗取无偿拨款1亿元以上。

事件调查结论

陈进负责的汉芯团队所研制的"汉芯一号"，是一款208只管脚封装的DSP芯片，由于其结构简单，不能单独实现指纹识别和MP3播放等复杂演示功能。为了在上海市举办的新闻发布会上能达到所需宣传效果，陈进等预先安排在"汉芯一号"演示系统中使用了印有"汉芯"标识、具有144只管脚的芯片，而不是提供鉴定的208只管脚的"汉芯一号"芯片，调查表明，当时汉芯公司并没有研制出任何144只管脚的芯片，存在造假欺骗行为。

"汉芯二号"是受某公司委托定制的DSP软核，汉芯公司完成了设计实现，但核心技术不为其所有。

"汉芯三号"是对"汉芯二号"的简单扩充，技术上与"汉芯二号"来源相同，由于缺乏必要的外围接口，不能独立实现复杂应用，芯片实际情况与汉芯公司宣称的"已经达到国际高端的DSP设计水平"的说法不符，夸大了事实。

"汉芯四号"是一款使用了其他公司中央处理器的单核系统芯片（SoC），不包含汉芯DSP核，与汉芯公司向有关部委提交的项目文件中关于"汉芯四号"是双核芯片的陈述不符，存在夸大欺骗行为。

……

5）买卖（交易）中某一方的相对信息贫困

就"待交易的产品"如二手车而言，卖方就处于"相对的信息富有"的境地，而买方则可以说是处于"相对的信息贫困"的境地。人寿保险产品销售过程中，买方（客户方）就处于"相对的信息富有"的境地，而卖方（保险公司一方）就可以说是处于"相对的信息贫困"的境地。这里，"买方""卖方"可被看成是利益有冲突的不同主体的代名词。

有信息优势的一方有可能利用信息不对称而牟利。

6）一把手的信息贫困

《公司为什么失败》[①]一文指出：首席执行官（CEO）们往往得不到做出有情报根据的决策所需的信息。主要原因是下属害怕把真相告诉 CEO 们。即使上司无意压制不同意见，但微妙的信号（一个厌烦的表情、一个简短潦草的答复）也会传达这种意思：坏消息不受欢迎。这就是为什么职位较高的 CEO 们都不大可能准确评估他们自身绩效的缘由。

明智的领导采取有效措施消除信息贫困。例如，在企业内部设立"反对人"机构，其职责就是提出最坦率的问题。华为公司蓝军部[②]就是这种"反对人"机构的实例。

第二次世界大战期间，英国首相丘吉尔担忧自己"带传奇色彩的个性"会阻碍下属汇报坏消息，于是他设置了一个独立于指挥系统的部门：统计局。统计局的首要职责就是为丘吉尔提供"最毫不掩饰、最如实的事实"。

7）情报工作者的信息贫困

作为信息产品供应者的情报工作者，也会发生信息贫困吗？答案是肯定的。

情报工作者的信息贫困往往在于他不知道客户所确切需要的与具体业务相关的信息到底是什么；有些情报工作者不知道自己可为客户做什么、难以让客户知道情报工作者可为客户做什么。情报工作者用于收集客户反馈的途径和手段十分有限。

例如，情报产品生产者——杂志主编的信息贫困在于：当他策划选题时，不知道读者喜欢读什么、不喜欢读什么，不知道读者认为什么有用、什么没用。

如果杂志主编与客户处于同一层次且与客户沟通充分、互有充分信任，则这种信息贫困就消失了——主编可以决定客户应该读什么，从而直接设置客户的议程。

成熟度高的情报客户，会对情报产品及时给出恰当的反馈意见——"这篇文章很好用""那篇文章里提到的那个 A，我想知道更详细的信息"，让情报工作者的这种信息贫困消失，情报产品的品质就会越来越高、越来越适用。

2.1.3 "客户需求"信息的获取

理论上说，客户需求来源于最终客户或最终客户代理人（代表最终客户来与供给侧情报工作共同体接洽的人员）。

而实际上，情报客户的情报需求往往是变化的，有时候具体，有时候抽象，有时候

---

① RAM C, JERRY U, ANN H. Why companies fail [EB/OL].（2002-05-15）[2021-07-31]. https://www.brown.edu/Departments/Engineering/Courses/En9/spring/handouts/WHY COMPANIES FAIL.doc.
② 张弓. 华为有个"蓝军部" 整天研究如何打败华为 [EB/OL].（2019-07-11）[2019-09-06]. http://opinion.cnnb.com.cn/system/2019/07/11/030067248.shtml.

急迫,有时候舒缓,有时候明确,有时候含糊。而且一开始客户往往说不清楚自己到底要什么。

福特汽车创始人有一句名言:"如果你要问人们需要什么,他们会告诉你,需要一匹跑得更快的马。"客户需求通常都不是客户自己说出来的,而是情报工作者们通过正确的调研方式推理出来的。需求也要去伪存真。

具体的需求信息,可从 4 个渠道获取:内部渠道;外部渠道;抛砖引玉(引出客户的精细新需求);提高站位(从更大的视野里获取超前的引领性质的需求信息)。

(1) 内部渠道

①与上司或导师交谈。

②对现有情报产品及其分发范围数量进行分析体验,反向揣摩客户需求。

③与同学同事交谈。

④自己猜测客户需求并就猜测结果与有关人员交流。

⑤阅读老员工曾经完成的那些反响比较好的情报报告,模仿这些报告的风格(规范的格式、清晰的逻辑、洗练的表达、翔实的出处注释……)。

(2) 外部渠道

①收集客户反馈,关注"情报被客户感知且吸收"环节的反馈信息。"情报被客户感知且吸收"环节,正是情报共同体情报机构效用显现的环节。关注这个环节的反馈信息,并有针对性地做出响应,对精准理解客户需求、提高情报机构效用、提高客户满意度,都是至关重要的。通常,"情报被客户感知且吸收"这个环节的效果信息,要在送达之后经过或长或短一段时间才能浮现——客户读到你制作的含有他所需要的 meme 的文章后某日,给你打来了一个电话,约你到他的办公室详细谈谈与文章有关的事情;某客户在一个重要大会上,高举着你的团队上个月制作的某个情报产品,对数百名与会者说:你们真该好好看看这期里边第一篇文章……

②竞争对手或其他同行的相似情报产品及这些产品的分发范围。

③市场政策/动态/研报。

④与合作伙伴主体(如客户代理人)交谈。

⑤根据客户决策类型反推对应的情报需求。

⑥参加相关会展捕获可能的需求信息。例如,要感知微观(项目、课题)客户的情报需求,最好是参加客户所热衷的那些学术活动/交流展会活动/听证活动等。

⑦到任何其他类型市场上去寻找需求。

（3）抛砖引玉

当客户说不清自己的需求时，先主动试探性地推送原型情报产品。试探的结果可能有两种情况。一种是：客户看了你提供的试探性的情报产品后，可能惊喜地发现这个样子的情报产品正是他需要的。另一种是：当你提供了一个初步产品时，客户只是较之前更确切地知道他要的不是这样的东西而是另外一个东西。这就是说，试探性的情报产品原型即使被客户否定，你也确切地知道客户不想要什么，你可以缩小你的工作范围——这显然也是对客户需求的一种感知。这种积极主动的探索活动，可以比较快速地感知到客户需求的脉搏。

在实际工作中，更常见更切合实际的做法是：配合地平线扫描工作，用高频（每日）短小的动态情报，引出更明确的客户需求。高频率（如每日或每周）短篇幅（百字左右）情报产品（如含 5～7 篇百字微报告的《每日快报》），极容易牵引出客户的精准情报需求。

你输出的一篇数百字的小综述或一个被及时捕捉到的动态报道，有可能点燃客户的兴趣、引起客户注意力聚焦，同时刺激客户主动热切地把他们的情报需求明显地表达出来，并自愿将情报需求准确地送达情报工作者（让情报工作者关于客户需求的信息不再贫困）。例如，你写的某一篇 300 字左右的动态文章，导致客户写批示连续提了 3 个问题，你下一步工作的方向就彻底明确了，直接回答这 3 个问题就可以了！

（4）提高站位

有志于为国家利益服务的有担当的科技情报机构和科技情报人员，可以站在国家利益的高度，来思考情报需求的问题。考察海外各层次的诸多同行们正在做的科技情报产品和服务及这些产品和服务的分发对象，也会得到很多相关启示。这个时候，你会发现，有些情报需求具有强客观性（肯定会有客户需要这类情报，但具体客户是谁不重要）。你不必知道具体客户是谁，甚至你需要有意识地播种和培育客户群、发展和牵引客户群。

在这种情况下，你就可以在不惊扰、少惊扰客户的条件下，找到客户的真正需求。

情报研究者也可在自己愿意深究的技术领域，找到最感兴趣的细分方向，找齐所有与这个细分方向有关的 WIKID（包括有关的各种来源的综述），寻根究底，了解这个细分方向正在如何创新改进，用你独特的视角和框架描绘出你发现的这个细分领域的前沿新样貌，然后，当你输出的这件情报产品是一流产品时，客户就会追逐这个产品而来。

比方说，一个科技情报研究新手可以从"亟待攻克的科学和技术难题"（2018 年 5

月 29 日）①（表 2-3），或者美国《科学》杂志社的"125 科学问题"（2005 年 7 月 1 日）开始，凭自己的喜好或特长建立一个设想中的情报需求图式（如北京大学信息管理系"信息分析"课上同学们自己给自己设定的"关切"）并做出相应情报研究产品。

表 2-3 亟待攻克的科学和技术难题

地球科学	超高精度量子惯性导航技术 太空天气的及时准确预报 岩石圈构造应力场及其作用过程
公共安全	煤矿重特大灾害智能报警方法与技术 工程结构安全的长期智能监测预警技术 城市交通基础设施智能协同运营技术
交通运输	基于北斗卫星和 5G 通信技术的新型高速铁路列车运行控制技术 高原高寒冻土地区高速铁路与公路修建关键技术 跨深大海峡通道（悬浮隧道）关键技术 面向未来交通的路网全感知技术 时速 1000 千米及以上低真空管道运输高速磁悬浮铁路建造关键技术 未来城市地下交通及物流系统
空天科技	航天运输技术难题 飞机级系统架构设计及仿真技术 面向工程应用的高精度动态测量
能源环境	高效长寿命低成本电化学电力储能技术 海洋生态系统储碳与全球变化 脆弱生境生物多样性的维持机理 高水平放射性废物安全处置 绿色安全高效的低成本制氢技术 川藏铁路建设难点 未来全球能源互联网的关键技术
农业科技	绿色农药创新研究和原创性靶标的发现 固态有机废弃物生物转化及其资源梯级利用 植物工厂人工环境条件下植物的生长发育调控

---

① 战钊. 中国科协发布 60 个重大科学问题和重大工程技术难题 [EB/OL].（2018-05-29）[2019-09-23]. http://tech.gmw.cn/2018-05/29/content_29026680.htm.

续表

生命科学	基于核酸物质的基因精准调控与医药技术 细胞命运决定机制的研究 人类智能的基因调控机理 全球变化对动物的影响及应对 植物对逆境的记忆功能与进化 DNA 存储技术 意识读取的前沿问题和关键技术 遗传信息的结构编码——纳米尺度遗传信息动态结构解析
数理化基础科学	记忆的物理化学基础 单分子化学反应动态过程的可视化 超临界场强的量子电动力学效应 宇宙中重元素的起源 极端条件下的可控燃烧
先进材料	高性能热电材料 纳米纤维的产业化生产关键技术 核能系统高安全结构材料 高活性可见光催化材料 人工智能技术与新型智能复合材料的深度融合
信息科技	类脑计算 新一代认知物联网关键技术 抗量子密码算法设计 大规模共享无人载运工具的协同智动管控仿真 工业互联网中数据集成和边缘处理技术 人与机器的情感交互
医学健康	肿瘤转移机制与抗肿瘤转移新药研发 老年性痴呆的机制解析及诊治难点 精神疾病的新型治疗方法 免疫微环境分子分型及免疫治疗耐药机制
智能制造	人机共融关键技术 微腔中的力光量子传感 高性能动力电池研发技术 新一代智能制造系统 基于多源信息融合的大型复杂系统健康状态监测与评估 人工智能在智能驾驶工程技术开发中的应用 先进微纳机器人技术

2.1.4 需求评价：情报需求优先级的定义

这里的优先级是指"为满足某情报需求所要投入的人力财力物力时间等资源的综合权重"。为了说明这个优先级的意思，我们来看图 2-1 情报需求事项的优先级象限。比方说，第一象限里的需求事项，获最高等级的人力财力物力时间等资源配备（一般达 80%），第二象限里的需求事项配备 12% 的资源，第三象限 5%，而第四象限占 3%。第四象限里的需求事项往往用于训练新手，第三象限里的需求事项用于新手进阶训练；训练的要求完全不低于第一、第二象限需求事项的要求；第三、第四象限的需求事项，还可能因为新人的创新思维和灵机发现而从战略上上升为第一象限里的需求事项。

图 2-1　情报需求事项的优先级象限

情报需求事项的优先级也可描述成一个表格（表 2-4）。

表 2-4　情报需求事项的优先级描述

	优先二级 重要且紧急事项： 总有规划不到的意外之事； 救火工作模式； 成员生活品质有较大牺牲	优先一级 重要但非紧急事项： 部署最多最精干的日常人力； 平时规划好，把本共同体战略及其日常都落实到位； 成员日常生活品质高； 优先一级业务工作做好了，需救火的意外之事可降到最少
重要		
不重要	优先三级 不重要但紧急事项	优先四级 不重要且非紧急事项
	紧急	非紧急

总有一些需求非常苛刻（Demanding）的客户，他们的需求永远是一个"动目标（Moving Target）"。动目标现象的存在，有弊也有利：一方面，给项目管理和成本控制带来难度；另一方面，给有敏感力的情报分析者带来感知客户确切新需求的机会。

平时，我们把客户对以前情报产品的反馈都及时放到情报共同体信息环境之中，便于情报共同体对需求图景及时进行更新。

2.2 情报素材感知

对于情报素材的感知涉及两个层面的内容：一是对信息内容进行知识审计，二是对情报源进行感知评判。

2.2.1 知识审计：探索"现有知识资产的翻新再用可能性"

针对新出现的客户需求、新构建的需求图景和需求框架，对现有信息资源进行盘点——情报工作者对自己、对同行、对客户现有任务相关 WIKID 资源进行盘点，找出其中有再用价值的那一部分资源。数据技术、人工智能在这个环节能发挥非常重要的作用，可以大大加速科技情报工作的节奏。

知识审计是在情报感知样式五（参见"第 5 章 情报感知的宏观样式"）条件下的情报需求感知作业的一个内容。

（1）知识审计的概念

对情报工作共同体和伙伴主体的针对任务项目而言的现有存量知识进行检阅的过程，就是知识审计（包括确定协同者的信息需求）的过程。

知识审计作业，就是比照项目（个人、组织）任务，系统化地普查、分析、量度和评估情报工作共同体和伙伴主体当前所拥有、可调用的关涉项目的知识资产。担负感知（特征信息采集或属性信息采集）任务的人机系统，首先要知道该采集什么信息。为了只让对任务有用的信息出现在信息环境中，必须清晰地进行知识审计，明确信息采集边界。

一般而言，一个主体的知识资产可以分为 4 种类型[①]，如表 2-5 所示。

---

① GREY D. Knowledge searching［EB/OL］.（2003-10-21）［2019-09-23］. http：//denham.typepad.com/km/2003/10/knowledge_searc.html.

第 2 章 情报感知的对象体系

表 2-5　一个主体（或一个项目团队、一个共同体）的知识资产的四分法

①自己有，且自己知道自己有的那部分知识，KK = what we know we know。
②自己没有且自己知道自己没有的那部分知识，KDK = what we know we don't know。
③自己有，但自己不知道自己有的那部分知识，DKK = what we don't know we（already）know。
④自己没有，且自己不知道自己没有的那部分知识，DKDK = what we don't know, we don't know

知识审计可以确认上述①和②类知识资产的清单，让协同者对与项目有关知识的完备程度心中有数，以便知识再用和减少重复劳动。

面对一个任务项目，知识审计工作的核心任务就是回答表 2-6 中的 4 组问题。

表 2-6　知识审计工作要回答的 4 组问题

①本共同体拥有的、有特色的知识有哪些？同行都知道本共同体有这种特色知识吗？
②同行（包括伙伴或非合作者）那里有哪些本共同体尚未拥有的知识？本共同体充分了解这个领域前沿同行们的成就吗？
③本共同体从同行那里获取（采购）这些知识的可能途径和代价是什么？
④哪些知识的获取必须由本共同体自行通过科学试验等手段去直接经验事物？试验设计、观测等方法知道吗？

上述①至③的回答，使情报工作共同体确定自己"现在在哪里""控制"（掌握）迄今已经有的关键知识。"控制"的意义就像"书目控制"里边的控制，指的是：这些知识的载体就是干系人本身；文献、成果已经到手；文献、成果的地址信息十分完备。

问题①至③的解答让情报工作共同体能够收割（或定位）现有认知成果（已然信息资产）——某个人自己有的、共同体内有的、共同体外有的。已然信息资产是一个非常实用的概念，指的是已有的可再用的 WIKID（知识、信息、数据……）资源。对应的事情已经发生，有关事物的数据已经在世界上的某处存在着，且可以获得并展现在特定的信息环境中。例如，以往各届奥运会的有关信息，在互联网上随时都可以查到。

上述④的答案，使知识共同体确定自己"要到哪里去"，了解为了完成任务还缺乏哪些知识，明确新的认知任务（未然信息资产），以便给各协同者分配探索新知的工作。同样，未然信息资产也是一个很实用的概念，指的是将要产生出来的 WIKID（知识、信息、数据……）资源。对应的事件还没有发生。

如果用"we"代表所有曾经上网在线的人类，考虑大数据 + 人工智能等技术的应用场景，那么我们就可以得到图 2-2。

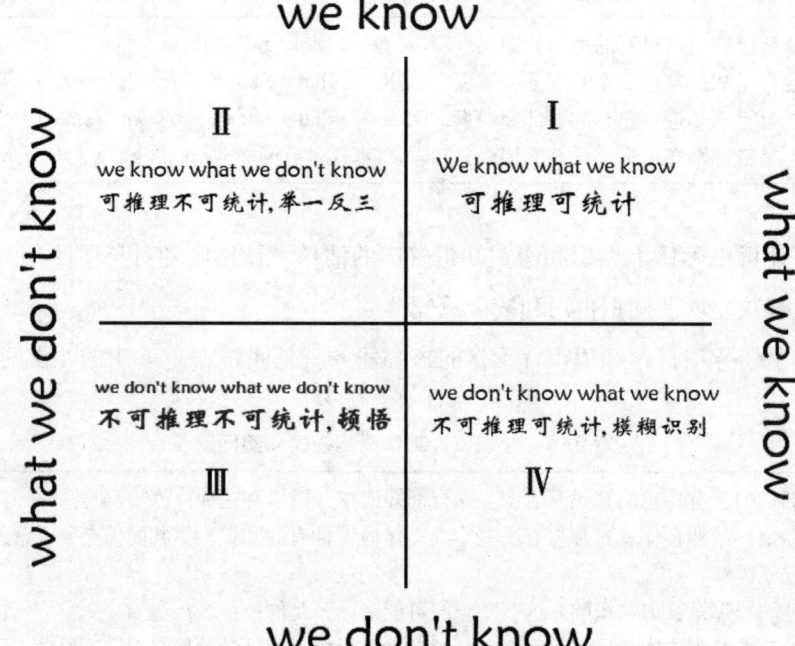

图 2-2 知识审计 + 人工智能

知识审计完成之后，情报工作共同体就可以进行这样的决策：哪些关键知识只要去采购就可获得，哪些关键知识可以运用大数据技术和人工智能获得，哪些知识还必须自己去创造。

(2) 知识审计操作的时机

知识审计工作一般在立项论证环节、阶段验收环节、项目结束环节各进行一次（当然也可连续进行或随时进行）。立项论证时，项目组的成员首先需要梳理（也就是需要去发现）前人已经做出的相关发现成果，阐明想要通过新立项项目获取哪些创新成果，并制定出项目研究方案。知识审计报告的内容，是目前中国现行各种科研项目立项报告的事实上的首要部分。

阶段验收时的知识审计，是为了监测项目的进展，看看项目协同者是否按照项目计划进度交付了预计该交付的新知识（新产品）。一般的项目研究过程中，都要设置一些里程碑验收。每一次验收，都实质上进行了知识审计。

项目结束时的知识审计，就是在每一个项目完成之后，对这个项目已经发现的新知识进行审计，系统地表述本项目所贡献出来的知识创新，以便另外的项目在开题时收割本项目的创新成果。

(3) 知识审计与信息环境的运行

一个良好的网络信息环境，可以使项目情报工作共同体的档案完备、ISO 9000 质量体系运行完好，随时都可以回答知识审计的上述 4 组问题。

一个回合的知识审计操作完成的主要标志，就是列得出项目当前的知识资产清单：已经完成了哪些认知任务，即已然信息资产有了多少；还有多少认知任务尚待完成，即未然信息资产将有多少。

接下来立刻要做两件重要的事情。第一，把已然数据转移到情报工作共同体信息环境（参见"第 4 章 情报感知的信息环境"）中，让情报工作共同体成员及时共享。第二，预先把未然数据进行第一、第二层次的特征信息采集或属性信息采集（参见"第 6 章 情报感知的特征信息提取"），建成一个人机协同的第三层次感知（特征信息采集或属性信息采集）系统，时刻准备捕获行将出现的信息资源，以便新发生的事物的特征信息（属性信息）能被实时采集、实时存储、实时展示。

这里，预先的特征信息采集或属性信息采集（感知）工作能够进行，肯定是事先对已然数据产生的过程进行了分析归纳总结，得出了这类事物产生数据的规律、采集的方法等。任何一个将要捕捉未然数据的感知（特征信息采集或属性信息采集）系统，都是规律运用的结果。

例如，2008 年 8 月 8 日之前，第 29 届奥运会尚未发生，有关数据尚待采集。但根据以往奥运会各项赛事活动的规律，已经为即将到来的这次奥运会建立了采集数据的人机系统，并对有关人机系统进行了演练，等待着预定奥运赛事按日程发生。可以预计，将于 2022 年 2 月 4—20 日在北京市和河北省张家口市联合举行的第 24 届冬季奥林匹克运动会，也会开展类似的演练和准备工作。

(4) 超越知识审计：一般知识资产

一般知识资产往往是指一个有一定规模的专业情报分析机构所拥有的知识资产，范围相对宽泛，不限于某个具体课题。知识资产这里就是信息资源/数据资源的意思。一般知识资产包括情报机构认为对客户可能有用的信息（符合情报机构定位）；情报机构认为对自身发展有用的信息（如机构/个人为未来从事其他可能说服客户同意立项的课题而积累的 WIKID）。

"资源"意味着价值判断。"信息资源"包括所有经过感知操作（特征信息采集或属性信息采集）之后能在特定信息环境中呈现出来的数字化了的事物特征信息（属性信息）。

"作为资源的信息"的可用性，就是生产或转发这则信息的人确信这则信息自己可用、参与协同的同事可用、合作伙伴可用或非合作主体可用。一则信息的"可用"，是这则信息内容在信息环境中存活的理据。

相对于一个项目而言，信息资源就是有助于项目在规定的时间、经费等约束框架内得以完成的一切信息（参见知识审计）。如果说一般信息定义中不应出现"对接收者有意义"的字样，那么，作为资源的信息，即信息资源，则必须对特定接收者有意义。情报工作共同体信息环境中所出现的一切信息内容都是信息资源——都必须对项目任务而言是有意义的。这样，所谓信息污染的问题就自然而然地解决了。

"信息资源"是一个需要谨慎对待的概念，因为在不同的语境中，"信息资源"会有不同的含义。"科技情报工作"这个表述中的"科技情报"就是图书馆员们通常认为的"信息资源"，包括图书馆里面的图书、期刊、杂志、文献库中含有的内容、中国知网CNKI所出售的数据库产品，等等。因此，图书馆、情报中心等情报单位在谈到"信息资源建设"的时候，往往就是买书、订刊、买数据库、文献标引、检索刊物、建一个计算机系统把这些东西连到客户那里、实施情报保障……

而人们在关于信息化的讨论中议论信息资源规划的时候，则往往指的是某一个单位内部业务流程上已经产生或将要产生的（内源性的）或所需要的（外源性的）各种与内部生产率有关系的信息。进行信息化建设，就意味着将信息和业务人员结合在一起，意味着需要对工作流程进行重组，让业务人员顺畅地驾驭无论内源还是外源的信息，设法使从事业务工作的个人或组织的吞吐能力（生产能力）最大化。

对于任一企事业单位而言，"知识管理"的对象的例子有单位内部业务工作的"最佳做法"（是业务流程产生的）；"竞争情报系统"所管理的对象的例子有"对手的活动信息（这虽不是业务流程产生的，却是业务流程所需要的）"；"档案情报工作"所管理的信息对象包括业务流程产生的企业核心技术文档；"科技情报工作"所管理的信息对象包括与单位核心技术发展密切相关的科技情报（可能不是业务流程产生的，却可能是业务流程所需要的）。

科技情报部门提供的科技情报，无论你认为有多宝贵，都不是作为客户的科技企事业单位的宝贵信息资源的全部，而只能是其中的一个部分——尽管有可能是非常重要的一部分。而且，科技情报要显出重要性，还必须满足5R条件。通过改善关涉情报产品的"知道的结构"，才能使情报工作的地位和作用得到彰显。当然，科技情报单位可以利用自己的感知能力、信息环境设计和ASP（应用服务提供）能力去帮助企业进行信息化建设，如为企业设计、实施、维护信息环境，帮助企业进行信息资源组织。

对于科技情报单位自身业务建设而言，网络环境建设（信息化建设）不等于购买各种各样的数据库，信息资源也不等于从社会上买来的图书、资料、数据库、研究报告这一类东西，知识管理更不等于对馆藏的文献中所含的知识的管理。任何一个单位的信息化（或知识管理）都不可能是买来的，也买不到。

特别需要在这里指出的是，社会上讨论的大数据，其实都是业务工作信息化、物联网、购物网、传感网等信息系统运行过程中采集的那些数据。

2.2.2 情报源感知：系统扫描新素材

"新素材"其实是指那些"含有'与客户需求可能匹配的情报'的素材"。上述知识审计的工作实质是要帮助情报产品生产者避免不必要"重复发明轮子"的作业，同时帮助情报产品生产者进一步明确客户的深层情报需求。

知识审计之后接下来必定要做的事情，就是去开拓那些手上没有现成的、买又买不到的那个部分的研究工作，事不宜迟马上去感知那些含有客户所需情报的情报信息源（含有情报的信息源）。

而对于前沿最新动态跟踪类的情报研究项目而言，知识审计的工作量相对较小，在明确了客户所在领域及其对该领域前沿的大致了解程度、明确了客户岗位职责之后，情报分析者就可以开始从今往后系统扫描"含有'与客户需求可能匹配的情报'的最新素材"。这时，当你碰到标题上带有"最新""最前沿"字样的文章——例如，《*Science* 发布：全世界最前沿的 125 个科学问题》，你一定要去考证一下该文实际最早发表时间。前沿动态扫描类情报研究项目，对情报源发生的第一时间极为在意。

(1) 情报源（情报信息来源）的感知

情报工作者放开视野，在万千信息源中敏感地捕捉到可能有用的线索和素材（情报信息源），也就是找到"对客户（决策者）有意义"——能帮助客户建构意义的那一部分 WIKID，找到与需求图式、需求框架匹配的素材，精准地滤选和建设与任务高度相关的信息资源。

所谓"可能有用的线索和素材"，是指潜在素材和现有素材里，含有用户感兴趣事物的属性信息，有望用更精练的文字把这个事物属性激活并清晰呈现出来（构建出 meme）。

事实上，选题者会一直惦记着客户想要的好情报的样子，一碰到线索和素材，脑海里就一定有伴随的 meme 创意和策划。做好素材感知、素材获取这个任务的一个前提是，选线索和素材的人已经明确知道哪些客户可能对哪些内容感兴趣——即便碰到了闻所未闻的信息，这个选线索和素材的人也能知道"这个信息对谁很重要"。

感知情报源的另一个有效方法是盯人（这个人、这个人的对手和朋友）、盯机构、盯杂志、盯会展、盯新闻、盯社交媒体……

(2) 情报信息源的类型

《定义第二代开源情报》把公开信息源划分成来自政府、公司、其他非媒介出版机构的灰色文献、来自媒介机构的新闻、来自社交参与者的社交媒体，等等。

1) 灰色文献（来自政府、公司、其他非媒介出版机构）

政府、公司、智库、任何其他非媒介机构的白皮书、研报、演讲稿等。

2) 新闻（媒介机构出品）

科技情报机构钟情于主流媒体的科技专栏文章。

3) 社交媒体（来自社交参与者）

例如，知乎这样的网站。知乎是北京智者天下科技有限公司旗下品牌，是互联网上的中文知识社交平台。"知乎以知识连接一切为使命，凭借认真、专业和友善的社区氛围和独特的产品机制，聚集了中国互联网上科技、商业、文化等领域里最具创造力的人群，将高质量的内容透过人的节点来成规模地生产和分享，构建高价值人际关系网络。"[1]

社交媒体上的文章往往时效非常快，而且经常含有很多指向重要灰色文献的优质线索。你可以不在乎这些文章本身，但是你可能快速获得找到重要灰色文献的机会。

(3) 专深技术情报源的感知问题

20世纪80年代初，有些前沿科技机构在研究碲镉汞液相外延的技术。显然，这样的技术对多数科技情报分析者来说，是过于专深了。某些图书情报工作人员（情报产品生产方）和某些客户，往往会因为自身知识结构的问题，对专深而又具体的科技动态进展分析感到难以深入甚至厌烦，有些人甚至认为自己是做战略情报分析的（似乎只有那种战略情报分析的成果才更加高大上一些），没必要关注这些专深的微观小事。殊不知，某些微观的东西（如芯片），就能考验一个国家工业体系的完整性。专深技术情报领域的感知者，需要有能力从一个具体的点出发见微知著，通过关联技巧（简短凝练的话语，说清楚这个具体的事物如何与某个战略相关联），从具体到抽象、从微观到宏

---

[1] 知乎. 联系我们 [EB/OL]. [2019-09-23]. https：//www.zhihu.com/contact.

观，找到事物所属的那个框架和谱系。

（4）与情报信息源相关的 WIKID 概念

谈"情报"躲不开"WIKID"（智慧、情报、知识、信息、数据）。

在《情报感知论》中，所谓"情报信息（intelligence information，意思是含有情报的信息，参见《定义第二代开源情报》）"，就是指那些含有任务相关内容的 WIKID。作为情报源的素材，具体包括 WIKID、人员、实物及一切含有情报/携带情报的东西。例如，人们可以通过访谈（拷问）某人而试图获得想要的情报；通过破拆实物零件而试图获得零件的设计制作 Know-How（Reengineering）技巧。

1）让我们认真讨论一下"智慧、情报、知识、信息、数据（WIKID）"吧！

有一些研究者提出了成套的 WIKID（Wisdom, Intelligence, Knowledge, Information, Data）结构[①]。每一套 WIKID 定义都基本能自圆其说，在一定范围内有可用性。但各定义之间除了"W""D"的位置基本相同之外，中间的"Information"、"Knowledge"、"Intelligence"和"Understanding"的定义与位置排列往往互相不同，没有公认一致的说法。

例如，《信息资源组织百问》中有一道简答题"试论述数据、信息、知识、智慧之间的关系"。一个广为流传的答案认为："……知识 = 信息 + 判断……"，即"知识是加上了判断的信息"。而 1996 年出自 OECD 的著名的《基于知识的经济》一文则郑重指出："Knowledge is a much broader concept than information"（知识是一个比信息宽泛得多的概念）。

20 世纪 90 年代，由 Ian Coombe 提出的适用于电子媒介、实物媒介和人类媒介（applicable to electronic, physical and human media）的"WIKID – 力量"转换等级结构（The WIKID Power transformation hierarchy）是一个值得关注的信息概念体系。美国、英国和澳大利亚等国的国防部门已在这个等级结构之上构建了相当丰富的军事转型理论与实践。

信息环境设计中，协同者之间为了交流的方便，可以把一些经过了某种不同操作或经历过某种转换的内容分别贴上"数据、信息、知识、情报、智慧"的标签（相当于一套约定）。这种约定的极端例子就是密码与暗语系统（参见文本框"约定与情报感知"）。

---

① 杜元清. 论信息环境设计[D]. 北京：北京大学，2009.

> **约定与情报感知**
>
> 19世纪法国诗人魏尔仑有这样两句诗:"秋日的琴音抒发出阵阵呜咽"和"绵绵的情意揉碎了我的心"。第二次世界大战中,法国抵抗组织与盟军之间有一个秘密约定:如果无线电广播中播送第一句诗,就是提醒法国抵抗组织:盟军的登陆行动即将开始;如果播送第二句诗,就是要求法国抵抗组织,在登陆日袭击公路和铁路枢纽,配合盟军的进攻行动。
>
> 1944年6月1日及随后的3日内,英国广播公司BBC反复用法文播送第一句诗;6月5日BBC广播电台又用法文在12时15分、21时20分、22时、22时15分,分别播发了第二句诗。1944年6月6日凌晨2时,代号"霸王行动"的诺曼底登陆计划开始实施。①

需要特别指出的是,这样的标签体系没有一般性,一旦离开了具体信息环境的管辖范围,就会出现过多的所指(参见第9.5.1小节"'能指'与'所指'的区分与歧义避免")而意义不确定。例如,美国、英国和澳大利亚军事部门所接受的Ian Coombe的WIKID POWER体系,虽然非常有代表性和影响力,但在这些国家的军事部门之外,该体系仍然受到质疑。

理论情报学者在情报学刊物和教科书中讨论数据、信息、知识、情报、智慧(WIKID)之间如何不同的时候,往往有一个没有言明的假设:存在着一个能区分数据、信息、知识、情报、智慧(WIKID)的超然于一切具体人之上的权威裁判(往往就是自己)。

然而事实上,同一个内容,可能被不同的人同时当作符号、数据、信息、知识或情报,也可能被同一个人在不同的时候先后当作符号、数据、信息、知识或情报。因此,人类不可能找到适合所有领域、所有情景的泾渭分明的一套"数据""信息""知识""情报""智慧"(WIKID)定义,也就不可能存在一个被所有人接受的所谓权威裁判,其关于"数据、信息、知识、情报、智慧(WIKID)的区分"放之四海而皆准。

2) 甲看来是数据的东西,乙看来可能是知识

如图2-3所示,主体A认为的数据(信息、知识、情报或智慧),在主体B看来可能是数据,也可能是知识、情报或智慧;同样,主体B认为的数据(信息、知识、情报或智慧),在主体A看来可能是数据,也可能是知识、情报或智慧(参见文本框"甲看

---

① 威尔·福勒.诺曼底登陆[M].张国良,等译.北京:中国人民大学出版社,2005.

来是数据的东西，乙看来可能是知识。"）。

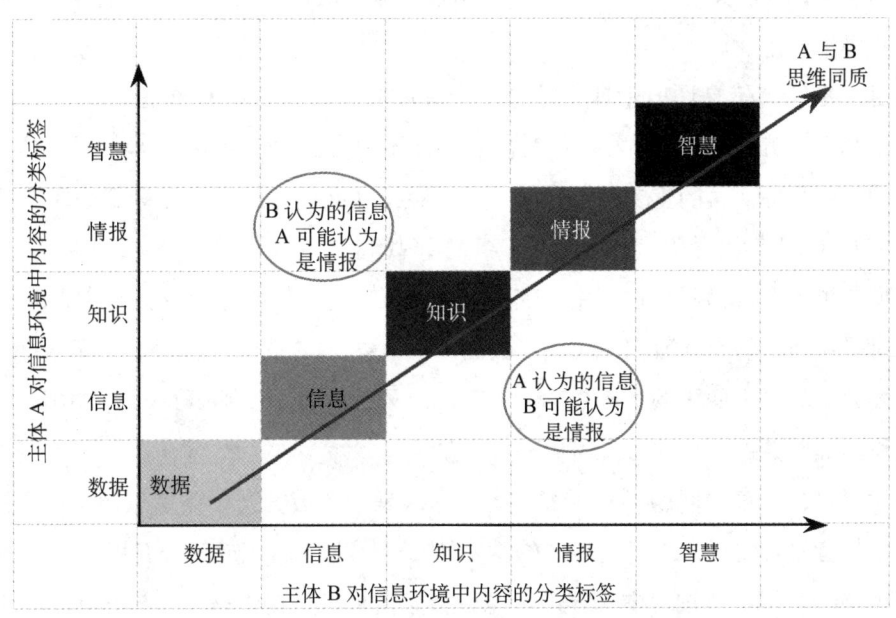

图 2-3　二主体对信息环境中内容进行的 WIKID 分类

甲看来是数据的东西，乙看来可能是知识

在北京时间 2008 年 2 月 20 日上午的一个时刻，互联网上有这样两行与美国故障卫星 USA193 有关的数据[①]：

1 29651U 06057A   08050.77400802 .00256405 00000-0 29678-3 0   02
2 29651 58.5208 31.8067 0009932 58.7181 301.4893 16.08191854   02

世界上大多数人不清楚这些数据意味着什么，但对于研究太空中人造物体在轨运行模式的人们来说，这些数据直接就成为他们的知识甚至是情报。

这其中有一个道理就是：约定或者训练，使协同者的思维进程的同步性、同质性得到提高，因而是情报工作共同体成员间实现高效率思维接力和共鸣的重要基础。

如果 A 提供的数据（信息、知识、情报或智慧）的内容 S，恰好正是 U 所认为的数据（信息、知识、情报或智慧）的内容，那么，A 和 U 对数据（信息、知识、情报或智

---

① Science.gov：USA.gov for Science - Government Science Portal［EB/OL］.［2018-02-18］. https：//www.science.gov/.

慧）的内容的分类方式碰巧非常接近，这时，我们说主体 A 和主体 B 的思维具有同质性。可以肯定，A 和 U 之间可能因此而互相很快建立信任，这对提高今后彼此之间的情报感知效率十分重要。

但是，主体向信息环境中提供的某一个具体内容，无论被看成是"数据"，还是被称作"信息"、"知识"、"情报"或"智慧"，并不改变这个具体内容本身对于情报工作共同体的任务目标而言的重要性。例如，某情报工作共同体的任务目标是完成"1998 年洪涝灾害与 1954 年洪涝灾害比较研究"工作，找到"1954 年中国发大水时受灾面积的准确数据"可能会成为研究过程中要完成的重要任务之一。至于谁愿意把"1954 年中国发大水时受灾面积的准确数据"叫成"数据"、"信息"抑或是"知识"，并不改变"1954 年中国发大水时受灾面积的准确数据"本身的重要性，也不影响"1954 年中国发大水时受灾面积的准确数据"在项目工作中的实际价值。

由此可见，关键的问题不在于发送者传递的是一个数据、一条信息还是一个知识，而在于接收者是否觉得发送者所传递的就是他一直想要的对完成任务有用的那个内容。

在现实的情报工作过程中，客户可能会指着情报人员提供来的一样样东西，明确地说"我要的正是这个东西"，"那个就不要了"，"你把尽可能准确的数据（原文）告诉我就行，不要启示建议"。客户一般很少会说"我要的是知识，你怎么总给我数据啊！"

U_1 提供的数据（信息、知识、情报或智慧）S，进入围绕 U 的信息环境时，都必须与该信息环境中业已存在的那些数据（信息、知识、情报或智慧）进行竞争，才能吸引到 U 的注意力。

一个人（比方说 U）的感性世界，是一个信息池（Information Pool），任何人（比方说 U_1、U_2、U_3……）所谓的符号、数据、信息、知识、情报、智慧及任何其他形式的思维结晶物，都首先进入这个池中。这些被别人认作符号、数据、信息、知识、情报、智慧的东西，一部分会在 U 的信息池中激起阵阵涟漪（引起了 U 这个人的惊奇和关注）；另一部分则会悄悄地在池中分解、溶化，可能使 U 这个人在不知不觉中受到潜移默化的影响，也可能永远不会对 U 造成影响。尔后，U 的思维的结晶过程，就类似于液相外延晶体生长[①]的过程一样。U 的思维的结晶也将经过传播过程而进入其他人的信息池，被其他人当作所谓符号、数据、信息、知识、情报、智慧……

一个人把自己的发现告诉别人，那么，这个人就是在向这个"别人"发送／转发信

[①] 液相外延（Liquid Phase Epitaxy）是指由溶液中析出固相物质并沉积在衬底上生成单晶薄层的方法。参见"杜元清. $Hg_{1-x}Cd_xTe$ 液相外延工艺进展. 红外与激光工程，1983（3）"。

息。无论这个人认为自己的发现是一个数据、一个信息、一个知识、一个情报抑或是一个智慧，都不能改变"他是在向这个'别人'发送/转发信息"这个事实。

一个人的感知是否能被复制、转移，成为另一个人的感知，最终取决于"另一个人"自己的兴趣、经验和价值判断。

"Data""Information""Knowledge""Intelligence""Wisdom"等，都只是主体（如情报工作者或信息发送者）自己经验的区分，是主体依照自己的个人经验建立的一套关于特定主题领域的 WIKID 图式。对于尚未有同步信息操作转换经验的其他主体（如情报客户）来说，这样的区分并无意义。

而当情报工作共同体内全体协同者的思维已经因为约定或恰当的协同而有了同质性（这些人关于同一领域的 WIKID 图式是基本一样的，参见图 2-3），则这样的区分相对于任务而言，意义主要在于问责、内部工作量考核等。

人或机器也许需要描述其对所掌握的数据、信息、知识、情报、智慧进行了某种智力操作后获得的产出（成果）。例如，让机器完成了某些操作（相当于某种格式变换，如排序的操作，把参加第 29 届奥运会的 204 个代表团按其名称的简化汉字笔画排序以便安排开幕式入场顺序），找到了啤酒和尿布的统计关联结果，这个结果就是新发现的一个原本就隐藏在数据中的模式，被挖掘出来后可以被称为"知识"或 intelligence（如人们说 BI 商业智能、智能大厦时所指的智能）。在这个意义上，相对一个具体的任务，同一情报工作共同体中的协同者就可以把经过了各种智力操作之后得到的不同层次的产出，分别约定为"数据"、"信息"、"知识"、"情报"或"智慧"，以便协同者一看到机器输出了一个"知识"就明白机器刚刚完成了某一种相对应的智力操作，一看到机器输出了一个"情报"就明白机器是完成了某另一种相对应的智力操作。

如果没有这些约定，协同者就可以把所供应到情报（信息）环境中的任何东西都称为数据或信息，而且这种称呼并不影响信息环境的运行。

因此，在本书中，"含有情报的信息"（所谓"情报信息"）的内涵和外延，包括已然映射到或可能映射到并且存放到计算机中的任何东西，包括复旦大学教授朱扬勇的"数据"[①]（见文本框"数据"），还包括别人眼里的"情报""知识""智慧"及大家通常所说的各种信息。

---

① 朱扬勇. 数据挖掘技术现状 [J]. 中国传媒科技，2006，16（12）：11-14.

> **数据**
>
> 朱扬勇指出:"数据"的含义很广,不仅指321、897这样一些数字,还指"abc""李明""96/10/11"等符号、字符、日期形式的数据。我们讨论的数据是指存放在计算机系统中的任何东西,如"数字""字符""声音""图像""照片"……,甚至处理数据的计算机程序本身也作为计算机的"数据"。

为了提高数据的品质,我们规定在情报工作共同体的面向任务的信息环境中只允许发布与任务有关联、对完成任务有意义的内容(自然就解决了所谓信息污染的问题)。"项目任务"像锚一样,约束着情报工作共同体全体协同者的注意力,与任务有关涉的信息必须在任务所规定的时空约束内及时呈现(送达)在信息环境中。用价值(如面向某个任务)的筛子,选留下来的 WIKID 都是信息资源。

(5) 对情报信息的敏感力

总有人在问:科技信息分析人员应当如何提高对情报信息(含有情报的信息)的敏感力?一个行之有效的方法是这样的:第一步,如同侦察卫星有普查详查之分,如果人手少,那就全员先做第一轮全谱扫描,视野尽可能宽广,不重不漏,别落下什么情报源;第二步,做第二轮细分扫描——精确对准具体需求;第三步,派一部分人连续做增量的全谱扫描,另一部分人做专深细致扫描。无论在哪一步,全体分析人员都要把客户的需求长久地搁在心里,放开视野,时刻惦记着要找到客户想要的东西。敏感力最实在的源头,是分析人员的责任心。有了责任心,其余的事情就容易了。

2.3 国家情报治理过程中的情报任务感知

国家科技情报治理是实施国家情报治理的过程中对科技情报相关的组织、人员和信息资源进行管控的措施和制度的总称。国家科技情报治理既是国家科技创新发展的重要保障条件,也是国家情报治理体系建设的必要组成部分[①]。

国家情报治理通过理顺和优化对情报事业的管理来解决政府决策过程中信息不完备的问题,作为国家情报治理子集的国家科技情报治理则应着眼于保证和完善国家科技情

---

① 王延飞,陈美华,赵柯然,等.国家科技情报治理的研究解析[J].情报学报,2018,37(8):753-759.

报事业的健康发展。

情报感知是情报工作的核心环节,对于情报感知工作的探索是情报治理过程的重要内容。目前,情报工作中所涉及的感知大多是以特定任务为驱动的,主要是通过各种信息感知工具对目标对象进行持续且有效的监测,尽可能获取丰富全面的信息,灵活运用认知模型、逻辑、经验和算法进行知识发现,进而实现"明晰背景情况、识别关键风险、发现线索规律、预见发展态势、减少复杂分析中的不确定性、提高决策水平"的情报保障目标。因此,情报治理的现代化无论其内容和形式怎样,都不能忽略对相关任务对象的感知。国家情报治理中最为重视的任务对象大多与事业发展和能力建设有关。

2.3.1 信息资源建设是情报事业发展的基础条件

科技情报资源是国家的重要资源和财富,科技情报资源占有和配置的好坏直接影响国家的科技创新能力和科技竞争力。数据基础的存在与投入使用是情报保障功能的一种具体反映,亦是创新价值实现之转化纽带的重要组成[1]。没有足够的信息资源,科技情报治理就是无源之水、无本之木。

美国政府对科技情报资源非常重视,多措并举,推动资源的采集、积累与共享利用。美国商务部国家技术情报服务局(NTIS)在美国科技情报传播机构中居于战略地位,自20世纪60年代初创建以来,建立了350余个学科领域、300多万种出版物的数据库,向公众、企业和其他联邦机构提供信息和数据服务以促进美国的创新和经济增长[2]。为保证其信息来源的稳定性与广泛性,NTIS借助法律的强制力及不断与私营企业进行广泛合作[3];为适应网络环境的变化,不断在机构改革、运行模式、资源积累和服务创新等方面做出调整,采取了多种措施用以拓展信息源、推进共建共享、提升服务能力,确保生存发展。为解决科技情报数据库分散在各个政府部门、"信息孤岛"现象严重的问题,美国能源部科技情报办公室(OSTI)牵头组织13个相关政府部门,建设了美国政府科学网站(https://www.science.gov),积累了60多个数据库和2200多个科学网站,为用户提供超过2亿页的权威性联邦科学情报。OSTI还拥有链接了70多个国家的大约

---

[1] 王延飞,刘记,陈美华,等.情报治理的生态观[J].情报理论与实践,2018,41(1):5-8.
[2] National Technical Information Service. A new strategic direction for NTIS [EB/OL]. [2018-03-31]. https://classic.ntis.gov/assets/pdf/strategic-direction.pdf.
[3] 陈传夫,汤琪.中外科技报告服务版权管理实践比较研究:以NSTRS,NTIS等为例[J].情报理论与实践,2016,39(10):134-139.

100个国家科学馆馆藏的国际门户——世界科学网站（https：//worldwidescience.org），能够对来自世界各地的能源、医药、农业、环境和基础科学等领域的最新信息进行实时检索，实现了美国科技情报资源的大整合，保证了对多学科领域信息的全面而及时地获取[1]。

加强情报工作中资源建设的主动性和积极性，是为情报工作过程中的情报感知、刻画和响应提供科技情报大数据支撑，是应用服务能力的前提。鉴于NTIS及OSTI资源建设的经验，进行科技情报机构的资源建设，首先要积极加强跨领域、跨机构、跨组织间的协作，在保证情报安全的前提下，实现资源共享，互惠共赢。针对互联网和大数据时代对我国传统的科技情报工作带来巨大挑战的现实，为实现科技情报的有效治理，可采取多种方式，加强各部门、各学科甚至各地区的公有科技情报资源的汇集整合、融合共享，探索与企业等其他社会机构合作的模式以提升资源的采集积累和服务水平，夯实种类多样、内容全面、更新及时的信息资源基础。

2.3.2 完善的政策法规体系是情报事业发展的制度保障

科技情报服务国家科技与社会经济建设，是一项整体性、全局性工作，为实现科技情报的有效治理，完善的政策法规体系至关重要。1991年，国家科学技术委颁布了《国家科学技术情报发展政策》，其对于我国科技情报事业发展具有长期的指导意义；2005年，中央军委颁布施行《中国人民解放军装备科技信息工作条例》，这是中央军委颁布的第一部规范全军装备科技信息工作的基本法规，带来了军队科技情报工作的调整，推动了军队科技情报工作的大发展。在学界，武夷山指出，国家也应发布科技情报（或科技信息）工作条例，以便从立法层面上给予科技情报工作长期保障[2]；近年来，仍有学者在呼吁出台科技情报政策和法律法规等保障体系[3]。从对国内的文献调研来看，国家层面、相关部门及学术界对此方面的研究和推动并不多见，显得重视不够。

反观美国则在立法与政策方面投入很大，将其作为保障和促进科技服务机构发展的根本措施。笔者利用互联网调研梳理了美国自1980年以来国家和政府部门对科技情报的部分相关立法、政策和讨论，如表2-7所示。

---

[1] Science.gov: USA.gov for Science - Government Science Portal [EB/OL]．[2018-02-18]．https：//www.science.gov/.
[2] 武夷山．关于我国科技情报工作的几点思考[J]．中国科技资源导刊，2009，41（6）：73-76．
[3] 赵冰峰．迎接我国科技情报事业的第二个春天[J]．情报工程，2016，2（4）：8-13．

表 2-7　1980 年以来美国科技情报部分相关法规政策

机构	政策法规名称及发布日期
国会	2017 年 2 月：《科学诚信法案》，待通过； 2000 年：《技术转移商业化法案》； 1992 年：《美国技术卓越法案》； 1990 年：《帮助美国竞争：联邦科技的作用》； 1989 年：《电子时代的联邦科技情报：机遇与挑战》； 1988 年：《1988 年国家技术情报法》； 1986 年：《联邦技术转移法》； 1980 年：《史蒂文森－怀德勒技术创新法案》
总统	2011 年：《总统备忘录——加快技术转移及联邦研究的商业化以支持高增长企业》； 2011 年：《第 13563 号行政命令"改善监管和监管审查"》； 2009 年：《行政部门和机构负责人备忘录：科学诚信》； 2003 年：《第 13292 号行政命令——对第 12958 号行政命令的进一步修改》； 1987 年：《第 12591 号行政命令：促进科学与技术的传播》； 1985 年：《第 189 号国家安全决策指令：国家科学、技术和工程情报的转移政策》
白宫	2011 年：《联邦技术转移立法和政策》
白宫科技政策办公室	2013 年：《行政部门和机构负责人备忘录：增加对联邦资助科研活动的成果的访问》； 2010 年：《行政部门和机构负责人备忘录：科学诚信》
白宫国家科技委员会	2016 年：《通过国际科学合作推动获取联邦政府支持的科学数据和研究结果法则》； 2009 年：《科学收藏：联邦科学机构任务关键型基础设施》； 2009 年：《利用科学和社会数字数据的力量》
国家科学基金会	2015 年：《国家科学基金会公共访问计划：今天的数据，明天的发现》； 《国家科学基金会科学诚信政策》
国务院	2013 年：《外事手册第 11 卷第 820 章——科学诚信》
国防部	2017 年：《国防部科技情报的保存、传播与再利用——国防部负责研究和工程的助理部长备忘录》； 2016 年：《国防部第 5230.27 号指令：国防部相关科技论文的会议使用规范》； 2012 年：《国防部第 5230.24 号指令：技术文件分发声明》； 2012 年：《国防部第 3200.20 号指令：科学与工程诚信》

续表

机构	政策法规名称及发布日期
国防部	2015年：《建立公众对联邦资助研究的结果的访问计划》； 2015年：《国防部手册3200.14卷2——国防部科技情报项目实施原则和工作纲要：情报研究中心》； 2014年：《国防部手册3200.14卷1——国防部科技情报项目实施原则和工作纲要：一般流程》； 2013年：《国防部第3200.12号指令：国防部科技情报项目》； 2012年：《加快技术转移和联邦研究的商业化以支持高增长企业战略与行动计划》； 2006年：《科技情报再利用》； 2003年：《国防部科技情报的提交与传播》； 1999年：《国防部第5535.3号指令：国防部国内技术转移计划》； 1997年：《国防部第3200.14号指令：国防部科技情报项目实施原则和工作纲要》； 1984年：《国防部第5230.25号指令：公开披露文件中非机密技术数据的保留》
国土安全部	2016年：《支持增加公众对联邦政府资助的研究活动的结果进行访问计划》； 2012年：《国土安全部第026-07号指令：科学诚信》； 2011年：《国土安全部技术转移计划》
能源部	2017年：《能源部第411.2A号政策指令：能源部科学诚信政策》； 2017年：《能源部第411.2号命令：科学诚信》； 2016年：《2016—2018年技术转移执行计划》； 2016年：《行政变更：能源部第241.1B号命令——科技情报管理》； 2014年：《公共访问计划》； 2011年：《能源部技术转移和商业化计划》； 2011年：《所有首席法律顾问和总法律顾问备忘录：政府科学诚信政策的实施》； 2011年：《能源部设施技术转移部长政策声明》； 2010年：《能源部第241.1B号行政命令：科技情报管理》； 2001年：《能源部第241.1-1A号指令：科技情报管理指南》； 2001年：《能源部第241.1A号命令：科技情报管理》
农业部	2016年：《第1074-001号部门条例：科学诚信》； 2014年：《增加公众对美国农业部资助的科研活动相关信息的访问实施计划》
教育部	2016年：《美国教育部公共访问计划和政策制定指南：提高对联邦资助的科研活动的结果的访问》； 2014年：《部门指令：科学诚信政策》
卫生与公众服务部	2015年：《加强对卫生与公众服务部运营部门资助的研究活动相关结果的公共访问的指导原则和一般方法》； 2011年：《确保科学诚信的政策与原则》

续表

机构	政策法规名称及发布日期
司法部	2013年：《美国司法部科学与研究诚信政策》
运输部	2015年：《增加公众对联邦资助的科研活动的成果的访问计划》； 2012年：《运营管理机构负责人及部长官员备忘录：部门科学诚信政策的实施》； 2012年：《美国运输部加快技术转移和联邦研究的商业化以支持高增长企业计划》
内政部	2014年：《内政部部门手册305 DM 3：科学与学术活动的诚信》； 2014年：《加快技术转移及联邦研究与创新的商业化计划》； 2014年：《内政部部门手册第761部分第1章：技术转移政策与程序》
退伍军人事务部	2015年：《退伍军人事务部资助的研究活动相关科学出版物及数字数据的公共访问政策与实施计划》； 2012年：《退伍军人事务部第0005号指令：科学诚信》
国家情报总监办公室	2016年：《国家情报总监办公室增加公众对科学学术出版物及研究数据的访问计划》； 2011年：《信息体系科学诚信原则》
中央情报局	1981年：《科技情报：信息体系满足国家决策者新的和不断变化的需求的能力——中央情报总监科技咨询小组报告》
美国国家航空航天局	2016年：《国家航空航天局第2200.2D号程序要求：科技情报的记录、审批和传播要求》； 2014年：《国家航空航天局第2200.1C号政策指令：国家航空航天局的科技情报管理》； 2014年：《国家航空航天局增加对科研结果的访问计划》； 2012年：《国家航空航天局加快技术转移计划》； 2011年：《确保国家航空航天局的科学诚信》
环境保护署	2016年：《增加对环境保护署资助的科研活动的结果的访问计划》； 2012年：《环境保护署科学诚信政策》
美国国际开发署	2016年：《美国国际开发署公共访问计划：增加对联邦资助的科研活动相关结果的访问》； 《美国国际开发署科学诚信政策》

除了政策法规之外，美国的总统科技顾问委员会、商务部、运输部、农业部、内政部等还分别定期或不定期地发布技术转移报告，就技术转移的活动、成就进行总结，计划后续的工作，以期促进科技创新。同时，美国多届国会举行过听证会，围绕不同

时期科技情报重点问题进行讨论,仅从1987年至今就先后召开了多次有关联邦政府科技情报政策与组织机制、技术转移、公共访问与学术研究、科学诚信与透明度等相关主题内容的听证会,探讨了联邦政府可利用的科技情报的产生、收集、传播和利用等问题①②③④⑤。

从上文可以看出,美国国会、白宫及其相关机构、联邦政府机构等均在科技情报治理方面形成了一系列的政策法规和报告,并随着科技的发展持续性地进行听证讨论、更新和调整。总体上,关注的重点集中在科技情报共享、科学诚信、技术转移、科技情报传播、公开获取等方面。其中,在科技情报共享方面,强调加强法律层面设计,为信息资源开发和利用创造良好的环境;在科学诚信方面,政策的制定主要为了保证研究的可信赖和符合道德行为规范,帮助科技成果、政府的科学决策、科学开发和应用科技发现等能被公众所获取,这也是维护和促进科学诚信、促进科学研究繁荣的保障;在技术转移方面,重视促进政府、国防部门研发技术的推广部署和商业化,提升政府投资的商业效益和国家层面的经济增长水平;在科技情报传播与公开获取方面,着力促进国家科技情报产品、文档、资料、数据及分析等能被政府、私营部门及个人使用和再利用,追求科技情报成果应用价值的最大化。

虽然美国历届政府介入科技活动的方式和程度有所不同,但均通过政府法规、技术报告、听证会等与情报治理相关的举措强调了对科学技术的利用。这种对科技情报治理的重视和介入方式保证并促使了科技情报在社会经济各个层面和更大范围内被充分利用,同时在很大程度上为科技情报工作的顺利进行提供了重要的制度保障,如科技情报共享、传播和获取等成为科技情报感知工作顺利实施的重要支撑条

---

① Scientific and technical information: policy and organization in the Federal Government (H.R. 2159 and H.R. 1615)[EB/OL]. (1987-07-14)[2021-07-30]. https: //files.eric.ed.gov/fulltext/ED294593.pdf.
② From the lab bench to the marketplace: improving technology transfer[EB/OL]. (2010-06-10)[2021-07-30]. https: //www.gpo.gov/fdsys/pkg/CHRG-111hhrg57177/pdf/CHRG-111hhrg57177.pdf.
③ Federally funded research: examining public access and scholarly publication interests[EB/OL]. (2012-03-29)[2021-07-30]. https: //www.govinfo.gov/content/pkg/CHRG-112hhrg73607/pdf/CHRG-112hhrg73607.pdf.
④ Subcommittee on investigations and oversight: the impact of international technology transfer on American research and development[EB/OL]. (2012-12-05)[2021-07-30]. https: //republicans-science.house.gov/sites/republicans.science.house.gov/files/documents/HHRG-112-SY21-20121205-SD001.pdf.
⑤ Subcommittee on research: scientific integrity and transparency[EB/OL]. (2013-03-05)[2021-07-30]. https: //republicans-science.house.gov/sites/republicans.science.house.gov/files/documents/HHRG-113-SY14-20130305-SD001.pdf.

件。尽管我国国情与美国相比有很大不同,但在关于政策法规的解读认识上,美国的举措对于我国在新时期探索科技情报治理的法治建设途径还是具有一定的借鉴意义。

2.3.3 机构建设是情报事业发展的组织前提

科技情报机构是推进科技情报事业的关键主体。我国科技情报事业经过60余年的发展,国内科技情报机构布局及其运行机制和业务结构发生了深刻变化。原先遍布国家部委、各行业和省市地方的科技情报系统已经分化为多种发展模式,或转制为科技中介机构、科技服务型企业,或与行业其他科研机构合并[①]。但是也存在功能重复的机构,而且各省市的科技情报院所和中国科学技术信息研究所没有隶属关系[②]。目前,区域间科技情报资源的共享促进了情报机构间的交流与合作,但情报服务机构间的合作还没有大范围地开展[③]。我国没有一个总抓全国科技情报工作的部门,导致有很多重大问题无人推动,一些地市级和某些行业的科技情报机构已经取消建制,面向政府的信息咨询水平整体较低,缺乏一支高水平、专业化的科技情报服务队伍。

(1)美国科技情报机构布局与运行机制透析

美国历来对科技情报十分重视,进入数字时代后尤为如此,这从美国的科技决策管理机构分布可见一斑。这些机构分布在政府、国会的一些部门和机构里,科研机构则分布在政府部门、大学、企业和非营利性机构里。与此相应,美国联邦政府对科技信息资源的管理与服务也分散在各政府部门中,而不是由某一个机构进行集中式管理和服务。美国联邦科技信息机构主要包括:分布于联邦政府或直属机构内或具备政府职能的科技信息机构;国会下属含有科技类政府信息管理与服务功能的机构;机构联盟等3类[④]。笔者通过互联网调研了美国最主要的联邦科技信息机构及其职责任务(表2-8),梳理其演进历史,用于借鉴分析。

---

① 陈超. 传统科技情报机构转型思考[J]. 中国科技资源导刊, 2016, 48(1): 10-13.
② 王道仁, 傅俊英. 中日韩科技情报机构对比分析[J]. 情报探索, 2015(8): 45-49.
③ 李娟, 郭鲁钢, 潘锐焕. 我国科技情报机构发展趋势研究[J]. 图书情报导刊, 2010, 20(27): 104-106.
④ 吴运高. 数字时代美国联邦科技信息机构信息资源建设与服务创新及其启示[J]. 数字图书馆论坛, 2009(12): 14-24.

表2-8 美国主要科技情报机构及相关职责简介

机构名称	相关职责简介
科技情报项目高级管理者合作委员会	通过改善科技数据和信息的管理及传播状况扩大联邦资助科技活动的影响力，为参与者提供专业知识分享论坛、推广信息管理最佳实践并开发执行合作项目，以共享相关能力、共同应对挑战，从而获得更大成果
Science.gov联盟	由多个部级单位科技情报机构组成的跨机构合作组织，负责管理政府科学情报门户网站Science.gov
国防部国防技术情报中心	1945年成立，是国防及政府资助的科学、技术、工程和商业活动相关信息的最大核心资料库。管理着国防部的情报研究中心，为客户分析和传播科技情报
中央情报局科技部	通过技术收集系统促进信息的收集、处理和分析，并负责创建、改编、开发和运营这些高度复杂的系统
能源部科技情报办公室	1947年成立，收集、保存和传播与能源部研发活动相关的科技情报，管理能源部所有科技情报资料，为公众提供获取与能源部资助的研究相关的学术科学文献的渠道
商务部、国家技术情报服务局	第二次世界大战之后创立，是美国政府的核心科研信息资料库，是联邦政府主要的国家级科技情报集散中心和科技报告收藏服务中心，保存着与美国资助的研究相关的最全面的资料，供私营企业、政府、学术界及公众使用
国家航空航天局、科技情报项目办公室	收集、处理国家航空航天局的科技情报并整编入库，确保这些情报得以被国家档案与记录管理局保存，发布相关科技情报。还获取对国家航空航天局及美国至关重要的全球科技情报
农业部国家农业图书馆	1862年成立，美国四大国家图书馆之一，也是世界上保存农业及相关科学资料最多的机构之一
教育部教育科学研究院、国家教育图书馆、教育资源信息中心	教育科学研究院负责提供构成教育实践和政策基础的相关证据并广泛分享这一信息；国家教育图书馆成立于1994年，提供综合查阅服务、电子数据库检索、文件传递和馆际互借服务；教育资源信息中心，提供便捷、可检索、基于互联网的综合书目和全文数据库
卫生与公众服务部、国家医学图书馆	1836年成立，是全球最大的生物医学图书馆，收藏着大量印刷资料，并提供涉及广泛主题的电子信息资源，也是信息创新中心
国土安全部科技部	2003年创立，为国土安全企业提供有效和创新的见解、方法和解决方案，以满足其关键需求
运输部国家交通图书馆	1998年成立，获取、保存和管理交通信息及信息产品和服务，供运输部、其他联邦机构及公众使用，提供参考和研究服务，并充当运输部研究结果及技术出版物的核心资料库

续表

机构名称	相关职责简介
环境保护署研发办公室、环境信息办公室	研发办公室负责相关科技情报的收集、整合和传播；环境信息办公室负责管理相关信息，确保环境保护署信息的质量及环境保护署技术、数据收集和交换、访问服务的效率与可靠性
政府出版局	1861年成立，负责制作、保护、保存和传播联邦政府官方出版物和信息产品，并为美国民众提供相关信息
国家科学基金会	1950年成立，为科学和工程研究项目筹集资金，并负责对科技数据的收集、解释和分析工作进行综合处理

注：上述内容编译自各单位官网。

通过表2-8可看出，美国的联邦政府机构内部设有一个庞大的科技情报机构体系，且大部分专门机构具有悠久的历史，这为美国保持科技创新优势提供了深厚的历史积淀。随着计算机与网络技术的飞速发展，这些机构不断更新其科技情报的收集、存储、服务及产品技术体系，改善资源共享机制、服务模式和提升服务能力。与此同时，美国联邦政府科技情报机构则围绕如何变革调整、如何进行信息服务创新等问题进行重点研究，形成联邦政府科技情报机构的联盟机制，促进科技信息资源与服务创新整合发展。

（2）科技情报机构的人才队伍建设

在国家科技情报治理中，情报机构人才队伍的建设是提升情报工作质量的重要保障。情报人员的核心业务能力是情报工作过程中的分析判断能力，这也是情报人员最重要的素质特征。但是情报人员的情报敏感度、知识结构、知识状态等个体差异会导致各自生产的情报结果相异，甚至对立[①]。作为情报核心业务的感知实现是建立在情报感知者既有的经验和知识结构基础上的，所以情报工作对于专业人才的质量要求非常高。

美国科技情报有关机构组成人员的专业背景耐人寻味。美国情报超前研究项目局（IARPA）的领导层人员诸如主任、副主任、首席科学家、测试与评估主管等均具有博士学位，在各自领域内均具有精深的专业知识背景及丰富的情报工作经验，也是开展科技情报工作项目的主要成员。现任IARPA的主任——Jason Matheny博士，曾在牛津大学、世界银行、应用物理实验室、生物安全中心和普林斯顿大学工作过，还获得过情报界个人科技成就奖；IARPA副主任Stacey Dixon博士，曾在国家地理空间情报局（NGA）

---

① 吴晨生，张惠娜，刘如，等. 追本溯源：情报3.0时代对情报定义的思考[J]. 情报学报，2017，36（1）：1-4.

担任国会和政府间的事务主管,并在国家调查局(NRO)和中央情报局(CIA)工作过;此外,IARPA 的首席科学家、测试与评估主管均有负责项目计划的经验。美国非政府机构组织亦是如此,如兰德公司的人才队伍从学历结构上来看,约有 1050 人拥有一个或多个博士学位,约占研究人员总数的 54%;另有 37% 的研究人员拥有一个或多个硕士学位。从专业背景上看,博士学位研究人员的专业背景呈现出学科多样化的均衡分布,涉及的学科领域有政策分析、政治、社会科学、行为科学、计算机、经济、国际关系等,这为解决公共政策问题提供了全面综合的专业知识基础,使得由情报感知支撑的决策能够具有创新性,维护科技情报工作结果的客观性[1]。

相比我国的情况而言,美国科技情报机构建设所呈现出的特色可以总结如下:一是在国家层面有相对独立的专门机构来进行统领推动,在强调各部门科技情报机构建设的同时,推动全国乃至全球领域信息资源的集中和应用;二是在建设模式上采取协同合作模式,既突出各部门的自主建设,又强化彼此间的共享和协同服务;三是作为专门负责科技情报的机构,始终保持其自身的技术研发和应用处在时代前沿;四是重视人才队伍建设的背景多样化和业务专门化,保证情报分析工作的客观性和创新性。

2.3.4 赋能评估是情报治理的感知手段

(1) 赋能评估产生的背景

赋能(Empowerment)这一术语在 20 世纪 80 年代开始进入学者们的视野,最初,伊利诺伊大学香槟分校社会心理学家 Rappaport[2] 将其定义为个人、组织或团体获得能力的过程,该过程可能包含联合他人协同参与、努力获得资源权限、解读社会政治环境等手段措施,最终结果是提升竞争优势。后来又有多个研究在此定义基础上进行拓展,例如,将赋能视为居于组织核心位置,具有一定目的性的上升过程,通过赋能可以打破高价值资源无法平等共享的局面,使组织内每位成员充分享有对资源的利用和控制权限[3];或将赋能简单理解为相关对象协同参与、提升能力[4]、深化对其所在环境的理解认

---

[1] RAND at a Glance. RAND [EB/OL]. [2019-11-29]. https://www.rand.org/about/glance.html.
[2] RAPPAPORT J. Studies in empowerment: Introduction to the issue [J]. Prevention in human services, 1984, 3 (2-3): 1-7.
[3] Cornell Empowerment Group. Empowerment and family support [J]. Networking bulletin, 1989, 1 (2): 1-23.
[4] RAPPAPORT J. Terms of empowerment/exemplars of prevention: toward a theory for community psychology [J]. American journal of community psychology, 1987, 15 (2): 121-148.

识[1]的过程。"赋能"一词在多个学科领域都有运用,在个人、组织、团体层面都可涉及,研究者往往根据具体研究问题和方法来理解概念。虽然赋能术语定义繁多且与具体操作关联,缺乏统一普适的界定形式,但总体来说,赋能是一个与相关对象的能力提升、自我完善、环境感知、预警应变等行为发生关联的概念[2]。赋能作为一种价值取向,关注于能力识别而不是罗列风险,强调专业与协同而不是盲从专家权威。以赋能为取向的介入方式倡导在解决问题的同时带来整个生态系统健康度的提高,并为参与者提供学习知识和提升技能的机会[3]。

密歇根大学Zimmerman[4]关于赋能理论的研究为赋能评估提供了理论框架,该理论认为赋能既是一个过程也是一种结果,并对赋能的过程和结果进行区分。赋能过程是对特殊能力结果的追求,试图得到控制权限和资源优势,批判地认识其所处社会环境的影响作用。换句话说,赋能过程即相关对象获得能力从而独立解决问题或制定决策的过程。赋能结果是赋能过程的实施所得,是通过赋能过程所获得的能力和竞争优势,也是对赋能过程的评价依据。赋能结果在不同分析层次上有不同的体现,个体层次上的赋能结果可能包括在特殊环境下的控制能力、学习能力、技术能力提升;组织层次上的赋能结果可能包括组织资源建设、知识积累、政策影响力提高等。

赋能评估(Empowerment Evaluation)一词最初由斯坦福大学David Fetterman[5]在1993年美国评价协会年会发言中提出,强调运用评估概念和技术促进优势能力的获得。美国评价协会(American Evaluation Association,AEA)[6]成立于1986年,是一个由致力于对科技评价、项目评价等多种评价形式进行探索和应用的相关人员构成的专业组织,其成员遍布全球80多个国家和地区。该协会每年邀请来自美国和世界各地的评价行业从业人员、协会会员和专家学者参会,通过参会人员之间的交流和同行评议促进评

---

[1] ZIMMERMAN M, ISRAEL B, SCHULZ A, et al. Further explorations in empowerment theory: an empirical analysis of psychological empowerment [J]. American journal of community psychology, 1992, 20 (6): 707-727.

[2] PERKINS D, ZIMMERMAN M. Empowerment theory, research, and application [J]. American journal of community psychology, 1995, 23 (5): 569-579.

[3] SWIFT C, LEVIN G. Empowerment: an emerging mental health technology [J]. Journal of primary prevention, 1987, 8 (1-2): 71-94.

[4] ZIMMERMAN M A. Empowerment theory [M] //RAPPAPORT J. Handbook of community psychology. Berlin: Springer Science & Business Media, 2000: 43-63.

[5] FETTERMAN D. Empowerment evaluation [J]. Evaluation practice, 1994, 15 (1): 1-15.

[6] American evaluation association [EB/OL]. [2019-11-29]. http://www.eval.org/p/cm/ld/fid=4.

价事业的发展。赋能评估着眼于上升和协同，鼓励将定性和定量的方法相结合，可以在多个评估领域得到应用，从评估的角度引导赋能过程实施，推动赋能结果生成。

（2）赋能评估在情报机构中的发展渊源

赋能评估的观念被诸多评价领域的研究者所关注，也逐渐在情报机构和科技评估机构中引起重视。美国净评估办公室、兰德公司等战略情报分析领域的重要代表性机构与赋能评估颇有渊源。

美国净评估办公室（Office of Net Assessment，ONA）组建于1973年，是美军的核心智囊机构，在美国国家安全战略、防务战略、军事战略制定中发挥着重要的作用。2009年12月23日，美国国防部发布名为《净评估主任》的5111.11号指令[1]，将净评估重新定义为对决定国家军事能力的军事、技术、政治、经济及其他相关因素的比较分析。净评估分析从独特的角度处理问题，根据评估发现关键能力和技能提升的领域和途径，进而把大型困难问题拆解成这些方向上多个可操作解决的能力问题，通过提升技能逐渐解决总问题[2]。ONA以净评估理论为基本框架，通过对敌我竞争双方军事能力和潜力的评估比较，识别预测美国未来将面对的机遇与威胁[3]，从而为美国战略决策的制定提供依据。

兰德公司所研发的兰德战略评估系统也是一个具有赋能理念的评估工具。1978年8月，美国国防部科学委员会对美军战略平衡分析能力做了一个全面性评估，建议开发新的分析工具以弥补不足[4]，ONA负责人安德鲁·马歇尔认为新工具应是一个可用于评估和比较敌我之间战略部队能力的灵活分析工具[5]。在美国国防部和净评估办公室的支持下，兰德公司成立战略评估中心对该评估工具进行研发，即兰德战略评估系统[6]（RAND Strategy Assessment System）。兰德战略评估系统是一套能力分析工具，通过分

---

[1] Department of Defense. Director of net assessment（DoD Directive No.5111.11）[EB/OL].（2009-12-23）[2019-11-29].https：//www.esd.whs.mil/Portals/54/Documents/DD/issuances/dodd/511111p.pdf.

[2] BRACKEN P. Net assessment： a practical guide [J]. Parameters, 2006, 36（1）：90.

[3] MADDRELL D O. Quiet transformation： the role of the office of net assessment [EB/OL].（2003-05-02）[2018-01-22]. http：//www.dtic.mil/dtic/tr/fulltext/u2/a441633.pdf.

[4] 李健，毛翔.兰德战略评估系统及其影响[J].军事运筹与系统工程，2015，29（1）：5-12.

[5] MARSHALL A W. A program to improve analytic methods related to strategic forces [J]. Policy sciences, 1982（15）：47-50.

[6] WINNEFELD J A. The rand strategy assessment center： an overview and interim conclusions about utility and development options [EB/OL].［2018-01-21］. http：//www. dtic. mil/dtic/tr/fulltext/u2/a127601.pdf.

析和推演评估双方能力的变化来预测战略目标的态势。

随着科技评估观念的发展，科技评估机构逐步变迁。通过对科技评估机构变迁进行观察，亦能印证对赋能评估对象内容的调整认知情况。美国是开展科技评估和推进科技评估制度化建设最早的国家之一，科技评估组织机构的设置分布于国会政府、社会机构和学术机构3个层次，形成较为完善的科技评估体系。

美国科技评价办公室（Office of Technology Assessment，OTA）隶属美国国会，从1972年至1995年共计存续23年。OTA通过提交分析严谨、内容多样、价值丰富的评估报告来帮助美国国会和国家机构做出正确的判断。OTA采用相应监督机制和公开流程以尽可能保证其评估公证。然而OTA的方式仍存在一定的局限[1]，包括：情报产品递送缓慢；对权威评估报告的神化和盲从；产品报告内容平淡、创新匮乏；忽视技术在社会关系和政治结构方面的作用；忽视多种看似无关因素之间的关联影响；忽视社会技术驱动力的复杂作用；难以突破体制上的静态与孤岛；没有公众视角等。在OTA停止运作之后，原有的科技评价职能主要分散在美国国会研究服务部（Congressional Research Service）、美国政府审计署（Government Accountability Office）、国家科学院/国家研究理事会（National Academy of Sciences/National Research Council）中。国会研究服务部可为国会提供简洁、快速流转的科学技术政策摘要，国家科学院/国家研究理事会可对科学技术政策问题进行深入的分析。自2007年以来，国会在美国政府审计署内确立了永久的科技评价职能，该机构通过国会授权，依照国会领导需求和总审计长的授权启动相应的技术评估[2]。

革新后多方协同参与的评估机制弥补了OTA原存的科技评估局限，对美国科技政策的制定形成支撑作用，促进了美国科技评估体系的发展完善。那些被弥补的评估缺失内容，正是国家科技情报治理中赋能评估的重点对象。

（3）赋能评估在情报生态中的价值体现

国家科技情报治理牵涉的对象结构复杂、领域众多，在提升国家科技管理决策分析能力的同时，既要立足于保证国家的发展与安全，又要重视营造适合国情的科技情报生态。科技评估是科技管理政策制定的重要依据，明确科技情报赋能评估的生态价值对于

---

[1] SCLOVE R. Reinventing technology assessment: a 21st century model [EB/OL]. (2010-04-28) [2019-09-25]. https://www.researchgate.net/publication/299784735_Reinventing_Technology_Assessment_A_21st_Century_Model.

[2] US Government Assessment Office. Technology assessment [EB/OL]. [2018-01-23]. https://www.gao.gov/technology_assessment/key_reports.

情报治理的实施有重要的参考意义。

我国的科技情报事业面临三大战略环境的变革：一是以中国为代表的新兴市场国家对国家政治经济秩序的渐进式变革；二是以互联网为代表的新技术对人类社会生产与生活的跃进式革命；三是以总体国家安全观为指导的中国国家安全治理体系的深度建设[①]。随着战略环境的变革，国家创新驱动发展战略和科技强国战略的全面实施，中国要在重大科技创新领域引领世界发展，科技情报部门必将以"国家情报体系建设者"的身份承担起整合社会各界科技情报研发力量的重要职能[②]，科技情报治理必须兼顾国家发展与安全的关切，在国家情报治理业务上发挥引领示范作用。

国家科技情报治理遵循现代国家治理的一般规律，从管理到治理的变革，要求多主体的广泛参与，通过对多主体的赋能来实现权力的合理分配。对于此类复杂系统问题，生态理念的运用是可行的选择。在运用生态理念进行国家科技情报治理时需要注意4个关系意识，即存在与生长关系意识、多样与进化关系意识、生存与贡献关系意识、共享与共赢关系意识[③]。赋能评估的价值观念要求不能仅关注于具体问题的解决，还要注意生态环境的健康发展，对应到存在与生长关系意识中，要求在全面考察情报治理相关对象要素的同时兼顾情报生态环境发展变化动态；赋能的结果是获得竞争能力，增加竞争优势，对应到多样与进化关系意识中，要求在解析情报治理生态系统中多种要素间相互作用的同时分析优胜劣汰的原因，确保情报用户在竞争中处于优势地位；赋能重视人员培养和资源控制，强调专业性但又不盲从专家权威，对应到生存与贡献关系意识中，要求在保障情报事业发展所需物质资源条件的同时坚守情报职业的理想信念；赋能的过程需要多方的参与，对应到共享与共赢关系意识中，则要求情报治理中的协同与合作，并为参与者提供学习交流的机会。

（4）赋能评估之能力体系的构建

"赋能"是在特定价值取向下追求特殊能力的过程，必然会带来相关对象能力的变化。国家科技情报治理中的赋能评估，即对特定价值取向下由科技情报活动引起的相关对象能力变化的评估，这些能力主要包括情报能力、竞争能力、决策能力和创新能力，最终通过影响力的变化表现出来（图2-4）。

---

① 赵冰峰.我国情报事业面临的环境变革、战略转型与方法论革命[J].情报杂志，2016，35（12）：1-5.
② 赵冰峰.迎接我国科技情报事业的第二个春天[J].情报工程，2016，2（4）：8-13.
③ 王延飞，刘记，陈美华，等.情报治理的生态观[J].情报理论与实践，2018（1）：5-8.

第 2 章
情报感知的对象体系

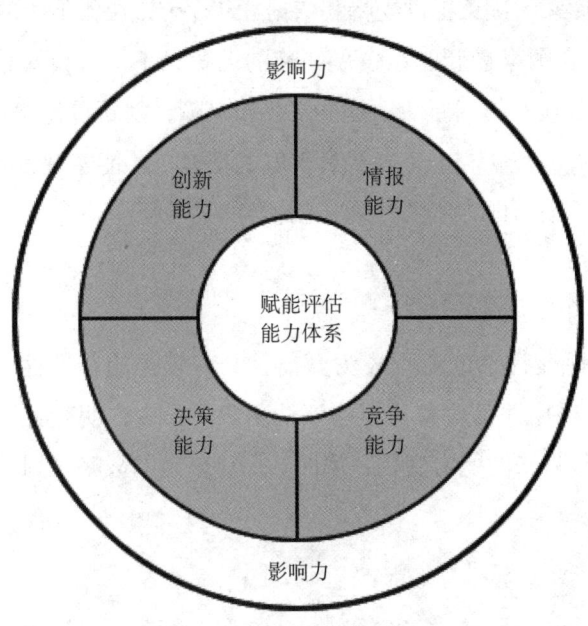

图 2-4 赋能评估的能力体系

① 情报能力。目前,关于情报能力的探讨主要分为两个方面:狭义上的情报能力主要指情报人员、组织或机构在情报过程中实施行动的能力;广义上的情报能力指相关主体围绕情报进行活动的能力,这里的相关主体不仅包括情报供应者,也包含情报服务对象,围绕情报进行的活动不仅包含情报处理,也包含对情报的利用。例如,卢泰宏[①]将社会的情报能力定义为社会吸收、储存、处理、利用和供给情报的能力,对应社会情报服务的结构,并将其视为情报政策制定的国情要素之一。在赋能评估中,情报能力的评估主要通过情报感知能力、情报刻画能力、情报响应能力、情报利用能力、情报组织实施能力等指标综合判断。

② 竞争能力。竞争是情报的内在属性,竞争能力的提升是情报赋能最直接的结果。竞争情报为获得和保持竞争优势而对有关竞争环境、竞争对手等情报信息进行处理、分析和评价,从而为竞争策略和战略决策的制定提供依据,竞争能力即竞争情报产品所带来的竞争优势。

③ 决策能力。国家治理决策过程中与科技相关的信息不完备问题需要通过科技情报工作来解决。科技情报工作者通过对科技情报需求、科技情报对象和科技情报任务进

---

① 卢泰宏.社会的情报意识和社会的情报能力[J].情报科学,1983(3):1-7.

行感知、刻画和响应来为决策提供支持和依据,从而带来决策能力的提升。

④ 创新能力。在国家创新驱动发展战略的大背景下,科技情报需要发挥其应有作用,有效地对国家各项科技创新活动提供支撑和保障。创新首先体现在新颖性和独特性上,需要对科技发展的现状和未来趋势有较好的把握,才能实现预警预判,占领技术前沿,把握创新先机。创新能力主要体现在创新意识、创新环境、创新制度和创新成果等方面。

(5) 赋能评估的方法流程

从整体上看,赋能评估的流程较为简洁且具有较强的普适性,主要分为4个环节(图2-5):第一,根据评估对象,组建评估团队;第二,明确评估任务,制定评估方案;第三,评估情报带来的能力变化;第四,探讨未来的战略规划。

图2-5 赋能评估流程

与传统的评估方法相比,赋能评估在具体操作上有所不同,主要体现在两个方面。

首先,在评估团队的组建方面,赋能评估强调多方面协同参与。评估人员可以是情报活动的参与者、合作伙伴、利益相关者等来自不同层面的代表,将人们聚在一起为共同的任务使命而工作,充分利用人类追求进步的能力,使评估人员也能够在评估活动中进行学习,提高能力。

其次,在评估的方案与内容方面,赋能评估强调能力的评估。赋能评估活动不仅仅需要关注与科技本身相关的重大进展,更要重视科技战略前瞻和科技安全保障,不可忽略围绕科技发展产生的社会问题。科技评估不仅是对已有或可能取得的科技成果的量化评估,还应赋予科学技术可持续发展的能力,鼓励创新发展。科技评估尝试克服传统操作中的以刊评文、过度量化、行政主导的弊端,逐渐向以质评文、以能评文的理念转变,强调赋能创新,营造健康生态。

(6) 赋能评估的工具组合

科技评估应根据评估任务使用恰当的评估方法和方式,评估工具的选择取决于评估目标的设定。随着技术复杂性的提高,在考虑技术问题的同时不能忽略围绕其产生的社会人文影响，单一的定量或定性方式均无法满足兼顾国家科技发展与安全关切的需求。在大数据环境和新评估理念的影响下，评估工具应该形成包容科技与人文的多元组合，其发展主要体现在两个方面。

第一，引入新的评估理念，参与评价的主体呈多元化，在关注技术发展本身之外考虑人文环境的影响，注重破除唯成果论所造成的局限，将能力作为评估的标准，此类做法的代表之一便是参与式评估。

广义上讲，参与式评估（participatory technology assessment，PTA）是某类社会技术问题的评估方法和程序的总称，强调各种社会角色可积极参与评估和讨论，这些参与者可以是不同类型的公民社会组织、国家层面的代表，也可以是个人利益相关者，特别是科学家和技术专家，参与者的不同组合构成了不同类型的评估[1]。参与式评估不单在纯科学的层面考察和评估科学技术，而是考虑到更广泛的社会、道德、政治等方面。而且，参与式评估有利于开放公共领域的评估，有利于使评估过程更加透明，鼓励广泛的公共探讨和社会学习。

20世纪80年代后期，参与式评估开始在丹麦、荷兰等欧洲少数国家进行试验，90年代初以来，PTA的范围越来越广，美国、加拿大、日本、新西兰等国家也开始对其进行应用。PTA被认为是参与式治理的重要手段之一，也是专业技术民主决策的重要机制[2]。在参与式评估的情境下，参与者发挥政策咨询作用，他们并不制定政策，而是通过参与探知现有的知识，并根据社会价值观和利益分析对这些知识进行评估。参与式评估是一种定性的分析方法，针对复杂的科技政策问题，致力于提高政策制定的知识基础[3]。

第二，革新传统的定量评价，利用大数据技术工具带来的便利将多样化的社会交流和学术交流以结构化的形式呈现出来，这种做法在基于计量的科学评价工具发展中可以体现出来。

传统的科学计量评价主要是基于对文献著录信息的计量，擅长以文献的引用情况来

---

[1] JOSS S，BELLUCCI S. Participatory technology assessment：European Perspectives [M]. London：Center for the Study of Democracy，2002：5-6.

[2] ABELS G. Forms and functions of participatory technology assessment–or：why should we be more sceptical about public participation [EB/OL]. (2006-06-01) [2021-07-21]. https：//macaulay.webarchive.hutton.ac.uk/pathconference/outputs/PATH_abstract_2.3.1.pdf.

[3] HENNEN L. Why do we still need participatory technology assessment？[J]. Poiesis & Praxis，2012，9（1-2）：27-41.

反映其影响，分析维度较为单一且分析对象情况反映时滞较长。文献计量难以估计科研工作者的引用动机，对引用评价的马太效应和古德哈特定律作用的忽略，给评价工作和科技管理带来了负面的影响。在这种情况下，补充计量学 Altmetrics 发展起来，通过社交网络、学术交流平台、开放获取平台等信息来源，将研究者所有的科研互动轨迹及对信息资源的使用情况即时反映出来，利用推荐量、分享量、讨论量等评估科研影响，有时甚至还在计量工具中加入感情分析的功能，分析评价大数据背后的人文交流和科研思想传承[①]。现阶段，Altmetrics 在实际操作中还未能摆脱传统计量指标的桎梏，难免落于窠臼，存在不足和争议，但其发展中体现的数据和人文思考的组合理念值得重视。

可以预见，科技与人文、大数据和系统扫描仍将是未来几年国家科技情报治理中进行赋能评估之工具组合的创新源泉。

（7）国家科技情报治理中赋能评估的实施窍要

在国家科技情报治理过程中进行赋能评估，其初衷是要将治理对象的知行关系把握好，基于前文所说，生态观的情报关切既可以作为关系把握的抓手，又可以作为实操原则的起点。国家科技情报工作的核心环节是对科技情报的感知、刻画和响应，其构成国家科技情报治理评估中的重大关切。

对特定情报任务目标的响应能力依旧是现代科技情报治理中不容忽视的关切底线。以往的情报研究密切关注于情报的响应能力，即根据相应的情报任务目标和需求开展情报工作，在信息不完备的情况下，准确及时地为决策者提供情报支持。罗伯特·克拉克曾针对美国情报界提出运用以目标为中心的情报分析方法，形成了包含"确定目标、问题分解、建立模型、评估数据、填充模型、进行预测"6个环节的情报分析流程[②]，在情报业务实践和理论研究中被普遍接受。然而，随着大数据时代技术的发展，环境瞬息万变，用户对响应等待的容忍度日益降低，对情报工作提出了更高的要求。在现代科技情报治理中，如果仅将关切点落在对任务目标和需求的响应上，往往会滞后于决策的发展，难以有效发挥支持作用。如果能够尽早发现和描述清楚未知的可能性，对于现代科技情报治理效果的意义是不言而喻的。

对科技情报需求、任务、对象的感知与刻画能力的塑造是提升科技情报治理水平的决定因素。在现代科技情报治理中，对科技政策议题的解答和设计虽然依旧是高级情报

---

① 汤珊红，由庆斌，李天阳. 补充计量学的发展及应用 [M] // 中国国防科学技术信息学会. 情报学进展 2014—2015. 北京：国防工业出版社，2016：76-99.
② 克拉克. 情报分析：以目标为中心的情报方法 [M]. 北京：金城出版社，2013.

研究产品的展现形式，但科技情报对决策能力的赋予则更胜一筹。科技情报工作通过全面扫描，感知态势发展，尽早落实对未知要素的识别和描述；刻画情报用户形象和情报任务需求雏形；分析情报感知与情报刻画的匹配规则；将情报产品递送给目标用户。在这里，情报产品不再是响应特定问题的答案，而是预先赋予了决策者对未知情境的认知能力，减少了决策者处于信息不完备境遇下的时长，进而增强了决策者做出判断行为的能力，实现了认知与行动的统一。

2.3.5　国家情报治理中的情报感知对象体系集成案例

在情报实践中，需充分利用多种方法、工具和技术平台来提升情报感知能力，集成情报感知的对象体系。在这方面，国外有多个实践案例。美国国防超前研究项目局（DARPA）早在2002年就成立了信息感知办公室（IAO），着手实施全源信息感知（Total Information Awareness，TIA）项目，该项目后改名为恐怖主义信息感知项目（Terrorism Information Awareness，TIA），项目的主要任务是获取多方面的信息，力图在先发制人、国家安全预警和制定国家安全政策方面起到重要作用[①]。TIA项目系统架构如图2-6所示，旨在对海量数据进行分类，从中识别有效信息，并保持持续追踪和监测，最终对所获取的信息进行感知、理解，为科学决策服务，争取做到先人一步。图中箭头所指表明各种数据和数据产品的流向和用途，也反映出数据及数据产品的生成和加工来源，虚线则注明了在相关任务情境下不可忽视的，诸如隐私与安全等关切。

利用TIA的类似设计，新加坡政府在2004年建立了风险评估与地平线扫描系统（Risk Assessment and Horizon Scanning，RAHS）[②]。此类感知系统的应用大大提升了情报感知的效率和准确度。

---

① 焦健，王祥．数据挖掘在美国本土安全中的应用［J］．舰船电子工程，2006（1）：32-35.
② National security research centre［EB/OL］．［2018-03-17］．http：//www.nscs.gov.sg/public/content.aspx?sid=22.

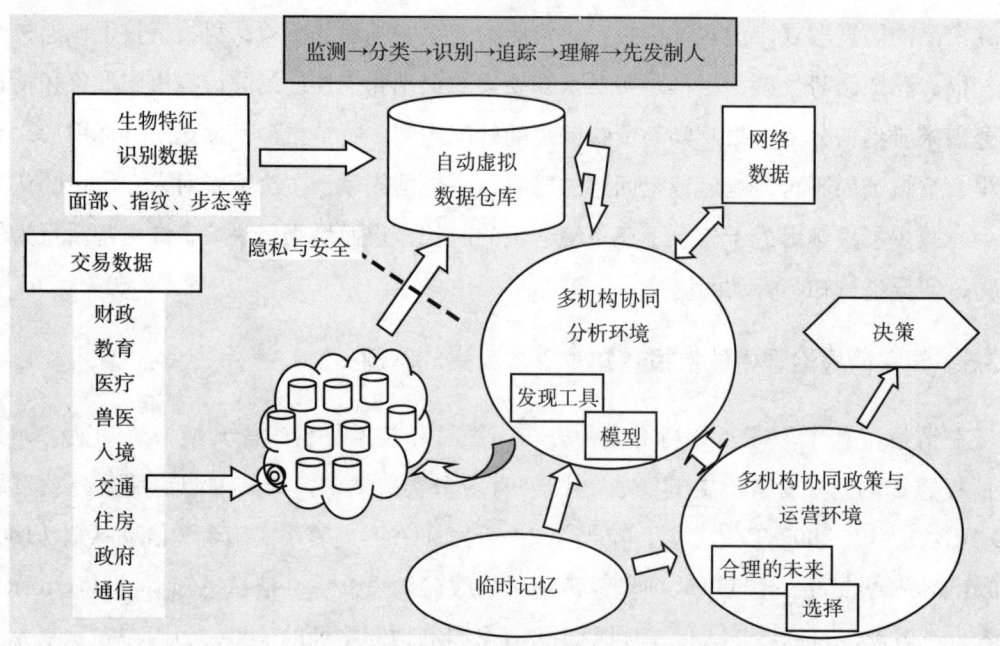

图 2-6　全面情报感知（TIA）项目系统（根据原图编译）①

美国情报超前研究项目局（IARPA）在一系列"超前情报"项目中展现出情报感知工作较为成熟的一面。IARPA 当前的项目包括：CAUSE（Cyber-attack Automated Unconventional Sensor Environment），旨在感知早期的网络攻击，预测并监测潜在的网络攻击；FOCUS（Forecasting Counterfactuals in Uncontrolled Settings），旨在开发并评估反事实预测的系统方法，此项目专注于认知方法，通过反事实推理中的一系列考虑系统地引导个人和团队做出正确的决策；FUSE（Foresight and Understanding from Scientific Exposition）项目建设，通过文本挖掘对专利、文献等进行分析，旨在发现重要新兴领域的线索，识别和评估新兴技术，并提供新的分析工具，以促进寻找科技创新机会；HFC（Hybrid Forecasting Competition），旨在开发并测试混合地缘政治预测系统，这些系统集成人机预测组件，具有准确、灵活、可扩展的预测功能，结合了人为预测和机器生成预测的优势，避免了人为预测的认知偏差及机器生成预测对特殊问题或新问题不适用的局限性；此外，IARPA 还有预测政治危机、疾病暴发、恐怖活动和军事活动的 Mercury 项目，以及检验内部威胁的 SCITE（Scientific advance to Continuous Insider Threat Evaluation）项目。IARPA 项目采用了严谨、开放、持续的测试和评估流程，能及

---

① Diagram of the total information awareness [EB/OL].[2018-03-14].https：//en.wikipedia.org/wiki/File：Total_Information_Awareness_--_system_diagram.gif.

时预测明确定义的事件及其特征（如 4W1H）[①]。

国外相关实践提醒我们，科技情报治理在解决工作实际问题时，需要重视督促科技情报机构强化情报感知意识，变被动的科技情报响应服务工作为主动地发挥耳目、尖兵的作用，要针对科技、经济、社会等发展状况，主动搜集、加工处理情报，做到积极感知、主动预测，认真参与到政府决策中。此外，科技情报机构自身的目标、使命定位应与情报感知的方向协调起来，把握好情报感知工作的战略高度。由于我国的科技情报机构传统上以科技管理、科技咨询为主，注重操作层面上的报告撰写、科技查新等事务性技术的实现，对战略层面的协调重视程度相对较低[②]，因此，未来我国科技情报治理调整要积极适应时代发展，以情报感知为核心抓手，充分利用新型技术，以情报数据融合为操作主线，构建智能化的情报技术平台，满足国家、行业和机构的综合情报需求。

2.4 本章小结

情报感知的具体对象取决于情报研究、情报业务和情报治理的具体任务，对象谱系涵盖情报需求目标、情报任务设计、情报资源配置、情报事业发展和情报能力建设。

国家科技情报治理具有一定的特殊性与复杂性，发展设计要求有充足的信息资源基础、健全的政策法规保障、专业的机构人才和技术体系支撑，这不仅仅是某个部门、行业的责任，也非某些新技术应用就能解决的问题，需要在国家层面进行顶层设计，才有可能构建起一个科学合理的治理体系。现阶段，我国的科技情报事业还存在着诸多的问题。例如，情报工作的重心仍旧停留在任务响应层面，对感知和刻画的研究还不够深入；科技情报工作能够参与为国家科技安全治理提供保障，但在支持引领国家创新发展方向方面尚未形成理想的战略支撑，这些问题的解决必须依靠思想观念的转变、制度体系的发展和工具手段的创新。研究管理有关人员应该深刻体会到，在国家科技情报治理过程中进行赋能评估，其初衷是把握好治理对象的知行关系。对情报的感知、刻画和响应是国家科技情报工作的核心环节，构成国家科技情报治理中赋能评估的重大关切。

[①] IARPA. Anticipatory Intelligence [EB/OL]. [2021-07-30]. https://www.iarpa.gov/index.php/about-iarpa/anticipatory-intelligence.
[②] 程莉，吴广印，王鑫. 科技情报机构的发展模式研究：基于兰德公司与国内情报院所的对比分析 [J]. 情报杂志，2014（5）：13-18.

第3章
情报感知的生态构建

情报理论与实践不能回避需求感知、需求刻画和需求响应这些情报需求问题,也要关注信息采集、信息组织、信息分析、信息表达和信息传递这条技术操作主线,更要重视相关的行为主体:管理决策者和情报工作者。生态观不失为一种可取的研究理念[①]。

3.1 情报感知生态观的主要内容

情报感知的生态观是指运用生态理念进行情报感知的探索与实践。原中国科协信息中心主任、著名科普专家葛霆先生在第36期情报科学读书会上就生态理念专门指出:生态系统讲求共生、共存和共进,良性发展的生态系统具有自组织、自生长、自适应和自修正的功能。

生态理念在情报学术研究中较多地反映在对信息生态学的探索。靖继鹏、张向先和王晞巍在《信息生态学的研究进展》一文中指出,信息生态学"是一门运用生态学的理论和方法研究信息生态系统的构成、特征、运行机制和发展规律的学科。通过分析研究信息生态系统中的信息人、信息与信息环境之间的各种关系,以实现信息生态系统的平衡和健康发展。"[②]

情报感知着眼于解决政府管理决策中信息不完备的问题。信息不完备的问题是长期存在的,信息不完备问题的具体表现是变化发展的,应对信息不完备问题的情报感知自

---

① 王延飞,刘记,陈美华,等.情报治理的生态观[J].情报理论与实践,2018,41(1):5-8.
② 靖继鹏,张向先,王晞巍.信息生态学的研究进展[J].情报学进展,2016(11):1-26.

然是不可或缺的。情报学术关注的实践领域不外乎情报业务、情报事业和情报教育。情报感知作用于事业管理，关系到业务操作，影响着人才培养，必然成为情报学术的重要研究对象。

审视情报感知生态观的含义可以借鉴情报分析常用的关联关系探索方法，树立重要特殊关系意识。在情报感知的生态观中存在4个关系意识，即存在与生长、多样与进化、生存与贡献、共享与共赢。

3.1.1 情报感知生态观中的存在与生长关系意识

情报感知生态观中的"存在"意指情报感知的对象和方法制度要素，这些要素既可以被概略表述为情报对象、情报过程、情报方法、情报机构、情报人员、情报教育和情报制度等，也可以被继续细化分解。例如，立足情报需求可以将情报过程分解为需求感知、需求刻画和需求响应等，着眼专业能力可以将情报业务教育内容分解为信息采集、信息组织、信息分析、信息理解、信息表达和投送等。"存在"意识在情报感知理论与实践中的体现就是要全面考察相关的对象和要素。

情报感知生态观中的"生长"指的是情报感知重视动态变化。动态扫描、前瞻预警是情报工作常态，情报任务对象、情报工作环境和情报资源条件等处在变化之中，是否研究及能否适应这些变化可以作为考察情报工作体系生长状况的评估依据。"生长"意识在情报感知中的体现就是要针对各种变化考察情报体系的适应情况。

在情报感知语境中，"存在"意识和"生长"意识理应相伴而生，"存在"意识可保感知视野开阔，"生长"意识则助感知发生及时。"存在"与"生长"兼而有之是情报感知生态观中最基本的一组关系意识。

3.1.2 情报感知生态观中的多样与进化关系意识

"多样性"是健康生态系统的一个重要特征。多样性的物种相互依存，相互影响，维系着自然界的生态平衡，保证了生态系统的健康发展。在人类社会里，多样性是思想文化发展创新的重要条件，"百花齐放、百家争鸣"所描绘的理想思想沃土的本质特征就是多样性。"兼听则明"则从情报研究的核心——决策分析的机制上对信息分析环境的多样性做出肯定。

"进化"是生态系统的正常属性，生物进化的缘由既可通过"优胜劣汰、物竞天择"进行宏观概括，又可以利用基因工程进行微观解析。在创新驱动战略的情报保障视野中，思想文化里的基因成分——"模因"（meme）处在以态势感知、信息报道、IA[①]构建、决策支持和决策代理为标志的情报分析5个级别[②]中至为关键的第三级上，既是IA构建的产品，也是情报产品靓丽生命的绽放形式。

在情报感知的视界之下，"多样性"反映出生态系统中关联要素的作用现状，关联要素的相互影响又是系统中的个体和整个生态系统进化产生的因由。所以，"多样性"与"进化"并重可以被称为情报感知生态观中最具特色的一组关系意识。

3.1.3 情报感知生态观中的生存与贡献关系意识

情报感知生态观中的"生存"是指情报机构、情报业务和情报事业进步发展的可持续。在决策情报保障过程中，情报成果难以运用普通的经济分析手段进行投入产出定量评估，决定着情报机构或团队未来发展前景的体制规划和财政预算等与领导者对于相关机构或团队履行情报职能情况的主观感受与预期有直接关系，可持续发展所需的条件面临着较大的不确定性。"生存"意识在情报感知治理中的体现就是管理者要着意保证情报事业发展所需的物质条件和精神条件，争取营造能够与情报重要性相当的可持续发展环境。

情报感知生态观中的"贡献"是指情报机构和情报人员无论在何种环境条件下均应保证情报产品可靠供给的稳定。情报工作对智力密集和长期系统积蓄有较高的要求，耐心细致的工作作风是情报成果智慧体现的必要条件[③]。"贡献"意识在情报感知治理中的体现则是情报机构和情报人员坚守理想信念、不受或少受环境变化的消极影响，冷静做好前瞻预警工作。

在情报感知中，"生存"意识和"贡献"意识的主体分别是管理者和被管理者，如果从利益攸关角度来考察管理者和被管理者，可以发现"生存"意识和"贡献"意识的功效并未直接着落于意识主体自身，反倒是作用于另外一方。因而，"生存"与"贡献"意识主体之辩证互动是情报感知生态观中具有能动作用的一组关系意识。

[①] IA 即 information architecture。在《情报感知论》中，IA 是"信息建筑物"的意思。参见 Louis Rosenfeld 和 Peter Morville 在其 2006 年 11 月出版的著作 Information Architecture for the World Wide Web（3rd Edition，ISBN 0596527349）中所提供的 IA 的 4 种含义。
[②] 杜元清. 情报分析的五个级别及其应用意义［J］. 情报理论与实践，2014，37（12）：20-22.
[③] 王延飞，何芳，闫志开. 情报研究方法构建的关系基础［J］. 情报杂志，2015（4）：1-3，26.

3.1.4 情报感知生态观中的共享与共赢关系意识

"共享"是情报协同的基本手段,情报机构和情报业务的合作往往从数据、信息或情报共享开始。合作是现代情报感知执行中的经常性议题,"共享"则是信息交流所采用的一个主要形式。"共享"意识在应对情报资源的海量、多源和专业性问题上是必不可少的。

"共赢"是情报合作能够良性发展的基本保证,唯有在"共赢"的认知基础上,参与情报业务的有关各方才会有意愿进行交流与合作,才会更多地将感知分析视角置于超出自身领域界限的战略大格局中,在国家情报感知治理的生态建设中形成砥砺奋进的合力。

情报感知中的"共享"和"共赢"存在于情报业务的参与各方意识之中,利用情报协同与合作得到落实并发展,"共享"意识可以反映在情报感知治理的行动上,"共赢"意识通过情报感知治理的工作成果反映出来,"共享"与"共赢"的关系意识则可诠释出由行动、目的与结果所决定的情报工作模式。

情报感知生态观中的上述4组特殊重要关系意识,反映了要素、发展、关联等系统分析的关切点,顾及意识主体的辩证互动要求,诠释出现代情报工作的模式,奠定了情报感知生态观的认识基础。

3.2 情报感知生态研究的特殊使命

情报感知生态研究的对象是情报生态系统,情报感知生态研究采纳和吸收了系统研究的诸多传统,然而,情报感知的生态研究又有着不同于一般系统研究的特质。

3.2.1 新形势下的情报任务关切系于数据生态治理

情报工作的根本使命是解决决策过程中信息不完备的问题,对情报的理解可以以此作为判断标准。信息数据无论内容状态和载体形式如何,只要有助于解决决策信息不完备的问题即可纳入情报范畴。中外情报治理的历史经验证明,不全面的情报认知会带来诸如被动堵漏不足、预警探测受限和决策支持缺失的负面影响。如果任由狭隘的领域情报观将情报业务工作限制在封闭的政府机构部门中,或者将情报按照学科管理部门的设置进行简单划分,将会使情报治理的内容仅涉及不完整的业务行为、对象和人员,难以兼顾完整的情报事业建设。在当前的情报任务环境下,正确的情报认知对于树立科学的大数据观和配合总体国家安全观的落实尤有重要的现实意义。例如，国家综合安全的信息环境处在迅速变化之中，情报机构预测和应对变化的能力迎受着严峻考验，来自网络、物理传感器和各种其他信息介质的大数据及噪声数据不断增加，具有情报识别价值的信号微弱、分散而难以显现[①]，致使在社会转型过程中的情报工作往往会有疲于应对而筹划不足之虞，在情报事业管理中缺乏相应的集成管理参考依据，就事论事的临机处理成为与信息社会相关的情报管理工作的常态。因此，着眼于动态发展，针对源于数据基础的综合安全体系性挑战，探索跨界跨域分析，组织进行新形势下的情报数据生态治理便显得尤为迫切。

3.2.2 健康生态保证情报过程与能力的可持续发展

在进行情报感知的生态性思考的过程中，对于生态环境内容与生态发展控制过程的评估比产品成果或效果评估更重要。情报工作的要义在于制度运转，情报感知的实现过程中若仅仅以特定的情报产品效果作为主要衡量标准的话，必然难以避开过度的情报政治化羁绊，会过分迎合个别领导的喜好从而给情报体系的可持续健康发展带来基础性伤害。因而，在情报感知的生态性思考中，必须要重视情报工作的制度环境，在流程管理和控制上多做文章。中外学者在有关情报失察的研究分析中发现："不确定性是情报的根本属性。情报机构只有通过不懈的努力才能得到有关敌人的知识。"[②] 正因为有了这些针对环境变化不断调整制度和流程的努力，才使得情报生态能够正常存在与健康发展。

情报感知的生态研究重视强调国情意识。国情意识既是信息生态理念的体现，也是以管理决策者为主体的情报服务对象所特别要求的。战略情报体系是特定政治、经济、文化、外交、军事、科技背景之下巩固国家安全利益、促进国家健康发展的混合产物，随着背景元素的变化，战略情报体系也将发生变化，"随势而为、乘势而动"将成为战略情报评估的常规动作，而在此判断指导之下，情报学术领域将会迎来情报与文化的融合研究热点。

---

① LETITIA A. Activity based intelligence: understanding the unknown [J]. The intelligencer, 2013, 2 (20): 7-15.
② 张晓军. 美国军事情报理论研究 [M]. 北京：军事科学出版社, 2011: 173.

3.3 情报感知生态构建的核心内容

情报感知作为情报业务的特色活动需要有情报专业机构的系统支持,亦需要有系统可持续的情报人才保障,谈论情报感知生态构建的核心内容必然离不开对于专业系统和专业教育的生态解析。

3.3.1 开源情报系统的生态解析

协同与综合是实施创新战略时情报保障的组织形式。同样,在以开源为标志的竞争情报系统的构建和运行管理中,各因子之间的协同与综合机制也是发挥情报功效的重要保障,分析信息生态的因子活动可以发现,专业情报系统所折射出来的生态理念主要集中在以下3个方面:

(1) 注重保持信息生态因子的多样性

1) 专业情报系统中的生态环境因子

有影响力的专业情报系统组织在系统建设中比较重视信息、信息技术因子等环境因子的影响作用。对情报信息的收集工作是情报价值链中的基础环节,也是最具竞争情报标志性的工作。各类专业开源情报系统所收集和处理的信息均是多源异构信息。大数据时代,情报系统所要分析的情报源发生了根本性的变化。这种变化主要体现在信息量的变化、信息结构的变化和信息质量的变化。这些情报系统所分析的对象均是对TB、PB、ZB级数据的分析;而且系统所要获取的信息来源不仅局限于单纯的文字、图像、音频、多媒体等结构化、半结构化数据,而是转变为以非结构化数据为主的自动或半自动生成的数据源;另外,系统还针对海量的异构信息源价值密度极低的问题,进行过滤、清洗提取有用价值。可以说,这些专业开源情报系统均是多源信息与竞争情报用户相连接的渠道。

在专业情报系统构建中,信息技术的应用最为突出。情报技术分布在情报系统运作的各个阶段,它是将不同来源、不同结构的数据或信息转换成有价值的情报并最终实现情报服务目的所采取的一系列工具、系统和技巧等的集合[①]。情报系统的构建主要将信息技术应用于对数据的存储管理、分析处理和安全性保障方面,如各系统中均包含数据清洗,它是对海量数据进行处理分析的重要环节,之后还包括对数据进行关联分析、聚

---

① 陈峰. 竞争情报理论方法与应用案例 [M]. 北京:科学技术文献出版社,2014:31-36.

类分析、技术路径分析等一系列过程，实现对情报的挖掘[①]；此外，在数据传输、数据存储等环节中也提供了有关数据安全防护的技术保障，如 Find-It-Now 设置了访问权限，其提供的安全模式也可以限制对敏感信息的访问。

2）专业情报系统中的生态主体因子

在专业情报系统的构建中，主体因子的多样性不仅体现在主体种类的多样性，而且还存在于主体因子本身的多样性，特别是针对情报系统所要服务对象的多样性。以竞争情报为例，情报不仅是企业的决策者进行决策的重要依据，而且还是企业研发人员、企业市场部、销售部甚至企业的客服部进行各类工作所需要的依据。从对美国专业竞争情报系统的分类来看，不同的竞争情报系统所针对的服务对象有综合型的，还有针对性较强的，如专利类、销售领域类的竞争情报系统。通过种类不同的竞争情报系统，研发人员可以借助技术竞争情报对企业现有的技术进行创新和完善，市场部可以借助情报系统对外部环境、竞争对手等方面的监测，开发新的市场等。

（2）遵循系统运行的循环性、变化性

传统情报循环理念，在专业情报领域提供了重要的情报工作指南与评估标准。以 Strategy Software 为代表的一系列竞争情报系统就遵循了这 5 个步骤。实际上，这是一个在循环中不断变化的过程：情报分析者首先确立情报的目标，然后采用合适的信息收集方法和技术进行收集、加工、分析，从而生产出情报产品，服务于用户，为决策提供依据。在整个循环过程中形成了情报主体、情报及与信息环境不断适应和互动的过程。同样，其他类型的专业情报系统也遵循此循环：起始于对情报的规划与定向，但是并不终止于报告等形式的服务，在满足用户需求的情报工作结束之后，还会产生新的情报工作任务，因此整个过程也处于不断循环变化之中。

从信息生态角度来看，竞争情报系统的循环性和变化性完全符合信息生态的基本理念，特别是它与信息生态链之间具有共通之处。在信息生态理念中，由各生态因子组成的信息生态链也具备循环性和变化性，它本身是信息主体之间对信息进行生产、消化和吸收等循环往复的过程[②]。在这个循环中，不断发生着信息的交流和转移，整体上呈现出动态发展、不断提高的过程。另外，这个循环过程也是信息人、信息与信息环境之间相互适应的过程，结果会导致信息生态链的构成要素和系统环境要素的共同进化。

---

① 李秦. 竞争情报技术在 Web2.0 环境下的拓展 [J]. 现代情报，2008（7）：50-52.
② 靖继鹏，张向先. 信息生态理论与应用 [M]. 北京：科学出版社，2017.

(3) 通过强化以人为本来保证情报产品具有竞争性

在信息生态理论中,具有信息需求且参与信息活动的个人和社会组织在由其他信息人、信息内容、信息技术、信息时空、信息制度等信息环境因子构成的信息生态环境中所占据的特定位置,称为信息生态位。它是基于信息主体自身状况与信息环境相互作用的结果。占据良好的信息生态位意味着在特定的信息时空中在获取和利用信息内容等方面更具优势。因此,为了尽可能占据生态位,信息人往往会最大限度地获取资源,这便造成了信息人之间的竞争。另外,此过程突出了人在信息环境中的能动性、积极性作用,这也为构建信息生态系统提出了以人为本的要求。

从信息生态理念来看,情报系统所产生的情报产品正是通过强化以人为本的理念来保证产品具有较强的竞争性。首先,竞争性是所有情报产品所必备的特性。情报主体间的竞争是竞争对手与竞争者之间的博弈竞争,两方处于对立不相让的态势[①]。情报系统处于竞争环境中,没有博弈竞争,就没有情报系统。对于专业系统所产生的情报产品来说,其运动主体、产生环境等方面均决定了它需具备较强的竞争性。

专业情报系统所产生的情报产品在形式、内容和功效方面最突出的优势是以人为本。就竞争情报类的开源情报产品形式来看,从用户角度出发一般都可以实现快速查询、易于阅读、个性化定制、及时推送等功能。如 QL2 的用户可以进行快速检索,并通过直观平台和交互式报告更好地制定相应的策略;还有 Strategy Software 的 News4U 系统可以在前期追踪用户阅读情况,调整所推送的内容。从情报产品的内容来看,重点更为突出,内容更为全面,如蓝海市场情报公司不仅为竞争主体企业提供竞争性产品目录、产品细节分析、4P 战略等方面的服务,还从企业所面对的客户群体出发,为企业提供系统对企业客户情绪和痛点的精确理解,为改进企业的产品及服务质量提供了参考。从情报产品的功效来看,更有利于决策的制定,如 Intellar 通过量化组织之间的关系,生成供应商和客户的模式图,促进了情报共享,从而推动投资和交易决策的制定。

构建科学完善的专业情报系统可以使情报用户获得更多的信息,从而保持更强的竞争力。因此,保证情报系统构建的科学性显得至关重要。运用生态理念构建不同类型的专业情报系统,并在系统运行的过程中注重信息生态因子的多样性及因子对情报系统的影响机制;以人为本,发挥信息生态因子和生态主体因子的作用,将能够促使情报系统的健康可持续发展。

---

① 徐海宁,孙忠林.大数据技术支持下的竞争情报净化系统模型构建[J].图书馆理论与实践,2016(4):100-102.

3.3.2 情报学教育的生态解析

我国学术界对于情报学学科建设一直有着较大争议，存在一定的"迷思"。近年来，从"情报研究"（Intelligence Studies）视域进行情报学探讨的思潮迅速崛起①，重申情报的"耳目、尖兵、参谋"作用。与此同时，"iSchool"运动也日益兴盛②，不断强化"信息"在情报学科中的主体地位。这两种倾向，对我国长期以来"图书馆学情报学（Library and Information Science）"架构下的情报学产生了较大冲击，在新形势下，情报学如何进行战略抉择，是当前学界需要深入思考的迫切议题。情报学专业教育是其中的重大问题之一③，关系着人才培养对社会需求的适应性，也间接影响着学科影响力。在明确情报学定位的框架下，从我国社会需求出发，借鉴国外情报学教育经验，研究我国情报学教育生态，是推动情报学实现战略转型的有效路径之一。

（1）基于决策保障的情报学定位

情报之说自古有之，以保障领导阶层的决策为主。只是在不同的历史阶段，代表特定阶层的用户群体有各自的特殊性。图书、资料是承载人类智慧的主要载体，随着新中国科技与经济建设的需要，情报工作也就拓展到这一领域，中国的科技情报学由此发展成长起来。需要注意的是，业界刻意强调科学情报的属性，是因为在特定的历史条件下，能且只能以此为研究对象。随着互联网、大数据时代的到来，情报学的研究对象增加④，情报用户逐渐多元化，几乎覆盖到各个群体和各个领域。《中华人民共和国国家情报法》的颁布，使国防、政府部门作为特殊重要的用户群体地位得以明确，为情报学的发展提供了新的土壤。

不同领域的行业特点不同，使得情报学对特定领域的研究体现出一定差异，因而产生了安全情报学、公安情报学、军事情报学、竞争情报学等所谓学科分支。然而，情报学作为一门社会性、通用性学科，对其研究对象的理解不宜局限在某一特定领域内，其基本理论应该能指导各领域情报工作发展，因此，亟待在用户决策保障框架下，形成统一的、通用的情报学理论体系，探索构建相应的方法论，以满足不同目标群体对情报学专业人才的需求。

---

① 包昌火，马德辉，李艳. Intelligence 视域下的中国情报学研究［J］. 情报杂志，2015（12）：2-6.
② 陈传夫，于媛. 美国 iSchool 的趋势与启示［J］. 图书情报工作，2007（4）：20-24.
③ 王延飞，钟灿涛，赵柯然，等. 论情报专业特色教育［J］. 情报杂志，2016（11）：1-4.
④ 苏新宁. 大数据时代情报学与情报工作的回归［J］. 情报学报，2017，36（4）：1-4.

(2) 面向国家治理的情报学教育

任何学科的研究对象、研究方法与研究范式，都不是一成不变的，必然会随着社会、科技与时代的发展不断调整、优化，其教育内容同样也会随之变化。近年来，我国学者分别从国外的 Intelligence Studies 教育培训[①]和 iSchool 教育情况[②]来剖析情报学教育的新动向，取得一定进展。2016 年年初，VICE NEWS 发布了 100 所美国最"军事化"的大学榜单[③]，这 100 所学校培养的学生毕业后多就职于美国国防、情报部门或与这些部门联系密切的机构。由此报告入手，通过互联网等公开资料对这 100 所学校的相关专业设置进行调研，可以初步勾勒出一个具有美国特色的情报学教育轮廓。

1) 美国国防等相关机构专业人才需求特点

从榜单中高校所涉及的专业来看，美国国防等相关部门对于专业人才的需求是多元化的，几乎涉及各学科领域。过去 20 年间，特别是"9·11"后，美国进入了信息和情报的时代，这一转变对美国的高等教育产生了连锁影响，即学校与军事、情报和法律等领域的联系在逐步增强，使高校在专业教育与课程设置上进行了适应性调整。在此背景下，美国高等学校积极开发国土安全、情报研究等专业课程[④]，情报研究相关项目增长迅速并且日益专业化，使美国情报研究专业获得前所未有的发展[⑤]，甚至诞生了专门开展情报研究与教学工作的学院。

美国国防等相关部门对于专业人才的具体能力需求也体现了鲜明的时代特点。用人机构所雇佣人员来自信息系统与技术、信息技术、系统工程、商务管理、刑事司法与犯罪学、计算机科学、政治学、电子工程、通识学习、机械工程等 10 类最常见的专业方向。相关部门对信息技术更是有着特别要求。随着信息化时代的发展，"数字化士兵"的规模在持续增加并不断衍变，使美国高校在军政部门对新时代专业人才旺盛需求的驱动下，在学科专业设置上强化落实技术能力的应用。此类现象提醒我们，高等学校的学术研究与专业方向应积极适应时代与社会发展，根据国家治理需要而不断进行调整；国防等相关部门对于专业人才的需求非常广泛，所涉专业众多，对情报研究专业建设尤其

---

① 胡雅萍，潘彬彬. Intelligence 视角下美国情报教育研究[J]. 情报杂志，2014，33 (11)：4-9.
② 沙勇忠，牛春华. iSchool 联盟院校的课程改革及其启示[J]. 图书情报知识，2008 (11)：26-35.
③ Vice News. https：//news.vice.com/article/these-are-the-100-most-militarized-universities-in-america.
④ HANK P，JAN G. Handbook of scientific methods of inquiry for intelligence analysis[M]. Lanham：Scarecrow Press，2010：2.
⑤ STEPHEN M. Training and educating U.S. Intelligence analyst[J]. International journal of intelligence and counterintelligence，2008，22 (1)：131-146.

应当予以高度重视；在当今时代，信息技术非常重要，关乎国家治理的迫切需求。

2）美国高校情报研究专业的课程设置

上述 100 所学校开设的相关专业有 3 个：国土安全、情报研究、无人机。其中，开设情报研究专业的学校达 25 所，从各学校官网中梳理出其核心课程（表3-1）。

表 3-1 美国开设情报研究专业的学校及其核心课程

排名	学校名称	情报研究专业核心课程
1	马里兰大学（University of Maryland）	情报政策与国家安全；分析人员的批判性思考；全球安全问题；情报与政策；情报的道德基础
2	美国军事大学（American Military University）	研究、分析和写作交流；战略情报简介；情报分析和搜集；情报技术；威胁分析；国土安全；美国和外国情报界；犯罪情报、恐怖主义和网络战
4	乔治华盛顿大学（George Washington University）	情报学基础；国际事务专题；理解伊斯兰教；国际发展专题；人口贩卖；跨国安全问题；安全政策研究专题
6	科奇斯学院（Cochise College）	写作；英语写作；数学；计算机概要；信息系统入门
10	乔治城大学（Georgetown University）	伦理学；应用情报学简介；应用情报心理学；应用情报交流；理解情报搜集
12	安柏瑞德航空大学（Embry-Riddle Aeronautical University）	通识教育；标准轨迹核心课程；外语；指定的选修课；集中教学；开放的选修课；高级项目；国土安全和情报整合；战略情报；高级分析与研究方法；实验性研究课程；研究生阅读和评论；研究生论文
15	宾夕法尼亚州立大学（Pennsylvania State University）	国土安全管理：政策和项目；国土安全：社会和道德问题；暴力、威胁、恐怖与叛乱
17	弗吉尼亚理工学院暨州立大学（Virginia Polytechnic Institute and State University）	代理人和环境；对抗搜索；alpha-beta 剪枝；不确定性与概率论；随机博弈；马可夫决策过程；消极加强学习；积极加强学习；逻辑学；一阶逻辑；贝叶斯网络；时间序列；机器学习述评；神经网络；反向传播
21	南加州大学（University of Southern California）	未找到相应课程
24	南弗罗里达大学（University of South Florida）	分析战略；分析方法；应用信息学；项目管理；分析交流；信息、战略和决策；高级信息检索；信息科学基础；信息分析
29	俄克拉荷马大学（University of Oklahoma）	未找到相应课程
37	密歇根州立大学（Michigan State University）	未找到相应课程

续表

排名	学校名称	情报研究专业核心课程
39	内布拉斯加大学（University of Nebraska）	未找到相应课程
43	华盛顿大学（University of Washington）	外交政策与国家安全研讨班；国际关系研讨班；情报与国家安全；美国外交政策
46	诺威治大学（Norwich University）	犯罪文学；比较宗教学；法庭调查中的科学、技术与程序；统计学基础；环境科学；美国宪法的历史；文化问题与犯罪司法体系；社会科学研究方法；数据分析和写作；刑事司法伦理学
49	贝佛大学（Bellevue University）	国家安全简介；情报与反情报基础
50	中佛罗里达大学（University of Central Florida）	政治调查指引；政治研究的定量方法；刑事司法研究方法；关于情报的研讨会；情报界
51	奥本大学（Auburn University）	批判性思考和结构化分析；商务分析Ⅱ
56	佛罗里达州立大学（Florida State University）	刑事司法体系（秋季）；政治和情报中的伦理问题（秋季）；应用概率论（春季）；刑事司法中的计算机应用程序（秋季）
62	新墨西哥州立大学（New Mexico State University）	沟通与国家安全基础；沟通与情报周期；沟通、战略影响与国家安全；跨文化沟通与国家安全
66	杜克大学（Duke University）	美国情报学的历史与演化；情报搜集和分析；情报失灵案例分析；结构化分析技术；地缘政治风险分析；情报与私人部门；美国国家情报的时代主题
81	北卡罗来纳州立大学（North Carolina State University）	科学、技术与国际安全；国际安全；情报与政策；美国情报与国际安全；冷战时期的情报历史；情报与政策；情报中的科学与技术；国际体系中的扩散与反扩散；情报协作
88	梅西赫斯特大学（Mercyhurst University）	国家安全与情报；情报、军事与战争；恐怖主义
95	密苏里州立大学（Missouri State University）	核战略与军备控制研讨班；国际安全事务研讨班
97	德克萨斯大学阿尔帕索分校（University of Texas at El Paso）	情报中的研究方法；情报与国家安全中的结构方程模型；情报与国家安全政策；情报分析入门；当代安全研究；情报中的应用统计学；公共管理定量研究方法

资料来源：课程内容来自上述高校官方网站，获取时间为2017年7月15日。

如表 3-1 所示，美国情报研究专业的核心课程主要有 3 类，依次是：情报相关理论基础知识，如情报史、情报政策、国土安全、刑事司法、国际事务等；情报分析研究方法，如批判性思考、结构化分析、定量研究方法、应用统计学、分析交流等；情报分析应用技术，如情报技术、信息系统、神经网络、数据分析等。此外，从各学校官网关于情报研究专业介绍来看，其教育培训对象主要包括：打算进入军事、情报、对外关系及相关民间机构和企业的学生，美国军事、情报等机构及其业务承包商的在职人员、雇员，以及其他对这些领域感兴趣的人员。这些课程设置，既体现了美国高校情报研究专业教育的概貌和内容特点，也清晰地反应出美国高校为适应相关机构的专业人才需求而对教育内容进行了针对性极强的调整，展现出有关高校进行专业增强及课程拓展的总体态势。

3）美国情报研究专业院系与 iSchool 院系的比较

据 VICE NEWS 报告披露，100 所学校与美国国防相关部门存在着各种各样的密切关系，相关院系开设的情报研究专业具有鲜明的国家治理特色，与之相比 iSchool 院系在专业教育上就显得相对平淡、空泛。以上述榜单为基准，笔者对相关学校官网进行调研，整理出情报研究专业所在的具体学院，并与 iSchool 院系[①]进行比较（表 3-2）。

表 3-2 美国情报学专业院系与 iSchool 共校设置分布情况

美国情报研究专业所在学校	美国情报研究专业所在院系	美国 iSchool 院系
马里兰大学（University of Maryland）	School of Public Policy	College of Information Studies
美国军事大学（American Military University）	School of Security & Global Studies	—
乔治华盛顿大学（George Washington University）	Elliott School of International Affairs	The Information School
科奇斯学院（Cochise College）	Cochise College	
乔治城大学（Georgetown University）	School of Continuing Studies	—
安柏瑞德航空大学（Embry-Riddle aeronautical University）	College of Security & Intelligence	—

① http://ischools.org.

续表

美国情报研究专业所在学校	美国情报研究专业所在院系	美国iSchool院系
宾夕法尼亚州立大学（Pennsylvania State University）	Penn State World Campus	College of Information Sciences and Technology
弗吉尼亚理工学院暨州立大学（Virginia Polytechnic Institute and State University）	College of Engineering Department of Computer Science	—
南加州大学（University of Southern California）	Dornsife College of Letters, Arts and Sciences	—
南弗罗里达大学（University of South Florida）	College of Arts and Sciences	—
俄克拉荷马大学（University of Oklahoma）	Center for Intelligence and National Security	—
密歇根州立大学（Michigan State University）	College of Social Science School of Criminal	Department of Media and Information
内布拉斯加大学（University of Nebraska）	Department of Political Science College of Arts and Sciences	—
华盛顿大学（University of Washington）	Paul G. Allen School of Computer Science &Engineering	—
诺威治大学（Norwich University）	在线课程，无法确认是否存在相应学院	—
贝佛大学（Bellevue University）	Center for Cybersecurity Education	—
中佛罗里达大学（University of Central Florida）	College of Sciences	—
奥本大学（Auburn University）	University College	—
佛罗里达州立大学（Florida State University）	College of Applied Studies	College of Communication and Information
新墨西哥州立大学（New Mexico State University）	Department of Communication Studies	—
杜克大学（Duke University）	Triangle Institute for Security Studies Intelligence Center for Academic Excellence in Intelligence and Security Studies	—

续表

美国情报研究专业所在学校	美国情报研究专业所在院系	美国 iSchool 院系
北卡罗来纳州立大学（North Carolina State University）	School of Public and International Affairs	—
梅西赫斯特大学（Mercyhurst Univeristy）	Department of Intelligence Studies	
密苏里州立大学（Missouri State University）	Department of Defense and Strategic Studies	
德克萨斯大学阿尔帕索分校（University of Texas at El Paso）	College of Liberal Arts	—

在25所开设情报研究专业的大学中，可以确认有24个具体学院名称，仅有诺威治大学因为该校整体以网络教学为主而无法确认是否存在相应学院。从可确认的学院名称来看，这些学院偏重于国际事务、政治学、文学社会科学及部分计算机科学领域。美国的36所iSchool院系所在学校中，仅马里兰大学、乔治·华盛顿大学、宾夕法尼亚州立大学、密歇根州立大学、佛罗里达州立大学等5所大学与情报研究专业院系存在共校关系，而情报研究专业所在学院无一出现在iSchool院系列表中。可见，与开设情报研究专业的学院相比，美国的iSchool学院在适应政府情报人才需求上未有积极应对，同时由于其倡导的是信息价值观而不是情报价值观，致力于信息的交流与服务、注重商业利益，其办学宗旨与情报治理需求的契合程度不高，因此，不宜作为情报治理视域下情报学发展借鉴的主要对象，正如闫学杉所指出，"这个联盟从2005年正式成立到现在，还提不出一个令人振奋的、可供加入该联盟的其他院校参考的办学指南，更不用说为他的盟员勾勒出一个光明的未来"[①]。

美国军事情报等相关部门对于专业人才的需求是多元化的，涉及许多学科领域、多个专业，并且在新形势下有所侧重，特别强调"数字化"能力的应用。显然，任何一个单一的学科并不能满足这些机构对于人才的所有需求，作为与之密切相关的情报学也不例外，并不能解决所有问题，但美国情报研究专业因其独特的专业特色优势，使之在满足相关部门的人才需求中占据了重要的位置。有鉴于此，我国情报学教育，同样不宜面面俱到，而应发挥现有优势、形成自身特色，培育专业人才独特的核心竞

---

① 闫学杉. 信息科学：概念、体系与展望[M]. 北京：科学出版社，2016：112-113.

争力。

(3) 对中国情报学教育生态的认知

当前,我国对情报学专业人才(包括但不限于情报专业人才)的需求在《中华人民共和国国家情报法》中有清晰反映,情报法第二十二条规定,"国家情报工作机构应当运用科学技术手段,提高对情报信息的鉴别、筛选、综合和研判分析水平"。该法律为情报学的发展和应用提出了明确要求,即情报学的建设与教育,应重点立足在情报学所拥有的独特方法与技术手段上,在情报研究(鉴别、筛选、综合和研判分析)上发挥不可或缺的作用,这才是情报学人才的核心竞争力,是提升情报治理能力的关键,也是情报学区别于其他相关学科的主要特征。此外,社会经济领域、技术领域等对情报学的需求也十分旺盛,要在继续发扬我国情报学传统优势的基础上,突出提升情报研究独特能力建设,以为各领域发展培养输送大批专业人才。

针对我国情报学专业人才的核心竞争力培养,则应在生态观的理念下调整设计,即在国家与社会发展的大环境下,情报学各专业分支、理论流派要推进优势互补、多元发展,实现共生、共存、共进,并立足于当前最迫切的社会需求,解放思想,坚持实践导向,突出加强与治理环境的双向互动,通过情报治理的实践检验,实现学科发展的自组织、自生存、自适应和自修正,不断发掘、培育、壮大情报学的核心能力和社会影响力。设计的主要步骤则是在确立情报学教育内容建构模型的基础上进行重点调整。

1) 情报学教育内容建构模型

为了培育情报学人才的社会适应能力和核心竞争力,情报学的教育应将重点放在情报研究上。我国学者提出了"事实型数据 + 专有方法工具 + 专家智慧"的科技情报及政策研究方法论[1],虽然该方法论来源于科技情报工作,主要研究对象为传统文献信息,具有一定的局限性,但对于整个情报研究工作具有十分重要的指导作用。为适应大数据环境下情报学发展需要,我国学者结合工程化及系统化思维,进一步提出了情报工程学的概念[2],用工程化的模式来组织大数据、云计算环境下的情报学研究和教育问题,有效促使了学术界对新形势下情报研究范式关注度的提升[3],然而过分强调大数据、突出

---

[1] 贺德方. 基于事实型数据的科技情报研究工作思考 [J]. 情报学报, 2009, 28(5): 764-770.
[2] 张家年. 大数据环境下情报工程师的素质结构与培养模式 [J]. 图书情报工作, 2016, 60(1): 12-18.
[3] 朱礼军, 段黎萍, 赵婧. 面向创新战略的情报工程理论方法与挑战 [J]. 情报工程, 2016, 2(2): 26-33.

工程化思维也必然淡化情报学本身的社会属性，忽视"人"的关键作用，使得情报工程学研究还不足以成为通用型、综合性及专业特色突出的研究范式。笔者从保障用户决策的视角，基于情报治理的生态观，对该方法论模型进行拓展和修正，提出以下 D-M-P 情报学教育模型：以用户决策需求为引领，在特定情报任务驱动下，由具备行业领域专业素养的人员（P-People），利用一定的情报分析研究方法（M-Method），借助各类技术平台和工具，依托各类数据信息（D-Data），实现数据、信息、知识向情报的转化，通过对已有情报素材信息进行高效准确的鉴别、筛选、综合和研判分析，来生成及时、准确、客观的情报产品。教育实现公式可表述如下：

$$情报学教育内容 =（事实数据 + 方法工具）× 专业素养。 \quad (3-1)$$

其中，事实数据是基础，是人类社会环境的数据化，涵盖一切以数字形式存在的信息资源，面向特定领域决策需要，数据源的选择、数据的采集获取、组织管理及特定领域数字资源特征分析等是该部分的核心内容；方法工具是媒介，是连接事实数据与目标用户的桥梁，要培育学生掌握专门的方法，利用计算机等技术形成专用工具平台，以提高分析效率和准确度，解决由于信息不对称、不完备所带来的决策风险；专业素养是对分析研究人员的关键要求，分析人员必须对情报对象所在领域的行业知识有足够的了解，施教者要根据学生学习研究兴趣及就业目标，培育其掌握不同领域的背景知识和特定领域的思维能力。事实数据、方法工具与专业素养之间之所以是逻辑"乘"的关系，是要突出强调"人"的智慧，强调"人"对于社会环境的感知、对事实数据、方法工具等的主动利用及对事实数据的梳理和对方法工具的改造，强调"人"是适应环境、改造环境的主体，强调通过互动反馈，形成一种良性的情报学教育生态循环。

2）我国情报学教育调整的重点

针对我国情报学教育方向调整的实际要求，依托 D-M-P 情报学教育内容建构模型，借鉴美国情报研究专业核心课程设置，可以在我国当前的情报学课程基础上，逐步调整课程设置，重新布局教学重点。

在事实数据方面，要培养学生对各类数据的敏锐性，令学生善于获取、处理和分析各类型数据。在这方面，要在继续发挥我国现有情报学专业教育中信息资源管理、信息检索、信息组织等固有优势的基础上，加强对大数据技术、互联网技术、自然语言处理等方面的研究与教学。要适应数据领域的发展需要，积极拓展对数据科学的研究与教学[①]，探索对各类数据的管理和应用，除了对传统的文献信息及互联网信息和舆情研究之外，还要加强面向新媒体、音频、视频、图片、信号等不同类型数据的深度挖掘处理能力。

在方法工具方面，要培养学生熟练使用专门的分析方法、用好分析工具。在现有信息分析、数理统计与概率论等课程基础上，加强批判性思考、结构化分析、定量研究、逻辑学、智能分析、社会网络分析等课程。传统情报分析中利用信息技术进行智能化、自动化分析相对较为薄弱，因而结合特定领域的情报实践需求，针对不同数据类型，丰富分析思路、算法模型、方法工具及加强实践应用将是下一步情报学教育转型发展的重点。

在专业素养方面，要培养学生了解目标领域的情况，令其具备目标领域的思维能力。这部分的内容十分关键，可以根据各院系的人才培养目标制定相对个性化的课程，譬如面向商务领域，可基于 iSchool 的课程设置，在商务领域知识、市场营销、心理学等方面增加课程；面向军事领域，可借鉴美国情报研究课程设置，增加关于情报理论、情报史、国际政治等方面的课程；面向技术领域，可在互联网、计算机技术基础上增加信息安全技术、产品设计等方面的课程。根据不同社会领域的需求，培育学生相应领域的专业素养，实现情报学各方向和理论流派的共生、共存、共进，兼顾用人单位的人才管理和遴选机制要求，不断调整、修正和优化人才培养重点。此间，要特别注重引入情报实践相关实习，加强与军队、政府、企业的互动，强化学生对专业领域的感性认识，提升人才培养的针对性。

概括而言，我国的情报学教育生态的调整发展不是对传统的彻底颠覆或简单融合，而是在协调和统一对情报属性和信息属性认知的基础上，基于现实条件的一种战略转型；是基于用户决策保障框架下的领域拓展；是将国家情报治理作为情报学的重要研究对象，寻找学科发展新的着力点。针对国家情报治理对专门人才的特殊需求，研究新形势下情报学的教育生态，发扬和培育情报学人才的独特竞争优势，兼顾个性化培养和综合创新，是中国情报学继续进步的必由之路。

[①] LANDON-MURRAY M. Big data and intelligence: applications, human capital, and education [J]. Journal of strategic security, 2016, 9 (2): 92-121.

3.4 情报感知生态构建的实施重点

基于生态理念实施情报治理需要兼顾事业和机构的发展要求，具体落实则要从情报数据生态治理入手，在情报感知实现过程中着眼创新与基础研究的关系，增强基础研究投入信心，巩固和建设好多源融合数据基础。

3.4.1 营造数据基础生长空间

数据基础的存在与投入使用是情报保障功能的一种具体反映，亦是创新价值实现之转化纽带的重要组成。从情报实作功能要求上看，情报数据生态治理应以营造数据基础的动态生长空间为长远目标，具体抓手则是推进实现情报数据的融合，即围绕掌控未知数据的情报任务进行推进，做好"标识准备""标识实施"两个准备，促进"形式关联分析操作"和"内容关联分析操作"两个情报业务的顺利进行，追求实现情报数据信息系统的特色功能。

情报数据信息系统的特色功能可以简略表示成"采、种、收"，意指情报数据信息系统应该具备数据采办、数据管理和数据监控的情报特色功能。其中"采"之功能指完成数据采办操作，从知数、识数、辨数3个方面实现对数据基础情况的揭示。达成"知数"的标志是情报数据源的名录齐全，达成"识数"的标志是数据内涵意义明确，达成"辨数"的标志是对相关数据的评估到位齐备。"种"之功能指完成数据（组织）管理操作，从数据的"源与元""链与联"两个角度实现对数据关系的深度挖掘。"收"之功能指完成数据监控应用操作，收获布局成果，实现数据的价值。

3.4.2 把握情报数据生态治理的关键环节

情报数据生态治理的实施是一个渐进探索的过程，必须完成的核心环节有3个。

①以生态理念梳理情报数据基础的生长要素，如数据、技术、需求、行为等。

②用赋能标准测算数据、技术的发展利益空间，对情报数据资源的存在状态进行评估，厘清知／未知、见／未见、可触／非可触、可控／非可控等情报数据资源状态，对情报需求的感知、刻画影响进行评估。

③基于技术、经济、社会、文化、政治和安全的综合考虑，探索管理规制的建设重点。

3.4.3 理解情报数据生态治理的现实任务

情报数据生态治理离不开基于数据融合的情报应用,从安全博弈的角度看,"军民融合""平战结合""寓军于民"等概念在情报数据生态治理中必须予以解读体现,"数据动员"则在治理中起到点睛和灵魂作用。目前,我国的数据动员建设还不完善,而大数据是国家安全和国防动员建设的基础性战略资源和前瞻性战略高地,特别是在动员时限越来越短、动员种类越来越多的趋势下,把竞争潜力实时、精确、定向、快速地转化为竞争实力,获取、存储、管理、分析数据显得越发重要,因此,重视完善数据动员建设、增强动员胜算、促进深度融合、实现智慧动员等情报运用价值,是情报数据生态治理面临的现实任务。

针对情报数据生态治理所面临的现实任务要求,可以从研究实验数据和科研管理数据的融合管理入手,依照数据的安全情报应用效能制定情报数据生态治理的评估标准。例如:

目标数据储备齐全,
目标辨析快速准确,
态势感知保障有力,
数据博弈设置有序,
数据链路生存有道。

3.5 本章小结

情报感知的生态建设是国家情报治理体系建设研究的重要议题。就国家情报治理研究关切而言,不能回避需求感知、需求刻画和需求响应这些情报需求问题,也要关注信息采集、信息组织、信息分析、信息表达和信息传递这条技术操作主线,更要重视相关的行为主体:管理决策者和情报工作者。生态观不失为一种可取的研究理念。

重温与情报治理有关的点滴历史应当能坚定学人对此进行探索的信心:

1956年,我国制定《十二年科学技术发展远景规划》时列举了55项任务,周总理看后说,这不够,还要加两大项,一是重大基本理论问题,二是科技情报。

1983年4月,聂荣臻元帅指示,"科技情报是科技工作的耳目、尖兵","科技发展必不可少的依据"。

1979年11月16日,美国总统卡特在出席白宫图书馆与情报服务会议时做了题为

"照亮道路"的讲话，指出："情报就像我们呼吸的空气一样，同是国家资源。精确有用的情报就如同我们身体所需的氧气，是国家和个人的幸福，我们整个国家的一半以上的成果是来自有关的情报活动。快速的情报是我们经济中的主要货物和商品。""它经常提供重要情况的火花，点燃创造和发明的天才火焰，帮助人们解决日益复杂的世界的问题。"[1]

1949年，美国战略情报领域的开拓者谢尔曼·肯特在所著的《战略情报——为美国世界政策服务》一书中提出，"情报是知识""情报是组织""情报是活动"。

---

[1] 资料来自张钟林研究员纪念新中国航空科技情报事业发展55年的回忆文章《天空中一颗闪烁的新星》。

第 4 章
情报感知的信息环境

情报感知总是发生在一定的信息环境里。

情报工作共同体为了高效率地感知情报、刻画情报、分发情报产品并随后让客户更好地感知到情报内容，需要有意识地建立、掌控和驾驭自己日常工作的信息环境。

在客户那里，你的情报产品只是围绕他的特定信息环境之中的诸信息源之一，需要与其他信息源竞争并胜出，才能获得客户的注意力、获得客户的感知。这就是说，在了解客户需求之际，同时也要尽可能了解围绕客户的信息环境。于是，当你在制作情报产品时，你就会有针对性地考虑"在那个信息环境里，应该如何呈现情报产品，才能增加'客户和情报相遇'的机会"。

本章研究"什么是信息环境"，给出"信息环境"定义，讨论主体与信息环境相互作用的关系模型，研究网络中枢、媒介、"墨的分布"、送达等相关概念。

4.1 通用信息环境

"信息环境"（Information Environment，IE）是一个常用但意义并未清晰界定的概念。《情报感知论》关于信息环境的定义是：相对于一个具体的主体（一定的客户/用户/Users，亦即特定受众）而言，信息环境就是时时刻刻围绕着主体并可能影响该主体思维的所有信息内容（S）因素和信息媒介（T）因素的总和。通俗地说，你的信息环境就是包围着你的信息（S）、你用以获悉这些信息的感官系统及其信息与通信技术（Information and Communication Technologies，ICT）延伸（T）。

这里给出信息环境公式如下：

$$信息环境（IE）= 信息内容（S）因素 + 信息媒介（T）因素，$$

即

$$IE = S + T。 \tag{4-1}$$

假定，你的手机因故关闭了一个小时后此刻刚刚打开。过去一小时内别人发送给你的短信/微信会立刻显示出来，仿佛这些信息内容原本一直就追随在你的周围，等待着被你发现。短信就是信息内容 S 因素的例子（发短信的人通过这则短信向你报告你可能关注的某事物的状态），手机则是信息媒介 T 因素的例子。信息媒介因素往往包括由 ICT 软硬件构成的赛博物质系统（Cyber-Physical System，CPS）及其他感知（采集）信息、加工信息、传播信息的手段和能力（包括人、机器、自然媒介的声、光、电、磁等）。

4.1.1 一般信息环境模型

人们在处理日常事务的时候，总是穿梭往来于各种各样的信息环境之间，无论人们对这种信息环境的存在是有意识还是无意识。

图 4-1 是我们设计用来描述围绕一个人（主体）的一般信息环境的模型。

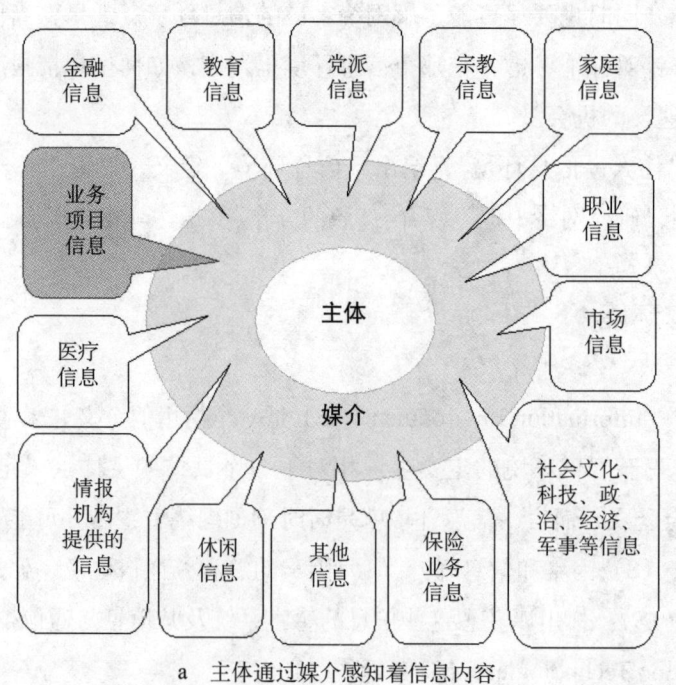

a 主体通过媒介感知着信息内容

第4章
情报感知的信息环境

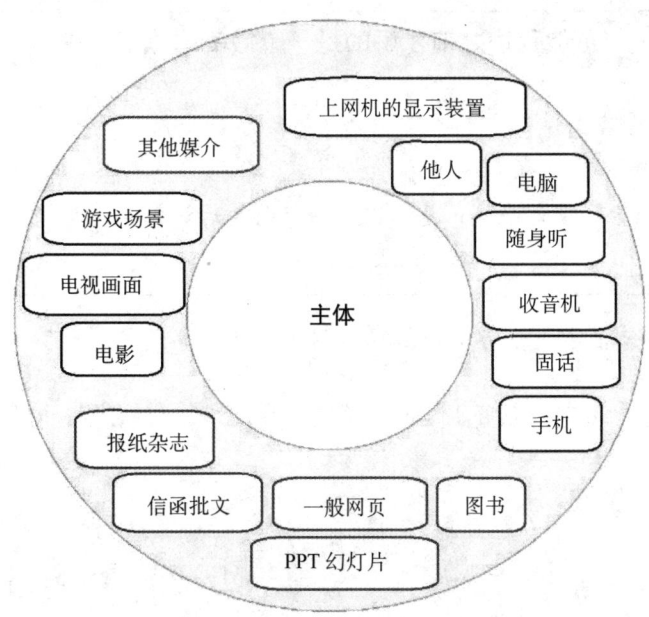

b 主体的注意力首先分配到各种媒介上
（注：信息环境中的信息内容通过媒介进入主体感知半径内）

图 4-1 主体身临的复合信息环境（主体—信息环境关系模型之一）

在这个模型里，主体可以是：①一个具体的人，如情报客户，或承担着某项目任务的一名业务工作人员，或综合型图书情报机构的一名采购收集人员，或科技情报机构的信息分析人员；②一台图灵机、一个传感器，等等。

这个模型显示了主体日常所处总体信息环境的一个基本局面，有助于我们理解主体的注意力被众多具体的信息内容和媒介所瓜分的情形（如"日理万机"这个成语所表达的那样）。模型中的主体在一段较长时间（如一年）内，可能需要实现多个任务目标，担负多种角色。主体的感知能力（媒介能力）所及的任何一种具体的信息内容，都在争夺着主体的有限的注意力。正如 Simon H. A. 曾经指出的那样，"信息所消耗的显然是其接收者的注意力"。因此，"信息的丰裕导致了注意力的贫困"[①]。

请看文本框"可能我们之前了解的是一个假美国。"

---

① SIMON H A. Designing organizations for an information-rich world ［EB/OL］.（1969-09-01）［2019-09-23］. https：//zeus.zeit.de/2007/39/simon.pdf.

> **可能我们之前了解的是一个假美国（节选）**
>
> ……美国的媒体要关心的事情实在太多了，首先是美国，法律和秩序、政治、社会、小女孩的失踪、辛普森的谋杀、超级明星。然后是犹太人，然后是中东，然后是ISIS……，中国，除非重大事件，基本上都在版面的后端位置。
>
> ——连清川.《可能我们之前了解的是一个假美国》

4.1.2　一个主体参加多个业务项目的信息环境模型

为了描述主体上班进行业务工作时身临的信息环境，我们进一步设计了图4-2。

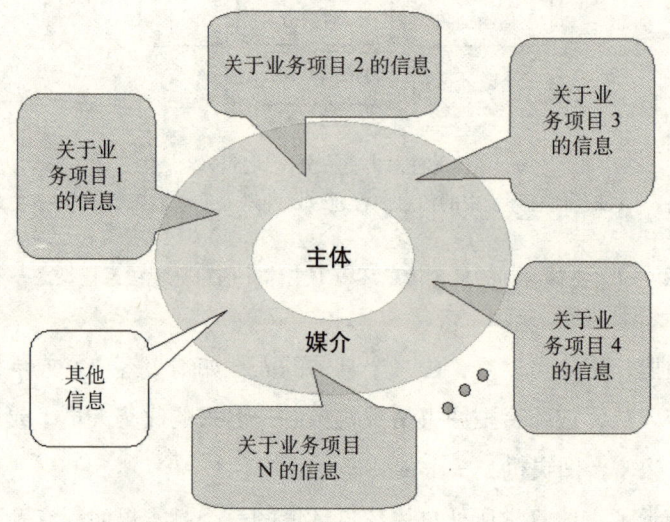

图4-2　一个主体参加多个业务项目（主体—信息环境关系模型之二）

这个主体参加了多个业务项目，因而是多个不同项目的干系人。他担负着向不同的N个项目贡献知识的任务。图4-2还可以被看成是一个日理万机的某机构一把手的信息环境。这个一把手向N个项目贡献的"知识"，可能主要是他派活儿的指令（这个指令对于其下级员工而言，就是需求信息）。

主体—信息环境关系模型之一（图4-1）和主体—信息环境关系模型之二（图4-2），都是以一个主体为中心的模型。

4.1.3　多主体共同从事一个项目的信息环境模型

现在我们考察面向某具体项目的信息环境模式，即主体—信息环境关系模型之三

(图4-3):多主体共同从事一个具体项目的情形。图4-3b是图4-3a的简化,图4-3c是图4-3b的具体化(媒介因素被展开了),图4-3d是图4-3c的简化。

这个面向项目的信息环境模式,演示了3个主体共同从事同一个业务项目而形成的一个情报工作共同体的信息环境。

在这个模型中,3个协同主体的注意力都集中于一个项目任务,3个主体都是这个情报工作共同体的成员。他们以自己的专业特长为基础,各自担负相应的认知任务,协力支撑起这个项目。3个主体之间的与项目有关的沟通,都必须在这3个主体认可的媒介(如计算机网络)上留下痕迹(箭头代表留下痕迹的存取操作)。《情报感知论》在这里把"信息环境的媒介因素"简约为"上网机的显示装置"("能让主体方便地接触到信息内容的任何装置",如信息幕墙)。

依此类推,信息环境的内容因素——一个项目任务的信息内容,就简约为"上网机显示装置所显示的与项目任务相关的信息内容"。

主体—信息环境关系模型之三(图4-3d)所示的这种类型的信息环境,对主体(包括主体一、主体二、主体三)来说,是具体的、可设计的、可部署的、可运行的。这样的信息环境,是社会巨信息环境的一个有代表性的细胞。这种信息环境的设计和运行的模式,特别值得当今情报学研究者重视。

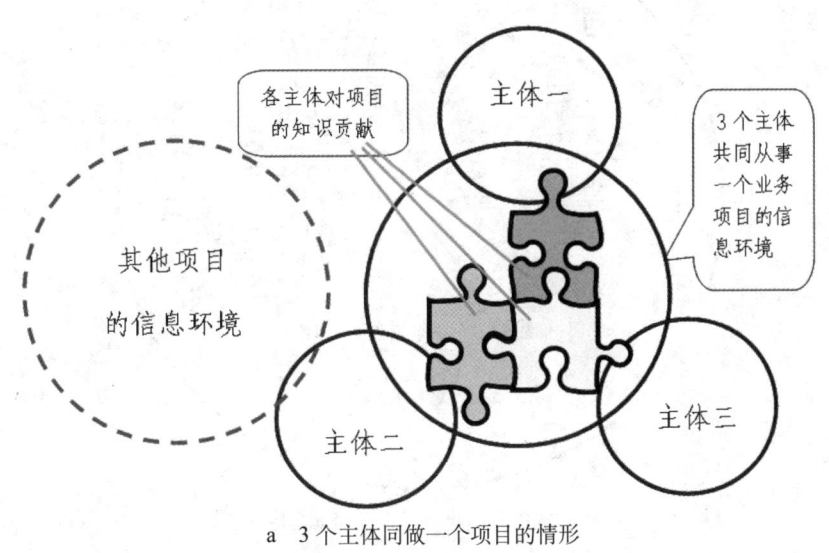

a 3个主体同做一个项目的情形
(注:大圆圈是一个项目任务的信息环境)

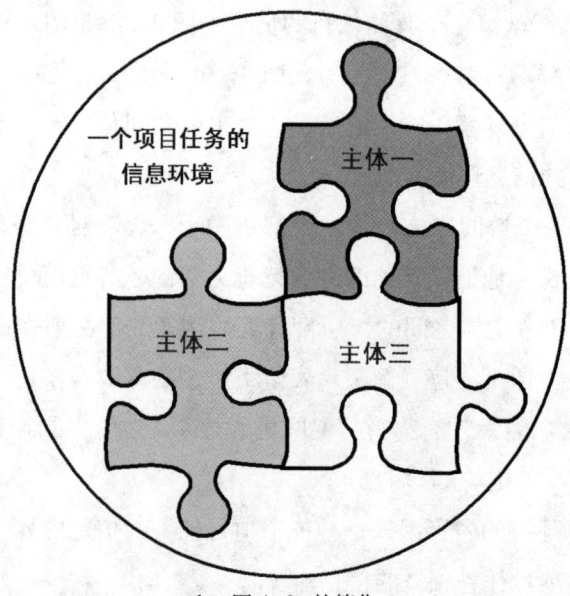

b　图4-3a 的简化

（注：每一个拼块代表各主体对信息环境的贡献）

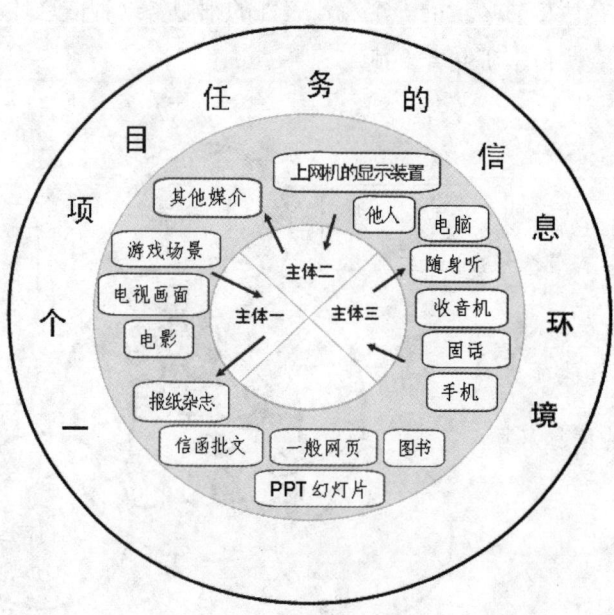

c　图4-3b 的具体化（把媒介因素具体化了）

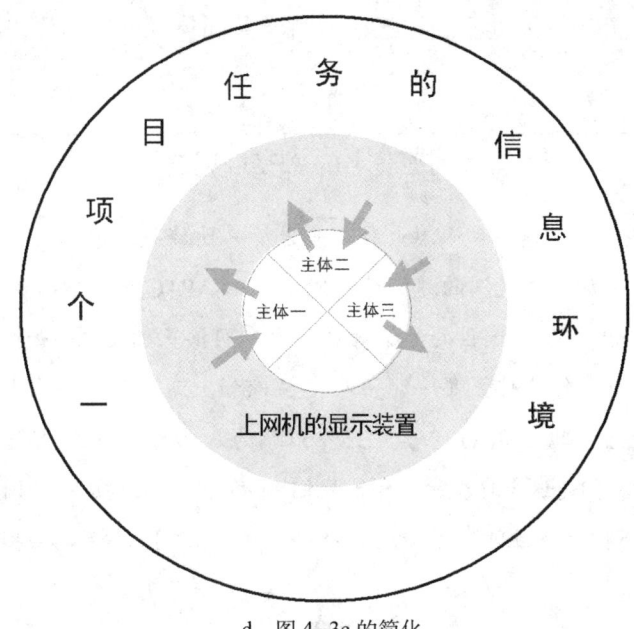

d　图 4-3c 的简化

图 4-3　3 个主体共同从事一个业务项目（主体—信息环境关系模型之三）

4.1.4　网络信息环境（计算环境）

网络信息环境在《情报感知论》的语境中就是以计算机网络为基础的事务处理（包括沟通管理和工作流管理）的环境，即以网络为中枢的信息环境（Network-Centric Information Environment），简称网络环境或计算环境（Computing Environment）。网络信息环境能驻留沟通过程，能被情报工作共同体全体成员见证，有助于建立可用的"知道的结构"。情报工作共同体全体成员的日常情报工作业务，都全然映射到这个网络环境之中。

网络环境是一个不断成长的概念。随着一个国家（或一个部门）的信息基础设施能力的成长，网络环境的建设将日趋完善，计算机就是网络（不管是内网还是外网）。网络无处不在：人们上班时在计算机（网络）上工作，下班时在计算机上休闲；政府是电子的，官员们在网络上办公，老百姓在网上找政府办各种各样的手续；厂矿企业是电子的，工程师们在计算机上完成大多数的工作；学校的教学过程电子化了，老师、学生、教务工作者到网上进行教学活动；商务过程是电子的，人们到网上购物；图书馆是数字化的，人们在家里上网就可以享受图书借阅服务；医院的挂号与病历系统是电子的，人们在网上方便地办理挂号、预约、就医咨询。

科学探索也正在进入计算时代。"科学探索的计算时代"的基本特征之一就是：

这种基于网络的计算环境无处不在地连接着科学共同体（见文本框"澳大利亚著名的 APAC 网络"）。

澳大利亚著名的 APAC 网络[①]

澳大利亚超级计算合作项目（澳大利亚先进计算伙伴关系，APAC）于 2000 年 6 月开始建立，其宗旨是加强全澳洲的超级计算能力，以 APAC 全国中心及 APAC 网格中心为基础，为 eResearch 提供全国性的超级计算平台及网格基础设施，如图 4-4 所示。

APAC 共有 8 个合作伙伴，每个州一个，另外加上澳大利亚国立大学 ANU 和公共卫生科研及工业研究组织（CSIRO）。其中，6 个以州为基础的组合涵盖了全澳洲所有大学。

各领域的科学家们是这个环境的主体，他们可以联合起来构成一个国家级的科学知识共同体，也可按照不同的领域形成领域知识共同体、按照不同的项目形成项目知识共同体。

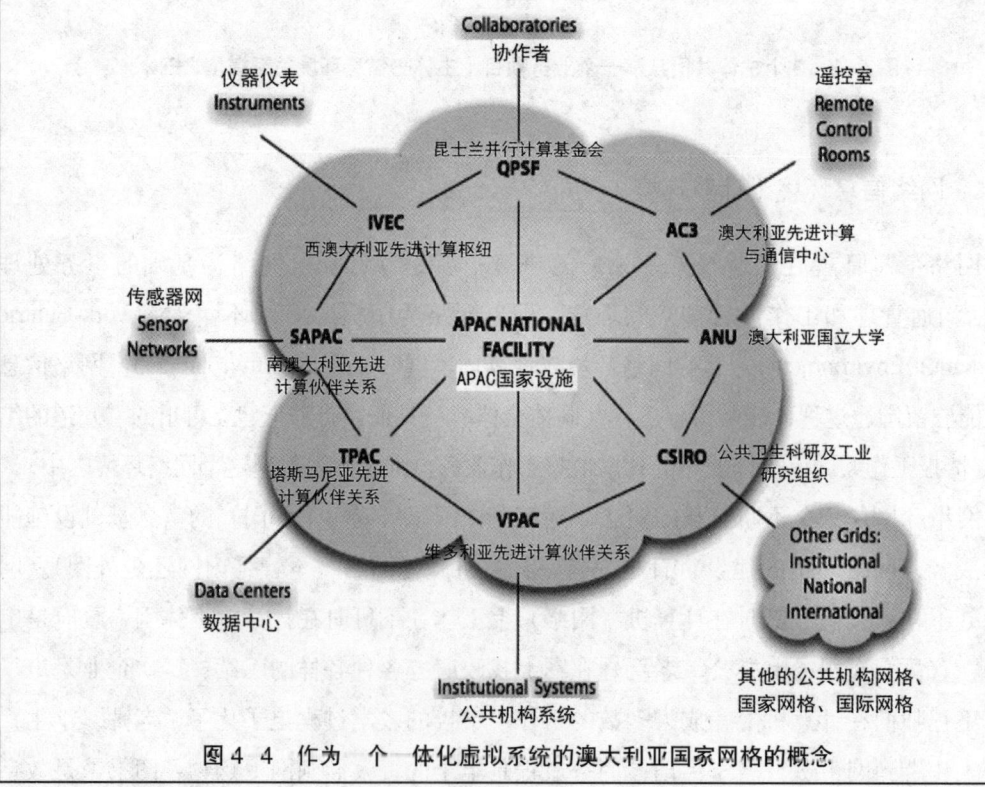

图 4-4 作为一个一体化虚拟系统的澳大利亚国家网格的概念

[①] JOHN O'C. A national grid infrastructure for Australian researchers [J/OL]. CT watch quarterly, 2006, 2（1）: 5-9 [2019-09-23]. http://matsu-www.is.titech.ac.jp/sites/default/files/docs/publication/CTT100576080.pdf.

在《情报感知论》的论述中，如果不特别指明，所有的信息环境都可以首先理解成网络信息环境或者是以网络为中枢的信息环境。这样的理解不影响《情报感知论》的基本思想。

4.2 情报工作信息环境

情报工作信息环境就是情报产品生产者在其中开展产品生产所涉各项工作的信息环境。

对情报产品生产者日常在其中工作的信息环境进行建设和优化的目的，是为了掌握、牵引或影响供给侧全体成员（情报工作共同体）的智力操作活动，以利于情报生产团队在感知情报、研制情报产品的工作流程中实现高效衔接和接力。

4.2.1 网络中枢模式下科技情报工作系列之间的联系

图 4-5 举例说明了网络环境下科技情报工作的一些系列之间的联系。

很多具体的情报工作之间其实是有很多联系的。利用好这种相互联系可以发展各种情报工作成果之间的相互转换和再用。通过信息化改造，将所有科技情报工作的工作流组织到网络环境下，实现时间和空间上的互联，将可对已有成果进行组合或进行再用，快速有效地获得现实的附加价值和新的情报工作能力。如果在网络环境下仍把咨询研究（情报研究）前期的文献工作与咨询研究（情报研究）工作本身截然分开，无疑会障碍科技情报工作的高效率运行。

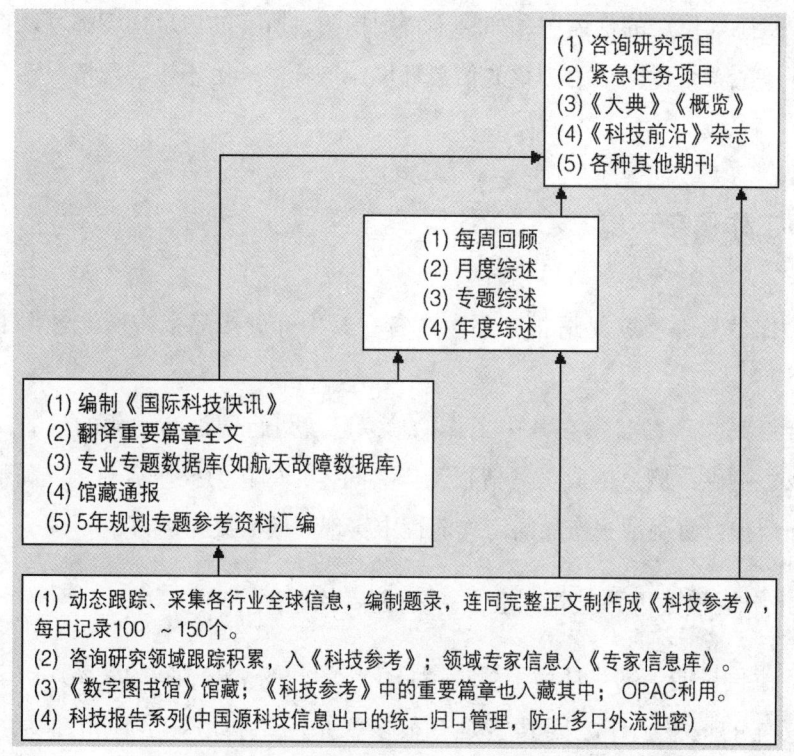

图 4-5 网络环境下科技情报工作的一些系列之间的联系

4.2.2 情报工作所涉信息的集成和发布

下面提供一个示意图（图 4-6），说明情报工作所涉的全部信息（包括工作过程痕迹——谁在什么时间承接什么任务、质量体系活动、工作成果）都集成在网络工作环境上的分布式数据库中，并在相关的网络用户/客户界面中发布的基本情形。

情报工作管理者的网络界面上，主要显示与情报工作管理有关系的信息并在界面上可以发出信息实施自己的管理操作；情报素材采集团队的网络界面上，主要显示采集人员业务日常里最需要的信息，在界面上开展自己的采集操作并看到操作之后交付的成果；以此类推，情报加工处理人员、情报咨询研究人员各自都可在相应界面上看到与自己日常作业密切相关的信息，并可以在这个界面上完成自己的日常工作，同时在网络上留有脚印（输出成果）并且可追溯。模块的设置是为了适应人们对传统情报工作组织形式的怀旧情绪。事实上，参加同一模块工作的人员可以分布在任何部门的任何地方。

情报客户的网络界面上主要显示客户感兴趣的情报产品（有点像戏剧舞台的前台）。

情报工作者业务工作形成的成果，一旦发布就立刻第一时间显示到客户的界面上，实现情报产品的送达。

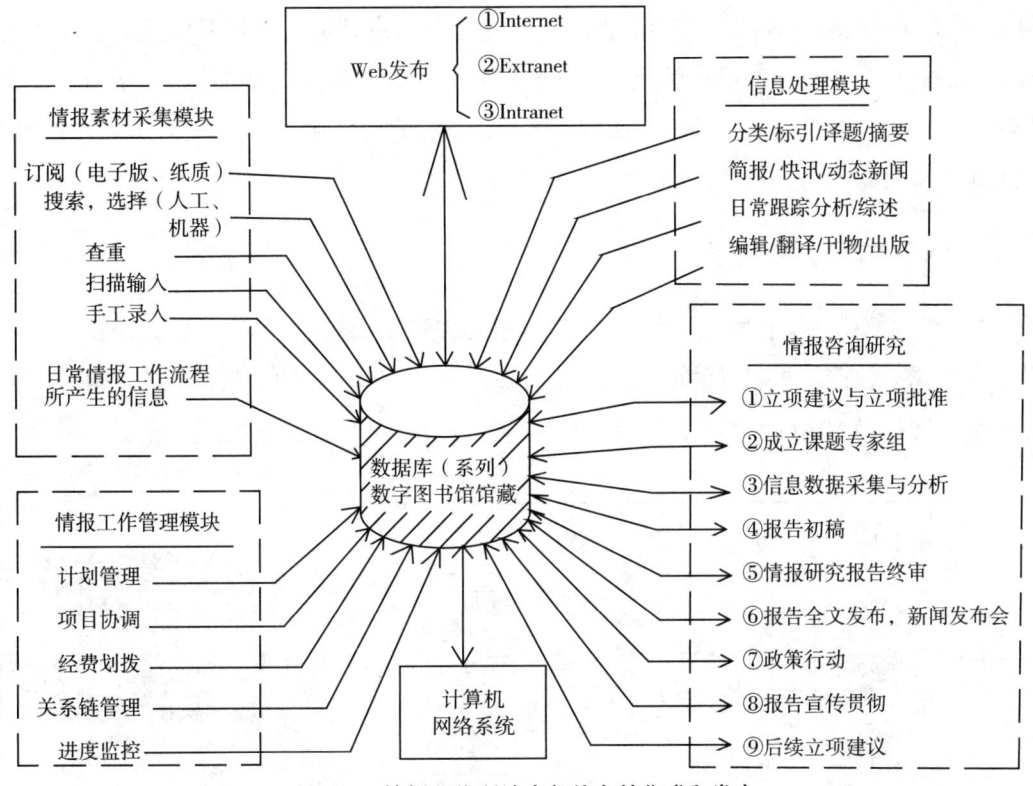

图 4-6　情报工作所涉全部信息的集成和发布

4.2.3　科技情报网络中枢信息环境的 3 个使命

科技情报网络中枢信息环境完成 3 个使命：①科技情报感知、预警和快速响应，即做好一系列情报业务工作本身；②科技情报产品全寿命管理及相应的情报工作单位和重点员工工作状态督查管理；③指挥控制（情报产品计划调整，包括新增计划项目和适当终止那些妨碍科技情报单位核心能力成长的项目）。

网络化可加速情报工作业务进程信息（WIKID）的流动和使用，使各分散配置的单位共享这些信息，促使虚拟的情报产品生产线高效运转。一个共同的利于触发创新思维的科技情报网络中枢环境，将支持科技情报机构核心能力的持续增长。

4.3 网络辅助的情报感知环境

网络辅助的情报感知环境，是指以网络为中枢的帮助主体（包括供给侧的情报产品生产者和需求侧的客户）感知情报的环境。这类信息环境旨在把客户及所有需要吸收情报的人放置于一个高品质的充满信任的信息环境中，致力于提高客户对情报的感度（Sensitiveness，即吸收情报的人，如情报客户，在信息环境中对情报形式和内容进行感知的难易程度）。

4.3.1 网络中枢的存在意义

"网络中枢模式"指的是：将国家某级政府管理机构辖区内的所有科技情报工作单位、所有需要接受情报服务的单位都连通起来，构建一个大型的知识共同体，组成一个以计算机网络为中枢的网络信息环境（图4-7）。网络中枢就是以网络为中心。

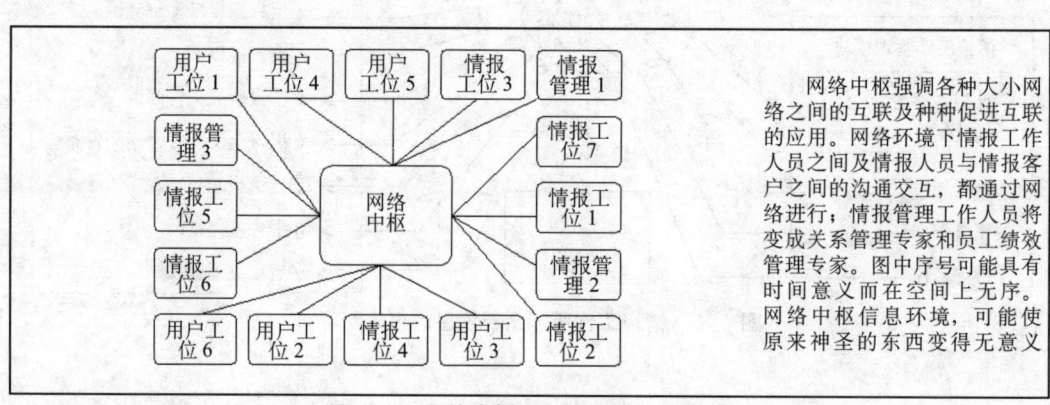

图 4-7 网络中枢型科技情报工作模式

网络中枢强调各种大小网络之间的互联及种种促进互联的应用。网络环境下情报工作人员之间及情报人员与情报客户之间的沟通交互，都通过网络进行；情报管理工作人员将变成关系管理专家和员工绩效管理专家。图中序号可能具有时间意义而在空间上无序。网络中枢信息环境，可能使原来神圣的东西变得无意义

网络中枢型情报工作模式，就是以网络为中心（Network-centric）的一种新型情报工作模式。可以动员全体情报工作者为所有主体（包括供给侧、需求侧的主体）来营造一个这样的信息环境。

情报工作机构建设一个网络中枢，为科技界各级领导和工程技术人员提供一个高品质信息环境，让大量高品位情报产品与服务汇流于环境中。每一个科技情报人员既是采集原始信息的"感知者"（为了自己的客户，自己先做客户），又是将原始信息转变（刻画）成客户更易理解的信息的"加工者"和"生产者"（作为T，相当于格式转换器），还是将信息通过通信网络传递给恰当客户的"信息播种者"（送达）。科技情报工作机构各级

领导通过网络中枢直接实施控制和管理，使得网络上的信息流转加速，从而使网络的价值增加。

在这样的信息环境里，从事科技情报工作的单位和个人组成一个虚拟协同工作整体，而客户拉开他办公室信息墙的幕布，就可看到一个友好的、获取科技情报服务与情报成果的集成界面，按几下按钮，想要的情报尽收眼底。

在传统的情报工作业务模式下，时间和空间的间隔性及业务流程的阶段推进性，把某一具体任务的所有干系人（包括多个具体完成者、多层管理者、多层次客户）隔离开来。而隔离是造成效率和效力损耗的黑洞。在网络中枢的科技情报工作模式下，这种隔离现象趋于消失。情报工作者之间的协同及情报工作者与客户协同，因网络中枢的存在而得到大大加速和加强。

网络中枢原则是由麦特卡菲定律（Metcalfe's Law）所决定的。麦特卡菲定律的内容是：n 台互联的电脑网络给人们带来的价值与 n 的平方成正比，即互联的电脑越多，它们所创造的价值不是简单的线形增长，而是平方级地增长[①]。大量节点之间的信息密集地相互作用就是网络"力量"的源泉。

这样，网络中枢的"力量"显然就大大超过其组成部分的"力量之和"。

4.3.2 网络应用力与网络内容水平

网络的触角能够到哪里，科技情报机构知识管理系统的知识收集探头就伸向哪里，科技情报机构所提供的产品和服务就能够触达哪里。网络环境下，信息链变成了信息中枢，情报用户/客户更加贴近所需要的原始信息及其源头。届时，网络应用力与网络内容水平都进入图 4-8 所示的第一象限（I 区）中。

[①] 麦特卡菲定律（Metcalfe's Law）是信息时代三大定律之一。其他两大定律是：a. 摩尔定律，目前计算机微处理器的速度每 18 个月翻一番，并且成本基本保持不变；b. 吉尔德定律，当计算能力每 18 个月增加一倍时，通信能力就每 6 个月增加一倍。

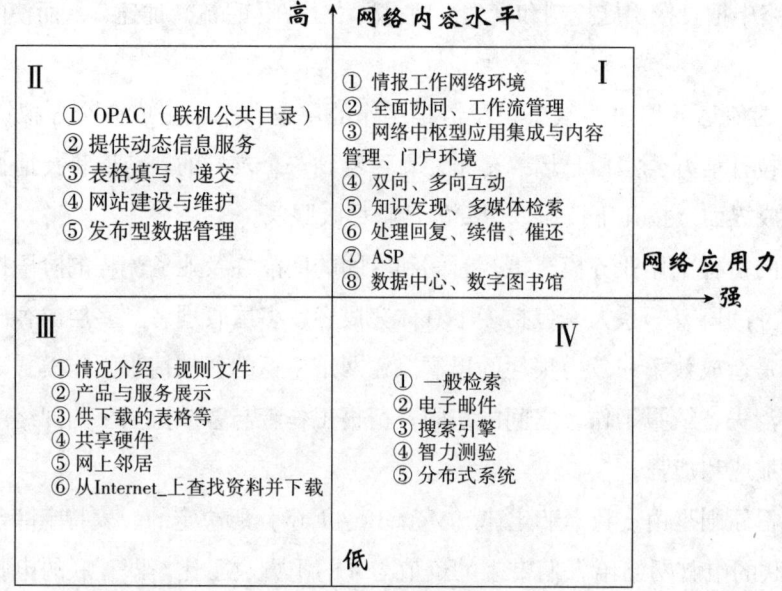

图 4-8　网络应用力水平与网络内容水平分析

4.4　情报感知的媒介因素

媒介旨在让知识点 meme 向客户注意力焦点加速运动。

4.4.1　媒介的作用意义

情报客户通过媒介/环境而感知情报内容。媒介是刺激情报客户注意力的那些信号的承载者。关于媒介的定义和基本概念，参见第 5 章第 5.3.2 小节里的"（1）应用一：给'媒介'下一个定义"。本节重点讨论媒介与信息内容的关系、大众传媒在"特定信息送达操作"中的局限等问题。

（1）媒介即讯息？

加拿大传播学者马歇尔·麦克卢汉[1]提出了"媒介即讯息（The medium is the message）"的观点，并且认为"一种新型媒介的效力强大，是因为它把以往的媒介作为其'内容'"：文字的效力之所以强大，是因为它把（口头）语言作为其内容；平面媒体之所以效力强大，是因为它把文字（和图画）作为其内容；电影之所以效力强大是

---

[1] MCLUHAN M. Understanding media：the extensions of man ［M］. Corte Madera，CA：Gingko Press，2003.

因为它把文字、声音和图像作为其内容;电视之所以效力强大,是因为它把电影作为其内容;电脑和网络之所以效力强大,是因为它把一切媒介作为其内容[①]。

信息内容和信息媒介(载体)的规定不是绝对的。在 S 和/或 U 不确定的情况下,人们实际上不能(或不用)区分什么是媒介、什么是信息,你的媒介可能是我的信息,媒介的链条也是信息的链条——媒介即信息。在事先有约定的前提下,媒介可直接等于信息。例如:一张 A4 大小的白纸交给你,可以表示"请你按照第一套方案执行",而一个 A4 大小的白绸子交给你,则可能意味着你应当"立即开始按第二套方案实施"。

信息载体是相对于被载的信息而言的,"载体"也只具有相对意义。"椟"本来是装载美物(如珠)的一种容器(载体)。"买椟还珠"的事情居然能发生,原因是买主真正追逐的是美的事物——椟美就追逐椟,珠美就追逐珠。

即使信息源 S 是确定的,但若信息客户(U)不确定,人们也无法定义媒介。

一个人在纸上写字,张三可能看到的是语言文字所表达的内容,李四可能看到的是墨的一种分布(李四可能是书法艺术家或不识汉字的外国人)。

路边停泊的一辆小汽车在阳光下闪耀着光芒。这个时候,可以说光的存在凭借汽车的外形而被光研究者的眼睛感受到,也可以说汽车的存在凭借光影而被汽车研究者的眼睛感受到。研究者 A 的注意力在研究汽车的时候,汽车是研究者 A 研究的内容,光线是导致 A 发现汽车的媒介;当摄影师 B 的注意力在研究光影的时候,光影是摄影师 B 的研究内容,而汽车是导致摄影师 B 发现独特光影的媒介。

从物理上讲,主体其实是受到了媒介的包围(图 4-1)。"信息无处不在"就是"媒介无处不在"。更确切地说,信息必须依赖于某种媒介刺激而到达人类的感官。"眼不见为净""闭目塞听"是人类拒绝媒介从而拒绝某种信息的一种例子。

(2)媒介是一个链条、一个网络或一些传递过程的集合

例如,纸上印着墨迹,纸是墨的载体。墨迹正好以文字笔画等对某些人来说有意义的方式呈现(符号本身也是载体链的一环)。内容还可以以完全数字的方式存储在机器里边,以电磁波的形式在天空中飞行,以电子振荡的形式在电缆中传递,如图 4-9 所示。

---

① 毕研韬. 传播革命与文艺传播[EB/OL].(2006-06-05)[2020-10-25]. http://biyantaob06.blogchina.com/148781.html.

发送者 A	媒介						接收者 U
	墨在纸上的分布	语言文字	编码	声光电传输（通信过程）	译码	语言文字	墨在纸上的分布
	从纸到纸：墨在纸上的分布，与所送达的墨迹的分布同构、等效						
	出发的声音模拟信号	模数转换		声光电传输（通信过程）		数模转换	接收的声音模拟信号
	从声音到声音：出发声音和到达声音二者同构、相应的意义等效						

图4-9 媒介链示意

发送者A为了向U发送信息内容S，可能经过这样一个过程：A先找到纸和墨，然后用笔蘸上墨水写下信息内容（墨在纸上的分布S）；打字员拿到稿子，看到的是语言文字（S），他把语言文字输入计算机中。计算机通过某种编码和转换方式把文字内容变成声光电信号，通信网络系统把信号传到离接收者U较近的机器那里，然后信号经过译码被转换成语言文字，打印到纸上（墨在纸上的分布S）。也可以不经过打字录入，直接传真到U的传真机上。最后，打印出来的东西被送到接收者U手中。

语音或文字就是一种约定，是信息的一种载体。人一出生就开始学习这些约定，以至于人的感官一感知到声音与文字就感知了信息。于是，人们往往把文字/声音本身当成信息。

1）媒介链上的环节

所有那些帮助送达、帮助发现的工具和系统，包括传感器、计算机、通信系统、存储系统，都是媒介链上的环节。这正是IT主义盛行的土壤。

人希望自己的感知器官无处不在的愿望，与实物人体本身在实物空间中的唯一实在性之间的矛盾，刺激了各种传感器系统（网络）的蓬勃发展。例如，一个人布设传感器（如普通的窃听器或针孔摄像头），来代理自己去记录事件、采集事物的特征信息（属性信息），在时间和空间上延伸自己的感知能力（或响应能力、影响能力）。

电话机上的留言、向手机转发留言、来电显示等功能，代理主人在电话边的存在，使主人在离开电话机的安装地点而去别处活动时，不耽误任何可能的沟通事项。博客Blog的功能，在某种程度上，也可与电话留言机的功能类比。

一切技术、一切传感器与媒介，其实都是人的官能装置（眼耳鼻舌身）能力的延伸，使人经验和影响事物的半径和力度都得到空前放大。例如，存储技术主要为信息跨越时间传播提供条件；通信技术主要为信息跨越空间传播提供条件；集信息技术之大成的人造飞行器，已经飞出了太阳系边界，使地球上的人类的感知半径继续向更深远的太空延伸。

2) 媒介链（感知链传感链）案例：脉冲星的发现过程

现在，我们来重演一下脉冲星的发现过程①，具体地看看信息与事物之信息特征被不同传感装置接力采集的过程。

脉冲星的发现

1967年，地球上的天文学界对脉冲星的首次发现，发生在英国一片4.5英亩农田里。当时农田里竖着2048根细长的天线。8月，修伊什（Antony Hewish）的研究生贝内尔（Jocelyn Bell Burnell）发现了脉冲星的第一个信号。

贝内尔当时的工作，是操作望远镜并分析望远镜的记录。望远镜每四天就打印出121.8米长的记录纸带。

贝内尔发现纸带上有些不寻常的突起，这些突起显然不是类星体所为，而是由频率更高、更有规律的射电源发出来的。尽管这种突起在这121.8米长的记录纸带上只占到2.5厘米，但还是让贝内尔发现了。

这些突起信号困扰了剑桥大学的研究小组几个月。研究人员称这些信号是LGM-1，意思是"小绿人-1号"。到12月，一切都清楚了。这些脉冲信号以极高的精度每1.337 311 09秒出现一次，来自一个奇异的致密天体。

由射电天文学家修伊什领导的发现小组当时认为，这些脉冲信号来自"白矮星或中子星的稳定振荡"。

1974年，修伊什因脉冲星的发现而获得了诺贝尔物理学奖。

射电天文望远镜感知到（发现）天体信号并以记录纸带的形式输出，贝内尔从纸带上发现不寻常的突起信号，研究小组发现该信号以极高精度每1.337 311 09秒出现一次，进而发现了发送出该信号的脉冲星的存在。

这个例子中，这颗脉冲星是最本原的存在体（实体），人类的感官或人类感官的任何延伸都无法到达脉冲星的实体那里。但是，这颗脉冲星"主动"地向宇宙中发送电磁信号，致使地球上的某些观察者或观察者所部署的传感器，每1.337 311 09秒就观

---

① IRION R. The pulsar menagerie [J]. AAAS science, 2004, 304 (5670): 532-533.

察到一次它的脉冲信号，这信号就是该脉冲星的第一阶代体 [第一阶映射、第一阶特征信息（属性信息）]，意味着：有这样的脉冲信号出现就有对应的脉冲星存在，即谁看到了脉冲信号，谁就等于看到了脉冲星。记录纸带上的突起则是该脉冲星的第二阶代体 [第二阶映射，第二阶特征信息（属性信息）]，即第一级代体的代体。这就是说，有这样的突起就意味着有这样的脉冲信号，而有这样的脉冲信号就有对应的脉冲星存在。

一种事物（如这颗脉冲星，或它的脉冲信号）的存在，往往凭借另外一种事物（如脉冲信号，或记录纸带上的突起）而被下一阶传感器所感受到。有多少阶代体就有多少阶映射发生，就有多少阶传感装置在接力串联地采集。

牛顿说自己"站在巨人的肩膀上"，表明"发现（感知）的接力"现象[①]的确存在。历史上的重大发明创造成果往往由两个人先后共同完成。正如爱因斯坦所说："每一对中的第一位都直觉地抓住了事物的联系，而第二位则严格地用公式把这些联系表述了出来，并且定量地应用了它们"。帝谷·布拉赫和开普勒、伽利略和牛顿、法拉第和麦克斯韦、斯密顿和瓦特等，就是这样的成对人物。

有接力，就有媒介的链条，甚至网络。

4.4.2 情报的送达问题

与情报工作共同体之外，即甲方客户的沟通，因相互间信任度都低于情报工作共同体内协同者间的信任度，送达的情形就异常复杂，关于"到底是否送达"的不确定度比较高。

（1）一般送达问题

罗塞塔石碑（Rosetta Stone）是在 1799 年 7 月被发现时算送达，还是在 1819 年商博良（Jean-Fracois Champollion，1790—1832 年）彻底完成了解时才算送达？

信息是思维的粮食。那么，谈到粮食，是把粮食送到食客手中就算送达，还是直到食客吃进肚里时才算送达，抑或是吃了之后产生了可测度的体力才算送达？类似的问题有：是钥匙被送到了当事人手中算送达，还是直到当事人用钥匙把锁打开了才算送达？

对于一个承担着某个具体送达任务的人，他需要知道：把"墨的分布"或"能指"（参见第 9.5.1 小节"'能指'与'所指'的区分与歧义避免"）送到就可以了，还是需要进一步确认接收者是否获取了恰当的"所指"？

---

① 田运.思维科学简论［M］.北京：北京工业学院出版社，1985.

第 4 章
情报感知的信息环境

《情报感知论》认为，一般情况下，情报工作共同体成员在向合作伙伴干系人或非合作干系人传送信息的操作中，"送达"指的就是把"墨的分布"送达，尽管我们真正关心的是想让信息内容进入接收者的思维。

送达是拥有情报 S 一方的主动操作，发现（接收、采集、感知）是客户 U 方主动的操作。你若看到演讲者在演讲 S 内容时，一听讲人 U 在记笔记，你就可判断该听讲人 U 在发现着演讲者发送的内容 S；若看到听讲人 U 显示困倦神态，你就可判断该听讲人并没有发现发送的某些内容 S。

我们知道，所谓基于内容的检索（Content Based Retrieval），实质就是基于"墨的分布"的检索。而维纳的通信理论只追问"是否传输了信息"及"传输了多少信息"，实质上就是追问是否传输了"墨的分布"及传输了多少"墨的分布"，从而得以回避"信息是什么"的问题。

下面我们来研究"墨的分布"的传送问题。

（2）"墨的分布"传送过程中的 4 种境界

①"墨的分布"尚未送达。尚未最后排定的"墨的分布"（正处在审编校流程中的那些图文内容），或者还没有被送进客户的信息环境中，如正在邮路上的一本期刊。

客户每天早晨从邮箱中取出过去 24 小时新到达的期刊、报纸、信函……，看一眼包装，就决定把一些没拆封的期刊和信函直接扔进废纸篓中。这些进入废纸篓的杂志和信函中的"墨的分布"就没有送达。不排除主体可能因为讨厌某种媒介（如墨迹的更令人不快的分布）而讨厌了某种内容。这种情形中，主体可能面临很丰富的选择机会。例如：他面前有两种赠阅出版物，上面所承载的内容差不多，他当然可以只挑选令他感到赏心悦目的那一种，而把其余的那些近乎雷同的媒介都扔进废纸篓了。

另外，如果只是通过大众传媒如广播电视发布了一个消息，也不能保证这个消息到达了应该知道这个消息的客户（参见本章第 4.4.2 小节里"大众传媒的局限——送而不达"讲到的故宫博物院的门票官司）。

下面文本框"向宇宙发送出关于地球文明的信息"里有一个极端的例子，说明信息在很久远的将来都不会有接收者。

向宇宙发送出关于地球文明的信息①

旅行者号探测器所携带的除了科学仪器外，还有可在宇宙中保存 10 亿年的一张镀金铜板声像片和一枚金刚石唱针。声像片记录了用 54 种人类语言向外星智慧生物发出的问候语，还有 117 种地球上动植物的图形，以及长达 90 分钟的各国音乐录音，其中包括中国传统古筝名曲《高山流水》。

人们希望旅行者号探测器在宇宙中漂流的漫长岁月里能遇上地外生命；声像片带着地球人类的信息，期待着被地外文明世界的传感器接收到。

②"墨的分布"送达了，但不知道是否引起了客户关注。客户收到了墨的分布（信号到达）。例如，承载着信息的媒介（如一本刊物、一封电子邮件）递到了客户手中，并且客户进行了签字确认。

送达的机械化是人工智能追求的目标，但直到目前，送达机械化的水平仍然只能达到"可以确认把'墨的分布'送达"的水平，即可以把"墨的分布"（或"墨的分布"的等效事物，如果载体是竹简或者石头，那就是刻痕的分布）送到接收者手中，并从接收者那里得到一个确认（类似于挂号信投递时让接收人签字，或者回复一个收到了电子邮件的确认信息）。

"墨的分布"的送达，可检测、可追溯。

③"墨的分布"送达了，客户也注意到了，但情报供应者未见客户因此而发的行动。"墨的分布"所代表的意义是否进入接收者的意识，是否引起客户的关注，发送方仍然不能确切地通过任何机器系统知道（不可测）。可以想象这样的情景：客户每天早晨来取过去 24 小时新到达的期刊、报纸、信函、传真……，看一眼包装上的信息，就决定拆开某些期刊和信函粗粗浏览一下……被浏览过的东西随后被放置到书架上，也许日后有时间会回头再细致地阅读。当然，某些浏览过的内容，可能以后再也不会被忆起。

还有一种情形就是"墨的分布"到达了信息环境中。例如，显示在上班必经的大厅的墙壁上。然而，有些文字往往令人熟视无睹。

信息提供者常常没有手段采集到关于"客户是否惦念"的数据。发信息者对自己所发信息的效果的了解是有限的。当客户的行动还没有发生时，想确认"客户的决策是不是在知悉（正确理解）了×× 信息内容的情况下做出的"，将高度打扰客户。让客户填

---
① 刘兵. 新科学读本（小学卷 A）[M]. 北京：北京大学出版社，2006.

写客户满意度调查表也难以反映客户是否惦念。

④"墨的分布"送达后,客户因此采取了一项相应的行动。在"墨的分布"送达之后,客户因此采取了一项相应的行动,肯定就可以证明客户知悉了"墨的分布"所载的信息内容(知悉了信号所代表的意义),也就是说,信息内容到达了客户并被客户感知到了。

当一位读者对某杂志的主编说:"你编的蓝皮半月刊,我每期必看。做 6S 的时候,凡这种蓝皮的我一律保留",主编这才知道他做的杂志所发送的信息进入了客户的关注范围,被客户感知到了。

客户反复阅读他感兴趣的章节,用荧光笔涂抹在一些句子和段落上,说明"墨的分布"所代表的意义进入了客户的思维。

当然,情报工作者往往并不知道客户在哪些句段上做了记号、为什么做记号。要想具体知道这些,情报工作者需要有与客户直接交往的机会或有观察客户行动的机会。

如果客户在他感兴趣的一些文字旁边做出批注,并打电话找到作者面谈(这时作者能看到读者的批注痕迹),进行深度交流和进一步的咨询(作者知悉了客户的行动),或安排秘书或有关人员驱动一个新的工作项目(客户想制定一个新规则,以更好地维护企业的利益),这就可以说明,客户以"墨的分布"所代表的意义为出发点,开始了联系实际的创新思维,触发了思维流,开始了惦念,甚至采取了行动。

综上所述,一般情况下,情报工作者往往可以通过观察客户的行动而推断客户是否接收到"墨的分布"所携带的信息内容。

情报工作者为了尽快看到送达所希望的效果,往往需要把信息内容改造得易于被客户感知,令客户一看到这个内容就马上开始某种看得见的行动(如主动与发送者,如情报工作者进行沟通)。

农村贫困大学生如今在收到录取通知书的同时也收到一份如何获得经费的提示及关于高校绿色通道的介绍材料。这样的"墨的分布"组合中含有的信息,可以使贫困大学生获取经费的操作行动更容易启动。

第二次世界大战战例"肉馅行动"中,"肉馅已被吞下"的判断就是盟军观察到德国有关人员的某些相应行动之后得到的。"计算等效性"也是从"3 个人——包括一个机器人——都关上了窗户"这个行动效果来判断的。

(3)送达定义是需求定义的一部分

我们知道,情报工作共同体因其内部有设计良好的送达规则的运行而避免种种送达纠纷。

合作伙伴之间的信息送达如何实现，是合作契约中异常关键的内容。在需求定义的时候就要定义好送达应该是前述"墨的分布"的送达的哪一种状态，即各方做到哪一个状态，就算完成了送达任务。

例如，一位旅客因为在候机大厅睡着了而错过飞行航班。旅客是否可以责怪机场"没有把必要信息及时送达并促使旅客及时行动"？这个问题的答案取决于定义：机制设计者是否定义"送达包括叫醒旅客并促使旅客及时行动"是该机场义务。如果定义的"送达"就是常规的广播呼叫及显示牌上及时出现的文字，那么机场方面只要进行了这些常规呼叫与显示文字更新，送达任务就完成了。

情报 S 的供应者和情报客户 U 两方商定的比较典型的送达（验收）指标是："几万字的书面报告+3000 字以内的书面概要+图文 PPT 汇报稿+现场演讲+任务期间及时回答问题"。

当客户自己有一个明显的信息环境（如客户自己的内部网络）时，送达就变得非常简单了。情报工作者只需要在这个环境中拥有话语权（能够从网络管理员那里得到发布信息的授权），就可以在客户的信息环境中通过发送恰当的情报 S 而显示自己的存在、发展影响力；在客户的业务主题领域中，情报工作者像一个主题专家（Subject Expert）那样去发现业务领域知识或线索、发现业务人员的信息需求并及时供应客户需要的一切。这个时候他的工作与领域主题科学家工作的性质是一样的，他于是就和那些业务领域的科学家打成一片了。

如果客户没有自己的网络信息环境，或情报工作者进入不到客户的信息环境中，情报工作者就要创设一个信息环境（如一份杂志、一个网络环境、一份报告），利用这个环境及你所设计的环境使用规则，能知道你的客户接收得到你提供的"墨的分布"（你有某种理由相信客户会阅读这份杂志，会到这个网络环境上查看资料，会看你写的报告）。

送达与"情报被客户感知"是有区别的。

感知意味着之前一定有送达（没有分发、送达，显然不能有随后的感知），反之则不然。送达一般要定义得有客观性，可评测可核查（送达定义是需求定义的一部分——例如：半月刊每次都送到秘书办公室就算送达；开一个会，张三念报纸，李四、王五、赵六、刘七听）。被感知被吸收则难以定义得具有客观性——客户人品好的话，会直接给你反馈，否则你需要去感知客户是否感知到你送的情报产品内容。

在下面所列的情报服务项目中，送达目标客户 U 和送达实现的路径都非常清晰。

① "紧急任务"——工作单上有明确的任务提出人。

②"往 intranet（内联网）里边转载你从 internet（互联网）上发现的最新动态信息"——"intranet 读者群"界限十分清晰。

③"会员制"的服务项目——如《科技参考》，每天都有什么人在阅读、使用，管理员从会员登录日志中一眼就能看出来。

④自办发行的期刊——基本清楚订阅者的名单。

⑤应邀演讲——知道去演讲的场合，演讲时可以感知现场听众的注意力。

⑥按照合同制作情报产品。

⑦客户登门请求的服务。

（4）大众传媒的局限——送而不达

大众传媒的 S–T–U（信息—信息传递手段—信息用户客户）样式，就属于"特定信息在特定时空中送达无限受众（$S_1 < S < S_2, T_1 < T < T_2, R < U < \infty$）"这个样式。信息内容确定，传播手段确定，但是用户客户 U 不确定。

这种样式的典型特点是：采用传媒手段，把经过选择的一些信息在一定的时间框架内播送出去。对传播的快速性很强调，而不需要事先确定接收人员名单（无须明确具体要送给谁），总是先送了再说。大众传媒一般都追求第一时间或在某个时间点之前发布，但对于送达给具体的谁是没有要求的。任何人都可以同时得到一样的信息内容。

在 internet（互联网）还没有出现的年代，传统三大媒介——报纸、电台广播、电视广播所代表的信息感知方式就是这种模式的典型（广播模式）。

大多数人消费这样的信息、愿意付出注意力，不是受到任务的驱动，而是因为其中的知识、趣味、娱乐等刺激因素的存在。

电视台对于信息是否真正送达某一个具体的受众虽然十分关心，却往往难以确认。收视率调查的各种方法都是为了找出某种方式来证明电视台的效用。大众传播、广告、窄告等的传播者们本意肯定是希望每一个人都知悉他们所传播的内容。也许是苦于没有什么手段可以用来对"具体的你我他是否收到其发送的某个具体信息"进行采集，退而采用同行认同的"收视率"来测度传播工作的效果，关注的是大概有多少人收到其发送的信息，追求统计意义上的送达效果。

因此，在法庭上，"A 在电视台播发过这条消息"不能证明"A 把这条消息送达给了某一个具体人 B"。请看文本框"故宫博物院的门票官司"①。

---

① 郭志霞，张然. 故宫内部大修惹官司 故宫：已尽到告知义务［EB/OL］.（2006-08-24）［2019-09-23］. http://travel.people.com.cn/GB/41636/41644/4736663.html.

故宫博物院的门票官司

关于故宫装修的事，一些媒介的确进行过报道，故宫的游客购票窗口附近也张贴着告示。然而，有一位游客却不曾听说过有关故宫装修的报道，到了故宫的售票窗口又没注意到有关故宫装修的告示，径直买了一张60元的通票进了故宫。进去之后才发现有很多场馆因装修而不开放，遂要求退票。故宫博物院驳回了其退票要求。游客就到法院告故宫博物院服务有瑕疵，继续要求退票。

这个官司中一个关键的问题就是送达。不在于送者送了什么，而在于收者收了什么。

故宫博物院方面认为，院方通过报纸电台发布了内部装修方面的信息，在售票窗口也贴出了告示，就认为已经实现了送达，任何游客购买通票的决定，都是在知悉关于故宫装修报道或告示的前提下自愿做出的。而原告方游客称，购票时并不知悉故宫在装修——游客并未及时发现故宫博物院发出的信息。

在情报工作共同体的信息环境中，送达就是"把某则具体信息送到可能真正关心这则具体信息的客户手中"。提出购买通票的游客就是"可能真正关心这则具体信息的客户"，就是那个"恰当的人"。售票员在游客购票时就应及时询问"恰当的人"——游客——是否读过关于故宫正在装修的告示，确认一下游客在决策前是否得到了恰当的信息。

"客户U"越抽象或越"非合作"，信息发送方的送达任务就越是难以完成，也就意味着越是缺少确切的手段去管理客户的注意力，因此就越是倾向于依赖技术、依赖统计手段、依赖心理学理论及其他一些社会学手段。

电视的收视率调查、网络的点击率、报纸的发行量、各种传播模型等，都不能作为客户U收到情报S的有约束力的证据。

4.5 本章小结

鉴于"情报感知总是发生在信息环境里"，研究情报感知必然避不开对信息环境的研究。无论是为了让情报工作共同体更高效率地制作出情报产品，还是为了让情报产品顺利击中客户注意力，对信息环境的了解和驾驭都必不可少。

第 4 章
情报感知的信息环境

　　信息环境就是时时刻刻围绕着主体并可能影响该主体的所有信息内容（S）因素和信息媒介（T）因素的总和。本章研究了能够促进情报感知的信息环境概念。

　　本章首先讨论了通用（一般）信息环境并呈现了主体身临的符合信息环境，研究了主体—信息环境关系是 3 个模型，剖析了主体注意力被众多具体信息内容和媒介所瓜分的问题。

　　本章第二节讨论了情报工作信息环境。情报工作信息环境就是情报产品生产者在其中开展产品生产所涉各项工作的信息环境，研究了网络中枢模式下科技情报系列工作系列之间的关系，使网络中枢利于情报生产团队在感知情报、研制情报产品的工作流程中实现高效衔接和接力。

　　本章第三节讨论了网络辅助的情报感知环境——以网络为中枢的帮助主体（包括供给侧的情报产品生产者和需求侧的客户）感知情报的环境。这类信息环境旨在把客户及所有需要吸收情报的人放置于一个高品质的充满信任的信息环境中，致力于提高客户对情报的感度。本书具体展示了网络中枢型科技情报工作模式，涵盖了情报工作者之间协同、情报工作者与客户协同的情形，分析了网络应用水平与网络内容水平的 4 个象限。

　　本章最后讨论了情报感知的媒介因素—媒介旨在增加"客户和情报相遇"的机会，让 meme 向客户注意力焦点加速运动，分析了媒介链、媒介链上的环节并给出了媒介链的案例，研究了情报送达、"墨的分布"传送四境界等问题，指出送达定义是需求定义的一部分，探讨了大众传媒在促进情报感知方面的局限。

第 5 章
情报感知的宏观样式

情报感知可以被看成是信息传递的特殊形式。如同情报传递，情报感知的 3 个要素也是情报源 S、情报转化机制及制品 T、情报感知者用户 / 客户 U。情报感知样式是对 S、T、U 这三者各自全谱状态（从完全确定到完全不确定）及相互间动态交互关系的概括。

当我们追问和探究"情报究竟是怎样被用户 / 客户 U 感知到"的时候，我们发现：从一个大脑转移到另一个大脑的那些特定 WIKID，实际上都含有一个个清晰可辨的模因（meme）。meme 的定义是"从一个大脑转移到另一个大脑的知识单元"。情报感知是一种走心（走脑）的情报传递。本章还运用"信息传递 / 情报感知样式"，从"一个 meme 的传递"视角，演示研究一种"主体与信息之间的互作用"的方法。

5.1 S-T-U 融合的信息环境设计规范

5.1.1 情报科学的 S 规范、T 规范和 U 规范

1987 年 2 月，卢太宏提出了"情报科学的三个规范"[1]：面向情报源的 S 规范、面向情报传递过程的 T 规范、面向情报客户的 U 规范。卢太宏"从研究'史'出发认识情报科学"，认为 S-T-U "三个问题域支配了所有情报科学家的活动"，并从研究内容、所面临的主要矛盾、理论核心、基本概念群、代表人物和基础性论著、相关学科、目标和价值观、方法论等方面，罗列了 3 个规范各自的特征。

1999 年，美国的 M. Buckland 撰文[2]讲了信息科学的两个传统：第一个传统是基于

---

[1] 卢太宏. 情报科学的三个研究规范 [J]. 情报学报，1987（1）：19-22.
[2] BUCKLAND M. The landscape of information science：The American society for information science at 62 [J]. Journal of the American society of information science，1999，50（11）：970-974.

文献的研究，包括档案、书目、文本、图书馆工作、记录管理等；第二个传统是基于信息技术的研究，包括对技术设备的研究和对技术流程的研究。显然，第一个传统关涉 S，第二个传统关涉 T。

2005 年，美国普赖斯奖得主 Howard D White 在他的著名的 "Information Science Fiction"① 演讲中说出了以下内容。

> Let me pretend I'm a science fiction writer who is coining names for two imaginary sciences...
>
> The first is a behavioral science that deals with filtering. It is the study of how people choose what they will and will not read; how they ask for writings and how they judge what they get. It is the study of selection from diverse information sources – more broadly, the social psychology of information seeking. I'll call this Eclectics.
>
> The second science is concerned with text. It deals with the resources language affords for making overviews, condensations and indexing schemes, for reducing messages to briefer compass, for putting much into little, perhaps with pictures rather than words. I'll call this Synoptics.
>
> The unit of analysis in Eclectics is people, in Synoptics, it is writings and other graphic records.
>
> Eclectics and Synoptics are both motivated by the condition of information overload; they focus on how you – whether singular or plural – cope with ever-growing literatures.
>
> Needless to say, the two fields are highly interrelated. Eclectics defines you as a bundle of interests and questions. Synoptics defines the literature as bundles of satisfactions of your interests and answers to your questions.
>
> The engineering task is to effect a match, or reduce the mismatch, between you and your literature-based satisfactions and answers.
>
> The scientific task is to find out enough about you and about the micro- and macro-structure of literatures to make this possible.

---

① WHITE H D. Information science fiction（talk on receiving the Society's 2004 Award of Merit）. Bulletin of the American society for information science and technology [J]. 2005, 31（3）: 14-15.

这篇演讲中，Eclectics 关涉情报感知者用户/客户 U，Synoptics 关涉情报源 S，"the engineering task"和"the scientific task"则关涉情报转化机制及制品 T。

5.1.2　S–T–U 融合：信息环境设计规范

随着"文献"概念的外延被扩大到包括机器可读的任何内容承载单元，随着图书馆里的馆藏内容大规模地被数字化，图书馆学、科技情报学也在事实上踏上了与社会信息化进程同步发展的道路。最重要的一个明证就是：在大型组织机构里工作的科技情报工作者们，很难将自己置身于机构信息化活动之外。从 20 世纪八九十年代开始，国家原来承担科技情报工作的一些图书情报机构，越来越多地参与了其所在行业所在机构的综合信息系统建设与维护工作，同时承担了所在行业所在机构互联网网站建设的任务，一系列内部网站和公开网站应运而生。这些网站为人们建立了大量信息环境或者信息门户，科技情报机构供应的动态信息，在这种信息环境中被各地的人们随时浏览。科技情报机构的有关工作人员在建设这些网站的过程中，进行了大量信息建筑物（IA）构建实践、内容规划实践及内容供应实践。数字化的内容透过科技情报中心、图书馆、数据中心的围墙，或弥漫于空中，或沿着有线无线网络，到达客户的桌面、掌心、进入客户的贴身信息环境中，无处不在。

信息技术的发展使信息在被人或机器采集（感知）到的顷刻之间，就可被直接传输到目的用户/客户、触发用户/客户的决策行为，引发新一轮 S–T–U 流转（人和机器在这里都被看成是传感器）。S–T–U 流转节奏越来越快，S–T–U 这 3 个规范收敛了、扁平了、融合了，情报学的信息环境设计规范^①出现了。

为了探究情报感知的模式，"情报感知论"对 T 赋予更多且更明确的含义：令 T 包含科技情报转化（刻画）；包含那些旨在跨越 S 与 U 之间时空阻隔的、增强主体（包括 U）感知的一切技术、手段和方法论。

5.2　情报感知的 S–T–U 样式

《情报感知论》用一个三维坐标系来展示 S–T–U 这 3 个因素及其间的相互作用。S、T、U 各有"特定"和"任意"两个选项，按照乘法原理，所以有 $2 \times 2 \times 2 = 8$ 种可能，这就形成了 8 种不同的情报感知样式。情报学研究者们可以在这些情报感知样式里研究

---

① 杜元清. 论信息环境设计［D］. 北京：北京大学，2009.

不同的情报感知话题，从情报源（S）甄选、情报利用加工处理转化刻画传递（T）和情报用户/客户（U）感知吸收 3 个方面，对感知活动进行分析研究或者调控治理。

5.2.1 感知样式的三维坐标系

如图 5-1 所示，S 轴代表"情报信息内容"因素，沿此轴可进行科技情报源的细分；T 轴代表"时空"因素，沿此轴可进行时空的细分，展示用媒介与 IT 技术来操纵时空间隔的状态；U 轴代表"情报用户"因素（或传感器因素），沿此轴可进行受众（客户、机器）的细分。参考点 R 代表一个参考起点。

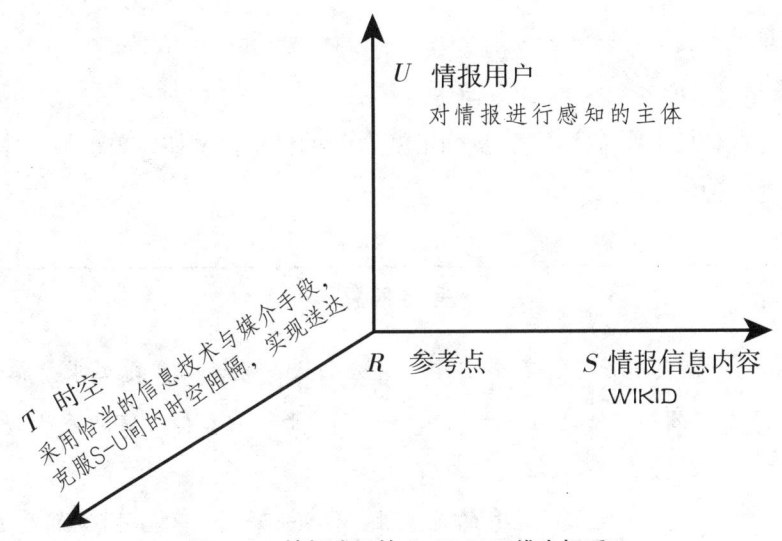

图 5-1 情报感知的 S-T-U 三维坐标系

根据图 5-1，第 4 章关于信息环境的定义就可以简化成：信息环境是在 U 一定的条件下，围绕和影响 U 的那些 S 和那些 T 的总和。每一个具体的情报感知操作，都是上述"情报感知 S-T-U 三维坐标系"中的一个边界清晰的 S-T-U 包（从数学上看，这个包就是此坐标系中的一个长方体）。

5.2.2 感知样式的决定因素

S、T、U 这 3 个因素是感知样式的决定因素。

在图 5-1 的坐标系中，S、T、U 可以是特定的（确定度为 1），即确定的、具体的、有目标的，意味着 S、T、U 这 3 项的范围都有界（$S_1 < S < S_2$，$T_1 < T < T_2$，$U_1 < U <$

U_2);S、T、U 也可以是任意的(确定度为0),即各种各样的、具体任务目标不确定的,意味着 S、T、U 这3项中至少有一项的范围是无边际的(范围无限大,包括不可穷举的实例数量)。

无论 S、T 或 U,若其中任有一项确定度为 R ($R<S<\infty$、$R<T<\infty$ 或 $R<U<\infty$,$0 \leqslant R \leqslant 1$),则长尾理论[①]成立,帕累托效应[②]失效。当 S、T 和 U 3项的确定度均为1($S_1<S<S_2$,且 $T_1<T<T_2$,且 $U_1<U<U_2$)时,则长尾理论失效,帕累托效应成立。下面对3个因素分别进行一些说明。

(1)情报信息内容因素(来自情报源 S=Source 的内容因素,food for thinking,即思维的食粮)

情报信息内容因素可以划分为两个大类:任意信息和特定信息。

1)任意信息($R<S<\infty$,$0 \leqslant R \leqslant 1$)

任意信息,是指主题范围不确定(确定度为0)的信息。例如,关于某一件事物的"完全信息"就是一种任意信息。

完全信息

"完全信息"需要对 S、T、U 这3个变量分别从参考起点 R 到 ∞ 求"积分"。

事物变迁难以穷尽,信息传递无边无际。任一事物的表征(信息特征),都不可能穷举。

事物发生(转发/发生)的信息的无限性,使任何一个个体、团体都无法采集到关于任一事物的"全部信息"。因为在时间和空间不加约束的情况下,物质不灭,信息不灭,因而要获取"全部信息",观察活动显然必须沿着时间轴一直持续下去,而且,在空间上该布设一个何等复杂度的传感器系统才能采集到某指定事物的所谓"全部信息"呢?在理想情况下,人类可以在一个有限时间段内,获得关于某个事物(其运动变化足够有规律)的足以让自己完成某种认知任务的那些信息,而不可能也没必要获得关于任何事物的"完全信息"。

---

① ANDERSON C. The long tail wired [EB/OL].(2004-10-01)[2021-07-31]. http://www.wired.com/2004/10/tail/.
② Pareto principle from wikipedia [EB/OL].(2019-09-23)[2019-09-25]. http://en.wikipedia.org/wiki/Pareto_principle.

> 为了叙说的方便，现在把一件事物的最原初的存在（如婴儿出生时的第一声啼哭）所对应的第一时间所发生/转发的信息作为一阶（First Order）映射，把映射的映射作为二阶映射，把映射的映射的映射作为三阶映射……依此类推。每一阶映射及其他各阶映射的某种叠加，所对应的都只是原事物的某种拟态存在。假如想获得一件事物的完全信息，则这样的完全信息应当表示为"全部一阶映射之和，加上全部二阶映射之和，加上全部三阶映射之和……加上全部 N 阶映射之和（N 趋于 ∞）"。
>
> 完全信息 = $\sum$ 全部一阶映射 + $\sum$ 全部二阶映射 + $\sum$ 全部三阶映射 + … + $\sum$ 全部 N 阶映射（N 趋于 ∞）
>
> 实际上，"全部一阶映射之和"显然很难求得，全部的 N 阶映射还未发生。

因此，如果有人请你"收集人工智能方面的信息"，就是要你去承担一个信息内容范围并不确定的科技情报工作任务。需要指出的是，这种不确定性实际上对科技情报工作人员来说，是一件幸事：在情报服务的过程中，他在"选取哪些信息源、加工刻画出哪些具体信息内容 meme"等方面，有更多更大的自由裁量权和自由发挥的空间。

2）特定信息（$S_1 < S < S_2$）

特定信息，就是指内容主题十分确定十分专指的、不给人任何犹疑（确定度为 1）的信息。例如，美国东部时间 2019 年 5 月 2 日美国国防部网站上发布的《中国军力报告》[①]；北京时间 2018 年 12 月 7 日北京科技情报学会 2018 年学术年会"智慧科技发展情报服务先行"论坛的论文集《智慧科技与情报服务》（ISBN 978-7-5635-5643-4），二者都是特定信息（$S_1 < S < S_2$）的例子。

一般情况下，确定度是在 0 和 1 之间的连续统。一个历史悠久的国家图书馆所处理的信息主题的范围，显然比一个半年之内必须完成的课题所需要掌握的信息主题范围要宽泛得多。

负责采集信息（为完成自己的任务而采集信息，或受托为他人完成任务而采集信息）的人，总是面临信息源选择的问题。一个内心里有着特定信息需求的委托人，为了掩盖自己的目的，所表达出来的信息需求可能是极度不确定的。第二次世界大战期间，盟军需要的是诺曼底一带海滩的平视照片，但通过 BBC 广播向听众索取的是世界各地海滨

---

① Annual report to congress: military and security developments involving the People's Republic of China 2019 [EB/OL]. (2019-05-02) [2019-09-25]. https://media.defense.gov/2019/May/02/2002127082/-1/-1/1/2019_CHINA_MILITARY_POWER_REPORT.pdf.

度假照片。

(2) 受众（U，信息用户/客户、传感器）

分无限受众和特定受众两种情形。

1) 无限受众（$R < U < \infty$）

无限受众（Users，信息用户/客户），就是对受众不加限定，可包括所有各种人机采集者、传感器、接收者。例如，可能是北京时间2008年8月8日20点前后世界各地通过各种媒介渠道观看开幕式的所有人们（无法在短时间内穷举他们的名单），也可能包括古今中外、男女老幼的任何群体。

2) 特定受众（$U_1 < U < U_2$）

特定受众指从无限受众中细分出来的一个具体的群体，有确定的、具体的干系人。例如，一个课题组里的某几个成员；订阅某一种杂志的一群读者；过去的自己、今天的自己、将来的自己；2019年1月1日出生于北京所有三甲医院的新生儿；北大2018秋季情报分析课注册学员中明确表示关注"人工智能+情报（情报学、情报工作、情报事业、情报治理、情报学教育）"的3位同学。总之，你能为特定受众列出一个确凿的清单，来展示特定受众中的部分成员或所有成员。

凡指明"特定受众"的样式，都便于你在其中研究感知和送达（实现S与U之间的信息交接）话题。

(3) 时空（T，信息技术，时空因素）

这个维度代表的是S与U之间的时间（Time）阻隔和空间（Space）阻隔，以及为了跨越这些阻隔的种种技术。

一切信息通信技术（ICT）或其他各种可能的媒介技术手段——包括一切能产生出可引起接收者注意的刺激信号（如声、光、电、化学能、机械能导致的刺激）的技术手段（如上网机的显示装置、一面信息幕墙），实际上都是为了克服S与U之间的时（Time）空（Space）阻隔，实现情报内容（甚至意义）的送达，把发送者（S）和接收者（U）连接起来。

S与U之间的"连接"分两种情形。①特定时空（时空确定度是1。确定的、具体的时空，$T_1 < T < T_2$）：在指定时间框架里实现S与U之间的信息交接，否则无效；②任意时空（时空确定度是0，即对时空不加限定，$R_1 < T < \infty$）：无论什么时候实现S与U之间的信息交接都有效。

对时空无限制或只有弱限制（$R < T < \infty$）的情形——送达的最终目标很渺茫。例

如，图书馆里负责采集的人员在一个书展上购买了一批新书，而一般又不存在明确的规定说图书馆方面一定得在某个日子前把这些书送达给具体的某个读者阅读。

对时空有强限制（$T_1 < T < T_2$）的情形——在一个课题组里，信息的周转节奏要快很多，甚至需要立即响应、紧急送达。在某个图书馆的标引编目部内，一本图书从购进日算起，5个工作日内须被标引编目并上架。图书馆虽不能确定最终的客户U，但可设计"找到客户U之前必须先上架"这样的绩效评价制度。于是，正规的图书馆一般都是先让书上架了再说，把本来渺茫的送达目标具体化成近前的一个可测度的业务操作，以便对馆员们的日常工作量进行统计分析。

对S、T、U这3个因素及其取值范围（确定度为R或者1，$0 \leq R \leq 1$）进行组合，共得到情报感知的8个S-T-U样式，如表5-1所示。

表5-1 情报感知的8个S-T-U样式

	全称	S、T、U取值范围
样式一	无限受众（传感器）在无限时空中感知无限信息	$R < S < \infty$, $R < T < \infty$, $R < U < \infty$
样式二	特定受众（传感器）在无限时空中感知特定信息	$S_1 < S < S_2$, $R < T < \infty$, $U_1 < U < U_2$
样式三	无限受众（传感器）在无限时空中感知特定信息	$S_1 < S < S_2$, $R < T < \infty$, $R < U < \infty$
样式四	特定受众（传感器）在无限时空中感知无限信息	$R < S < \infty$, $R < T < \infty$, $U_1 < U < U_2$
样式五	特定受众（传感器）在特定时空中感知特定信息	$S_1 < S < S_2$, $T_1 < T < T_2$, $U_1 < U < U_2$
样式六	特定受众（传感器）在特定时空中感知无限信息	$R < S < \infty$, $T_1 < T < T_2$, $U_1 < U < U_2$
样式七	无限受众（传感器）在特定时空中感知特定信息	$S_1 < S < S_2$, $T_1 < T < T_2$, $R < U < \infty$
样式八	无限受众（传感器）在特定时空中感知无限信息	$R < S < \infty$, $T_1 < T < T_2$, $R < U < \infty$

5.3 部分感知样式的应用示例

如果我们设定S是确定的（$S_1 < S < S_2$，即信息内容是特定的、确定的），就可以研究情报感知的4种样式的一些非常有趣的应用。

5.3.1 特定信息meme

特定信息（$S_1 < S < S_2$），可以是一个文献单元里边的信息、一个页面单元里边

的信息、一个具体人的某种思想，也可以是 Richard Dawkins 在他 1976 年所著的 *The Selfish Gene* 一书中杜撰的 meme[①]。

根据 Dawkins 的说法，所谓 meme 就是一个成活时间足够长的、从一个大脑转移 (Transfer) 到另一个大脑的知识单元或一个文化单元。meme 的例子有：一个曲调、一个引人注意的句子、一个衣服式样、一种制作陶罐的方法、一种工作模式、一个流程框图、一个脑图、一个"知识点"、一个以运动员名字命名的体操动作、一组以某舞蹈家名字做定语的舞蹈动作、技术成熟度各等级要点等。《ISO 16290——技术成熟度等级 (TRL) 定义与评判准则》中有一个特别重要的内容叫"技术成熟度各等级要点"，也称"技术成熟度的九个等级"，参见第 8 章表 8-1 技术成熟度各等级要点（ISO 16290）。这个技术成熟度准则对科技情报分析者来说，是极有参考价值的 meme 案例。

meme 这个概念的引入，让"情报"不再缥缈。我们发现，有意识地监测（或体验）一个特定 meme 的流传样式（表 5-2），是探究"人与 WIKID"相互关系、研究情报感知的一个有效方法。

表 5-2 一个特定 meme 的感知有 4 个重要样式

	特定传感器 U $U_1 < U < U_2$	任意传感器 U $R < U < \infty$
任意时间 T $R < T < \infty$	meme 在任意时间 作用于特定传感器 （样式二）	meme 在任意时间 作用于任意传感器 （样式三）
特定时间 T $T_1 < T < T_2$	meme 在特定时间 作用于特定传感器 （样式五）	meme 在特定时间 作用于任意传感器 （样式七）

5.3.2 感知样式二（meme 在任意时间作用于特定传感器）的应用

(1) 应用一：给"媒介"下一个定义

适合在这个样式二"$S_1 < S < S_2, R < T < \infty, U_1 < U < U_2$"里研究的话题主要是"媒介定义"，因为只有在 S 确定（如 $S_1 < S < S_2$ 就是一个确定的 meme）和传感器 U 确定（$U_1 <$

[①] DAWKINS R. Chapter 11 from "The Selfish Gene"（1976）[EB/OL].[2019-11-29]. https：//www.zuj.edu.jo/？wpdmdl=13741.

$U < U_2$)的情况下,才可定义什么是媒介。

"媒介"的正式定义是:特定信息 S 从一个确定的出发点到确定的送达点之间所凭借的一切载体,统称为媒介。媒介致使特定客户 U 一端的传感器发现特定 S。

一旦确定了特定信息的出发点和送达点,那么,"什么东西可以成为媒介"这个问题的答案,就只受到想象力的限制。

黑格尔曾经表达过这样的观点:挂在商店里的衣服还只是"潜在的、可能的"衣服,只有当这些所谓衣服被顾客买走,才终于排除了这些所谓衣服在被卖出之前就被当作抹布的种种其他可能。

这里我们注意到:衣服从"被挂在商店"开始,到"被顾客买走",经历了一个送达过程,排除了在被卖出之前就被当作抹布的可能。"商店"就是实现送达的手段和媒介。显然,送达过程在这里到"被顾客买走"就终止了。衣服被顾客买了之后是被穿在身上、挂在衣柜里还是被改造成了抹布,就不去深究了。

类似地我们可以说,放在书店里的书籍,还只是潜在的可能的书籍。这些所谓的书籍只有在被顾客买走之时,才终于排除了其在被卖出之前就被当作废纸的种种其他可能。书店扮演的就是出书人和买书人之间的媒介的角色。

同理,你完成的被你称为情报的东西,还只是潜在的可能的情报。只有当这些所谓的情报被客户接收(或买走),才终于成为真正(符合某些严苛定义)的情报。

一般地,主体对某一个信息内容 meme 的关注和响应,由承载着这个 meme 的事物(声、光、电、化学能、机械能)的刺激来触发。那些携着特定信息内容、并把这特定信息内容从出发点传送到特定客户 U 的注意力半径之内、触发 U 对内容的关注和响应的事物,都是媒介。

在歌剧舞剧院里,舞台是演员和观众之间的媒介;在电影院里,屏幕是演员和观众之间的媒介。舞台的形状在变革,甚至演员的表演范围不限于舞台,演员常常在舞台下面表演、深入观众中间表演;三维电影则让观众的座椅震动、摇晃,加强观众对电影故事情节的亲历感。

一周 7 天、一天 24 小时在网络上运行的《情报理论与实践》杂志编辑部网站里发生在作者、审稿者、编辑们之间的信息流动就是一个典型的样式二应用的例子。这个网站就是一个三方交流的理想媒介。

设想这样一个场景:一个人 A 发送了一个 meme(无论这 meme 是 A 转发的,还是 A 原创的)。

令你的意识现在就开始和这个 meme 捆绑在一起并前往一个特定客户 U 的感知系统。你的注意力毫无旁骛地、持续地惦记着你所监测的这个 meme 本身而非其载体（否则这个监测体验就会流产）。记住：这个 meme 可依托的载体是任意的——笔记、PPT 文件、IT 网络、声音、光、电磁、人类及其眼耳鼻舌身……同一个 meme 可经由不同载体刺激物作用于人类的感官或传感器的感知记录系统。

（2）应用二：研究特定主体与特定 meme 的相互作用

本节所要展示的是 Heylighen 的 meme 成活 4 个阶段。

研究一个特定的 meme 与一个特定主体（可能是一个情报分析师，也可能是任何一个其他研究人员，如寻找人工智能领域投资机会的投资人）的大脑相互作用的过程，是非常有意义的。下述的知悉、领会、IA 构建、传播，是一个特定主体对待一个特定 meme 的 4 种典型的行为。这个样式对时空没有明显限定，即时间无约束，空间无约束，媒介无约束。

Heylighen 指出[①]，meme 要成活，必须至少经过吸收（Assimilation）、持有（Retention）、表达（Expression）和传输（Transmission）这 4 个明显的阶段。

走完这 4 个阶段后，你会发现：一个特定 meme 从发送者 A 的大脑（智能体），到达特定接收者 U 的大脑（智能体），这中间所经历的一切（无论是有声还是无声、无论是平面还是立体、无论是报纸还是网络、无论是人还是机器），都可以算作媒介过程——应了"we,the media"的说法。媒介的任务就是跨越时间和空间的阻隔，把 A 大脑（计算等效）的输出，转换成 U 大脑（计算等效）的输入，A 与 U 连接起来了。

1）知悉（对应于"吸收"assimilation，主体的注意力捕获到 meme）

主体知道有这样一个知识点 meme（秩序和模型）存在，因为认同或反对这个知识点而记住了这个知识点及自己初次接触这个知识点的场合，而且还有意愿去了解更多。

例如：一个人知道了有"今天的武器装备水平是 25 ～ 35 年前 R&D 投入状况的反映"这个说法存在，并根据他自己的经验，觉得这个说法很在理；不过，他还有诸多疑问（如这个说法的起源、根据、准确含义、企图说明的问题、最恰当的引用场合等，都不是很清晰），还希望了解更多有关信息。

2）领会（对应于"持有"retention——对于陈述性知识，就需要主体来记忆；对于

[①] HEYLIGHEN F. What makes a meme successful？Selection criteria for cultural evolution [EB/OL]. (1998-08-26) [2021-08-01]. http://pespmc1.vub.ac.be/Papers/MemeticsNamur.html.

程序性知识则需要主体反复练习）

主体明白了这个知识点 meme 的含义（所指）后，正在求取关于这个知识点的更清晰的秩序和模型。通过查阅有关资料、咨询有关人士（主体主动地采集并管理自己想要的 S），确切地知道了这个说法的起源、根据、准确含义、企图说明的问题、最恰当的引用场合，等等。头脑一有空闲，就会时常惦记起这个 meme 的含义。

3）IA 构建（对应于"表达"expression，此时主体的角色正在酝酿着一个转型：即准备从吸收知识的 U，转变为知识 S 的发送者）

刻画在这个环节发生。主体为了让别人知悉、领会而在自己的认知框架中构建秩序和模型，如整理资料制作一个 PPT 文件。构建的目的不外乎三类：第一类是为了向别人推荐这个知识点 meme 而转载那些曾经帮助他很好地理解了这个知识点的文献资料（正方角色）；第二类是为了向别人传播自己反对这个知识点 meme 的意见而转载那些支持自己反对意见的有关文献资料（反方角色）；第三类是为了尽量客观全面地展现正方反方的论点及其对应的论据资料（第三方角色）。

4）传播（对应于"传输"transmission，此时主体向信息环境里发送出 meme，即发送出 S）

在恰当场合（如建一个网站、开一个博客、开一门课程、做一次演讲、发表一篇文章）推荐这个知识点、引用这个知识点，成为传播这个知识点 meme 的意见领袖，成为把 meme 送往下一个主体的信息源头。当然，即使主体是在批判这个知识点，也实际上免不了在传播这个知识点。例如，一些仿《民主与法制》的个别杂志，在批判淫盗现象的语气之下详细描述淫盗过程，实际上就有诲淫诲盗的功效。

这里有两个常见的传播情景。

情景一：你编写了一个优美简洁的 PPT 文件，专门描述你所提炼出来的某个 meme 的内容特征和外表特征，帮助你在演讲厅即兴创建了一个包围听众并帮助听众感知这个 meme 的高品质信息环境。散场时，听众的兴奋溢于言表。

情景二：你是一位科技情报分析专家，你编写的一篇文句洗练、读来可心的领域进展报告，发表在一份字大行稀的动态信息杂志上……（镜头转换）一架飞机进入了平稳飞行状态，一位老总打开随身携带的这种杂志，恰好翻开了你写的这篇文章，阅读起来……

传播发生的时候，受众的思维与传播者的思维发生了联结，受众进入了"知悉"的境界——meme 的下一个运动周期开始了。

(3) 应用三: meme 的运动

每一个新发生的"知悉"事件, 都对应着 meme 在前一传递(感知)周期里的送达(无论是发送方的有意送达还是意外送达), 标志着 meme 在前一个传递(感知)周期里的运动的终结, 也标志着 meme 在新一轮传递(感知)周期里的运动的开始, 如图 5-2 所示。

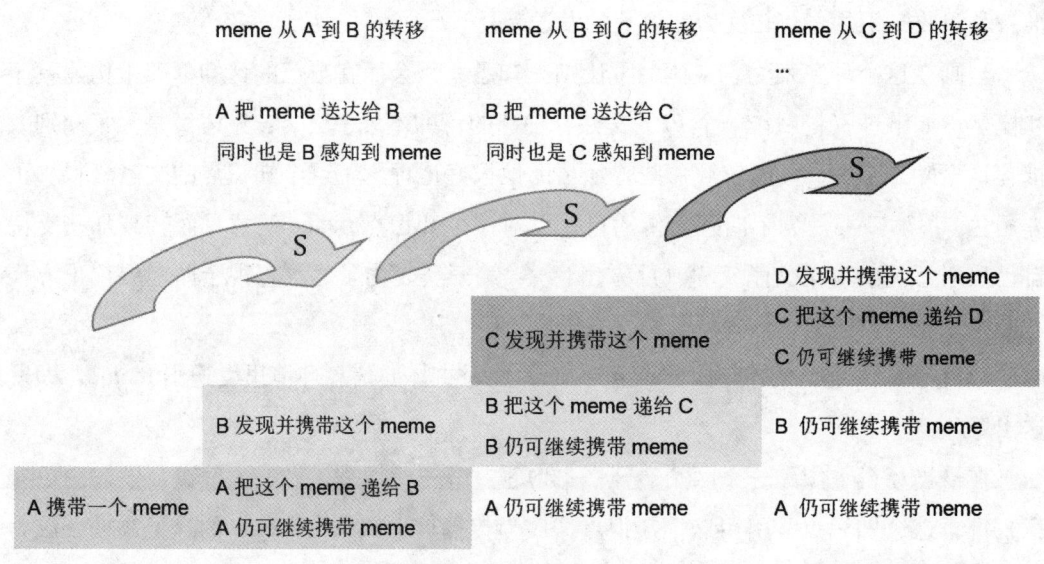

图 5-2 meme 的运动

(注: 图中 ABCD 分别代表不同的情报感知主体)

(4) 应用四: 情报感知的基本假设

我们在长期的科技情报工作实践中发现: 人们感知/吸收情报都是在一个特定 WIKID 环境里一个知识点(meme)一个知识点地感知/吸收的, 就像人们吃饭都是一口一口吃的一样。写《情报感知论》时, 我们把这个重要发现, 当成此论的一个基本假设。在实践中, 情报分析的很多具体工作, 本质上就是在激活打磨一系列方便客户感知/吸收的知识点。这样的知识点, 在《情报感知论》里, 我们称之为 meme(模因)。这里我们沿用 Richard Dawkins 的 meme 概念——meme 是"从一个大脑转移到另一个大脑的知识单元或文化单元"(参见第 5.3.1 小节"特定信息 meme")。

在《情报感知论》里, meme 是情报传递过程中可描摹的、可感知的、可检测的(Verifiable)、具有一定客观性的情报小图景。

一个个 meme 就是一个个可以不胫而走的独立的（无须上下文就可被理解的）情报（事实）小图景，也是构建较大情报图景的一个个有效片段。人们一个 meme 一个 meme 地感知吸收情报，某一刻，若干 meme 会在头脑里发生关联，较大情报图景于是开始在脑海里成形。情报感知者（包括情报机构内的分析人员和情报机构外的客户）头脑中的框架和谱系思维，支配着其头脑中图景构建（图景越来越清晰）的过程。

"人们感知/吸收情报都是在一个特定 WIKID 环境里一个知识点一个知识点地感知/吸收的"这个假设，拉近了情报感知理论和情报感知实践之间的距离。学习了情报感知理论的人，往往有"跃跃欲试要去从事情报感知实践"的心理。

5.3.3 感知样式三（meme 在任意时间作用于任意传感器）的应用

"meme 在任意时间作用于任意传感器"这个样式的例子有：名著（如司马光的《资治通鉴》、莎士比亚的戏剧）的流传，一个知名 meme（如麦克斯维尔妖）的旅行，等等。

历史上经常有这样的情形：有些重要发现（特定的 meme）首次公布时可能并未在当时引起人们的注意。但"金子总会发光的"。由于有无限的 T，且没有确定的 U，长尾理论在这个样式里是正确的。

相信这一发现的人（包括发现者本人和其他知道并相信这一发现的人）会记得寻找更合适的场合再次公布这一发现。例如，Bradford 早在 1934 年 1 月就在 *Engineering*[①]发表了阐述文献分散定律的论文《关于专门主题的信息源》（Sources of Information on Specific Subjects），但长期未引起人们注意。直到 1948 年该文经修改后作为 Bradford 的专著《文献工作》（*Documentation*）的第 9 章出版后，才引起一些学者的重视，随后成了图书科技情报专业教科书的经典内容[②③]。意大利物理学家阿佛伽德罗[④]早在 1811 年就首次提出了分子学说，随后在 1814 年、1821 年发表了第二篇、第三篇论文阐述分子假说，但是都没有得到人们的承认。直到 1858 年一位意大利化学家提出只有接受阿佛伽德罗的分子说才能真正解决化学式问题和原子量问题时，阿佛伽德罗的分子论才终于被确认。

[①] BRADFORD S C. Sources of information on specific subjects [J/OL]. Engineering，1934，137：85-86 [2003-12-28]. http://en.wikipedia.org/wiki/Bradford%27s_law.
[②] 何荣利，何萌. 科学引文的时差分析 [J]. 图书情报工作，2004（6）：44-46.
[③] 钱荣贵. 走向终结的"核心期刊"现象 [J]. 江苏大学学报（社科版），2003，5（3）：128-132.
[④] 李啸虎，田廷彦，马丁玲. 力量：改变人类文明的 50 大科学定理 [M]. 上海：上海文化出版社，2004.

在微信群中往往有这样的情形：群员 A 一月前曾经转发过一篇"麻省理工发布 2018 年全球十大突破性技术"的文章，群员 B 今天早晨把同样内容的文章又在群里转发了一遍。这就是说，一月前那次，B 并没有感知到 A 所转发的文章；今天可以肯定的是，B 的确感知到这篇文章了。互联网上有无数重复的内容，被这样反复传递，有时候一些内容连时间戳也给传丢了，而且有时是传递者故意去掉相关内容的时间戳（一些不良公众号为了让一些现成的老视频获得点击率，就针对刚刚发生的新事儿，把内容相应的老视频扒出来发到头条上）。

5.3.4 感知样式五（meme 在特定时间作用于特定传感器）的应用

这个样式的典型例子包括：演唱会现场、奥运开幕式现场、课堂、盲人摸象、战场信息管理、评审会、霸王行动（第二次世界大战）、空城计、小世界现象实验、人肉搜索等。

样式五应用示例 1：小世界现象

匈牙利作家 Frigyes Karinthy 认为现代世界由于人之间越来越多的联系而正在缩小。Frigyes Karinthy 在 1929 出版了名为 *Everything is Different* 的小说集，他在其中名为 "Chains（Lanceszemek）" 的一个短篇中，写出了如下文字。

A fascinating game grew out of this discussion. One of us suggested performing the following experiment to prove that the population of the Earth is closer together now than they have ever been before. We should select any person from the 1.5 billion inhabitants of the Earth—anyone, anywhere at all. He bet us that, using no more than five individuals, one of whom is a personal acquaintance, he could contact the selected individual using nothing except the network of personal acquaintances.

这就是著名的"六度分隔"（Six Degrees of Separation）假说的最早缘起。

美国哈佛大学心理学教授米尔格兰姆（Stanley Milgram，1933—1984 年）在 20 世纪 60 年代初做过一次著名实验，发现：一个人和其任何一个陌生人之间所间隔的人平均为 5～7 个。1967 年 5 月，米尔格兰姆在《今日心理学》（*Psychology Today*）杂志上发表了实验结果。

小世界现象实验中明确规定了送达的含义：以个人相知的方法把邮件送给指定的一个人。

六度分隔现象又称为"小世界现象"（Small World Phenomenon）。

> **样式五应用示例 2："人肉搜索"**
>
> "人肉搜索"与传统的机器搜索引擎相区别,主要指通过集中许多网民的力量去搜索信息和资源的一种方式。参与此种搜索活动的网民,利用互联网的机器搜索引擎(如百度、Google 等)、利用日常生活中所掌握的渠道和手段,收集关于某一人或物的信息。
>
> 搜索引擎是利用机器快速地收集网络信息、序化信息的一种技术。然而,因人工智能现在并不完善,搜索引擎很难甄别刻意的、修饰过的信息(如 SEO Spam)。利用自然智能(网民)把通过搜索引擎得到的信息及其他渠道得到的信息,做进一步萃取和有序化,这就是人肉搜索。
>
> "人肉搜索"的操作模式:"一人提问",N 个网友参与进行群体性广泛搜索和回应。把"通过互联网上的搜索引擎寻找网页和信息答案",变成"通过互联网上在线的网民找答案"。网友所回应的内容,一部分是从互联网上通过各种搜索引擎搜索到的,一部分是从实际生活中采集来的(包括道听途说的),一部分是自己恰好知道的。被搜索对象的一切信息,往往很快在网上被罗列了出来。"人肉搜索"的对象包罗万象,最有争议的是对人的搜索。成百上千个人从不同途径,搜索、挖掘、采集关于同一个人(如虐猫者、林嘉祥)的信息,很快能获知这个人的一切。"人肉搜索"如果失控,会演变成网络暴力。

在这个样式里,适合研究的话题包括:情报感知共同体定义、信息资源定义、面向任务的情报感知共同体的 S–T–U 视图、知识管理。

5.3.5 感知样式七(meme 在特定时间作用于任意传感器)的应用

这个样式恰好是大众传媒的领域。这个样式的典型案例有:2008 年奥运开幕式电视转播(包括直播和录播),每天 19 点开始的 CCTV 新闻联播,2016 年中国第一网红 papi 酱制作的视频"在 40 秒时间内让几十万人一起笑",等等。

在这个样式里,确定的某个 meme 在更大范围的传播,会成为举世公认、万众瞩目的大发现。"雅鲁藏布大峡谷是世界之最"的论证并成为世界地理大发现的过程,就是样式七的一个绝好例证。

样式七应用示例：雅鲁藏布大峡谷的论证和发现为世界之最

世界第一大峡谷——雅鲁藏布大峡谷的发现，被称为20世纪人类最重要的地理发现之一。

中国地理科学家20世纪70年代就系统地考察过雅鲁藏布江。一些考察成果发表在一些出版物中。关志华教授在1981年出版的《西藏水利》一书第20页指出："从峰顶到大拐弯末端的江面，其水平距离仅40千米，可是垂直高差达7100多米，成为世界上切割最深的峡谷。"关志华教授还在其执笔的"雅鲁藏布江下游河段"一节中指出：峡谷全长为496.3千米。

然而，科学家们当时只注意从本专业出发去研究雅鲁藏布江，而未专门从其在世界峡谷中的地位去认真计算、比较、论证、向世人传播这种发现，致使"雅鲁藏布大峡谷世界第一"这个已经被发现的事实，长期只有极少数人知晓。

1994年年初，新华社高级记者张继民在阅读杨逸畴、高登义和李渤生发表在1987年8月的中国科学杂志上的《雅鲁藏布江下游河谷水汽通道初探》论文时，被文章的一段话吸引住了："青藏高原上的大河雅鲁藏布江由西向东流，到米林县进入下游，河道逐渐变为北东流向，并几经转折，切过喜马拉雅山东端的山地屏障，猛折成近南北向直泻印度恒河平原，形成几百千米长，围绕南迦巴瓦峰的深峻大拐弯峡谷，峡谷平均切割深度在5000米以上。"

记者的敏感性使张继民想道：这条大峡谷平均深度在5000米以上，长达几百千米，应该比美国的科罗拉多大峡谷更深更长，说不定是世界第一呢！

在张继民记者的促进下，在刘东生院士的指导下，杨逸畴、高登义和李渤生在一起认真分析、讨论，并以杨逸畴教授为主，认真按照地理学方法依据1∶50 000的航测地形图、航空照片和卫星影像图，以南迦巴瓦峰为基点，跨越大峡谷，与对岸的加拉白垒峰（海拔7234米）在南北、东西方向各作剖面、进行分析和量测，并用实地考察结果和数据对照、订正。

结果表明：切开喜马拉雅山、急泻在青藏高原东南斜面上的雅鲁藏布大峡谷，平均深度为5000米左右，最深处达5382米；由派区到边境线上的巴昔卡，峡谷全长为496.3千米。这一连串的数字，使他们兴奋异常，意味着诞生了一项新的世界之最——雅鲁藏布大峡谷是世界第一大峡谷！

第 5 章
情报感知的宏观样式

> 1994 年 4 月 17 日，新华社向全世界发布了张继民记者的一篇题为"我国科学家首次确认雅鲁藏布大峡谷为世界第一大峡谷"的报道："壮美的祖国山河又被我国科学家首次确认一项新的世界之最：深达 5382 米的雅鲁藏布大峡谷是地球上最深的峡谷。从此，过去曾先后被称为世界第一大峡谷的深达 2133 米的美国科罗拉多大峡谷、深达 3200 米的秘鲁科尔卡大峡谷退居次要地位。"
>
> 雅鲁藏布大峡谷的论证和发现为世界之最，是 20 世纪末一次重大的地理大发现，这一发现改写了世界地理教科书，对人类深化认识自然做出了贡献。这篇有巨大影响力的新闻报道，也在中国新闻工作者培训教科书中占有重要的地位。
>
> 1998 年 9 月，中华人民共和国国务院正式批准：大峡谷的科学正名为"雅鲁藏布大峡谷"，罗马字母拼为 Yarlung Zangbo Daxiagu。
>
> ——此部分文字，是根据互联网上大量相关资料浓缩整理编写而成的。

值得注意的是，对于世世代代生活在雅鲁藏布大峡谷周围的人们来说，这个大峡谷的存在历史和天地一样古老。应该说，这些人早已"发现"了雅鲁藏布大峡谷的存在。地理学家关志华、杨逸畴、高登义和李渤生对雅鲁藏布大峡谷的科学考察成果也早已发布在专业地理杂志和其他文献当中了。新华社记者张继民就是通过查阅期刊等资料发现这些成果的。张继民所做的，主要是和科学家一道准确提取雅鲁藏布大峡谷的深度特征（特征值 5382 米）并与原有所谓世界第一大峡谷的深度特征（特征值 3200 米）进行比对，通过大众媒体（央视新闻），把这个"发现"设置成大众的议程，让世人普遍感知到了这个事实，认同了这个发现。

5.4 本章小结

本章从"情报源（S）""情报传递过程（T）"和"情报用户/客户（U）"入手，对作为信息传递特殊形式的情报感知进行了考察研究。

本章第一节研究了情报学的 S 规范（Paradigm）、T 规范、U 规范、S-T-U 融合规范（信息环境设计规范）。S 规范就是面向情报源的情报学规范；T 规范就是面向情报传递过程的情报学规范；U 规范就是面向情报客户的情报学规范；而信息环境设计规范就是情报学的 S-T-U 融合规范。

本章第二节用一个三维坐标系来展示 S-T-U 这 3 个因素及其间的相互作用。S、T、

U 各有"特定"和"任意"两个选项,这就形成了全部 8 种不同的情报感知样式。情报学研究者们可以在这些情报感知样式里研究不同的情报感知话题,从情报源(S)甄选、情报利用加工处理转化刻画传递(T)和情报用户/客户(U)感知吸收 3 个方面,对感知活动进行解析研究,深入广泛地探索情报感知的机制和规律,对情报感知活动进行调控治理。

8 种不同的情报感知样式具有清晰明了的应用场景。本章第三节给出了部分感知样式的应用示例。本节首先探讨了特定信息 meme 的概念。对一个特定 meme 的感知,一共有 4 种重要样式。感知样式二(meme 在任意时间作用于特定传感器)可以用于给"媒介"下一个明确定义;用于研究特定主体与特定 meme 互作用;用于研究 meme 的运动;用于研究情报感知的基本假设。本节还探讨了感知样式三(meme 在任意时间作用于任意传感器)、感知样式五(meme 在特定时间作用于特定传感器)、感知样式七(meme 在特定时间作用于任意传感器)的应用。

第 6 章
情报感知的特征信息提取

理解事物特征信息提取的作业原理,是情报感知研究的重要基础。如第 5 章所述,张继民编写的关于雅鲁藏布大峡谷的报道于 1994 年 4 月 17 日广为传播,使雅鲁藏布大峡谷的存在被世人感知到,从而实现了改写世界地理教科书的地理大发现。本章(第 6 章)我们从情报学学理层面聚焦于张继民在传播前所做的雅鲁藏布大峡谷特征提取的这类工作,同时研究机器辅助下人对事物特征信息的提取(人机融合的情报感知)。

6.1 特征信息采集的原理

现在,我们研究感知的一些基础性问题。从本质上讲,对事物特征信息的采集或提取,就是对事物的感知,即感知就是特征信息的采集或提取。

事物特征信息的采集感知工作在情报分析情报刻画过程中,既是非常重要的概念,也是非常重要的操作。客户所需要的情报,说到底就是客户所惦记的那些"事件的进展和物体的变化(简称事物的变化)"情况。

6.1.1 特征信息的界定

事物通过发生 / 转发信息而表明自己的存在。那么,能够展示 / 揭示某一事物的某些特性的那些信息,就是事物的特征信息(也可称为信息特征或简称为特征)。例如,"周克华右腿的步伐频率比左腿快 0.02 秒"[1]就是一个极其重要的特征。现代数据技术中的所谓特征工程(Feature Engineering),就是研究事物的特征信息的工程。特征工程包括

---

[1] 长沙警方回看周克华视频相当于 83 万部电影,三湘都市报,2012 年 8 月 17 日。

特征使用方案、特征获取方案、特征处理、特征监控，目的是最大限度地从原始数据中提取适用的特征以供算法和模型使用。

在《情报感知论》的语境中，经允许出现在经过设计的信息环境中以展示原事物特性的那些内容，都是信息，即信息＝事物特征，"信息"与"事物特征"是同义语。

因为事物发出（转发）的信息是无限量的，所以任何传感器所采集、所转发的特征信息，在时间上和空间上都只是事物存在状态的某个片断的写照（映射），无论这种采集和转发是有意识还是无意识。

而且，这样的写照（映射）一旦发生——例如，像《3D网络地图开启新时代》(CHIP《新电脑》杂志2007年第11期）一文中所描述的Google的数字地球和Google Maps Street View、Everyscape公司的3D地图、微软公司的Live Maps等，立刻就可能像脱缰野马一样，离开它原先赖以产生或赖以转发的那个事件或物质的存在状态，而在无垠空间和无限时间中流转。

这种脱离了原物质/原事件的写照（映射），就是原物质/原事件的一种拟态存在（Pseudo Presence）。Susan Sontag在其《摄影论》[①]一书中写道："A photograph is both a pseudo-presence and a token of absence. Like a wood fire in a room, photographs-especially those of people, of distant landscapes and faraway cities, of the vanished past - are incitements to reverie."

人们关于"谁、什么、何时、何地、何故、如何"问题的任何陈述性、描述性的解答（包括已编码的已然记录、可编码的未然记录……），都是某事物的特征信息所呈现的拟态存在。在《情报感知论》中，拟态存在是"对应原事物在信息环境中从效果上看的一种编码化的等效存在"，亦即信息环境中呈现的内容S。

事物的拟态存在是事物跨越时间和空间的一种呈现，使事物影响力沿时间轴向未来辐射，沿空间轴向远方辐射。正是由于有这种拟态存在，人们才有可能间接地经验原物质与原事件。也正是由于有这种拟态存在，原物质与原事件才可以拟态地在很多不同场合同时呈现（同时拟态地存在）。

于是，这种写照（映射）本身也随之可以发生/转发信息。当发生/转发的时候，不同的传感器会"获得"不同的发现。事物本身是信息的源头，因为事物发生/转发信息；事物的写照（映射）也是信息的源头，因为任何写照（映射、信息）本身也汇入了事物的海洋。

---

① SONTAG S. On photography [M]. New York：Rosetta Books LLC, 2005.

第 6 章
情报感知的特征信息提取

人们在工厂的厂房里可以看见流动的零部件和产品的现实存在。而在管理工厂的首脑机关里流动的，则主要是关于这些零部件和产品的拟态存在。任何所谓白领的每日业务操作，基本上都可归结为接收一些信息、生产一些信息、发送一些信息。从情报学观点来看，说某官员日理万机，往往也是指他每日接收一些信息（如读文件、听汇报、现场视察），发出一些信息（在文件上做批阅、视察某地，通过文字、表情、肢体、声音、仪式等手段传递信息）。

而且，人们现在还在不断地研究这种写照（映射）的特征和规律（如光影特性），并根据这种特征和规律不断地为一个幻想中的、当前现实中根本不存在的事物，构建一个拟态存在：①对一种虚幻物进行虚拟（元虚拟，虚拟的虚拟）；②为一些早已过去的历史事件构建无数版本的拟态存在。

现在我们讨论一下事物特征信息的特征。

针对感知（特征信息采集）的成果本身，还可以再次进行感知（对特征信息的特征进行采集）。

假设 A 现在想要把一个 40 MB 大小的 Word 文件（S 因素）通过电子信箱发送给 U。但是双方电子信箱（T 因素）的最大容量是 10 MB。A 于是利用工具（T 因素）把这个文件压缩（T 因素）成小于 10 MB 的 ZIP 文件（格式转换，T 因素），顺利发送。U 收到之后，解压缩（T 因素）还原出 Word 格式（S 因素），顺利开始阅读（U 因素）。

这里，每一次的格式转换都再次进行了感知（特征信息采集）。

6.1.2 特征信息的提取

事物只要存在，就会表现出特征信息，无论信息是否被感知。而要让"存在就是被感知"这句话正确，所需要的主要条件是：存在者和感知者是具体的、确定的（情报感知的第五样式）。"你"在"我"心目中的存在，就是"你"被"我"感知到了。

数据中心的大数据里已经感知到了千千万万的事物（千千万万事物的特征信息已经存留在数据中心了）——就是说，如果"某一根特定的针"的特征信息被大数据系统采集到，那么这根针就算在数字空间里存在了。有朝一日，感兴趣的人会运用数据技术，到浩瀚的数据海洋里，把这根针捞起。

某贷款公司在确定放款对象时，要验证的 4 个要素是：姓名、身份证号、手机号、银行卡号（或支付宝号、微信钱包号）。一个人提交了这 4 个要素信息，这个人就可以贷到钱款。在这个贷款系统里，这 4 个要素信息，就是借款人的特征信息，是借款人的代体,代表了借款人的确存在,也就是说,事物特征=事物(拟态)存在。

在当当网上,一个图书照片加上书名、作者、出版社、出版日期、目录、简介,就是"虚拟化抽象化的一本书"。购书者可把这"虚拟化抽象化的一本书"放入"虚拟的购物车"。

事实上,图书馆工作人员在对一本图书进行著录标引编目的时候,就是对书这个对象进行着特征信息提取的工作。《四库全书总目提要》就是古代学者对典籍进行特征信息提取工作的里程碑式的成就。20世纪70年代,美国OCLC计划所进行的联机编目工作,代表了标引编目工作信息化数字化的一个划时代的成就。

一个工厂里的产品目录编制者的工作,与图书馆里的文献标引编目人员的工作,本质上是一样的。所不同的是,前者对一个产品单元进行特征信息采集,而后者对文献单元进行特征信息采集工作。

研究人员要对遥远的地方所发生的一件事情进行感知和分析,首先就是要把关于这件事情的信息(特征)都采集汇总。

"事物的特征信息的提取"本意就是:利用能延伸人类五官感知半径的技术手段,把事物尽可能神似或形似地、信息化地转播(映射)到目标主体感知半径内的信息环境里。没有特征信息提取就没有数字化也就没有数据,更没有大数据。反过来说,大数据的发达是因为感知技术的发达。以前靠五官感知,现在多靠技术感知。满街的摄像头24小时不间断地关注记录着其视野里的事物,把人从"不间断"地"关注事物""记录事物"这样的工作负荷里解放出来了。

事物特征信息提取是事物进入信息环境(尤其是网络信息环境)的必由之路。把提取的某个事物的特征信息投递到一些受众的注意力半径里,这些受众就有更多机会感知到这个事物。

6.1.3 特征信息提取的感知意义

一般地,对事物特征信息进行采集(往往动用机器如大街上的摄像头,来进行采集),就是人们把感兴趣的现实世界中的事物及有关问题映射到特定编码世界(信息环境)中。在操作的层面上讲,感知(特征信息采集),就是利用对象的特征来概括、表征对象,把这种概括和表征呈现在信息环境中。对事物的感知就是对事物特征信息的采集,就是事物特征信息的提取。

人类观察和认识事物,其实就是在观察和认识事物的特征,是让事物的特征在我们的意识空间中有了一个映射。观察、记录行为本身就是特征信息采集（感知）的操作。这种采集越形象越逼真就越具有再用的意义。法布尔的《昆虫记》就因为形象、逼真、有趣地提取了许多昆虫及其活动的特征，而成了流传百年的科学与文学佳作。"The House"一文中的信息，有些可以被小偷感知到而用于规划偷什么东西和如何逃跑，有些则可能被购房者用来支持自己进行讨价还价的谈判或支持自己最终是否购房的决策。

很多时候，人们确信只要找到事物的特征就等于发现了事物的本身。例如，天文学家根据射电望远镜接收到的脉冲信号确认某脉冲星的存在，又根据不同的脉冲信号确定了不同的脉冲星的存在。而事实上，地球上谁也不可能用自己的五官直接地真实地接触到遥远脉冲星的存在。

如果事物的特征信息被一个主体采集到，就是这个主体发现了这个事物。

发现是发现者（传感器）的一种"主观"经验，是事物的种种"表现"在发现者（传感器）的世界里有了一种效果，即事物的特征信息在发现者（传感器）的世界里有了一个映射。这个映射就是发现者获得的关于这个事物的一个知识。培根说："知识就是存在的映象"。换言之，发现是表现的映象，事物被发现，就是事物的某些特征信息触发了传感器的关注，传感器接收到了表现者的情报。如果传感器是人的感官或是人所信任的感官延伸体——机器，人或者机器也就对这事物的存在有了知觉。人们部署数据采集系统（传感器）的时候，其实存在着这样一个语义前提：部署者命令传感器去采集数据；部署者相信传感器能采集数据。在信息的运动中，信任永远是重要的。没有信任就没有信息的传递。传感器对其周围情况的知觉属于态势感知（situational awareness，SA，也称情景知觉）。Endsley 关于 SA 的权威定义是：特定的时间和空间内对环境中各种要素的知觉，对要素意义的理解，以及对要素随后状态的预测。

任何发现都是 U 对事物信息特征的觉察，因而原理上都可归结为情报发现。情报发现是一切学问的出发点。

从另一个角度看，事物发生/转发信息，就是事物在"表现"自己、就是事物在向外界发送关于自己存在状态的情报 S。传感器 U 接收到事物所发生/转发的特征信息 S，观察到所关注事物的表现，证实该事物的存在，就是发现。这个时候，人们就说这个传感器 U 发现了这个事物，而布设传感器 U 的主体（如操纵哈勃太空望远镜的天文学家们），因为相信这个传感器 U，也就同时发现了这个事物。

值得明确的是，本书所指的发现有两个方面的含义：①发现事物本身；②发现已经做出的发现成果——即所谓的知识发现。笔者注意到，辞海中关于"发现"的定义更狭义一些:"通过钻研探求找到前人没有认识到的事物或规律"。如果把"前人"改成"从前",就是本书所使用的意义更广泛一些的"发现"的含义。例如,一个小孩因为被绊了一跤,便发现"地不是平的"。

事物感知(事物特征信息采集)就是将事物映射到信息环境中。

把所关心的现实世界里的事物,通过提取信息特征的操作,映射到赛博空间(编码的世界)中,是信息化工作的最基本的日常操作活动。物联网、车联网……就是把所有有关物体、车辆都映射到网络之中。

随着网络化信息化进程的深化,越来越多物体、过程、事件等(简称对象)已经或正在被映射到计算机网络空间(一种信息空间)。还有更多事物、过程、事件需要被映射到计算机网络空间。

6.2 特征信息提取的作业模式

设定了恰当抽象水平之后,任何事物均可在计算环境中得以呈现。这个"恰当抽象水平",就取决于事物特征信息提取的操作。仅仅停留在宏观的、大而化之的所谓模型上去一般性地谈论和解释情报感知,是不会有可操作性的。为了做出客户满意的科技情报产品,科技情报工作者需要到微观、直接、具体的层面上去促进和落实情报感知传递作业。

特征信息采集(感知)作业一般可以分 3 个层次(感知作业的三层模式)。

6.2.1 第一层次的感知作业

第一层次的特征信息采集操作,就是确定所要研究关注的是哪一类事物,即确定到底要关注哪些对象。这一操作与业务工作任务密切相关。假如你的业务工作是关涉居民日常食品安全的,你关心的对象里必须包括一些日常食品。

你可以关注食品中的奶制品、猪肉制品等;关注奶制品中的乳粉、液体乳等;关注乳粉中的婴幼儿乳粉、老年乳粉等;关于婴幼儿乳粉中的各种品牌的婴幼儿乳粉;等等(表6-1)。

表 6-1　对象的选取

```
食品
●奶制品
●●乳粉类
●●●婴幼儿乳粉
●●●●三鹿婴幼儿乳粉
●●●●●三鹿婴幼儿乳粉 A 批次
●●●●●三鹿婴幼儿乳粉 B 批次
●●●●●……
●●●●●三鹿婴幼儿乳粉 N 批次
●●●●三元婴幼儿乳粉
●●●●多美滋婴幼儿乳粉
●●●●……
●●●老年乳粉
●●●其他配方乳粉
●●液体乳
●●炼乳类
●●乳脂肪类
●●干酪类
●●其他乳制品类
●猪肉制品
●……
```

　　麦肯锡公司可以研究中国人，研究中国人中的富人，研究中国富人中的青年人……

　　人力资源部门关注已经在本单位工作着的员工及还需要招录什么样的新员工；负责采购图书的图书馆员关注各种各样的书籍、关注哪些图书应当入藏；作战指挥官关注己方"负责投送打击力的部队"的运动、要打击的目标的运动、友邻部队的运动、打击效果，等等；项目负责人关注项目参与人员的所有活动及其绩效、整个项目的进度、品质管理；情报内容分析人员关注各种携带着令人感兴趣内容的文献、媒体，等等。

　　这一层次的特征信息采集操作，就是为完成任务而确定对象范围：选取所关注的事物的种类，一类算一个对象（范围定义之一）。在一个项目任务中，可能需要关注多个对象（取决于对工作任务的分解结构 WBS[①]）。这一层次的操作所输出的产品是一个对象清单。对于项目管理者而言，他所关心的对象清单中可能列入的对象包括：

　　①实验报告（实验过程记录、实验数据存档、实验分析）；
　　②专家；

[①] 王占兵. 浅谈 WBS：工作（任务）分解结构在工程项目管理中的应用［EB/OL］.［2015-09-08］. www.mypm.net/articles/show_article_content.asp？articleID＝8263.

③与研究项目密切相关的文献（文献分析的线索和素材）；

④项目进度报告（里程碑活动、日报、周报、月报、年报）；

⑤项目成果（过程中的产品、最终产品，如咨询项目往往要求出产报告或者论文等）；

⑥品质管理报告（如每月一报告）。

6.2.2 第二层次的感知作业

第二层次的特征信息采集操作，针对任务已经确定的某一个对象（某一类事物），确定要提取的特征范围（范围定义之二）：选取所关注的那个事物对象的那些具体的特征。

每一种事物都有各种各样的特征。对于同一物体，不同的使用者（研究者、用物者）会对其不同的特征感兴趣。例如，王朋指出：水的特征[①]包括"有浮力"和"可滋润庄稼"；"有浮力"是船夫感兴趣的特征；"可滋润庄稼"是农民感兴趣的特征。

人力资源部门需要采集已进员工和拟进员工的能力资质特征；而图书馆里负责文献标引的图书馆员所要采集的是一系列书籍的主要书目特征。

按照你个人的愿望，你可能需要提取（采集）2～3个特征，但是眼前的任务紧急，你会决定这次只能采集1个特征。例如，当前这次的任务是关注婴幼儿乳粉中三聚氰胺的含量，可能还有其他有害的物质也值得采集，但是这次来不及了。

"确定要提取的特征范围"就是确定所关注事物对象的若干主要特征及其名称，即确定业务主体所感兴趣的关于这个对象的元数据，并把这些元数据的名称进行注册。关于一本书，承担书目控制任务的图书馆馆藏管理的人员所感兴趣的元数据，可能包括"书名""作者""出版社""出版地""出版时间""ISBN"等。Dublin Core 是这个层次操作的最著名的例子。关于一个事件，可采集的特征要素包括事件发生的时间、地点、涉及的人物、进行了什么活动、发生了什么产出物（如报告、PPT文件、演讲会、说明资料、成品、半成品等）。

这一操作过程完成的标志，是建立一个表结构（适用于建立关系性数据库的场合），并在网络数据库的后台，产生一个工作单。如果有多个对象，一般要建多个不同的表结构。一般地，一个对象对应一个表结构。表结构是业务工作人员应该用来精确表达自己想要的信息环境的一种工具，与IT人员沟通最难的地方也要落实到这里。一旦让业务人员掌握到了表结构的一般方法，业务人员就可以真正主导自己的信息环境设计了。当

---

① 王朋. 信息经济学也要与时俱进 [EB/OL]. (2009-03-13) [2021-08-01]. https://www.docin.com/p-10721967.html.

然，这也是IT人员主导信息环境设计和信息系统设计时，与客户沟通最困难的地方。

表结构没有完全统一的格式。业务人员为自己的一个工作项目建立网络信息环境的时候，主要是和IT人员商定好所需要提取的对象的特征信息的字段（特征）名称及每个字段的长度。表结构是业务人员与IT人员沟通的依据。

假如有一件任务是采集一组人员的姓名、性别、生日、身高、体重的数据，则表6-2是一个相应的简单表结构。

表6-2 人员特征信息提取的表结构

字段名	数据类型	长度/字符	缺省值	是否必填
姓名	文本	40		Y
性别	逻辑	1	Y（男）	Y
生日（DDMMYYYY）	日期	8		Y
身高（厘米）	数值	3		Y
体重（千克）	数值	3		Y
备注	文本	不限		N

管理者为了了解（感知）情报工作共同体成员日常工作进展，往往会要求共同体全体成员及时提交每周的工作报告。这种工作报告的对应表结构如表6-3所示。

表6-3 情报工作共同体成员《每周工作报告》的特征信息表结构

字段名	数据类型	长度/字符	说明
标题	文本	100	必填
正文	文本	不限	必填
来源（如URL、刊名）	文本	200	必填
作者	文本	40	必填
最后修改时间	日期时间	16	自动
提交者	文本	40	自动
提交的日期时间	日期时间	16	自动
被浏览次数	整数	5	自动

为了完成一本新书的在版编目 CIP 任务，则需要采集书名、作者、出版社、出版地、出版时间、ISBN 号等。那么相应的结构如表 6-4 所示。

表 6-4 图书在版编目感知的表结构

字段名	数据类型	长度/字符	备注
书名	文本	50	必填
作者	文本	60	必填
出版社	文本	40	必填
出版地	文本	20	必填
出版时间	文本	10	必填
ISBN	文本	17	必填

为了研究"设计"定义，需要采集历史上影响比较大的一些人物或机构的关于设计的不同定义语录。这样就需要如表 6-5 所示的表结构。

表 6-5 "设计定义语录"感知的表结构

字段名		数据类型	长度/字符	备注
语录文本		文本	不限	必填
语录作者		文本	60	必填
语录作者简介		文本	不限	选填
语录出处	书刊名	文本	100	必填
	出版社	文本	40	选填
	出版地	文本	20	选填
	出版时间	文本	10	必填
	页码	文本	4	选填
	ISBN	文本	17	选填

6.2.3 第三层次的感知作业

第三层次的特征信息采集操作，就是给出元数据的具体值，即赋值。这就是填写第二层次特征信息采集操作后做成的工作单。填写工作单是情报工作共同体内的协同者在日常工作过程中经常要做的事情之一。下面将举两个例子进行说明。

①第一、第二层次操作后已经确定要采集婴幼儿乳粉（对象）中三聚氰胺含量（特征），那么这第三层次的操作就是把市场上各种品牌的婴幼儿乳粉各抽取一些样品（对象的一些实例），来检测每一个样品（每一个实例）的三聚氰胺含量。可以先抽检占市场份额大的大品牌乳粉的样品，后抽检小品牌乳粉的样品。把检测到的一个一个样品的三聚氰胺含量值填到工作单中。这个采集操作可由机器直接完成。

②"藏书"是对象，具体某一本书就是"藏书"对象的一个实例。特征提取第三层次的操作直接作用于一个个的实例。

有一本书的"书名"（特征）是 *The World Is Flat*：*A Brief History of the Twenty-first Century*（特征的值），书的"作者"是 Thomas L. Friedman，书的"出版社"是 Farrar, Straus and Giroux，书的出版社的"所在地"是 New York，书的"出版时间"是 2006 年，书的"ISBN"号是 9780374292799。

通常我们所说的"信息采集"，如负责在版编目 CIP 的标引人员、图书馆标引编目人员每天所进行的工作，都属于第三层次的特征信息提取操作。填工作单、建数据库，进行第三层次特征信息提取操作的实质，就是填写一个以字段名（表结构中左边那一列）为表头的大表格（表 6-6、表 6-7）。

这一层次的感知操作，是日常信息化数字化操作的主要内容。这项工作的成果是一个记录数不断增加的活的数据库。

表 6-6 第三层次特征信息采集：大表格（书目数据库）

书名	作者	出版社	出版地	出版时间	ISBN
信息分析导论	孙振誉等	清华大学出版社	北京	2007 年 12 月	9787302164210
The World Is Flat：A Brief History of the Twenty-first Century	Thomas L. Friedman	Farrar, Straus and Giroux	New York	2006 年	9780374292799
情报研究论	王延飞等	北京大学出版社	北京	2017 年 3 月	9787301285510

表 6-7　第三层次特征信息采集：大表格（语录数据库）

语录文本	语录作者	语录出处
Everyone designs who devises courses of action aimed at changing existing situations into preferred ones. The intellectual activity that produces material artifacts is no different fundamentally from the one that prescribes remedies for a sick patient or the one that devises a new sales plan for a company or a social welfare policy for a state	Simon H A	*The Sciences of the Artificial*. Cambridge MA：MIT Press.1969
Design is that area of human experience, skill and knowledge which is concerned with man's ability to mould his environment to suit his material and spiritual needs	Archer B	The Need for Design Education. Royal College of Art. 1973
Design is essentially a rational, logical, sequential process intended to solve problems or, initiate change in man-made things	Jones J C	Design Methods and Technology：Seeds of Human Futures. Open University seminal textbook. 1970

在关系性数据库表结构框架下，这类表格的每一行都算是一个 meme 单元。到底要采集多少行，取决于项目任务的需求（范围定义之三）。

在信息环境中，类似这样的表单中的一行（一个 meme 单元），可以代替现实世界中的一本书，也可以代替一本杂志里的一篇文献、互联网上的一个页面、一个工作包/任务包、一个人、一台仪器、一代乳粉、一个细胞、一幅图……以及所有可以想象的一切可数的事物。

值得指出的是，表结构仅仅是实施事物感知、把现实世界中的事物映射到虚拟世界里边去的诸多方法中的一种。建设数字内容的过程、软件开发的过程，都是"把客户（U）关心的现实世界映射到计算空间"（知识表达）的过程。

对事物的特征信息进行了这 3 个层次的提取之后，我们实际上就已经进行了议程设置。任一事物发生/转发的信息都无穷无尽。为了在有限的时间和空间中完成一个具体的任务，人们不得不集中精力于有限的选择。事物的选取过程及事物特征的选取过程，具有天然的屏蔽与过滤功能：决定选取哪些事物的哪些信息特征，就自然而然地进行了议程设置。

有的人小看事实库建设，并认为建事实库者缺思想缺观点。这显然失之偏颇。

6.3 特征信息采集的一般方法

6.3.1 约定本体

每个人心中飞舞的是那同一只蝴蝶吗？

虽然有"凡是被接受的东西都是以接受者的方式被接受的"说法存在，但若要情报工作共同体不至于失效，则各干系人对同一个概念的个性化理解差异，必须被控制在一个可接受的范围内，使必要的沟通能够顺畅地实现。

因此，在情报工作共同体中，协同者之间应具有足以使沟通能得以顺利进行的基本共识（最起码共识）。"当大家谈论蝴蝶时，尽管在每人心中飞舞的并非同一只蝴蝶，但大家对蝴蝶的所指，一定会是大家所共识的某一特定类的昆虫——蝴蝶，绝不会是蜻蜓。"① 盲人们去摸象时，盲人们首先的一个基本共识就是大家都在摸象，都必须摸象，就是说首先要肯定大家是在研究同一个问题：大象的样子。

这里，"基本共识"就是"约定"。

有效的特征提取操作，是信息化数字化的一项重要基础工作。为减轻这个提取过程的负担、提高特征信息采集的效率，需要按约定的规则来存储和调用提取出来的特征信息。所有负责进行特征信息采集、存储、调用的人们，互相之间需要有一些约定，这就需要建立共同语言（主要指经过形式化的人工语言），诸如 ontology、folksonomy、标引（检索）语言、数学语言、游戏规则等。

经过形式化的特征名、特征值及其间关系的总和，就构成一套受控的符号约定系统，如含有"用""代""属""分""参"等参照体系的叙词表、被广泛采用的元数据系统（基于 Dublin Core）等。这些受控的符号约定系统，都是第三层感知操作的辅助工具。

需要特别强调的是，"形式化"的工作包括：①对业务工作干系人之间沟通用的符号约定系统进行定义；②对全体干系人进行培训（定义的推广宣贯），使这些约定成为情报工作共同体的公共知识和自觉行动。把现实世界引入计算世界的工作，都属于"形式化"工作。

一个典型的映射工作套路：程序员们先建立问题的模型（第一类映射操作，相当于小学生根据应用题列出方程式，也就是建模），然后程序员用计算机语言表达问题模型（第二类映射操作，相当于把方程式转变成机器可理解的运算程序），接下来计算机按照

---

① 马秀芳，李克东. 皮亚杰与维果斯基知识建构观的比较［J］. 中国电化教育，2004（1）：20-23.

程序进行方程求解计算,最后程序员解释计算机输出的结果(第三类映射操作)。

在依照 MARK 格式进行图书著录的过程中,元数据名(特征名)是受控的,元数据值(特征值)则是非受控的。例如,你不能规定作者的名字只能取叙词表中已经有的名字。

依照叙词表所进行的主题标引工作,不但元数据名称是受控的,而且一部分元数据值也是受控的。例如,名称为"主题词"的字段,其特征值需要从受控的叙词表中选取。叙词表的基本模样,如表 6-8 所示。

表 6-8 蔬果及其制品的部分词汇经形式化后所构成的一个微型叙词表

番茄
USE 西红柿

果蔬混合汁
NT 苹果胡萝卜汁
BT 果蔬汁

果蔬酱
NT 西红柿酱
NT 苹果酱
RT 果蔬汁
RT 蔬菜
RT 水果

果蔬汁
SN 词族首词
NT 果汁
　　NT 苹果汁
NT 蔬菜汁
　　NT 西红柿汁
　　NT 胡萝卜汁
NT 果蔬混合汁
　　NT 苹果胡萝卜汁
RT 果蔬酱
RT 蔬菜
RT 水果

果汁
NT 苹果汁
BT 果蔬汁
RT 水果

胡萝卜
BT 蔬菜
RT 胡萝卜汁

胡萝卜汁
BT 蔬菜汁
RT 胡萝卜
RT 苹果胡萝卜汁

苹果
NT 香蕉味苹果
BT 水果
RT 苹果汁
RT 苹果酱

苹果酱
BT 果蔬酱
RT 苹果
RT 苹果汁

苹果汁
BT 果汁
RT 苹果
RT 苹果酱

蔬菜
NT 西红柿
NT 胡萝卜
RT 蔬菜汁
RT 果蔬酱

蔬菜汁
NT 西红柿汁
NT 胡萝卜汁
RT 蔬菜
RT 果蔬酱

水果
NT 香蕉
NT 苹果
　　NT 香蕉味苹果
RT 果蔬汁
RT 果蔬酱

香蕉
BT 水果

香蕉味苹果
BT 苹果

西红柿
UF 番茄
BT 蔬菜
RT 西红柿酱
RT 西红柿汁

西红柿胡萝卜汁
BT 果蔬混合汁
RT 西红柿
RT 西红柿汁

西红柿酱
BT 果蔬酱
RT 西红柿
RT 西红柿汁

西红柿汁
BT 蔬菜汁
RT 西红柿
RT 西红柿胡萝卜汁
RT 西红柿酱

注:叙词表参照系统的简单说明。
RT—参(相关);NT—分(下位);BT—属(上位);
SN—范围注释;USE—用(同义指引);UF—代(同义替代)。

普适的完备的 ontology（本体）应当包含描述一切事物用的一切特征名和一切特征值（全部受控）。然而在现实世界中，人们不可能（也没有必要）建成一个可满足任何需求的统一得能包罗万象的 ontolovgy（本体）。

6.3.2 令感知操作等于业务操作

有实效的信息化数字化，就是把"特征信息采集的过程"与"业务工作（如货物销售工作）及其相关沟通过程"融为一体。采集就是让业务工作的过程留下便于追溯的脚印。如超市收银结账时，顾客购货的信息就被同时采集到数据库中。可能的商务智能系统就会分析这些信息，可找到类似于啤酒与尿布关联的统计规律。

正在经历着事件及其过程的人，及时把这些事件及其过程"采集"到赛博空间中，这样，别的人通过这个赛博空间，就可共享同一经验了。赛博空间就可为后来者供应高品质的间接经验。如 everyscape（www.everyscape.com）要把现实世界近乎完整地搬入网络，客户可探查世界各地任一感兴趣的真实建筑物，客户还可参与、可合作，把一些真实建筑物映射（创建）到网络里供别人探察。

值得指出的是，这种一体化的操作，本身就在进行数据再用。例如，为了一目的（与顾客结账、收取货款）而采集的数据，可能被其他目的（商务智能分析活动）再用。再如，有一种照相机系统，允许先随便到处拍摄，随后由任何经授权主体在方便的任何时候对任意感兴趣的目标进行按需聚焦。交通路口摄像机拍摄的影像可以用来分析交通流量，也可以用来解决交通事故相关的纠纷。

各行各业业务工作过程的数字化信息化所积攒的数字资料、物联网系统中积攒的数字资料，源源不断汇集成大数据的洪流。研究不同议题的人们都可以在同一堆大数据里淘洗出自己感兴趣的东西，大数据产业兴起了。随着 5G 商用于 2019 年 11 月 1 日在中国正式落地，那些能延伸扩展感官能力和绩效的全场景沉浸式技术技巧的广泛应用，将把人类的数字生活和数字经济带进一个新时代。

6.4 特征信息的刻画力

采集什么样的信息就可刻画/揭示事物对象的状况？

一项任务所涉及的对象（object，如人、物、课件、项目任务完成的过程……），从最主要的到最不主要的，可能会有很多；一个对象类型中可以有数量极大的实例（样本）；同一个实例可从不同角度描述，一个实例（能指）还可能有无穷的特征信息（所指）。

"同一个实例可从不同角度描述"是一个重要的原理。下面这则笑话证明了这个原理的存在。

同一个妈妈

老师布置同学们写一篇命题作文——"我的妈妈"。

班上有一对双胞胎安迪和汤姆。安迪写完了，汤姆照抄到自己的作文本上。

老师问汤姆，你的作文为什么和安迪的一模一样？

汤姆说，我们两个人的妈妈是同一个人。

我们知道，为了让一个对象在网络环境里存在，需要对这个对象进行特征提取。

那么，什么样的特征值得提取呢？是否选取一些对这次任务来说可能不需要但对以后其他项目（个人发展、单位发展）可能有用的特征？这的确需要慎重考虑。应当适度考虑可扩展性，以便以后能继承和重用，但不能因此陷入范围管理失败（工作范围无限扩大）的泥潭。

对于一个面向任务的感知共同体而言，不可能也不需要获取所选对象的一切信息，只需要选择性地关注与任务目标密切关联的那些特征信息。特征信息采集工作的范围管理，就是要确定采集什么，不采集什么。这个范围管理的原则，就是要选择事物的本质特征（与任务最相关的主要特征）；适度提取事物的特征信息；发挥任务领域主题专家的作用。

6.4.1 事物本质特征的确定

为了在信息环境中准确映射原事物，需要正确地提取原事物的特征信息。

画家画了一幅画像，如果你一眼就能看出这是周恩来而不是别人，就说明画家抓住了周恩来的形象特征，并用画笔把这些特征在画面上表达出来了、神似形似到一定程度，被你认可了。抓不住事物的特征（抓不准、抓不全），就没有办法把这个事物揭示出来。

在科技情报工作中，人们通常采集的特征包括事物的自然特征（where，when，who，what，事理图谱中的实体，等等）和社会特征（why，how，事理图谱中的边，等等）。科技情报工作者总要接触很多图书资料，一般图书资料都有内容特征（如标题、主题词、文摘……）和外表特征（如标题、作者、页数、开本、精装平装出版项……）。

第6章 情报感知的特征信息提取

> **事物本质特征的确定：三只白鹤**[①]
>
> 一天，三只白鹤在河里捉到了许多鱼。中午，它们吃得饱饱的，把剩下的一条大鱼埋在地里，留着明天吃。
>
> 第一只白鹤抬头看了看太阳，记住了大鱼埋在太阳底下。第二只白鹤抬头看了看天空，记住大鱼埋在白云下面。第三只白鹤看了看河边的大柳树，记住大鱼埋在柳树旁边。
>
> 第二天，太阳刚刚升起，三只白鹤都睡醒了。第一只白鹤朝太阳飞去，第二只白鹤朝白云飞去。第三只白鹤飞到河边，落在大柳树旁。
>
> 哪只白鹤能找到埋在地里的大鱼呢？

前两只白鹤在提取存鱼地点的特征时，选择了错误的位置标识物——"太阳"和"白云"，犯了刻舟求剑的毛病。只有"柳树"这个标识能够引导白鹤到达存鱼的地点，因而才是本质地揭示存鱼地点特征的有意义的标识。特征信息采集得不对，储鱼地点就肯定找不到。

6.4.2 事物特征个数的选取

所提取的特征信息量应恰好够用，使得项目的认知任务在规定的 S-T-U 空间中顺利完成。如果要提取的特征信息过多，显然会增加工作量从而增加任务失败的风险；应使信息环境足够精良（Lean），并不是特征信息采集越多越好。另外，若感知过少，则采集的特征信息量可能少得不足以支持本次任务的目标。

小蝌蚪找妈妈的过程，形象地诠释了如何足够准确地抓住"青蛙妈妈"的足够多的外表特征的过程（表6-9）。

> **多少个特征能确定一个事物：《小蝌蚪找妈妈》的剧情**[②]
>
> 春天到了，小蝌蚪孵化出来了，它们在水里快乐地游呀游，然后看到岸边的小鸡跟着它们的妈妈很亲热，小蝌蚪们十分羡慕，于是决定去寻找自己的妈妈。

[①] 课程教材研究所小学语文课程教材研究开发中心. 义务教育课程标准实验教科书语文二年级上册[M]. 北京：人民教育出版社，2001.
[②] 方惠珍，盛璐德. 小蝌蚪找妈妈（中国小学语文教材课文）[EB/OL].［2019-11-14］. http://www.pep.com.cn/xw/zt/hd/ywsd/sfsd/2s/201807/t20180702_1926070.shtml.

> 它们先遇到了虾公公，忙向虾公公打听妈妈的长相，虾公公告诉它们，它们的妈妈长有两只大眼睛。
>
> 小蝌蚪们看到金鱼有两只大眼睛，便高兴地喊金鱼"妈妈"，但金鱼说小蝌蚪的妈妈有个白肚皮。
>
> 小蝌蚪们继续寻找，见到有白肚皮的螃蟹，又对螃蟹齐喊"妈妈"，但螃蟹说它们的妈妈只有四条腿儿。
>
> 小蝌蚪们见乌龟正好是四条腿，又以为乌龟是自己的妈妈，但小乌龟却说这是它的妈妈，因为它与乌龟妈妈长得一样。
>
> 后来，小蝌蚪们遇见鲶鱼，觉得它与自己长得很相像，应该就是妈妈，结果差一点被鲶鱼吃掉。
>
> 这时，青蛙妈妈赶来相救，小蝌蚪们终于找到了自己的妈妈。

表6-9 多少个特征能确定一个事物：小蝌蚪找妈妈

提取的外表特征		符合特征的事物
特征名	特征值	
眼睛	两只，大大的	青蛙，金鱼，蜻蜓……
嘴巴	一个、又阔又大	青蛙，金鱼，鲨鱼……
肚皮颜色	白色	青蛙，螃蟹，企鹅……
腿的数量	四条	青蛙，乌龟，马……
"衣服"颜色	绿	青蛙，小青蛇，蚂蚱……
走路的样子	一蹦一跳	青蛙，麻雀，兔子……
……	……	……

6.4.3 事物特征刻画的品质

特征信息采集详尽到什么程度就算充分了呢？任务当前，凡能正确地回答这个问题的人，往往就是这一任务领域的主题专家。业务知识丰富的人，只需捕捉很少信息就可立刻消除大量的不确定性。任务领域主题专家的跳步思维能力，使得他在问题面前往往可以直奔主题。

所谓有才能的人，就是那种总能在单位时间内及时捕捉到更多与业务关联的对象及其特征信息的人。例如，给定一个场合，让两个不同的人去提取其中的信息特征，可以比较这两个人的业务能力高低。

采集什么样的信息：安和布的故事[①]

两位年轻人同时受雇于一家蔬菜店铺，可是那个叫布的小伙子青云直上，而那个叫安的小伙子却仍在原地踏步。安很不满意，就去问老板。老板叫他看看集市上都卖些什么。

安从集市上回来汇报说，有一个农民拉了一车土豆在卖。"有多少？"老板问。安又跑到集上，回来说一共40口袋土豆。"价格是多少？"安又第三次跑到集上问来了价钱。

"好吧，"老板说，"现在请您坐到这把椅子上一句话也不要说，看看别人怎么说。"

布很快就从集市上回来了，并汇报说：到现在为止只有一户农民在卖菜，土豆一共有40口袋，价格是多少多少；土豆质量很不错，他已带回一个让老板看。这个农民刚刚还弄来几箱西红柿，据他看价格非常公道。昨天蔬菜铺子的西红柿卖得很快，库存已不多。他想这么好且便宜的西红柿，老板肯定会要进一些的，所以他不仅带回了一个西红柿做样品，而且把那个农民也带来了，现正在外面等回话呢。

6.4.4 事物特征信息提取案例

（1）案例1：挣值管理——对项目进展状态进行感知，采集3种数据

采集什么信息就可以掌控项目的健康状况呢？

美、英等国家往往使用挣值管理方法对重要的装备产品项目进行管理。挣值管理的基础是工作分解结构（WBS）。所谓工作分解结构，就是把一个项目分解成一个一个具体的工作任务包，落实到具体的日常业务工作人员。这些业务工作人员都清晰地知道任务操作的时间框架、费用限制、该交付的成果。

针对每一个工作包，都只要采集"投资额（计划价值）""实际成本""挣得价值（已完成的价值）"这3种数据[②]，就是说只要知道了这3种数据就基本能够知道项目进展

[①] 根据互联网上的资料（如哈佛家训．［2008-09-05］．bbs.jiahexie.com/archiver/tid-240134.html）整理．
[②] ARENA M V, BIRKLER J. Monitoring the progress of shipbuilding programmes - how can the defence procurement agency more accurately monitor progress ? （MG-235-MOD）［EB/OL］．［2019-11-29］． www.rand.org/pubs/monographs/2005/RAND_MG235.pdf．

是否健康。这3种数据能很好地表征项目进展状况。

美国国防部从20世纪60年代开始就一直在使用挣值法管理国防重大项目。例如，价值4000亿美元的多国F-35飞机项目，就正在运用挣值法进行管理，每周测算成本和进度。洛·马公司、BAE系统公司、诺·格公司及所有重要的关键供应商，都将他们的"投资额（计划价值）""实际成本""挣得价值（已完成的价值）"数据输入到数据库中。

这样，项目负责人就可跟踪每件事情，确切地看到分散在世界各地的团队成员们每天都做了什么。如果项目最终完成的时间是一个不倒的后墙，那么，项目负责人及其团队成员都可以知道未来的每个检查节点前应该做什么事情。

总之，这些新数据的输入，会驱动系统按照规则调整出一个新的实施方案以实现任务目标，并把这个方案发布给所有的人，以使干系人立刻根据新方案安排进度、控制成本。

对状态的一些参数进行感知，一旦参数变化到某个阈值，就触发一个决策的颁行。美国国防部实施挣值管理的机构规定的阈值是15%，进度偏差（拖延）或成本偏差（上涨）超过15%，审计部门就会建议项目终止或项目重组（往往是修改基线，即如"图6-1挣值管理概念示意"中最长的那根线）。

1）挣值管理原理

"挣值"把实际完成的工作的价值与实际发生的成本关联起来，从而确定已经花去的那部分经费的效用与收益，确定已花的这些钱导致投资者得到了什么结果。

2）挣值管理的几个基本指标

图6-1是挣值管理概念的一个示意图。有一个价值25万元的项目，拟用24个月完成（见图中最长的那根线，即基线）。图中"现在时间"（竖线）表明原拟10万元的项目价值（投资额或计划的价值，PV）要在这个时间点上实现。

挣值（EV，"已完成的工作"的价值）的含义是：每完成一部分工作就实际"挣得了"与这部分工作相应的计划的价值（PV）。

定义一：挣值（EV）- 计划的价值（PV）= 进度偏差（SV）。　　　　(6-1)

SV小于0表明进度落后于计划，大于0表明进度超前，等于0表明实际进度与计划进度完全一致。本案拟在12个月时要完成价值10万元（最长线与竖线的交点）的工作，但实际完成的工作只相当于6万元的计划的价值（最长线与最下边那条"已完成的工作"线的交点），SV是-4万元。

定义二：挣值（EV）- 实际成本（AC）= 成本偏差（CV）。　　　　(6-2)

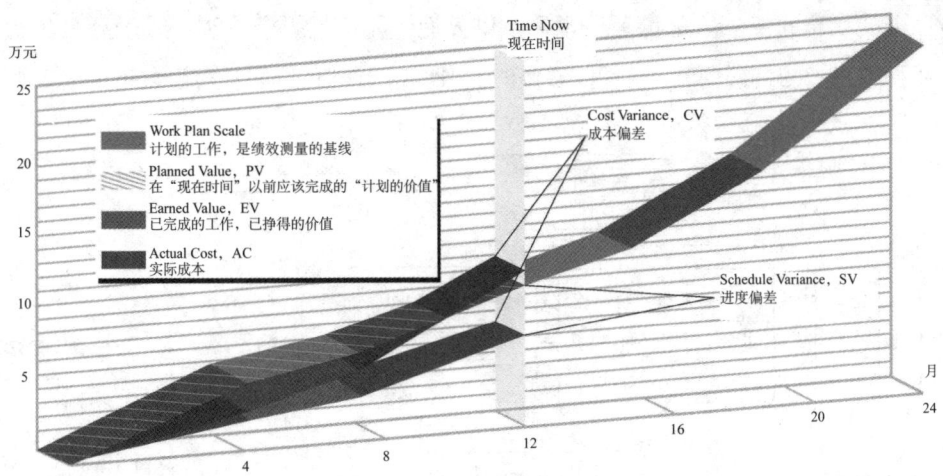

图 6-1 挣值管理概念示意

实际成本（AC，深黑线）是承包商直接从自己的账户中支出的成本。CV 小于 0 则表明经费超支，大于 0 表明经费结余，等于 0 表明实际成本与计划投入完全一致。本案中，承包商为了实现那 6 万元的 EV 而实际花费的成本是 11 万元，因此 CV 是 -5 万元。

定义三：进度绩效指数（SPI）=挣值（EV）/计划的价值（PV）。 (6-3)

分析出资方每投入 1 元钱，由承包商所实际完成的工作的价值。本案出资方每投入 1 元钱只从承包商那里获得了 0.60 元的价值（6 万/10 万，小于 1）。

定义四：成本绩效指数（CPI）=挣值（EV）/实际成本（AC）。 (6-4)

分析承包商实际每花 1 元所能完成的工作的价值。本案中，承包商花 1 元约能实现 0.55 元的价值（6 万/11 万，小于 1）。

定义五：完工总进度估算=计划总时间/进度绩效指数。 (6-5)

本案中，总进度估计 = 24 个月/0.6 = 40 个月。即若按上面的进度，总进度要超期 16 个月。

定义六：完工总费用估算=计划总价值/成本绩效指数。 (6-6)

本案中，总成本估计 = 25 万元 / 0.55 ≈ 45 万元。即若按上面的进度，总成本要超支 20 万元。

3）挣值管理的基本定义与流程

挣值管理是一种"测度项目进展、预测项目完成日期与最终成本，并在项目进行过程中随时跟踪进度偏差与成本偏差"的工业标准化方法（参见"ISO 21508：2018"）。挣值管理把 3 种测量结果（进度、成本、已完成的工作量）一体化起来，提供能反映整个项目进展状态的统一的定量考核指标,供人们(无论是投资方利益代表还是想切实提高内部管理水平的合同商)对项目进行评估和比较。挣值管理基本流程如图 6-2 所示。

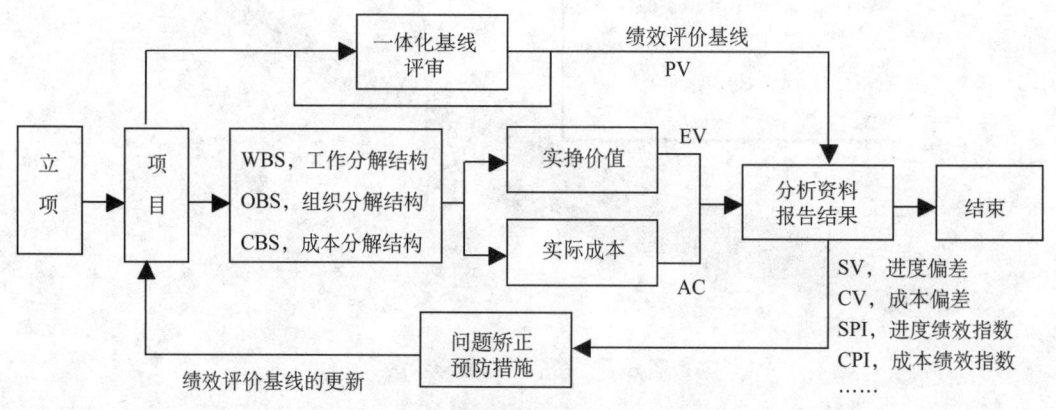

图 6-2　挣值管理的基本流程示意

(2) 案例 2:书目控制——对书的内容特征和外表特征进行感知

类似地,我们可以问:采集了什么特征信息就可以对浩如烟海的文献资料进行掌控?

对于图书馆的藏书这种对象,我们按照 Dublin Core 所列出的关键特征名,来采集所有藏书的相应的关键特征信息值,形成书目数据库、形成 MARC/OPAC。图书馆的馆员和读者,就是通过这类特征信息值的集合(如公共图书馆提供的 OPAC)对浩繁的藏书实现了书目控制。

CIP 制度、OCLC,都是运行得非常成功、历史十分久远、工作十分有效的特征信息采集系统。

随着机器存储能力和运算能力的进步,文献信息特征采集已不限于传统的那些特征了。你想要的文献都可以有数字化版本。

(3) 案例 3:司机择路——感知路况

为了方便择路,司机需要及时了解城市道路上的交通状况。

司机驾驶时有一个视野,可以看到前面不远处的路况。往往是当前方路况进入了视野之时,就已经进入了拥堵路段不能自拔。如果能在司机的视野里"显现司机视野之外的附近各路段是否拥堵的信息"(恰如在情报客户的日常视野里显示"视野之外"的靠情报人员早醒远眺得来的情报),司机就可以及早选择更可行路段、避开拥堵路段。

"显现司机视野之外的附近各路段是否拥堵的信息"如何实现呢?这就需要对各路段的车辆行驶情况进行特征信息采集。下面是一些特征信息采集方案。

> **各路段车辆行驶情况的特征信息采集方案**
>
> ① 每个路口拍一幅照片,在司机视野里放映出来;5分钟更新一次;
> ② 实时监控摄像(比方说用直升机),在司机视野里实况转播放映出来;
> ③ 用带颜色的线段表示路段车流量,实时更新;
> ④ 用文本描述某关键路段出现拥堵,实时刷新。

北京2008年奥运会期间使用③ + ④方案,红线段表示该路段上车辆有排队现象,黄线段表示该路段上车辆行驶缓慢($0 \leqslant 车速 \leqslant V_a$),绿线段表示该路段上车辆行驶畅通($车速 > V_a$)。这些巨幅的路况显示牌成为这座城市的一道亮丽的风景。

当然,这样的路段交通特征显示系统是否好用,与刷新是否及时有非常大的关联。如果司机有几次发现标有红线段的地方走起来非常畅通,标有绿线段的地方走起来居然经常排队,他就会不把这样的显示牌当一回事了(参见第7章第7.6节"特征信息公信力的特殊要求")。

(4) 案例4:企业仿真——感知一个企业

如果需要对一个"企业"进行仿真(对一个企业的特征信息进行提取和数字化),那么法约尔概括的企业模型就是一个很好的出发点。法约尔认为,企业无论大小,简单还是复杂,其全部活动都可以概括为6种。

> **法约尔企业活动分类**
>
> ① 技术性的工作——设计、生产、制造。
> ② 商业性的工作——采购、销售、交换。
> ③ 财务性的工作——资金的取得与控制。
> ④ 会计性的工作——盘点、会计、成本及统计。
> ⑤ 安全性的工作——商品及人员的保护。
> ⑥ 管理性的工作——计划、组织、指挥、协调及控制。

一个大型企业的老总可能希望有这样一间办公室:每天他走进办公室只按一下按钮,盖住了一面墙的幕布缓缓拉开,自己所领导的企事业单位的上述六大系列的工作进展状态都清晰地展现在墙上。那些对准重要产品装配线的摄像机,可以按需把装配现场的情景立刻显现到幕墙上。

就像飞机驾驶舱是飞行员操控飞机的操作环境一样，这样的办公环境可让这位老总明确企业各项工作运行的情况。

> **管理驾驶舱**[1][2][3]
>
> 管理驾驶舱（Management Cockpit, MC）是基于ERP的高层决策支持系统。通过详尽的指标体系，实时反映企业的运行状态，使采集的数据形象化、直观化、具体化。
>
> 企业战略规划的有效运作依赖于对战略规划的分解和细化。通过一系列量化指标使企业高层管理人员能及时、准确地把握和调整企业的发展方向。管理驾驶舱就在这一背景下应运而生。
>
> 管理驾驶舱将把决策支持这个概念产品真正具体化，使企业管理系统进入一个新的领域。充分融合了人脑科学、管理科学和信息科学的精华，以人为产品的核心，从管理者的决策环境、企业管理综合指标的定义及信息的表述，都围绕着激发人的智能、有利于思维连贯和有效思维判断为目的。将企业管理决策提升到一个新的高度。
>
> 实际上，管理驾驶舱是一个为高层管理层提供的"一站式"（One-Stop）决策支持的管理信息中心系统。它以驾驶舱的形式，通过各种常见的图表（速度表、音量柱、预警雷达、雷达球）形象标示企业运行的关键绩效指标（KPI），囊括企业所有的业务环节。具体的指标体系包括：财务、供应、库存、销售、生产、设备、人力资源、质量、物价等十几个组成部分。直观地监测企业运营情况，并可以对异常关键指标预警和挖掘分析。
>
> 管理驾驶舱采用"墙面显示系统"（Wall Display System），通过直观的图形，显示从ERP采集的数据。并且可在多种图形方式之间自由切换。系统可提示各指标数值所在的值域范围（良好、正常、危险等），并用不同颜色区分。

---

① 管理驾驶舱［EB/OL］.（2021-04-14）［2021-08-01］. https://baike.baidu.com/item/%E7%AE%A1%E7%90%86%E9%A9%BE%E9%A9%B6%E8%88%B1/4077144.
② 武汉建元：上云，让项目管理看得清、管得住、控得好［EB/OL］.［2021-08-01］. https://www.inspur.com/lcjtww/2315499/2318933/2316107/2321054/2456115/index.html.
③ 中华人民共和国商务部. 管理驾驶舱［EB/OL］.（2010-05-19）［2021-08-01］. http://training.mofcom.gov.cn/zs/zs Show.jsp?ZsID=21283.

(5) 案例 5：计算机识别人脸、识别人的运动姿态

机器识别人脸，是指计算机基于人的脸部特征信息对人的身份进行识别的一种生物识别技术。部署在各处的与计算机相连接的摄像机或摄像头，全方位采集含有人脸的图像或视频流输送到计算机，计算机自动地在含有人脸的图像或视频流中检测到所有人脸、跟踪这些人脸、提取用于识别的人脸图像，并判定当前人脸图像特征与事先存于数据库中的人脸（所有那些你关心的人的脸）图像的特征是否一致（超过某个阈值就算一致）。

这里，"人脸特征"除了人们熟知的几何特征（面部点间距离和比率，如五官比例、眼和口鼻尖中心距等），还有模型特征、统计特征等。

"人脸识别"已是很成熟的人工智能（AI）应用了，广如安防领域，窄如手机解锁，都有了刷脸 AI 加持。人脸检测标注的关键点数，有过 68 个[①]，有过 106 个[②]，据说目前最领先的是 240 个[③]。

人体骨骼关键点检测是诸多计算机视觉任务（如动作分类、异常行为检测、自动驾驶等）的基础。用来识别人体姿势、预测人体行为的骨骼关键点检测（二维）的关键点，一般是十几个点[④]。

6.5 特征信息的映射等效与同构

原事物的某些特征被采集之后，该事物就在一个面向任务的信息环境中实现了一个映射（存在）。这个映射其实就是操作者进行信息环境（S-T）设计的一个成果。映射的目的是为了易于被感知——为了让情报工作共同体成员更快地在信息环境中感知到原事物在世界某处的存在，更好地参与对原事物的分析活动。映射与原事物的等效与同构，确保事物特征信息采集（感知）的有效性。

---

① 人脸关键点检测 5：Face++［EB/OL］.（2018-05-31）［2019-11-29］. https://blog.csdn.net/u013841196/article/details/80531564.
② 刷脸就用 Face++106 点高精度人脸识别关键点能力开放免费试用中［EB/OL］.（2017-05-08）［2019-11-29］. http://www.sohu.com/a/139163371_418390.
③ 一个腕表顶中医幸好权健 AI 还没落地［EB/OL］.（2017-05-08）［2019-11-29］. http://www.yiceo.com/archives/855172.html.
④ 人体骨骼关键点检测综述［EB/OL］.（2018-06-11）［2019-11-29］. https://blog.csdn.net/SIGAI_CSDN/article/details/80650411.

6.5.1 映射与其对应原事物必须等效

在特定的任务面前,映射必须与原事物同构或等效,即从特征上看,认为某映射与其对应原事物等效。这显然是为了确保协同工作者们随后在信息环境中的所有围绕项目任务的工作都是有效用的。否则,就会陷入"垃圾进垃圾出"(Garbage in Garbage out)的恶性循环。

映射必须与原事物有某种对应同构——所关注的某些特征信息,在随后所发生的种种映射操作过程中,不能发生畸变。例如,每一个进入美国的外国人所留下的指纹,是这个人的一个特征信息,指纹被认为是这个人的不变的特征。

在"入境外国人指纹数据库"里,一个指纹就对应于一个外国人。假如某犯罪现场的指纹,与这个外国人的指纹匹配,则这个外国人就可被认为是一个嫌疑犯,因为"指纹出现在了犯罪现场",就等效于"这个人也曾出现在犯罪现场"。这就是等效原理的逻辑。

小学生解应用题,可用 x、y 等字母来代替特定的未知数,接着根据题目意思列出方程式,然后解方程得出答案。"方程式符合题意"就是做到了同构等效。

如果把所提取的事物和过程的信息特征的具体值,都放到一个环境中,且这个环境中的受众能对这个事物、过程有一个基本共同的理解(基本没有歧义),那么,这个特征信息采集的操作就实现了预期。曹冲称象,就是感知效果好的一个千古流传的例子(表 6-10)。

表 6-10 事物特征信息采集的有效性:曹冲称象

	需求和需求的满足(事实性描述)	补充信息和点评
U 客户需求	想知道一只大象的重量 (U 的需求:这只大象的重量是多少)	限制条件:称的最大量程远低于大象重量,只够称量附近一些石头块
T 手段方法程序	①牵大象到河里的一只大船上,待船身稳定后,在船帮上齐水面处划一道记号。 ②牵大象离船上岸,然后往船上搬石头,直到大船吃水到记号处。 ③把大象的重量映射成石头的重量。 ④再把石头搬下船来,一块块过秤。 ⑤累加这些石头的重量	曹冲成功地完成了两件事:①在船吃水线和秤刻度的效能之间建立了合理的等效关系;②在大象的重量和石头的重量之间建立了合理的等效关系
S 对客户需求的满足	与大象等重的那些石头的总重,可以替代大象的体重	U 高度认可如此得出的大象重量,曹冲称象法千古流传

值得注意的是，情报分析者在把现实问题经过特征信息采集映射到编码世界的过程中，所得到的映象是否能有效地写照（映射）现实，往往取决于该情报分析者对现实世界认知的品质（Quality）。人认识世界的过程总是不断反复、螺旋上升、逐步深化的（教科书也会经常修改），含有浓重的建构主义色彩。因此，特征信息采集的品质会是参差不齐的。

6.5.2　同构与等效是就完成任务的目标而言的

映射与原事物的等效同构一定是相对于项目任务而言的。若无任务目标、无具体应用，就不好谈某一具体映射与相应原事物是否等效同构。俗话说，"没有目标的航船，永远遇不到顺风"。

项目任务确定之后，映射的方案也不会是唯一的：总可以选择其他不同路径来达到任务提出者（客户）明文要求的效果。例如，把大象切成一般秤能称得起的几大块，也能完成认知大象重量的任务。不过，这就像"把鸡蛋直立起来""把驼背变直""求皇冠所用金子的精确体积"这类任务一样，就看任务提出者（需求方）是否明言可以接受"把大象切成几块"（杀死大象）、"敲破鸡蛋"、"把人夹死"、"把皇冠挤压成一个长方体以便于计算体积"等破坏性后果。

把驼背变直（据网上资料编写）

一位医生自称可治疗天下所有驼背，他用两块木板把驼背人夹起来，然后从两边用力挤压，活生生地把人给压直了。结果：他确实把驼背变直了，但病人同时也死了。

有人质问他怎么把人给治死了，他的回答是：我只管治驼背，死活不在我治疗的范围内。

超出了任务目标的约束，世界上就没有完全相同的两片树叶了。典型的等效案例有"不管白猫黑猫，捉到耗子的就是好猫"——凡能完成"捉到耗子"任务的猫都是等效的好猫，毛色（白或黑）不是"好猫"的本质特征。

在数学一笔画问题中，如图 6-3 所示的这两个代表哥尼斯堡七桥的图是等效的。而在应用测绘操作中，则图 6-3a 比图 6-3b 更直观有效。

张三照自己的脚描了一个鞋样（特征信息采集、映射出来的脚的代体——S 因素。这个代体使得脚的尺码特征与张三的脚分离），于是就可以请李四代劳买鞋。李四拿这个鞋样与卖家的鞋一比就基本知道这鞋张三能否穿得。在买鞋这个任务情景中,鞋样与张三的脚具有等效性。

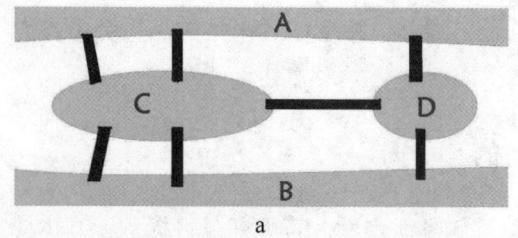 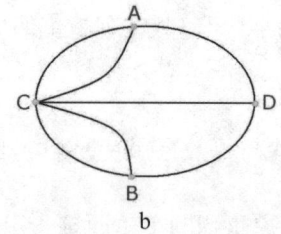

(注:空白部分是水,字母A、B、C、D是成片陆地,深线是桥梁。在日常测绘与地图编制工作中,面积和距离是重要的特征)　(注:此图是图6-3a在图论中的一个映射。A、B、C、D是由成片陆地塌缩而成的点,连接字母点的线代表连接陆地的桥,空白处是水。在图论中,连接关系是重要的特征,而面积和距离则不受关注了)

图6-3　拓扑学:哥尼斯堡七桥——两个图的等效

类似地,记事的结绳与所记之事同构;照片与本人同构;实物电器系统与等效电路同构。总之,等效的代体可替代原事物去特定的信息环境中实现"拟态存在"(出席),便于项目任务的完成。

一个城市的地图是这个城市的一个映射。地图就是该对应城市的一个拟态存在(同构物)。人们往往依照地图规划出行:先对着地图分析好了自己此刻在哪里、要到哪里去、沿什么路线去,然后把地图的上北下南左西右东与大街上实际的北南西东对应上,就可准确地行动了。这一切都是因为从地点、方向、路径等特征上看,这个地图与这个城市本身是同构的。

作战室中的战场沙盘就是实际战场的一个虚拟的现实。从某些对作战有用的特征上看,这个沙盘与这个战场本身是同构的,敌我友三方最新态势的特征在这个沙盘中一览无余,军官们可以就着沙盘或者某种显示投影装置[①]简捷地说明各自调兵遣将、实现作战效果的方案,最终形成作战规划。

在研究信息传递规律的学者们看来,为了一个项目运行而建立的信息环境(知识管理环境)与为了整个企业运行而建立的信息环境是同构的;美国军方为进行伊拉克战争而建立的信息环境与Walmart连锁店商业运行的信息环境是同构的。

各种信息环境之间也有一定的同构性和等效性。

---

① 戴旭. 美国曾击败的对手都没有强大的太空实力 [EB/OL]. (2007-02-06) [2019-11-16]. http://mil.news.sina.com.cn/p/2007-02-06/0936430318.html.

6.6 本章小结

情报感知对象复杂多样。能否准确有效地提取对象事物的特征信息，决定着情报感知的成败。从本质上讲，对事物特征信息的采集或提取，就是对事物的感知，即感知就是特征信息的采集或提取。客户所需要的情报，说到底就是客户所惦记的那些"事件的进展和物体的变化（简称事物的变化）情况"。

本章第一节强调了"对事物的感知就是对事物特征信息的采集"。这就是说，当你把所采集到的事物特征信息呈现到信息环境中时，这个事物就被映射到信息环境中了，你也完成了一项情报感知任务，同在信息环境中工作的你的同事（情报工作者），可以真切地看到你的感知成果、测度你的感知成果。

本章第二节研究了特征提取作业的三层感知模式。这里需要重申的是：设定了恰当抽象水平之后，任何事物均可在计算环境中得以呈现。仅仅停留在宏观的、大而化之的所谓模型上去一般性地谈论和解释情报感知，是不会有可操作性的。为做出客户满意的科技情报产品，科技情报工作者需要到微观、直接、具体的层面上去促进和落实情报感知传递作业。

本章第三节讨论了特征信息采集的一般方法，包括约定（检索语言其实是一种约定）和"令感知操作＝业务操作"。"蔬果及其制品的部分词汇经形式化后所构成的一个微型叙词表"是一个非常有趣、令人愉悦的 meme。

本章第四节讨论了特征信息表征（刻画、揭示）事物的能力。原则上，要选择事物的本质特征，且特征个数要适量（不宜太多或太少）。本节还提供了丰富的事物特征信息提取案例。

本章第五节研究了映射等效与同构问题，探讨了事物特征信息采集的有效性。在特定的任务面前，映射必须与原事物同构或等效，即从特征上看，认为某映射与其对应原事物等效。这显然是为了确保协同工作者们随后在信息环境中的所有围绕项目任务的工作都是有效用的。

第 7 章
情报感知的效用发生机制

人机系统把事物特征信息提取出来（把事物进行数字化信息化），并将这样的信息（也就是这些人机系统感知出的成果）植入（映射、转播）到围绕特定干系人（如情报产品生产者或情报客户们）感观所及的信息环境之内，这些特定干系人就有更多机会感知到更多事物了。

一般地说，人们可以通过信息环境中呈现、沉淀、流动的特征信息（WIKID）来掌握（牵引、管理、控制）或影响该信息环境中人们（包括情报感知主体们）的智力操作活动。

情报感知主体平时在其周围的信息环境中感知 WIKID，通过感知到的 WIKID 来了解发出该 WIKID 的事物的状态。

7.1 特征信息采集折射的思维与智能

自然的传感器（如动物的眼睛）和人造的传感器（如雷达），都有一定的情报发现（特征信息采集）能力。猫头鹰的眼睛能在夜晚发现田鼠的活动，向日葵能发现太阳，航天器上的星体跟踪器能发现其设计者要它去跟踪的星体，美国的太空篱笆（Space Fence）能发现太空轨道上飞行的人造卫星及太空垃圾。发现，是人类的一种日常活动，也是人类的一种基本能力。

当我们从基于效果的角度来审视思维问题时，需要对心理学家和哲学家关于思维的定义（思维是"人脑对客观事物的本质属性和事物之间内在联系的规律性所作出的概括与间接的反映")①进行改造，使之具有适度的一般性。因为"对客观事物的本质属性和事物之间内在联系的规律性所作出的概括与间接的反映"这样的操作，不仅"健全的人脑"可以完成，电脑、幼年人的脑、智障人士的脑或其他类脑系统，也可不同程度地完成。这样，"基于效果的思维"定义就可如此表述："从效果上看，思维就是人脑、电脑或其他类脑传感器对客观事物的本质属性和事物之间内在联系的规律性所作出的概括与间接的反映。"

7.1.1 智力操作

所谓智力或智能，就是主体发现事物特征及事物运动规律（认识世界）、利用事物特征及事物运动规律（改造世界）的能力。美国哈佛大学发展心理学教授加德纳（Howard Gardner）的多元智力理论认为，人类智力至少有8种②：

①语言智能（Linguistic Intelligence）——用言语思维、用语言表达和欣赏语言内涵的能力；

②逻辑-数学智能（Logical-Mathematical Intelligence）——计算、量化、思考命题和假设、进行复杂数学运算的能力；

③空间智能（Spatial Intelligence）——利用三维空间进行思维的能力，能知觉外在和内在的图像，能重现、转变或修饰心理图像，不但能自己在空间自由驰骋，而且能有效调整物体空间位置，还能创造或解释图形信息；

④音乐智能（Musical Intelligence）——敏锐感知音调、旋律、节奏和音色的能力；

⑤人际关系智能（Interpersonal Intelligence）——有效理解别人并与人交往的能力；

⑥自我认识智能（Intrapersonal Intelligence）——建构正确自我知觉的能力，并善于用这种知识去规划和导引自己的人生；

⑦身体运动智能（Bodily-Kinesthetic Intelligence）——巧妙操纵物体和调整身体的技能；

⑧自然观察者智能（Naturalist Intelligence）——观察自然界中物体的各种形态，对物体进行辨认和分类，观察自然系统或人造系统的能力。

加德纳认为还有存在智能（Existential Intelligence）、精神智能（Spiritual Intelligence）、

---

① 何克抗.创造性思维理论：DC模型的建构与论证[M].北京：北京师范大学出版社，2000.
② 多元智能理论的历史与现实：访加德纳《多元智能》中文译者、知名教育学者沈致隆[N].中国教育报，2004-05-20（7）.

艺术智能和道德智能等多种智能存在的可能性。他断言有那么一天，智能的数目将会增加，或者智能之间的界限会被重新确定。

一般而言，智力就是主体为完成任务而进行分析、综合、概括、抽象、想象、分类、比较、具体、记忆、注意、观察、创造等操作的智慧和能力。在这里，主体可以是人，也可以是等效地完成上述一种或多种操作的机器。根据计算等效性原理，相对于同一任务（目的、效果）而言，人、机器及人机组合，都只是路径的不同。

分析、综合、概括、抽象、想象、分类、比较、具体、记忆、注意、观察、创造等操作，都是智力操作（表7-1、表7-2）。

表7-1 智力操作

分析	把一件事物、一种现象、一个概念分成较简单的组成部分，找出这些部分的本质属性和彼此之间的关系（跟综合相对）
综合	把分析过的对象或现象的各部分、各属性联合成一个统一的整体（跟分析相对）；不同种类、不同性质的事物组合在一起
概括	把事物的共同特点归结在一起
抽象	从许多事物中，舍弃个别、非本质的属性，抽出共同的、本质的属性，叫抽象。抽象是形成概念的必要手段
想象	在知觉材料（已有形象）基础上，经过新的配合创建出新形象
分类	根据事物的特点分别归类
比较	就两种或两种以上同类的事物辨别异同或高下
具体	细节方面很明确的、特定的；把理论或原则结合到特定的人或事物上
记忆	记住事物的形象或事件的经过，识记、保持、重现内容和经验
注意	意志指向并聚焦于某事物
观察	仔细查看，感知环境变化，产生情景知觉（situational awareness，SA）
创造	想出新办法、建立新理论、做出新成绩、造出新东西

注：参见《现代汉语词典》第五版。

如果让机器也具有加德纳教授发现的那些多元能力，让机器也能进行这些智力操作，那么，这就是人工智能了。

表 7-2 智力操作矩阵

智能		智力操作											
		注意	观察	分类	比较	抽象	概括	分析	综合	想象	记忆	具体	创造	……
		A1	A2	A3				……					Ai
语言智能	B1												
逻辑－数学智能	B2												
空间智能	B3												
音乐智能													
人际关系智能	⋮												
自我认识智能													
身体运动智能													
自然观察者智能													
……	Bj												AiBj

按照所发现的事物属性和事物发展规律，主体一般可通过上述智力操作来完成两类事情：

①预见事物发展趋势，指导认识世界、改造世界的各种实践活动；

②控制事物发展的条件，扩大或缩小事物运动的效应，改造世界、趋利避害。

建设信息环境并在其中部署与业务相关 WIKID 的目的，就是让担负着业务任务（如情报研究任务）的诸主体能协同地进行智力操作，使三个臭皮匠在一个设计好的信息环境中实现思维的接力、谐振、集成，真正成为一个诸葛亮。与任务主题相关的 WIKID 随时包围着主体，环境中充满与任务主题相关的信息内容，极易被情报共同体成员感知到。

7.1.2 计算等效性

无论是机器人还是自然人，凡能进行任务相关智力操作的，都可以成为知识共同体中的协同者或知识共同体外的伙伴客户和非合作客户。

在现实生活中，人们可从计算等价性出发来看待传感器与作动器配合而产生的动作智能化的效果。在"等效"的前提下，有些操作让机器做比让人做更可靠。比方说：要完成"当飞船下降到离海平面 10 000 米高度时打开降落伞"这样的任务，高度传感器负责精确报告所感知到的飞船高度数据，作动器立即驱动开伞装置……而靠人本身的感知能力事实上无法精确地、及时地测知飞船的高度数据。

当人们谈论智能居室、智能住宅、智能建筑的时候，事实上默认了计算等效性前提。在智能空间中，为了让机器人更好地感受桌子上有一个杯子，可以事先在杯子上做一个射频标识（RFID），机器人的电脑里事先有一个程序能够读取这个射频标识。当一个人把这样的杯子放到一个指定的桌子上时，桌子上的传感器会通知机器人来收走杯子。

为波音公司一种新型飞机供应零部件的若干工厂，现在制造出的每一件产品（如一扇眩窗）都必须带有一个射频标识。这个射频标识中含有本产品的本质属性（成分、含量）及其与其他事物（如厂家、产地、出厂日期、质检员等）之间内在联系的规律性。RFID 识别器探头读取射频标识，该产品的本质属性及其与其他事物之间内在联系的规律性，瞬间就被"概括"并"反映"到电脑系统中，这从效果上看，就相当于完成了一次"思维操作"。

其实，这种射频标识让产品在生产出来的同时就带上其特征属性标签的实践，早在"图书在版编目"实行时就已开始。"图书在版编目"实行之前，100 个图书馆各自都买了同一本书，就对这本书分别进行一次标引编目操作，累计有 99 次是重复的劳动。"图书在版编目"的实行，大大减少了标引编目的重复劳动，显著节约了人类的思维操作成本。

而关于"读码器完成了一次'思维操作'"这样的说法，若忘记"等效"这个约束条件，就很可能引来争议。若不用读码器，而是换成一个人，让这个人拿到这个产品，对该产品进行物理的和化学的分析，询问很多与产品有关的人，也得出该产品的属性及这个产品的生产厂家、产地、出厂日期、质检员是谁等，再把这些情况输入到类似 POS 的系统中。这时再说这个人完成了一次思维操作，就符合心理学家和哲学家关于思维的传统定义了。John McCarthy 在 1956 年最早使用了人工智能（Artificial Intelligence）这个词。他曾经吐槽说："一旦一样东西用人工智能实现了，人们就不再叫它人工智能了"[①]。

7.1.3 机器辅助的感知

用机器帮忙进行感知的时候，机器会成为感知主体，机器直接提取事物特征。

---

① 人工智能是什么？［EB/OL］.（2019-04-06）［2021-08-01］. https：//blog.csdn.net/prince xie xiaofeng/ar trcle/details/89057504.

面向任务的传感器的每一次采集，定格了被采集对象所生发出（反射出或转发出）的部分对完成任务有价值的信息（情报感知共同体成员感兴趣的信息）。高速摄影技术解决人类注意力跟不上信息量陡增（瞬息万变）的问题。用高速摄影机可在事物变化现场沿时间轴进行高密度采样，所拍摄的一个个镜头就是把人眼难以捕捉的每一刻的细节定格下来，然后存储。人的眼睛在事后就有机会在实验现场之外的地方，对所拍摄存储下来的影像进行细致反复的分析，突破肉眼视力视觉暂留的约束。高速摄影机可以"给不确定以确定"。这里，"不确定"是指因人体本身的自然感知能力局限而导致的不能确定：看不清那么多瞬间的细微变化。

高速摄影机、在线分析系统、人三方面的结合，可以近实时地实现奥运百米比赛运动员撞线瞬间的精确到小数点后3位数字的裁判精度。

数据压缩，也是一种特征信息采集的技术，以尽可能少的比特数，携带尽可能多的特征。

射频标识、条码等技术，使第三层次的特征信息采集工作可以自动化。

机器采集能力的触角已经伸进了梦境和意识。采集技术与脑科学的发展，使得一个人梦中所见的一切景象都能被采集下来，一个人意识中所想的都立刻变成编码（如文字）。原来我们觉得在其中可完全自由的梦境和意识空间，现在也被采集器的探头"监视"了。"要想人不知，除非己莫为"的古训即将要修改成"要让人不知，除非己莫想"了。

（1）数据不落地

在项目信息环境运行的过程中，人或机器能采集事物的信息特征的具体值。例如，人工填写一个具体的工作单，或机器自动记录一些数据并以指定格式传输、存储到机器中。有些事情，机器做起来比人做得更准确、更快。例如，宝钢集团当年信息化的经验之一是"数据不落地"。

"数据不落地"的意思是全部由机器处理，不加入人为因素。加入人为因素就是"落地"，就增加了作弊的机会，容易降低数据的可信度[①]。

（2）凡是机器可以做的事情，都设法分解出来让机器去做

让机器理解业务是为了让机器代替人来进行一部分业务工作。IT人士的梦想是尽可能用机器来替代所有行业的业务技术人员进行业务工作。例如，有的科技情报分析机构现在就想请IT人员做出人工智能系统，希望尽快替代情报分析者的大部分日常工作，如采集资料、翻译，甚至直接写出客户需要且令客户满意的情报分析报告。2018年12

---

① 姜奇平. 从宝钢经验看企业信息化建设［J］. 数码世界，2003（1）：17-21.

月，李开复在一篇题为"365种工作的未来消亡概率图谱"的文章[①]中，综合了牛津大学、麦肯锡、普华永道、创新工场等机构的研究报告，预测了未来10～15年365类工作被取代的概率。

为了实现这个梦想，IT人士与业务技术人员正在紧密合作，一起把机器训练得能够做业务工作。此外，业务人员在主导建立自己项目的信息环境时，也要尽量用计算机人员能够懂得的语言，来描述自己的业务工作对象、描述这些对象的信息特征。具体地说，业务人员要直接进行特征信息采集的工作，做好基本的"表结构"，做好基本的客户界面策划，其余的让IT人员和机器来实现。业务人员自己项目的这种信息环境，还能做到"可追溯"——项目组每个成员什么时候为项目做出了什么贡献都一目了然。

7.1.4 基于计算的知识发现和格式转换

根据这种理解，知识发现软件用来发现知识的操作，都可以纳入上述的智力操作矩阵，属于人工智能或人机合作智能的范畴。

下面这个文本框展示知识发现软件用来发现知识的一些操作[②]。

知识发现软件用来发现知识的一些操作

①运用数据仓库、在线分析和数据挖掘技术来处理和分析数据。

②设定一套边界条件并开始挖掘工作，从海量杂乱数据中找出内在联系（沃尔玛啤酒与尿布的统计关联就是这样发现的）。

③通过对数据进行抽取、清洗、组合、挖掘、聚类、排序、预测、跟踪等操作，产生各种数据关联样式，并通过以下方法直观显示出来，让懂业务的领域主题专家看看挖掘的结果是否探询到了某种有意义的规律：

a. 对数据做各种标识，如特别好的绩效数据用绿色表示，特别差的绩效数据用红色表示；

b. 用连续、立体的动态表来展现；

c. 用多彩图形（如柱状图、饼图、曲线图、表格、格点、点阵图）来展现；

[①] 李开复. 365种工作的未来消亡概率图谱［EB/OL］.（2018-12-26）［2019-11-18］. http://dy.163.com/v2/article/detail/E3VSPSVT0511DCH9.html.

[②] 邱克. BI在零售业中的应用［J］. 商场现代化，2001（8）：9-10.

> d. 对图形进行拉伸、分块、旋转、透视等操作。
> ④如果领域主题专家（业务人员）认为某种关联有意义，则要由领域主题专家对这个意义进行解释和说明。

知识发现（knowledge discovery in database，KDD）的主要困难之一就在于：边界条件的设定必须依赖领域知识，如要为无线电系统中的数据挖掘设定边界条件，就需要无线电领域知识，无论这种领域知识是 IT 人员兼有的还是领域业务人员专有的。

7.1.5 人机界限的消失

人体五官眼耳鼻舌身的感知能力，因为一些人造的感知与作动系统而得到延伸。最普遍的一个例子就是，我们很多人都戴着眼镜。眼镜这种光学仪器增加了我们眼睛的视力半径，使我们有可能提前看清前面路牌上显示的信息，及时对自己所驾驶的车辆进行必要操控。我们眼睛所经常使用的装备除了眼镜之外，还有放大镜、望远镜、显微镜等。

这些人造的装备本身的安装位置（传感器在海、陆、空、天、赛博等空间里的到达范围），正在向两个方向扩张。一是离人体越来越近甚至进入人体内部。原来放在一幢大楼里的计算机后来变成可放在办公桌上的台式电脑，现在可穿在身上（电脑显示器变成了头盔的一部分）；普通摄影机需要拿在手上，特殊制造的摄影机可直接安放在眼睛里。二是离人体越来越远。从三星堆遗址发现的那双伸出老长的眼睛，到哈博太空望远镜，再到深海探测器；从月球探测器到飞出太阳系的旅行者探测器，都在说明这一点。

与此同时，人类器官及其延伸系统所实现的知觉所能到达的空间，也在向两个方向扩张：一是向微观尺度进军，如通过显微镜进行纳米装配，实现元器件的微小型化。二是向宏观尺度进军，如旅行者 1 号探测器的飞行脚印，已经跨越离太阳 150 亿千米之远的太阳系边缘。有意思的是：最遥远的知觉到达能力，往往依赖于由最微小型的元部件所构建起来的装备。例如，地面上的望远镜系统可以很笨重，甚至不计其重，而被送到太空轨道上的望远镜则必须尽一切可能小型化。

任何领域的人都可使用 IT 进行工作活动。IT 也是情报工作者用来进行情报活动的工具。就像望远镜、显微镜是人眼视力的放大，IT 工具可用来减轻人类智力操作的负担。

人类及其感官，与物理的、植物的、化学的传感器一样，如果可用来完成同一个任务，那么它们就是等效的。例如，有一个任务是监测狭小空间（宇宙飞船或潜艇的有人隔舱）里的二氧化碳含量，人的感官和自动报警器同时起作用，报警器在感知到一定阈值以上的烟雾时，就自动发警报。

事实上，人与机器（仪器）之间的分界变得越来越模糊。

眼镜一般通过支架架在耳朵上，现在则可直接放置到眼眶里（隐形眼镜）；人造玻璃体可替代病变的天生玻璃体；人工视网膜可替代病变的视网膜；人工心脏可替代人的生物学心脏，帮助一些人维持血液循环；埋植在人类身体里的节育工具在随时有效地发挥作用；智能胶囊按照预设的时间表在人体内释放治疗药物……当我们从效果上看待这一切的时候，人和机器的分别是没有意义的。

总而言之，在确定的任务边界之内，机器和人之间的关系是协同的。机器是人的一部分抑或人是机器的一部分并不重要，这里重要的是完成任务的效果。必要的时候，有些人需要像机器一样工作，或者有些机器需要像人一样工作（图7-1）。

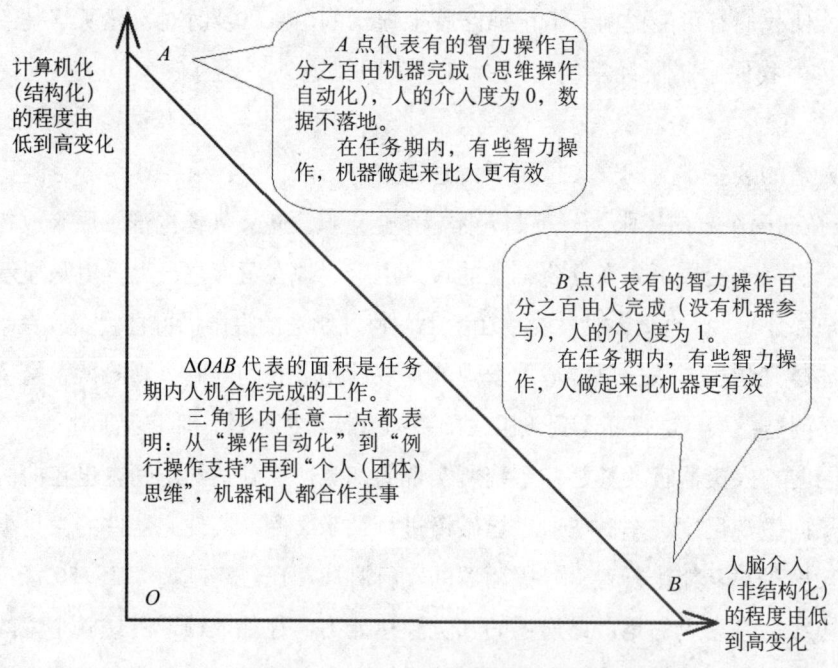

图7-1 人机合作的三角形模型

机器的典型优点，包括：① 不知疲劳（只需有足够的电力）；② 不会出现粗心导致的错误；③ 不受情绪的影响；④ 不受环境干扰；⑤ 可使数据不落地（参见第7.1.3小节"机器辅助的感知"）。

7.2 特征信息感知的效用机制

对感兴趣的事物的信息特征进行采集，并依据这些特征来获取利益，是人们在日常生活中经常可观察到的一种智能／本能活动。喜欢喝酒的人老远就能闻到深巷里飘出来的酒的香味，从而找到卖酒的地方，于是俗话有"酒香不怕巷子深"。

这里要在"事物特征信息采集是信息化数字化的基础"这个层次上来讨论为什么采集事物的特征信息的问题——感知采集得来的事物特征信息的效用机制（用途与用法）是什么？

7.2.1 事物特征信息与事物本身的分离

我们能虚拟"现实（Reality，亦作实在）"是因为"现实"的特征信息能被我们采集。被采集到的特征信息，能与"现实"分离；能被移动到远离"现实"所在地的任何别处；能异地异时再现或异地同时再现；"事物特征信息比事物本身更容易传递"。

代表着事物的特征信息（拟态事物，代体）的这种可传输性、可复制性，是一切信息化数字化操作的基础（当然也是信息疲惫的根源———一把双刃剑）。

我们知道，根据相对论，一件事物所牵涉的全部实体（如一个马戏团）若以光速移动，则物质质量将会变得无限大并需要无限大的力量来推进，因而物质不可能以光速运动。但是，代表这件事物的特征信息却可沿着无处不在的有线或无线网络，以光速前进，瞬间跨越千山万水。这一点正是信息化数字化的历史车轮总是滚滚向前的动力之源。参见第7.3节"基于效果的数字化实例"。

现实事物被映射以后，人们能利用编码世界中的一些工具，克服时间和空间的阻隔，更便利快速地通过这些事物的信息特征来认识这些事物、及时获得有关问题的解决方案，最终在现实世界和编码世界中获取预期的效果（如战争的胜利、商业的赢利）。

例如，一个人 U_1 在香山顶说的话（S），希望在山脚下的另一个人 U_2 听到。U_1 可以采用两种方法：一是 U_1 可用最大的力气直接喊，S 所搭乘的空气就是媒介 T；二是 U_1 还可以通过手机给 U_2 打电话，手机系统就是媒介。前一种方式少了一层特征信息的采集、传递，但声音能量在空气中迅速衰减，可能在到达 U_2 之前就衰减没了，U_2 最终听不见 S。后一种方式需要进行特征信息的采集、功率放大、传递、还原。

现在，假定我们的任务是对北京大学图书馆的馆藏进行书目控制（让世界各地的人们很方便地了解北京大学图书馆里都有什么馆藏），那么就需要把图书馆里的成千上万本图书的书目特征采集出来,形成一个反映馆藏的OPAC(Online Public Access Catalogue,即联机公共查询目录)发布到互联网上,世界各地的人们足不出户,只要上网访问了这个OPAC,就马上知道了北京大学图书馆里的馆藏情况。在书目控制信息环境里,OPAC中的每一个书目记录等效于相应的那本馆藏图书,写照了这本书在北京大学图书馆里的存在。

显然,世界各地的人们不需要直接在北京大学图书馆里看到这本书,就能鉴定这本书在北京大学图书馆里的存在性。

"事物特征信息比事物本身更容易传递"的道理,可归结为这样一个一般的S-T-U包,如表7-3所示(参见第5章"情报感知的宏观样式")。

表7-3 一个一般的S-T-U包

S	原事物(如物品、货币、声音、文字、图像等) U_1希望U_2收到这个事物(或其等效物)
T	①按照U_1的设计去提取原事物的特征信息 ②特征信息的编码、数字化 ③数字化编码信号传递(在四维时空中看传递,通常以为静止的所谓"存储",也是沿着时间轴的传递;一个看起来不动的东西,只是在三维空间中运动速度等于0而已) ④数字信号的接收 ⑤从数字信号解码、还原事物特征信息
U	U_2收到的是原事物或原事物的等效物。如"U_1寄的钱"是"原事物",U_2收到汇款单后取出的钱是"U_1寄的钱"的"等效物"

7.2.2 直接经验、间接经验与体验经济

事物本体与事物特征信息的分离,使人们能通过体验事物的特征,来近似地体验事物本身(间接经验),这就是体验经济的基本原理。

直接经验指的是直接与一样事物打交道所获得的体验。例如,要想知道梨子的滋味可以亲口尝尝梨子;要想知道如何打仗,就亲自参加到战争中去。

一般来说,人的器官对大量事物的感知(经验)多半都是间接的。一些所谓直接经验,往往只是"间接程度尽可能最低"前提下的一种间接经验。很多的直接经验都属于成本高昂的"破坏性试验"。桑斯坦在其《信息乌托邦》一书中指出①:"时时刻刻,我

---

① 桑斯坦.信息乌托邦:众人如何生产知识[M].毕竞悦,译.北京:法律出版社,2008.

们每个人都依赖于他人提供的信息。即使最博闻的人也只拥有关于他赖以生活的小部分事实的直接知识。当我们选择吃什么、去哪里、相信什么、担忧什么的时候，我们要利用其他人传递给我们的信息。"

实际上，现在人们谈体验经济时，"体验"具有比上述"直接经验"广泛得多的意义。小孩子在解出了一道奥数难题时直接体验了成功的愉快滋味，与此同时，他所解的奥数题内容（如质数与合数）却是典型的书本知识（间接经验）。

基于拟态存在原理的虚拟现实（Virtual Reality，也称虚拟实在）[①] 技术，如今成了体验经济的支柱。

纯拟态事物（根本没有对应的实在的虚拟形象，如虚拟的网络主持人、动漫作品本身）也可以直接作用于人的感官。纯拟态物品的买卖、偷窃、官司等问题如今也进入了人类的议事日程。

拟态存在技术，推动了游戏动漫产业。当今世界上整个动漫产业界的人们正在构建着使人着迷的种种拟态世界。在电脑空间中，多个拟态事件并存，一个游戏玩家可以一会儿到1942年的战场上开坦克，一会儿到2142年的太空中驾驶航天母舰。"我"获得的装备、"我"赢得的奖章使"我"欣喜、满足……战斗中死亡的事是经常发生的，但这不要紧，在拟态的世界里，死亡的人物可以复活……

现在，游戏的力量已经得到国家意识形态部门的重视。像Second Life这种让全球人一起在互联网上互动的游戏，对一国一民族的世界影响力的扩大，效能已不亚于耗费巨大的电台电视台。所以一些国家的外交官用心地在游戏空间里为自己的国家建立美轮美奂的虚拟大使馆和其他虚拟形象。

7.2.3 管理现实世界

拟态存在技术不仅在动漫产业有用，而且在远程医疗、工业设计、仿真作战训练、太空探索、数字地图、异地教学等元宇宙（Metaverse）应用场景中，正帮助人们管理世界。

拟态存在技术可使人实现分身的梦想，大规模地扩大一个人影响力的作用范围。网络无处不在，你也可以无处不在。例如，一个喜欢在互联网上发言的人，很可能会在同一天到多个网络论坛中显示自己的存在。而且，如果他想给人们制造他同时在多个论坛中发送信息的印象，就可以利用计算机设置一个时间，在这个时间点把事先编制好的多个不同的（或相同的）信息，向各个论坛同时发送。这个发言人就像一台服务器，每一

[①] 杜元清. 虚拟现实技术在图书情报领域中的应用 [J]. 情报理论与实践，1995（3）：41-43.

个网站就像是服务请求者。服务器对所有服务请求进行处理。每一个请求者都觉得服务器在为自己服务，但实际上服务器是按照某种规则按照一定的频率依次分配一定的处理时间给不同的请求者。

学习、工作界面的游戏化倾向也已经越来越明显，如美国国防部各军兵种的军事训练，能游戏化的都已经游戏娱乐化了，一些以前很难游戏化的训练项目，目前也正在游戏化过程中。

美国未来学者兼游戏设计师 Jane McGonigal 博士 2009 年 3 月 24 日在游戏设计师大会上做题为"学习制造你自己的现实"的主旨发言时指出[①]：游戏将变成一个强有力的界面，人们将通过这个界面管理真实世界里的工作、组织社会活动、优化现实生活。成千上万的游戏玩家将遍布在家庭、学校、工厂、办公室、去往学校/工厂/办公室的路上……

7.3 基于效果的数字化实例

信息化数字化是基于效果的。

在现实生活中把人或物从一个地方实际地移动到另外一个地方（有人的脚印和物的脚印出现），就表现为人流和物流。人们研究物流成本占 GDP 的比重，认为这个比重是衡量一个国家物流业发展水平的重要指标[②]。国家统计局数据显示，自 2018 年到 2020 年上半年，我国的物流总费用/GDP 分别为 14.8%、14.7%、14.2%，而美国、日本等发达国家该比值稳定在 8%～9%。

公元前 490 年，菲迪皮茨拼命跑了 40 多千米，以生命的代价送达"我们胜利了"的消息。累死菲迪皮茨的是他的那些脚印。送信这种事若现在来做，菲迪皮茨就可以通过短信，几秒钟之内轻松完成送达操作。

---

① MCGONIGAL J. Learning to make your own reality：perspectives on emerging technologies [EB/OL]. (2009-03-24) [2021-08-01]. http：//boingboing.net/2009/03/24/jane-mcgonigals-game.html.
② 刘金明，王耀球. 中美产业结构与物流成本对比 [J]. 物流时代，2005（18）：36-37.

第 7 章
情报感知的效用发生机制

> **累死菲迪皮茨的是他的那些脚印**
>
> 公元前 490 年，希腊人在马拉松平原打败了波斯侵略军。当时有个叫菲迪皮茨的士兵从马拉松平原出发，一刻不停地跑了 40 多千米，将胜利的消息传到雅典，从而大大增强了希腊人抵抗波斯侵略军的信心。菲迪皮茨跑到雅典就累死了。他拼命跑了这么远，只为了一个目的：传送"我们胜利了"的消息。[①]

追求"既实现得了相同效果，而又减免人马劳顿"的方法，尽可能以信息流替代物流，是信息化数字化的根本任务。信息技术（如基于位置的服务 LBS 技术——以天基导航系统如 GPS、GLONASS、北斗系统、伽利略系统及其他类型的定位系统为基础的服务于移动网络的导航、授时服务的一种技术）的有效利用，物流业经营者身处的信息环境的优化，都将提高国家的物流业发展水平，同时也提高军事领域中精确后勤的水平。

为了说明基于效果的信息化数字化业务操作原理，现在来研究几个具体例子。

7.3.1 现金传递

基于效果的现金传递操作涉及金融领域信息化数字化的目标之一：使钱币及其等效物的脚印最少。

（1）汇款业务操作

传统的汇款操作是这样的：身在北京的 A 先生到地处北京的一个邮局里向在武汉的 B 先生寄 1000 元钱，A 填写一张汇款单子并把 1000 元钞票交给北京这边的邮局工作人员。现金的"脚印"就从北京 A 先生手上走到北京某邮局工作人员的手上。汇款单的"脚印"，则从北京经过邮路实际到达身在武汉的 B 手中；武汉的 B 为了取钱又持 A 亲笔填写的汇款单，到指定的地处武汉的一个邮局那里。B 具体在邮局里得到的这 1000 元钞票，肯定不是 A 递交到邮局的那 1000 元钞票。但 B 不追究此 1000 元钞票是不是 A 交给邮局的那 1000 元钞票，因为彼此等效（购买力彼此完全等效。不过，若为了钱币收藏目的，则不等效）。

利用 IT 网络的电子汇款操作过程，则取消了汇款单"从北京某一个邮局经过邮路实际到达 B 然后又到武汉的某一个邮局"的全部脚印，信息流成功地取代了物流。

[①] 见《义务教育课程标准语文五年级下册》，2005 年 1 月第一版（2008 年 1 月第 2 次印刷）：118.

(2) 存取款操作

操作一：A 昨天到银行存入了 1000 元钱，今天因为需要又从银行取出了 1000 元钱。A 今天具体得到的这 1000 元钞票，不是 A 昨天存到银行的那 1000 元钞票。但 A 不追究此 1000 元钞票是不是昨日交银行存的那 1000 元钞票，因为这两个 1000 元钱在购物使用时，彼此是等价的。

操作二：A 身在北京一银行里向业务员交纳了 1000 元钞票，存入 B（身在武汉）的银行账号里。B 手机上立即显示信息：账号收存了 1000 元。这时，B 在武汉就立即可到当地银行取出 1000 元钱。B 具体得到的这 1000 元钞票，肯定不是 A 递交到银行的那 1000 元钞票。但 B 不追究此 1000 元钞票是不是 A 交给银行的那 1000 元钞票，因为彼此等价。

7.3.2 报纸印发操作

基于效果的电子版内容传递操作，涉及出版业信息化数字化目标之一：使出版物的脚印最少。

纸上显现的任何文字、照片等，都可看成是墨在纸面上的分布。假设 A、B、C……各地都有纸、墨及印刷发行能力。

以前，A 城市出版、印刷好的报纸通过火车、飞机、轮船等交通工具实际传送到 B、C、D……各地分发。印刷好的报纸的脚印从 A 出发向 B、C、D……各地辐射，而且时间多有延迟。现在，在北京编排好的某一份报纸的电子版（设计制作好了的墨在纸面上的分布），可通过互联网顷刻之间发送到世界各地，同时在各地印刷，与各地报纸同步发行。假如网络阅读普及（人们早已经能在互联网上直接阅读报纸的内容了），甚至连印刷过程及印后的本地送达过程都可省略。

7.3.3 手机——声音的旅行

你用手中的手机给一个持有手机的朋友拨电话。接通后你说话的声音的模拟（Analog）信号，就被你手机里的芯片转换成数字（Digital）特征信号发送出去。这些数字特征信号经过一系列传送与转换过程后发送到朋友手机上。朋友手机里的芯片，又将数字特征信号还原成模拟信号。这样，你的声音就传到了朋友耳朵里。

其实，这种还原不是你的声音的 100% 的重现，而是在朋友能接受的某种失真限度以内的重现。因此，经过了媒介过程之后，你所传递的内容与朋友最终所接收到的内容之间的一致程度,是 0%～100% 的某个数值,比方说 50%。这就是保真度(Fedelity)。

在你实际说出的声音与朋友所听到的你的声音之间所发生的一切,都可被定义为媒介过程。发声者和收声者都认为媒介两端的声音是等效的。

类似地,致使世界各地亿万家庭的电视屏幕呈现精彩画面的光/电子,并非来自北京奥运会现场直播间里的光/电子。经过太空流转的只是一些特征化了的脉冲信号序列。

7.3.4 未来的星际航行

基于这样的等效思路,甚至可以幻想未来的人类进行星际航行的一种模式。人类星际航行最困难的问题是飞行中人类的生命支持。有没有办法减少人在星际旅行中的脚印呢?从物质的观点来看,任何一个人体都可以细分成大量的无机微粒。假如某一天地球人可以在按照某种顺序被分解成无机微粒之后又能按照某种程序再装配还原出来,那么,地球人若能在其他星球上找到同样的无机微粒,就只需要把装配出这个人的程序发送到那个星球上,把那里的无机微粒(就地取材)组装一下就行了。

7.4 影响力传递的感知效用

这一节研究感知与"影响力传递"的关系。没有受影响者的感知,就没有影响者影响力的传递。

7.4.1 注意力(Attention)与影响力的关系

把泉流引到了马前,马却不一定喝得到(甚至不一定恰好有喝的愿望)。情报工作者把情报产品送到客户面前,客户却不一定能感知到产品中含有的情报。法国社会心理学家瑞德·奥尔巴赫曾经提出过所谓"奥尔巴赫"法则——"重要的不是你告诉别人什么,而是别人听到什么"。这就是说,重要的不是你在情报产品中呈现了什么,而是客户吸收了什么。

当主体 U 对某件事物 S 发生兴趣时,U 的注意力才集中到这件事物 S 上,U 感知到 S,同时,S 对 U 就有了影响力。影响力与注意力成对出现,就像牛顿力学中的作用力与反作用力同时出现一样。A 注意到(感知到)B、C……,也就是 B、C……影响到 A。

A 影响到 B、C……，也就是 B、C……注意到（感知到）A（图 7-2）。

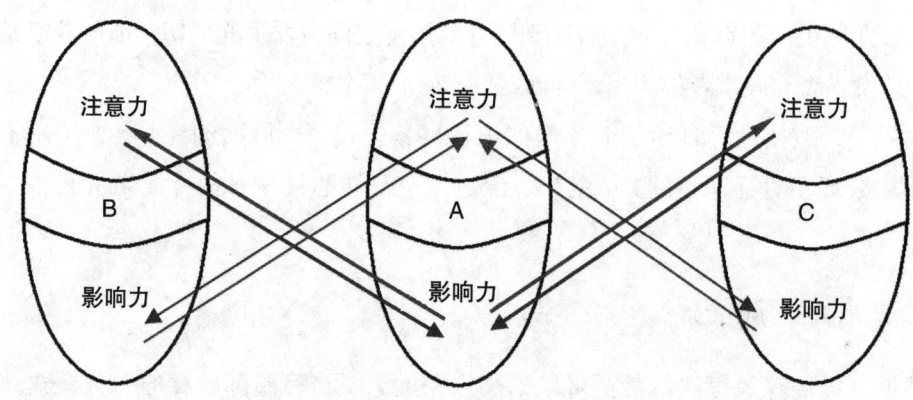

图 7-2 影响力与注意力关系示意

任何信息环境（包括微信群、朋友圈）都是该信息环境持有者把自己的影响力送达目标受众的工具，也是在这个环境中有信息发布权力的任何其他干系人投送自己影响力的工具。

注意力就像是至高无上的皇帝，一切的数据、信息、知识，都不过像芸芸嫔妃一样在极力争取着皇帝注意力的降临。

你的影响力，与别人愿意花费多少注意力来关注你（及你的发现）呈正相关。一个人因为你的演讲而感到思维活跃，是因为那个人的注意力被你的演讲（无论形式还是内容）吸引住了。

没有情报客户 U 的注意，情报产品 S 的影响力就不能实现。因此，客户主体 U 有限的注意力，是各种不同情报产品之间所要竞争的稀缺资源[1]。

议程设置就是设计当前最受关注的中心靶，提出令客户聚焦其注意力的议题。"案例"教学法中，"真实事例或问题"就是用来拴住教学场合中所有干系人注意力的"锚"。

施加影响力就是要引起注意（语不惊人誓不休、尖叫体标题）、造成印象（让人心生惦记）。

送达就是影响力与注意力的精准对接。主体的注意力像一把筛子，决定着主体发现什么、不发现什么。

---

[1] 托马斯·达文波特，约翰·贝克. 注意力管理 [M]. 北京：中信出版社，2001.

7.4.2 人与信息环境相互作用的一般方式

一个信息环境能使该信息环境发起者和使用者都提高驾驭信息、实施影响（展现自己存在）、完成任务的能力——To inform is to influence（告诉你就是影响你）。

这个信息环境是显示存在、显示影响力的舞台，每一个干系人都可以（而且必须）在环境中表现自己。谁是信息环境的运营者，谁操控信息环境，谁在其中设置议程，谁就有力量（影响力）。影响力就是控制局面的能力，就是控制信息、控制信息环境的能力，也就是控制信息环境中别人注意力的能力。

表 7-4 列出了一个人在信息环境中存在的 4 种强度。

表 7-4 一个人在信息环境中存在的 4 种强度

	浏览	发布
真名	了解别人都说了什么，同时让别人知道他知道别人说了什么	署名发表一些观点，希望他的观点能得到别人的注意（能影响别人），也希望别人知道这个观点来自他
匿名	了解别人都说了什么，同时不让别人知道他知道别人说了什么	匿名发布一些观点，希望他的观点能得到别人的注意（能影响别人），不希望别人知道这个观点来自他

一般情况下，个人（或机构）在某个信息环境中的存在有两种方式。

①被动式——受影响：主要是感受信息刺激，响应信息刺激（这里的响应，包括生理本能响应、心理响应、意识响应、动作响应、实物机械响应等）。而且，响应信息刺激也不是为了显示和积累自己的影响力。在互联网的某个论坛中潜水、匿名跟帖，就属于这种样式。属于这种情况的还有：领导匿名进入职工论坛，看到职工的尖锐意见，下定决心对某项工作进行改进，却不在论坛中留下任何看得见的痕迹。职工看到领导改进了工作，才知道自己的意见被采纳。

②主动式——施影响：向环境中发出信息刺激（主动发布提问求答案，或主动发布答案响应很多人的提问），刺激别人或刺激以后的自己。在互联网的某个论坛中呼风唤雨、积极发新帖、积累自己的影响力，就属于这种情形。

在面向项目工作任务的信息环境中，要用真名实姓，沟通更加直接、更有公信力。

7.4.3 客户所设信息环境中的情报工作者

若情报工作者以被动方式存在于客户设置的议程信息环境中，客户需求信息作用于情报工作者（受驱动的受主身份），然后情报工作者才对需求信息做出响应，那么，情报工作者就处于被动的状态。客户的需求信息的刺激，引起一定程度的惊奇，情报人员的注意力不得不从自己原来作业的流程上转移过来以做出响应。例如，情报工作者被动地响应紧急任务（受到需求的牵引，而这种需求本身对于情报工作者来说相当于一个意料之外的事情，即一个 surprise），就属于这种情形。

情报工作者若以主动方式存在于客户设置的议程信息环境中，在这个环境中积极进行议程设置，则可牵引需求。情报工作者靠自己的监测工作成果走在需求的前面，带动需求，同时经常体验到自己所提供的情报被客户及时感知后的快乐。这种由信息监测预警工作成果所引导出来的需求，对情报工作者来说，惊奇程度就大大降低了。例如，一个客户看到科技情报工作者发布的一条关于超小型便携核发电装置的报道而来索取更详细资料时，科技情报工作者的第一反应中与其说还会有惊奇成分，不如说有惊喜成分，接下来的后续响应效率、响应效果就会好得多。

7.5 信息对抗所折射出的情报感知效用机制

如果围绕非合作主体建立一个信息环境，就可能实现3种状态：向非合作主体传递可信的威慑信息；让非合作主体对实际情况更不了解、加重其信息贫困；让非合作主体对实际情况有错误的了解。

7.5.1 可信的威慑——通过"让对手知道"而实现威慑

可信的威慑是基于实力的威慑——让对手深切地感知到实力的真正存在。仅仅靠施放迷雾不可能形成长期有效的威慑（"夜长梦多"这个成语隐含的一个启示是：基于施放迷雾的信息战、精神战，都需要速战速决，尽快促成一个效果的实现，否则某些精心设计的信息环境可能就要功亏一篑）。

在世界军事外交活动中，国家之间通过所谓接触（engagement）方式，对对手进行适当的"训练"——为了让对手确切地感知到自己所发出的威胁信息的内涵和外延。美国兰德公司2003年写的《天基武器与地球战争》一书中提到，"威胁"发生效用的前提是：被威胁的那一方能够理解"威胁"信息的内容，否则，美国在那里威胁着，被威胁的那一方却并没有意识到威胁的存在，那么想通过威胁实现"不战而屈人之兵"的企图，就困难了。

7.5.2 掩耳盗铃问题与信息劣势

不知道对手知道自己，往往会使自己处于信息劣势。

不知道对手的信息采集能力，就不知道如何避免让对手采集到自己一些战略资产的信息特征，极有可能犯类似于掩耳盗铃的错误。

掩耳盗铃

掩耳盗铃的典故讲了一个偷铃者怕被人听见而塞住自己耳朵的故事。盗铃者意识到铃声的传播对自己的偷铃任务十分不利。但他在试图"掩盖铃声"时，不是去防止铃发声（阻断声源）或防止别人采集到铃声，而是去防止自己采集到铃声（以为自己听不见，别人也就听不见了），于是落下了个千古笑柄。

有必要全面了解对手的信息采集能力、情报发现能力及信息环境快速部署运行（将当前的情报发现及时结合进 C^4ISRK 网络）的能力，否则很多自认为秘密进行着的己方活动都被对手尽收眼底，作战时很难有胜算机会。

信息采集的技术正在突飞猛进。例如，因为在太空中没有与"领土""领空""领海"相对应的"领天"概念，所以目前太空强国已经在太空中部署了大量进行情报监视侦察的天基资产，这些国家的传感器感知能力的到达范围几乎无孔不入（利用了赛博空间无处不在的特性）。甚至有的太空强国正在制造那些在离地球表面 100 公里及以上的广阔的空间范围里可即时部署的武器装备——国境事实上就在我们头顶往上 100 公里的地方，不是一个线，而是一个面。

第二次世界大战期间，德国坚信自己的 Enigma[①]（恩尼格玛）加密系统的绝对安全性。德军一直不知道盟军通过 Ultra 计划[②]早已破译了这个密码系统，不知道盟军已经洞悉了德军调兵遣将的全过程。

反之，如果深知对方的采集能力，就可以将计就计不动声色地有设计地传递真真假假的信息，让对方上当。

---

① Enigma（German code device）[EB/OL]．[2019-09-08]．http：//www.britannica.com/eb/topic-188395/Enigma．

② Ultra [EB/OL]．[2019-09-08]．http：//www.britannica.com/eb/article-9074173/Ultra．

7.5.3 信息优势

拥有信息优势的一方,不仅"知道更多",而且还拥有更有利的"知道的结构"。

① 不让对手知道自己的特定采集感知能力和采集感知成果,能使自己获取信息优势。

第二次世界大战期间,盟军方面将"密码破译情报源"定义为绝密(代号为Ultra),不惜一切代价,一直不让德军知道盟军已知道了德军的全部动作。通过隐蔽自己的特定采集感知能力和采集感知成果,使对手陷入错误的"知道的结构"。

构建对己有利的"知道的结构"

据报道①,为保守机密,英国情报部门采取了一系列严密措施。有时,英军甚至干脆放弃一些极有价值的情报,并为此付出了沉重代价。1940年11月12日,布莱奇利庄园截获并破译了德国空军总司令发给其驻西欧各航空站的一批密码电报,得知德国空军将出动500多架轰炸机对英国考文垂市进行大规模空袭。此时,英国尚有十分充足的预警时间,完全可以通知考文垂市作好防空准备,避免大的损失。但是,英军高层考虑到德军可能会因此而推断出密码泄密问题,果断下令不将此事通报考文垂市。结果,在德国空军按计划进行的空袭中,有数万市民丧命。英国用如此大的代价蒙蔽了德国人,使他们坚信"恩尼格玛"密码万无一失,于是便继续放心大胆使用。

Britannica 词条"Alan M. Turing:Code breaker"显示②,1942年盟军每月平均截获约39 000条加密信息。到1944年每月截获的加密信息条数平均超过84 000条。

在攻占西西里岛前的"肉馅行动"中,盟军还通过Ultra所获得的情报,来跟踪和验证从"肉馅被整个吞下"到希特勒受"肉馅"影响做出调整部署决策的整个过程;在"霸王行动"(诺曼底登陆行动)前,盟军又通过Ultra所获得的情报,来跟踪和验证一系列欺骗计划的效果及"霸王行动"本身的保密性。

这种"知道的结构"使盟军占尽了信息优势——相当于单方面透明:Ultra计划使德

---

① 吴开胜,田颜昭. 英军方曾成功敲响德国"恩尼格玛"密码的丧钟[EB/OL].(2004-07-27)[2019-11-18]. http://www.people.com.cn/GB/junshi/1078/2668099.html.
② COPELAND B J. Alan turing[EB/OL].(2019-06-19)[2021-08-01]. https://www.britannica.com/print/article/609739.

军的活动被盟军尽收眼底,而德军方面却浑然不知。

② 展示自己的特定采集能力和采集成果,也能获取信息优势。1962 年,在古巴导弹危机期间,美国展示其 U-2 侦察机拍摄到的苏联在古巴部署导弹的照片,提高了自己与对手苏联的谈判能力。

古巴导弹危机

1962 年 7 月,第一批苏联导弹运抵古巴,但当时美国情报机关认为这些是萨姆-2 防空导弹。这批货物中确实有萨姆-2 防空导弹,但它们的任务是建立掩护中程弹道导弹的防空网。8 月 29 日,美国 U-2 侦察机发现了建设中的地对地导弹发射阵地,这些阵地和防空导弹阵地有很大差异。此后美国又发现了运输巨型导弹的专用货船,其货箱尺寸远远超过萨姆-2 防空导弹。这些迹象越来越引起美国的怀疑,直到 10 月 15 日,由鲁道夫·安德森少校驾驶的美国 U-2 飞机拍摄到了中程弹道导弹的照片。美国最后确认苏联已经在古巴部署了 16 ~ 32 枚导弹核武器。

2003 年 3 月 19 日,美国在伊拉克战争开战前夕举行新闻发布会,用自己的太空监视能力威慑伊拉克:我们能够看见你们的一举一动[①]。

2007 年 6 月,法国宣布其对天监视的格拉夫雷达发现在低地球轨道上有 20 ~ 30 颗身份不明的人造卫星。法国当时表示要借此与美国谈判,要求美国停止公布法国侦察及军事通信卫星的所在位置。

法国对天监视雷达的发现

该雷达系统能够查找 1000 千米高或更高轨道位置上的卫星。美国国防部太空监视网是用于编录运行在低地球轨道和 3.6 万千米高的对地静止轨道上的卫星和碎片的世界通用标准。美国定期发布来自其地基传感器网络的数据,供全世界跟踪卫星和太空碎片轨道的人们使用。但所公布的信息中不包括敏感的美国军事卫星的信息,而其他国家军用航天器的轨道数据却被定期公布。

——此内容是根据互联网上资料翻译整理而成的。

---

① 杜元清,刘晓恩. 太空系统在伊拉克战争中的应用[J]. 国际太空,2003(10):4-8.

7.5.4 情报发现：传统计谋的失效

"调虎离山"这个传统计谋有效的前提是：对手仅有"一只老虎"，且这只老虎容易被脚印所累。

当对手有足够多"虎"的时候，或当对手的一只虎足够信息化数字化（全球快速到达、飞行中改变到达目标、虚拟现实等）且与任何"山"之间的"距离"都几乎一样小的时候，"调虎离山"之计就难以产生效果了。

信息时代的新概念威慑力的公式是：

发现就是消灭 = "情报发现力" + "快速到达的精确打击力"。   (7-1)

信息化数字化战争的基本原理就含在这个公式中。

7.5.5 国家情报战略

美国著名中国通蓝普顿指出[①]，西方庞大的国防系统与官僚体系也造成了西方对中国的悲观的估计。美国的国防支出占全世界总支出的一半。这一庞大的支出支撑着一个庞大的官僚系统，而这一官僚系统中的官员每天的工作便是寻找潜在的问题——哪里可能出差错？日益强大的中国自然逃不过这种寻找问题的眼光。

2001年9月11日的《南华早报》[②]说："尽管中国日益崛起为全球大国，但在全球关注的话题中，它经常成为剖析和辩论的对象而非积极的参与者。""……辩论均由西方政策学者、媒体评论家、政治人士和活动分子设置议程并主导。中国处于话语弱势的境地，自己的观点难以让人了解，更谈不上获得尊重。这导致中国不时成为全球媒体批评的对象，而它常常无法据理力辩。"

笔者认为，改变这一局面的出路就是中国制定一个国家情报战略，联合中国自己的政策研究者、媒体评论家、政治人士和活动分子一道，积极开展智库外交，建立一个让中国自己有话语优势的能影响世界的信息环境。

中国需要有人研究国家战略信息管理。国家信息战略与国家安全息息相关，其中要包括如何向对手、向朋友传递信息。以"什么信息都不发"的方式来保密，已经是不可能的了。国家信息战略应考虑为对手建立一个信息环境。中国需要有人关注这样的问

---

① 王雅平. 世界看中国与中国看自己［EB/OL］.［2021-08-01］. https://carnegieendowment.org/2008/08/01/zh-pub-44046.

② 南华早报. 中国在全球处于话语弱势境地［EB/OL］.（2008-09-12）［2021-08-01］. https://oversea.huanqiu.com/article/9CaKrnJkWhj.

题：谁在"惦记"中国？他们的"惦记"所获得的发现，在支持着他们那里什么层次的决策？世界上一些主要国家中，"吃中国饭"项目、团队和机构所产生的哪些观点的影响力最大？哪些观点在哪个时候会在哪国的哪个决策层占统治地位？知道"哪一种思维很可能在控制某个国家的决策层"是非常重要的。一国的威力不仅在于该国实际有什么能力，还在于别国决策层认为该国有什么能力。

7.6 特征信息公信力的特殊要求

在围绕主体的信息环境中，"眼见为实"这句话的正确性也是有条件的。例如，一双有幻视问题的眼睛的所见，就可能不实在——即使是"亲眼所见"也不能保证获取的知识准确无误。所谓"眼见为实"也只能是局部而非全局的；习惯于仅依赖某一种信息来源了解事物的那些主体，其思想往往容易受到控制、陷入信息茧房，从而出现认知误差。

特征信息的公信力与情报产品和服务的影响力正相关。U 与 S 的相互作用是情报感知论研究领域里一个特别值得研究的课题。

7.6.1 区分正确知识与错误知识

"特征信息采集"实质上就是一种翻译或者建模过程。翻译和建模的过程，就是对原现实事物进行形式化（结构化、编码化、模式化）的过程。既然是翻译或建模，就难免出现损失和衰减等现象，编码世界中的事物只能在有限的领域应用中部分地、有条件地等效于原事物。

在欧洲童话《鱼牛的故事》中，青蛙向鱼转述它自己亲眼所见的"牛"，鱼根据青蛙的转述在自己头脑中构建了一个非常扭曲的"牛"的形象（参见第 9.5.6 小节"情报感知路径的优化"）。这种扭曲在所有间接经验的场合中都不可避免。不过，鱼还是有收获的，毕竟鱼还是知道了世界上还有"牛"这种事物的存在，尽管其头脑中的"牛"的形象与实际的"牛"有很大偏差。

鱼关于"牛"的知识误差的来源，主要有两个方面：一是来自青蛙的转述（一般地，串联的多次转述容易引入更多的误差）；二是来自鱼本身的知识结构。例如，本来第一个人写的是一个代数式"b/q"，到了第二个人就以为是"6/9"，第三个人进行了约分最终写成"2/3"。

当然，若仅仅为了娱乐的原因，偏差及一部分人企图纠正偏差的努力都是可娱乐的。关于明星的绯闻及关于名人的谣传，能吸引一些受众的注意力，正是因为这些信息的娱乐品质。

同样道理，童话和寓言的生命力往往也不在于故事本身是否完全真实。

7.6.2 了解映射失真的两个因素

第一个因素是价值导致的失真（价值过滤）。

任何一种媒介都不可能做到向受众转发关于某件事物的全部信息，这就为议程设置留下了宽广的空间。

美国媒体关于2001年4月1日美中撞机事件的部分报道就是议程设置导致映射失真的典型例子。美国电视上大量播送美方机组人员家属担心、哭泣的真实场面，却一点都不播送中国失踪飞行员家属这边的情况。另外，受众自身的任务、阅历（本底知识图式总量）、情感和立场等价值因素也导致映射失真。寻食的公鸡说："我真不明白女主人把我扔掉的那颗珍珠捡起来有什么用。"

第二个因素是技术局限导致的失真（技术过滤）。

例如，带宽永远是一个瓶颈。为了表现同一景象的图片，清晰度较高的 BMP 格式的图片经压缩后，可变成清晰度较低的 GIF 格式图片。

特征采集就是把价值过滤、技术过滤这两个筛子串联起来，筛取面向任务的信息。

7.6.3 弄清"所见"的6种可能

眼见为实吗？让我们来看看"所见"的6种可能。

① B方的一切都公开呈现了，A方却只是有选择地关注了感兴趣的那一部分，其余部分A方可能视而不见。在指定主体的主观世界里，没有被主体注意（经验）到的事物，从效果上看就像不存在一样。直到他被石头绊了一跤，石头的存在才被映射到这个人的主观世界里。主体往往看不见自己看不见的东西。齐人攫金的典故就是一个证明。

② B方有选择地"公开"——B方想让A方见到的，A方见到了，不想让A方见到的A方还是见不到。例如，美国政府核姿态审议报告的所谓泄密版本[1]，也许就是把原打算要公开的内容说成泄密行为，这样能吸引更多注意力以确保送达效果；再如，诸

---

[1] DoD. Nuclear posture review [excerpts] submitted to congress [EB/OL]. (2001-12-31) [2021-08-01]. http：//www.lasg.org/legal/npr02excerpts.htm.

曼底登陆前盟军的很多活动，都是"故意让德国间谍知道的"佯动。

③假定有一种"理想视知觉能力"在运行期间可采集"完全信息"，那也只相对于运行期间而言。一旦停止运行，"完全信息"就不可能。对于一些周期性的、重复出现（或总是出现）的自然现象（如哈雷彗星、脉冲星），"理想视知觉能力"可以在一段时间里得出比较完全的信息，但哈雷彗星、脉冲星本身也是随时间变化的，只是这种变化在这段时间被忽略不计而已。

④人类关于亲眼所见的回忆可能是不准确的。例如：同学们看见老师在黑板上画了一个简单的大头像，缺一个鼻子。然后，一个同学出列（然后其眼睛被手绢蒙上），走到黑板上画鼻子。这个被蒙上眼睛的同学往往把鼻子画在一个令人发笑的位置上——蒙眼人脑子中的画像位置，与黑板上实际的画像位置往往不符合。这说明：虽然已经眼见为实，但蒙眼之后，统觉（Apperception）出现了偏差。

⑤"疑邻偷斧"的典故还揭示了这样的情理：若一个"传感器"强烈地以为一事物应该是什么样，它就会找到很多支持这种"以为"的信息，漏掉（或故意舍弃）一些不支持这种"以为"的信息，甚至直接用自己的"以为"来解释自己的"所见"（Wishful Thinking）。一个沉浸在某种思虑中的人，对于各种媒介的感度会忽然提高，媒介因此可能会突然多了起来：风、云、雨、雪皆可寄情。

⑥看到的内容本身就是错的。例如，看到一本正规教科书里的内容，但教科书上的内容过时了因而错了（教科书陈旧了）。类似的，互联网上那些已经过时的关于太阳系九大行星的文字，不会在2006年8月24日那一天同步地突然都更新了。因此，肯定还有人不知道太阳系的行星数量已经从9个变成了8个，而继续引用老旧有错的太阳系知识。

7.6.4 识别针对特征采集的欺骗：4个案例

案例一：三聚氰胺与奶蛋白

人们对牛奶感兴趣，是因为牛奶供给人体所需的一些重要的营养素，如蛋白质等。蛋白质含量高的奶，品质就高。研究发现，当奶中蛋白质含量高的时候，奶中的氮原子含量就高（氮原子含量代表了蛋白质含量，是蛋白质含量的特征信息）。于是利用这个特征，产生了一种测定蛋白质含量的"凯氏定氮法"（Kjeldahl Method for Determining Nitrogen），通过感知（检测）食品中氮原子的含量来间接推算蛋白质的含量。奶品加工公司就用这种方法测定所收购的原料奶中蛋白质含量，然后按照原料奶的重量向原料奶供应商付钱。原料奶供应商为了多得钱,就针对这种感知(检测)法,进行了如下的作弊操作:为提高原料奶的重量显示,就向奶中加大量的水;为使加了水的原料奶中氮原子含量符合凯氏检测标准,就添加大量假蛋白三聚氰胺(一种白色结晶粉末,闻起来没气味,尝起来没味道,掺后不易被发现)或皮革水解蛋白粉。

这种作弊与欺骗活动,如今已导致凯氏定氮法不能再作为蛋白质含量检测的方法了。正如"狼来了"的喊声,不再让人们想到应该去救这孩子;烽火戏诸侯之后,诸侯不再以为烽火是敌人来袭的信号。

为使规则和标准获得持久的尊重,必须具有对规则执行情况进行监视的能力,防止作弊、防止滥用。例如,不得随便拨打火警119电话,不得拿呼救信号做游戏(如不得拿"烽火"去"戏诸侯"、不得用"狼来了"去玩弄人们的警觉)。

案例二:航空母舰的信号欺骗装置

航空母舰在海洋上的活动,极易被一些国家的海防探测装置探知。鉴于此,一些航空母舰就装备了一种信号欺骗装置,主动发射欺骗信号,以干扰海防探测装置的工作。

这种信号欺骗装置允许探测方雷达"看见"航空母舰——让探测方雷达荧光屏上显示的回波,与真目标的回波极为相似。探测方的雷达根据这些回波,不能获得航空母舰的准确信息,只能获得失真的距离、方位和速度等参数。

例如,装备了这种信号欺骗装置的航空母舰,主动发出一些经过处理的虚假信号,让那些国家的海防探测装置所显示的航空母舰的距离,比实际的距离要远很多。

案例三:针对搜索引擎作弊[①]

根据 Jupiter Media Metrix 公司 2002 年公布的统计数据,79% 的互联网客户依靠搜索引擎获取信息,信息搜索成为仅次于电子邮件的互联网第二大应用。一些网站为了得到最佳的搜索引擎排名,往往采取 SEO(搜索引擎优化)策略(如按一定的关键词,对网站结构、页面因素和外部链接进行优化)。

由于搜索引擎的网站排名过程由蜘蛛程序自动完成,那些针对排名原理而采用欺骗蜘蛛程序的手段就有成功的可能性。所谓针对搜索引擎的作弊,是指为了提高在搜索引擎中展现机会和排名的目的而欺骗搜索引擎的行为。一般有以下 10 种:

①隐藏文本/隐藏链接(Invisible/Hidden Text,Invisible/Hidden Links)——在网页中加入搜索引擎可识别但客户看不见的隐藏文字(同背景色文字、超小字号文字、文字

---

① 关于 Google 搜索引擎作弊的解释 [EB/OL].(2005-05-31)[2021-08-01]. http://www.wzsky.net/Website/Experience/2526.html.

隐藏层、滥用图片 alt 等）；

②网页与 Google 描述不符——在网页源代码中任何位置，故意加入与网页内容不相关的关键词（Misleading Words）；

③重复性关键词（Repeated Words，即关键词堆砌欺骗 Keyword Stuffing）——在网页源代码中任何位置，故意大量重复某些关键词；

④隐形页面（Cloaked Page）；

⑤欺骗性重定向——对同一个网址，让搜索引擎与客户访问到不同内容的网页（如欺骗性转页 Deceptive Redirects，影子域名 Shadow Domain）；

⑥门页（Doorway Page），也叫 Bridge/Portal/Jump/Entry Page；

⑦复制的站点或网页，如镜像站点（Mirror Sites）；

⑧作弊链接/恶意链接（Link Spamming）——如链接工厂（Link Farms）、大宗链接交换程序（Bulk Link Exchange Programs）、交叉链接（Cross Link）——故意制造大量链接指向某一网址；

⑨日志欺骗行为；

⑩门域（Doorway Domain）。

搜索引擎技术的发展也是侦破作弊技术的发展。

案例四：针对人的感官的"欺骗"——眼见不再为实

2018 年 10 月 19 日，日本数学教授杉原厚吉[1]第五次获得最佳视错觉年度大奖（Best Illusion of the Year Contest）。在杉原厚吉的视错觉艺术中，圆形会变成方形，曲线会成为直线，甚至物体会移形换位。他利用计算机，对图形加入了一些基于数学的想象力，导致人们在"视角与物体形状"感知方面受到了干扰[2]。人们会根据自己的认知自动忽略一些细节，然后将自己的想法脑补上去，做出很多错误判断。致使人们亲眼见到的，不一定是事情真相。

杉原厚吉教授认为："我们看世界的方式，也就是我们的知觉，都是由大脑机制间接产生的，所以，所有知觉在某种程度上都是虚幻的。"[3]

---

[1] Kokichi sugihara［EB/OL］.［2021-08-01］. http：//www.meiji.ac.jp/cip/english/frontline/sugihara/index.html.

[2] 日本数学鬼才的幻象魔术，千万人已看瞎［EB/OL］.（2018-11-07）［2021-08-01］. https：//zhuanlan.zhihu.com/p/48863402.

[3] 日本 70 岁老师行骗 40 年，央视竟为他点赞［EB/OL］.（2019-02-01）［2021-08-01］. https：//baby.sina.com.cn/wemedia/edu/2019-02-01/doc-ihrfqzka27875 10.shtml.

从这个事例可以看出，不是杉原厚吉在行骗，而是人们自己欺骗了自己。

与杉原厚吉的视错觉艺术异曲同工的，是感官幻觉加上"虚拟现实／增强现实／混合现实（VR/AR/MR）"的技术。这样的技术常常会导致人们沉浸在并不真实而自以为"亲历其境""感同身受""眼见为实"的境界里。不过，这样的仿真技术，也许可以用来建设各种"训练模拟系统"，提高培训绩效。

7.7 基于网络信息环境的浸取分析法则

浸取原来的意思是用溶液浸泡固体混合物，从中提取某些成分，如用水或其他溶剂浸泡出中草药材所含有效成分（如屠呦呦用乙醚浸泡青蒿提取治疟疾的有效成分），用某种溶剂浸取矿物中的稀有元素，等等。

引申到《情报感知论》中，浸取是更高级的信息特征感知提取作业。

7.7.1 科技情报工作流程中"浸取"概念的融入

基于网络信息环境的浸取分析场景是这样的：从事某项任务的协同者，把关涉项目任务的各种来源的信息内容（包括"任务需求信息"及"针对任务需求的所有其他信息"），都汇集在一个基于 IT 的网络信息环境（如《科技参考》所提供的环境）中，形成一种通过浸取获得情报的环境条件。"任务需求信息"相当于溶剂，"针对任务需求的所有其他信息"则相当于被浸的原材料。

准确的客户需求信息、丰富的"针对任务需求的所有其他信息"及这两类信息在经过设计的情报分析共同体信息环境中的及时呈现，能提高协同感知的效率、提高情报产品品质。

William I.B. Beveridge 在其著名的 *The Art of Scientific Investigation*[①] 一书第一章里说的一段话，可以用来诠释浸取分析的本质：

"When a mind loaded with a wealth of information contemplates a problem, the relevant information comes to the focal point of thinking and if that information is sufficient for the particular problem, a solution may be obtained."

（译文：当一个满载信息的头脑思考一个问题时，相关信息汇聚到思考的焦点，如

---

① BEVERIDGE W I B. The art of scientific investigation［EB/OL］.（2018-02-16）［2021-08-01］. http：//stat modeling. stat. colum bia. edu / 2018 / 02 / 16 / write-no-matler/.

果对于特定问题而言这些信息是充足的,那么,一个解决方案就可能呼之欲出。)

在知识共同体组织思维的过程中,信息环境里呈现的与问题相关的丰富信息,能把所有协同者的思维聚焦于这个特定问题,能更快地得到针对这个特定问题的解决方案。

7.7.2 浸取分析法的操作实现

设想一个任务:提供关于某事件的发生和发展的信息报告。

对于同一事件,不同的消息来源可能有不同的描述。情报浸取分析法落实下来,就是在限定时间内完成以下 4 项操作,如表 7-5 所示。

表 7-5 浸取分析法

步骤	操作
步骤 1	把关于某事件的描述都集中在一起,都读遍了,读透了
步骤 2	对于互相冲突的内容及与以前所了解的情况相冲突的内容,都进一步查证(可能要获取更多以往的资料,如这个事件中某关键要素的历史情况)
步骤 3	对于互相补充的内容进行拼接,像儿童做拼图游戏或考古学家把挖掘出来的陶片拼接成一个酒壶一样
步骤 4	形成一个关于该事件的情况报告

必要时可派两组人员并行地互相独立地进行步骤 1 至步骤 3,甚至可预先给这两个组不同的角度(比方说正方、反方),然后召开一个交流会,最后完成步骤 4 形成一个上交的报告。

浸取分析法特别适合在以网络为中枢的信息环境中运用。浸取分析法最终实现的就是极为快速有效的去粗取精、去伪存真操作。

7.8 本章小结

情报感知的效用发生实际上是信息映射到主体周围的信息环境中并作用于主体记忆装置的结果。

本章第一节研究了思维、智能与特征信息采集(感知)的概念,具体讨论了智力操作、计算等效性、机器辅助的感知、基于计算的知识发现、格式转换、人机界限的消失等问题，提供了"人机合作三角形模型"。

本章第二节提出了特征信息的效用机制——人们能虚拟"现实"是因为"现实"的特征信息能被人们采集感知。我们知道，事物特征信息比事物本身更容易传递。被采集到的特征信息，能与"现实"分离；能被瞬间移动到远离"现实"所在地的别处；能异地异时再现或异地同时再现。我们还知道，对感兴趣的事物的信息特征进行采集，并依据这些特征来获取利益，是人们在日常生活中经常可观察到的一种智能/本能活动。利用采集来的特征信息，人们正在建设体验经济、管理现实世界。

本章第三节讨论基于效果的数字化，具体给出了4个例子：现金传递、报纸印发操作、声音的旅行和未来的星际航行。

本章第四节研究了感知与影响力传递问题——感知就是受影响；To inform is to influence（告诉你就是影响你）。法国社会心理学家奥尔巴赫提出说："重要的不是你告诉别人什么，而是别人听到什么。"情报工作者把情报产品送到客户面前，客户却不一定能感知到产品中含有的情报。只有当主体U对某件事物S发生兴趣时，U的注意力才集中到这件事物S上，U感知到S，同时，S对U就有了影响力。影响力与注意力成对出现，就像牛顿力学中的作用力与反作用力同时出现一样。影响力就是吸引到注意力并把情报传递到位的能力。情报工作者若能主动牵引需求，就会经常体验到自己所提供的情报被客户及时感知的快乐。

本章第五节研究了信息对抗的5个方面的问题：可信的威慑（对手不能感知威慑信息，威慑就无效了）、信息劣势（不知道对手知道自己，往往会使自己处于信息劣势）、信息优势（为了获得信息优势，可以视情况而公开或掩盖自己的特定采集感知能力和采集感知成果）、情报发现（式7-1）和国家情报战略（中国需要有人关注这样的问题：谁在"惦记"中国？他们的"惦记"所获得的发现，在支持着他们那里什么层次的决策?）。

本章第六节讨论了特征信息的公信力，具体研究了正确的知识与错误的知识、映射失真的两个因素、"所见"的6种可能、针对特征采集的欺骗（4个案例）。特征信息的公信力与情报产品和服务的影响力正相关。本节在讨论正确的知识与错误的知识之际，借欧洲童话《鱼牛的故事》指出情报客户感知误差的两个来源（一是情报产品生产者转述的取舍；二是客户自身的知识结构）。总之，U与S的相互作用是情报感知论研究领域里一个特别值得研究的课题。

本章第七节研究了如何基于网络信息环境实现情报的浸取分析。将浸取（用溶液浸泡固体混合物，从中提取某些成分）概念引入情报感知论研究，能够揭示情报感知过程本身的沉浸式的特性。从事某项任务的协同者，把关涉项目任务的各种来源的信息内容，都汇集在一个基于IT的网络信息环境中，形成一种通过浸取获得情报的环境条件。随时更新的准确客户关切信息、丰富的针对关切的内容信息，以及这两类信息在经过设计的情报分析共同体信息环境中的及时呈现，能提高协同感知的效率。本节还给出了浸取分析法的4个步骤及每个步骤对应的具体操作。

第8章
情报感知的方法工具

有效的感知显然需要有效的方法。本章研究具有广博包容性的地平线扫描方法和工具体系。本章概述地平线扫描的起源和基本定义，讨论地平线扫描的几个重要概念——地平线、研究前沿、弱信号、技术监视、技术预见和技术评估；讨论地平线扫描的概念模型、流程和方法；提供一些典型的地平线扫描实操案例；展示地平线扫描三要素：扫什么、怎么扫、扫描成果怎么分发。

对世界科学技术发展的前沿活动进行地平线扫描和监视，是国家/组织/机构感知己方及他方（友方和对手）在世界科技建树之林地位和作用、及时发现重要萌芽技术（Emerging Technology）以避免遭受技术突袭（Surprise）、引领己方研发投资并在必要时制造（针对潜在对手）技术突袭的一个有效手段。英国、美国、新加坡等先进国家和地区的有关政府部门和社会机构，多年来一直积极稳妥地推行地平线扫描和监视工作以改善决策品质，创造了大量最佳实践。

本章部分内容取自《情报学进展》第12卷（2018年）中《地平线扫描的概念及案例研究》[1]一文。

8.1 地平线扫描的产生渊源

了解地平线扫描的历史，有助于更好地理解地平线扫描概念本身。

8.1.1 地平线扫描缘起于商业环境扫描

美国印第安纳大学凯利商学院的《商业地平线》杂志于1957年冬创刊[2]，地平线的

---

[1] 杜元清. 地平线扫描的概念及案例研究[J]. 情报学进展，2018，12（0）：154-191.
[2] BUSINESS H. The journal of the kelley school of business, Indiana University[EB/OL]. [2020-10-30]. https://www.journals.elsevier.com/business-horizons/.

概念在商界开始流行。Habegger 认为[①]地平线扫描的概念起源于"环境扫描（Environmental Scanning）"这样一个提法。笔者经过深入的文献调查发现，环境扫描法的很多研究者[②③④⑤]都提到，是哈佛商学院 Francis Aguilar 教授 1967 年在其《扫描商业环境》一书中首先提出了"环境扫描（Environmental Scanning）"一词，用以描述"监视竞争对手和总体市场并连续采集对手和市场信息的行为"。热衷于竞争情报工作的私营部门是环境扫描法的主要实践者。值得明确的是，这里"环境扫描"中的"环境"指的是"竞争对手和总体市场"，而非"环境保护"概念里的"环境"。研究环境保护的学者们也使用"地平线扫描"方法论，不过，他们讨巧地使用"环境地平线扫描（Environmental Horizon Scanning）"[⑥⑦⑧]的说法（参见第 8.5.4 小节"英国剑桥大学 Sutherland 教授团队的地平线扫描"）。

由此可见，起初的环境扫描，可看成地平线扫描的一个特例，即起初的环境扫描就是把"组织机构外部环境和/或内部环境"当成"地平线"的一种地平线扫描。而"环境地平线扫描"则是环境保护领域的地平线的扫描。

8.1.2 "环境扫描（Environmental Scanning）"的具体含义

Aguilar 认为扫描有 4 种类型。①无目标阅览（Undirected Viewing）——阅读

---

① HABEGGER B. Horizon scanning in government：concept，country experiences，and models for switzerland［M/OL］.［2021-08-01］. https：//works. bepress.com/beathabegger/16/download/.
② LANG T. An overview of four futures methodologies（delphi，environmental scanning，issues management and emerging issue analysis）［EB/OL］.［2020-10-30］. http：//www.futures.hawaii.edu/publications/half-fried-ideas/J7/LANG.pdf.
③ CARR M. Back to the future：the evolution of environmental scanning［EB/OL］.（2003-05-07）［2021-08-01］. http：//www.infotoday.com/it2003/presentations/Carr.pdf/Pages/HSHistory.aspx.
④ MORRISON J L. Environmental scanning［M］//WHITELY M A PORTER J D，FENSKE R H. A primer for new institutional researchers. Tallahassee：The Association for Institutional Research.
⑤ 王延飞. 情报研究论［M］. 北京：北京大学出版社，2017：61.
⑥ SUTHERLAND W J. Future novel threats and opportunities facing UK biodiversity identified by horizon scanning［J/OL］. Journal of applied ecology，2008（45）：821-833［2021-08-01］. http：//www.biodiversity-science.net/fileup/PDF/w2014-032-1.pdf.
⑦ SUTHERLAND W J，WOODROOF H J. The need for environmental horizon scanning［J］.Trends in ecology & evolution，2009，24（10）：523-527.
⑧ JIANG Z，MA K. Scanning the horizon for nascent environmental hazards［J］. National science review，2014（3）：330-333.

各种各样的出版物，只为了解一下情况，无具体目的；②带任务阅览（Conditioned Viewing）——对信息做出响应，即需要评估信息对组织机构（如一个公司）的价值；③非正式搜索（Informal Searching）——主动寻求专门信息，但方式是相对非结构化的；④正式搜索（Formal Searching）——一种前摄性扫描模式（A Proactive Mode of Scanning），采用正式方法论为专门目的而获取信息。

不确定性是环境扫描概念兴起的温床。Woodcock 在其论文①中转引了英国斯特拉斯克莱德大学商学院 Heijden 教授的一个著名判断——"不确定性造就赢家也造就输家，想要生存的组织机构，必须适应之"。Zhang 等②认为"环境扫描——探测环境信号的雷达——是组织机构应对不确定性、构建适应性战略的一种有效方法"，并基于这种认识研究了组织机构的外部环境（图8-1）及其不确定性，研究了环境扫描和环境扫描的流程（图8-2），强调了环境扫描工作的连续性、系统性和全谱性。

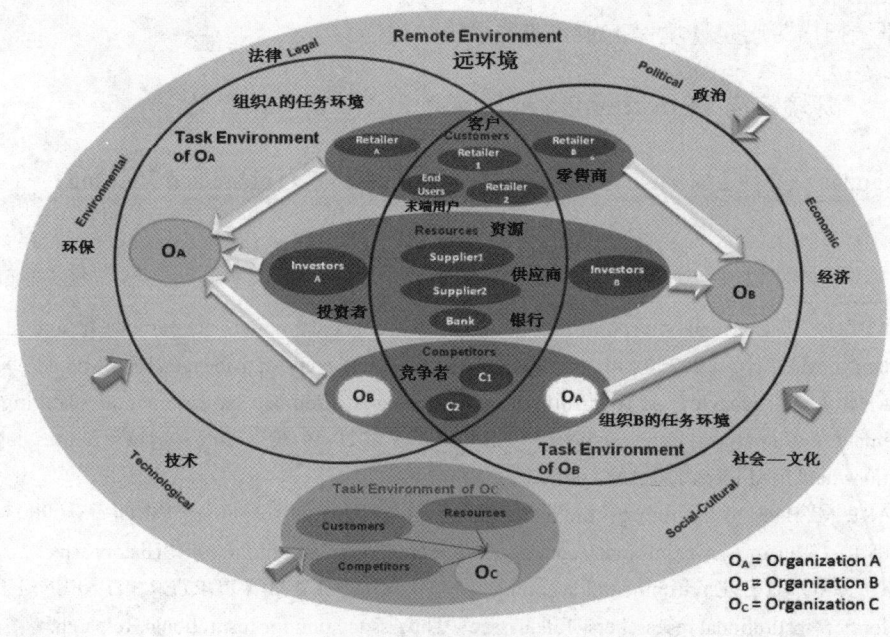

图 8-1　外部环境

---

① WOODCOCK C. The rise and rise of horizon scanning in risk management programmes［EB/OL］.（2017-07-13）［2021-08-01］. http：//continuitycentral.com/feature0478.html.
② ZHANG, MAJID, FOO. The contribution of environmental scanning to organizational performance［J］. Singapore journal of library & information management，2011（40）：65-88.

从图 8-1 可见，外部环境可以细分为远环境（法律、政治、经济、社会—文化、技术、环保）和任务环境（零售商、投资者、竞争者、客户、末端用户、供应商、银行）。环境扫描意味着至少要对这两种环境进行扫描。

8.1.3 "环境扫描"的流程

Zhang 等[①] 还理出了环境扫描的流程，如图 8-2 所示。

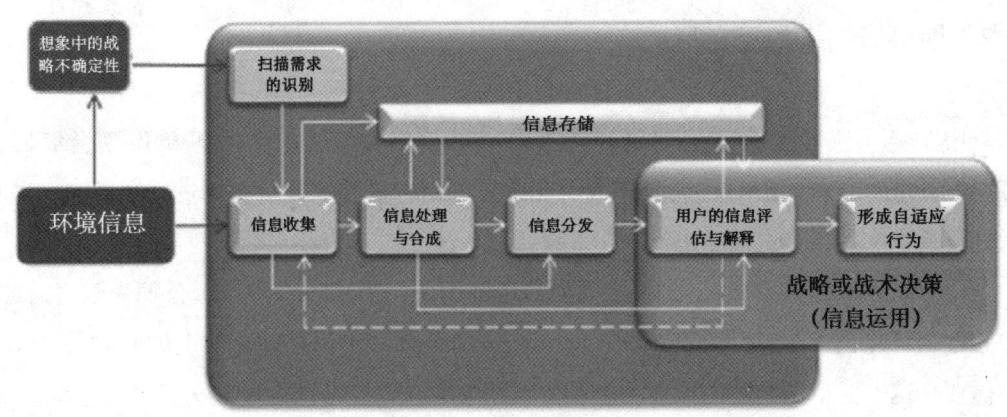

图 8-2 环境扫描流程

概而言之，"环境扫描"致力于连续不断地进行以下几个方面的工作。①获取机构外部事件、趋势、关系的信息；②识别出那些可能影响组织机构未来的形势、隐患和萌芽问题；③及时报告给机构内部的关键管理者们。

8.1.4 "环境扫描"有什么用

关于"环境扫描"的功用，Carr[②] 给出了如下观点。

①建立并维持一个把信息组织起来且让信息流畅地到达恰当接收者的制度（体制、系统）；

②探测科学、技术、社会和政治趋势，探测对本机构来说很重要的事件；

③向各级管理者提供关于正在变化的外部情况的预警信息；

---

① ZHANG, MAJID, FOO. The contribution of environmental scanning to organizational performance[J]. Singapore journal of library & information management，2011（40）：65-88.
② CARR M M. Back to the future：the evolution of environmental scanning[EB/OL].（2003-05-07）[2021-08-01］. http：//www.infotoday.com/it2003/presentations/Carr.pdf.

④对趋势和事件中所隐含的潜在威胁、机会和变革进行定义；

⑤在管理层和员工的思维之中推广未来导向；

⑥使决策者们在确定组织机构战略时能了解当前变革和潜在变革。

上述功用①的重要性无论怎么强调都不过分，这个制度规定谁在什么时候把什么信息如何组织起来流动起来并到达哪些受众；功用②规定要扫描的地平线（Carr 所指的环境）；功用③到⑥规定"环境扫描"团队的产品和服务的具体内容。

8.2 地平线扫描的定义形式

中国科学院科技战略咨询研究院、中国科学院文学情报中心等单位联合编制的《2017 研究前沿》[①] 指出："科研管理者和政策制定者需要掌握科研的进展和动态，以有限的资源来支持和推进科学进步"。

Christensen 在其 1997 年出版的《创新者的困境：当新技术导致大公司失败之时》[②] 中就曾这样指出："当颠覆性变革（Disruptive Change）出现在地平线上的时候，管理者们需要在这一变革影响到主流业务之前，就组装起应对变革的各种能力。"

关于地平线扫描的概念，不同国家不同组织机构会根据需求采用不同的定义。

8.2.1 英国政府的地平线扫描定义

英国环境、食品和农业事务部（UK DEFRA）给出了一个被广泛引用的定义[③]："地平线扫描是对处在现行思维和规划边际的那些潜在威胁、机会和可能未来发展的系统化检讨。地平线扫描既可以探索新颖的和意料之外的问题，也探究持久存在的问题和趋势。总而言之，地平线扫描的本意是改善本部门诸政策和实证库的鲁棒性（Robustness）。"Brown[④] 很赞同这个定义，并通过研究得出结论：对有兴趣管理未来风险的机构而言，地平线扫描是一种能"提供良好价值的低成本活动"。

---

① 中国科学院科技战略咨询研究院，中国科学院文学情报中心，科睿唯安. 2017 研究前沿 [R]. 北京：科学出版社，2017.

② CHRISTENSEN C. The innovator's dilemma: when new technologies cause great firms to fail [M/OL]. Boston: Harvard Business School Press, 1997 [2021-08-01]. http://www.doc88.com/p-20690551050.html.

③ Defra Definition of Horizon Scanning [EB/OL]. [2021-08-01]. http://webarchive.nationalarchives.gov.uk/20070506093923tf_/http://horizonscanning.defra.gov.uk/.

④ BROWN D. Horizon scanning and the business environment - the implications for risk management [J]. BT technology journal, 2007, 25 (1): 208-214.

第8章 情报感知的方法工具

Jon Day 审议报告[①]将英国政府用的地平线扫描概念定义成"一种系统性的信息检视（Systematic Examination of Information）"，这种检视"要识别潜在威胁、风险、萌芽问题与机会，不受议会任期约束，使更充分的准备成为可能，将威胁减轻、机会利用的举措，及时结合进政策制定过程"。地平线扫描帮助政府的政策制定者们采取更长远战略路径，使现行政策在未来不确定性面前有更好的韧性。在制定政策的过程中，地平线扫描可帮助政策制定者获得新鲜洞见并具有"盒子之外"的思维。

英国政府还在一个专门网址（Foresight Horizon Scanning Centre Website）[②]上提供一系列方法论工具，如设计各不相同的未来场景。贯通整个政府的地平线扫描项目（Horizon Scanning Programme），旨在把更好的地平线扫描能力嵌入英国政府的政策制定过程，并协调政府各部门的各项活动。地平线扫描项目会在政府各部门、各机构之间建立一个共识基线（Common Baseline of Understanding）、减少重复、共享最佳做法。英国政府地平线扫描的重点领域包括以下几个方面。①萌芽技术情况；②萌芽经济体情况；③变动中的资源供需情况；④变动中的年轻人社会态度；⑤英国人口统计学变动的未来。

8.2.2 澳大利亚政府的地平线扫描概念

澳大利亚政府[③]将地平线扫描定义为"一种结构化的证据（Evidence）收集过程"——收集或审议广泛的证据、研究成果和各种观点，目的是识别以事件、模式和趋势等发展动态为形式的弱（早）信号。澳大利亚政府认为地平线扫描可以促进创新思维、改善政策制定。

开展地平线扫描工作，关键是从广谱的信息源收集关于感兴趣话题（Subject）的各种思想、证据和观点，并无任何既定规则。地平线扫描工作既包括收集，也包括分析。重要的是，地平线扫描所收集到的信息必须记录在某个地方。地平线扫描不仅要扫描传统信息源，还要扫描一些替代性的（Alternate，也译为"补充性的"）信息源——博客、

[①] Cabinet Office, Gooernment Office for Science. Horizon scanning programme: a new approach for poliay molcing ［R/OL］.（2013-07-12）［2018-07-07］. https：//www.gov.uk/government/news/horizon-scanning-programme-a-new-approach-for-policy-making.

[②] http：//www.bis.gov.uk/foresight/our-work/horizon-scanning-centre.

[③] Australian Government Australian Public Service Commission. Horizon scanning ［EB/OL］.（2014-07-24）［2018-07-07］. http：//www.apsc.gov.au/publications-and-media/current-publications/human-capital-matters/2014/horizon-scanning#article5.

观点片段、社交媒体；无线电台的新闻；从业者、客户、政府官员、服务供应商及其他社会成员的访谈资料；各种会议和智库的论文；各种讲座资料；基于互联网的视频，如TED演讲（https：//www.ted.com/talks）或YouTube频道。

8.2.3　OECD关于地平线扫描的定义

经济合作和发展组织（OECD）网站这样定义地平线扫描概念：地平线扫描是一种通过对潜在威胁和机遇（重点是新技术及其对当前问题的影响）进行系统检查来探测"潜在重要发展早期信号"的技巧。

OECD认为[①]，地平线扫描往往以案头研究为基础，帮助挖掘出待检视问题背后的大画面。案头研究涉及各种各样的信息源，如互联网、政府机构、非政府机构、国际机构和公司、各研究共同体、在线离线的数据库和杂志等。处在所关切领域前沿的少数专家们也会进行地平线扫描，互相分享看法和知识，以便"扫描"新现象可能会怎样地影响未来。

8.2.4　本书采用的地平线扫描定义

据《现代汉语词典》第6版，"扫描"是指"电子束、无线电波等在特定区域按一定规律移动而描绘出画面、物体等图形"。参考前面关于地平线扫描的一些定义，本书将"地平线扫描（Horizon Scanning，HS）"定义为一种"利用人类注意力或机器感知采集系统，对特定地平线（如某些领域、某些技术、某些对象，或企业/组织机构的环境，等等）按一定流程全谱地、系统地获取信息、存储、分析、处理信息，并以便于感知的方式描绘刻画出这些领域/技术/对象/环境的实际样貌"的情报作业。在科学技术领域，地平线扫描的主要任务是及早发现未知技术（如新萌芽的技术，Emerging Technologies）或发现已知技术的未知应用（含新萌芽技术的应用前景）。

扫描作业被设计用来放眼那些先前未知未闻（听起来有些令人难以置信）却可能会影响到己方机构的趋势和事件，讲究全谱（广谱），讲究及时，讲究不聚焦不设限，讲究对新技术新情况的敏感。例如，在20世纪80年代，"造导弹的不如卖鸡蛋的"，载人航天不是国家关心的事情，但航天科技情报工作者们却一直坚持全方位扫描世界载人航天技术发展的前沿动态。所谓"无论客户提不提需求，科技情报机构都必须做的事

---

① OECD. Some tools to shape the future［EB/OL］.［2021-08-01］.https：//www.oecd.org/education/school/38988573.pdf.

情"①，指的正是这种地平线扫描工作。基于这种全方位地平线扫描工作的"有所为有所不为"决策，才具有更多科学性，否则科研投入就可能陷入"东一榔头西一棒子"的局面。

地平线扫描强调全谱思维的主导。

8.3 地平线扫描中的关键术语解析

与地平线扫描有关联的名词术语众多。本书讨论联系最紧密的几个概念：地平线、研究前沿、弱信号、技术监视、技术预见、技术评估等。

8.3.1 地平线

据《现代汉语词典》第6版，"地平线"是指"向水平方向望去，天跟地交界的线"。在本书中，"地平线"是"地平线扫描作业对象的总称"。

（1）美国技术情报活动的地平线

根据维基军事（wikimili）②资料，美国的技术情报（Technical Intelligence，TECHINT）工作就是收集、评估、分析和解释下述3个方面的外国科技信息（本书所说的一种待扫描的地平线）。

①外国装备本身；

②外国基础研究和应用研究的进展，以及应用工程技术的进展；

③所有的外国军事系统、武器、武器系统、物资材料等的科技特征、能力和局限，所有这些军事系统、武器、武器系统、物资材料的研发项目及其动态，所有的用于制造这些军事系统、武器、武器系统、物资材料的生产方法。

也就是说，技术情报工作所要扫描的地平线，不仅要覆盖装备本身，还要覆盖研制和生产这些装备的工艺过程、生产率，覆盖这些国家和组织给予装备项目的经济优先级和其他优先级信息。

上述收集、评估、分析和解释作业所得出的产物，就是科技情报产品。

美国国防部在2017年8月版的《军事及相关术语词典》中指出③："科技情报是为

---

① 源于史秉能先生2002年在航天桥的一次谈话。

② Technical intelligence［EB/OL］.［2021-08-01］. https：//en.wikipedia.org/wiki/Technical_intelligence.

③ DOD Dictionary of Military and Associated Terms［EB/OL］.［2021-08-01］. http：//www.dtic.mil/doctrine/new_pubs/dictionary.pdf.

了防止技术突袭、评估外国科技能力、发展旨在使对手技术优势失效的对抗措施,而从'关涉外国设备及物资的数据和信息的收集、处理、分析和利用'中所得出的情报。科技情报也称为 TECHINT。"

(2)技术成熟度的 9 个等级

事实上,地平线扫描/技术监视(HS/TW)理论与实践的兴起,缘于对"规划赶不上变化"这个客观现实的深切理解和主动适应。大多数技术,从概念到产品/装备都有一个过程。地平线扫描/技术监视(HS/TW)作业只有紧紧追随这个过程,才能快捷感知并帮助预判技术进步动向,正所谓"春江水暖鸭先知"。《国际标准 ISO 16290 "技术成熟度等级(TRL)定义与评判准则"》[①] 表明,一项技术从萌芽到成熟形成能力,需要花一定时间攀登技术成熟度的 9 级台阶。如表 8-1 所示,每攀上一个级别,都伴随关于工作成果的记录。这些记录所散发/折射的信息,就是扫描监视团队感知技术进步的依据。技术成熟过程的这 9 个级别,也是科技情报工作者必须扫描的地平线。

表 8-1 技术成熟度各等级要点(ISO 16290)

技术成熟度等级		技术元素达到的里程碑	有文献记载的工作成果
TRL 1	被人观测到并见诸报告的基本原理	基本观测活动之后识别出了潜在的应用,但技术元素概念尚未形成	·关于基本原理应用意图的表述 ·潜在应用的识别
TRL 2	已成形的技术概念和/或应用模型	潜在应用和初步技术元素概念的形成。概念尚未被检验	·潜在应用的成形 ·技术元素的初步概念设计,提供关于基本原理如何被应用的理解
TRL 3	在分析上与实验上完成了概念验证的关键功能/特性	技术元素概念被详细描述出来:所预期的性能,通过由实验数据/特性所支撑的分析模型,得到了演示	·初步性能需求(可瞄准若干飞行任务),含功能上的性能需求的定义 ·技术元素的概念设计 ·输入的实验数据;实验室实验定义和结果 ·用于概念验证的技术元素分析模型

---

① ISO 16290:2013. Space systems-Definition of the Technology Readiness Levels(TRLs)and their criteria of assessment. https://www.iso.org/standard/56064.html.

续表

技术成熟度等级	技术元素达到的里程碑	有文献记载的工作成果
TRL 4	在实验室环境中得到了功能检验的部件/实验模型	技术元素功能性能（Functional Performance）通过了实验模型在实验室环境中的测试，并得到了演示	·初步性能需求（可瞄准若干飞行任务），带有功能性能需求的定义 ·技术元素的概念设计 ·功能性能实验规划 ·用于功能性能检验的实验模型定义 ·实验模型测试报告
TRL 5	在贴切环境中得到了功能检验的部件/实验模型	技术元素的关键功能被识别出来且相关的贴切环境也定义好了。用于在贴切环境中进行试验以检验性能的非全尺寸的实验模型被制造出来了。该实验模型会受到缩比效应的影响	·性能需求的初步定义，贴切环境的初步定义 ·技术元素关键功能的识别和分析 ·技术元素的初步设计（在用于关键功能检验的恰当模型的支持下） ·关键功能试验规划；缩比效应的分析 ·用于关键功能检验的实验模型定义 ·实验模型测试报告
TRL 6	在贴切环境中演示技术元素关键功能的模型	技术元素的关键功能得到了检验，性能在贴切环境中得到了演示，代表性的模型满足"外形、装配和功能"(3F)条件	·性能需求的定义，贴切环境的定义 ·技术元素关键功能的识别和分析 ·技术元素的设计（在用于关键功能检验的恰当模型的支持下） ·关键功能试验规划 ·关键功能检验用的模型定义 ·模型测试报告
TRL 7	在实际运行环境下演示技术元素性能的模型	在实际运行的(地面或太空)环境中，性能得到了演示。为在实际运行环境中演示性能，而建造并测试一个有代表性的模型，即完全反映飞行模型所有方面的模型设计	·性能需求定义，包括运行环境定义 ·模型定义与实现 ·模型测试规划 ·模型测试结果
TRL 8	已完成并获准用于飞行的（有飞行资质的）实际系统	飞行模型通过了鉴定，并被集成到已经准备好飞行的最终系统里	·飞行模型已经造好并被集成到最终系统里 ·最终系统已获准可以飞行了
TRL 9	成功通过飞行任务运行、得到了"飞行检验"的实际系统	技术成熟了。技术元素成功地开始服役，在实际运行中执行飞行任务	·运行阶段初期的调试 ·在轨运行报告

人们经常模糊地谈论"关键技术"。其实，关键技术（Critical Technologies）是指那些对"创新的、高品质的、有成本竞争力的产品的开发研制"而言至关重要的（卡脖子性质的）技术。关键技术具有相对性。有些技术对这个单位（公司、行业、国家）而言很关键（Critical），而对另一个单位来说却不那么关键。颠覆性技术也同理。高通（Qualcomm）拥有的芯片技术很多其他手机厂商都没有，高通的芯片对很多手机厂商而言很关键，因而高通具有优势。

英国国防部 2006 年版《国防技术战略》[1]指出："任何一个时候的军事优势的达成，都取决于之前 25 年时的研发投资"[2]。按照这个说法，一国 2043 年的军事优势，就取决于该国 2018 年的军事科技研发投资。

凡事预则立。许多国家、地区、机构为了在未来占得先机，一直积极地持续地开展技术监视 / 地平线扫描 / 技术预见（TW/HS/TF）工作。这类工作的过程，同时也是动员全体利益相关者（包括各实体和个体）、传播动态新知、形成共识的过程。这类工作的成果，既支撑各层次政策制定，又引导各实体和个体的投资方向。

欧洲的"地平线 2020"就是一种卓有成效的扫描。一般扫描都是信息获取主体的主动收割行为，而"地平线 2020"则是让所有研究者前来申报关于自己想做的研究项目的信息。

(3) 三地平线

英国学者 Bill Sharpe 系统地研究了三地平线框架并发表了许多有影响力的著作[3]。他提供了一个著名的三地平线模式图（图 8-3）。

类似地，麦肯锡公司也提供了一种三地平线概念[4]（图 8-4）。地平线 1 代表现行的正在赚取投资回报的核心业务，这些业务的维持者们在这个地平线上工作，努力延伸和捍卫着现有核心业务，生产能力平台满负荷运行。地平线 2 代表正在采购中或正在自行开发中的能力，新业务建设者们在这个地平线上工作，企图构建萌芽新业务。地平线 3

---

[1] Ministry of Defence.Defence technology strategy for the demands of the 21st century [R/OL].（2006-10-17）[2020-10-29]. http：//webarchive.nationalarchives.gov.uk/201210211333349.
[2] The military advantage achieved at any one time depends upon the R&D investment made over the previous 25 years.
[3] SHARPE B. Three horizons and working with change [J]. APF compass, 2014：6-8.
[4] Mckinsey & company. Enduring ideas：the three horizons of growth [EB/OL].［2020-03-01］. https：//www.mckinsey.com/business-functions/strategy-and-corporate-finance/our-insights/enduring-ideas-the-three-horizons-of-growth.

代表一种需求尚不明确的能力,那些探索者和前瞻者们在这个地平线上工作,试图创造有生命力的服务于未来发展的可能选项。

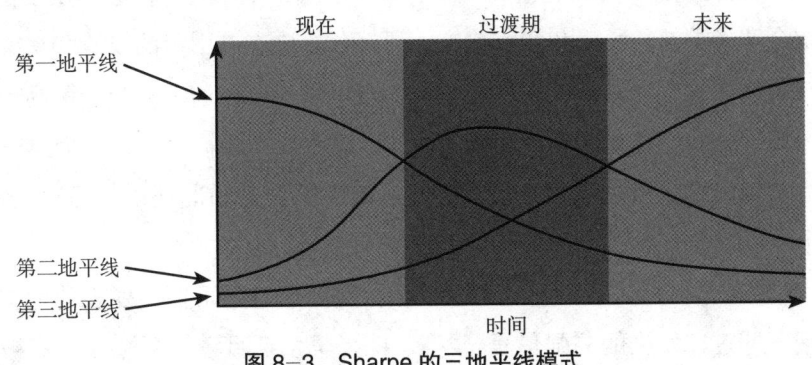

图 8-3　Sharpe 的三地平线模式

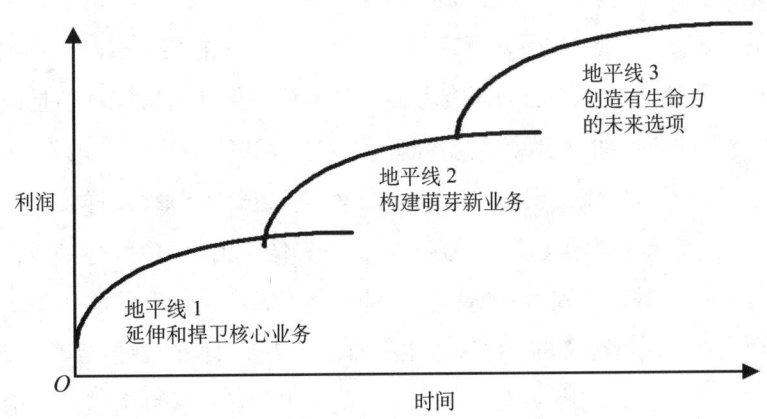

图 8-4　麦肯锡公司的三地平线概念

8.3.2　"研究前沿"的两个含义

美国国防超前研究项目局(DARPA)前局长普拉巴卡(Prabhakar)认为[1],前沿是"那道把貌似不可成之事与可成之事划分开来的具有挑战性的边界"。通常,人们对"研究前沿"(Research Front,又称"研究前锋"或"前锋研究""前沿研究"),大致有两

---

[1] PRABHAKAR A. Hearing: department of defense fiscal year 2017 science and technology programs: defense innovation to create the future military force [EB/OL]. [2016-02-04]. http://docs.house.gov/meetings/AS/AS26/20160224/104518/HHRG-114-AS26-Wstate-PrabhakarA-20160224.pdf.

种不同的理解。

"第一种研究前沿"属于过去（包括近一两年的过去）——根据对已有研究进行统计（文献计量）所得出的"研究前沿"。《2017研究前沿》所描述的研究前沿是这样的："通过持续跟踪全球最重要的科研和学术论文，研究分析论文被引用的模式和聚类，特别是成簇的高被引论文频繁地共同被引用的情况，可以发现研究前沿。当一簇高被引论文共同被引用的情形达到一定的活跃度和连贯性时，就形成一个研究前沿，而这一簇高被引论文便是组成该研究前沿的'核心论文'"。《2017研究前沿》还说："研究前沿的分析提供了一个独特的视角来揭示科学研究的脉络"。

《2017研究前沿》所呈现的研究方法，依据已经通过学术期刊发表的论文，能比较容易地发现一些过往发生的"强信号"，但不能提早发现哪篇日后会成为高被引论文，其功能就相当于股票曲线一样。事实上，《2017研究前沿》所提供的内容，相当于在评估此前所投入的资源帮助哪些国家、哪些机构、哪些作者在"世界论文竞赛"中获得了大致什么样的排名。当然，"科研管理者和政策制定者"们在看到《2017研究前沿》之后，显然仍不能决定是该向这些前沿的研究者们投更多钱去保持名次呢，还是该把钱投向那些在"人迹罕至"的"独到"处探索的研究者。不过，《2017研究前沿》挖掘并呈现出"研究前沿"的脉络及当今样貌，至少具有史学意义——这样的脉络及样貌，一旦呈现（如同一幅快照）就已是未来科学史研究的素材了。这样的前沿报告对想要跟风跟跑的人（如新手）有引导作用，对想要领跑、创新、独辟蹊径者，有反向利用的价值：凡热门得成了《2017研究前沿》所定义的"研究前沿"的，都是要排除的。创新者更感兴趣的是：那一簇高被引论文的作者们当初为什么及如何就做出了日后被称为"核心论文"的研究成果的？

"第二种研究前沿"属于未来，即以前少有人从事的才刚刚得到创新机构资助的那些有潜力改变游戏的研究（包括新方法、新组合、新应用、新名词、新概念研究）。这类研究在文献计量的扫描计算尺度下"尚不可见"，可能会过一两年或更长时间后才能被归入第一种"研究前沿"——成为那簇高被引论文的一分子（假如这类研究都被写成论文的话）；或者，一直不在文献计量空间里出现，然后在某一个关键（谈判或交战）场合，成为令对手猝不及防的制胜利器（并非所有研究工作都发表论文）。

要捕捉"第二种研究前沿"，研究者们几乎需要留意所有的信息来源（包括但不限于像《2017研究前沿》所依赖的期刊论文、专利文献等）；各种电子版、网络版的最新动态、视频音频资料、候审的专利信息、创新一线中小企业网站上新出现的报道……就连大学同学发出的有关微信或电子邮件，都不能放过。

这种属于未来的"研究前沿"，就很接近于"弱信号"概念。而在追求"第二种研究前沿"者的眼中，"第一种研究前沿"实际上已是"研究前沿的尸体"。

8.3.3 弱信号

Ansoff 在 1975 年提出弱信号理论（Theory Of Weak Signals）[1]。战略规划的最大难题是"信号太弱"，即在"雷达"上出现得不够早；影响力还看不太清楚；可能有颠覆性。Uskali[2] 把弱信号（图 8-5）[3] 分为以下 4 类。

①感觉——感觉某事正在发生，难以言说，来源不明，事实不充足。

②不确定的信号——依据环境中一两个"表明变化发生"的事实，有可能找得到匿名的源头。

③几乎确定的信号——发生时间不确切，后果也不确切，但权威信息源头不止一个且愿意呈现真名实姓。

④肯定的确切信号——所有事实都清楚了（但多数人尚不了解）：确切的时间、数量……

坚持不懈地日常开展地平线扫描作业的分析团队，就可以比绝大多数人更早地捕捉到"肯定的确切信号"。长期从事科技情报动态跟踪的人士都有一个体会：很多当前流行的（大众谈论的）概念（如精确打击、技术成熟度、深海空间站、量子通信、赛博空间、大数据、云计算），都是自己几年前，甚至十几年前就做出过的情报发现。

---

[1] ANSOFF H. Strategic early warning system. Managing strategic surprise by response to weak signals[J]. California management review，1975，18（2）：21-23.

[2] USKALI T. Paying attention to weak signals - the key concept for innovation journalism[J]. Innovation journalism，2005，2（11）：33-51.

[3] Weak signals[EB/OL].［2021-08-18］. https://www.sparkrail.org/Pages/HSHistory.aspx.

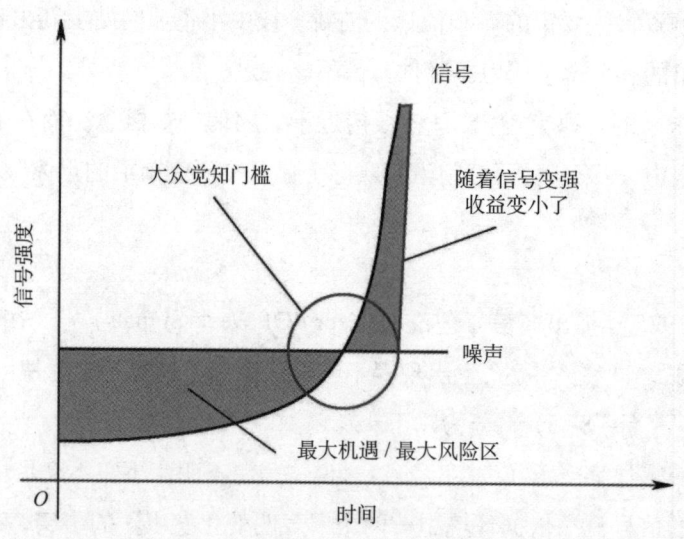

图 8-5　弱信号就在噪声之下的最大机遇最大风险区中

以互联网为例,有些信息天生就是散乱的、不准确的、来自多种渠道的。而弱信号往往出现在意想不到之处,存在于地平线上多数人都不经意的地方。科技情报工作者们只有不停顿地、主动地、全景地扫描那些大致关涉组织机构当前业务与未来使命的信息,才可能经常找到一些值得决策者们参考或学习的重要信息,甚至捕捉到特别有价值的弱信号。

8.3.4　技术监视

根据《现代汉语词典》第 6 版,"监视"是指"从旁严密注视、观察"。我们认为,技术监视(Technology Watch,TW)就是对某些有潜在前景的已知技术进行严密注视、观察,主要工作包括以下几个方面。①进行深度的情报分析跟踪(一般是设立软科学研究课题);②在必要时启动小规模技术探索工作,按报道中的方法进行实验观察验证(一般是设立短期硬科学研究课题),一旦感觉有新的潜在前景,就立刻纳入下一步科研项目投资周期,否则就终止投资采取观望姿态(如美国 DARPA 的"GO/NO-GO"机制[①]——立项时采取"分步分阶段、走一步看一步"的策略,事先为每个阶段约定若干指标,如果阶段结束验收达标,就进入下一阶段,否则,项目终止)。

---

① GO/NO-GO METRICS,in "DARPA-BAA-08-43 National Cyber Range"〔EB/OL〕.(2008-05-05)〔2021-08-01〕. https://www.wired.com/images_blogs/threatlevel/files/darpa_rfp_cyber_range.pdf.

软科学研究和硬科学研究二者密切结合的监视作业[①]被设计用来对已知且有限的专细领域、专深技术进行仔细跟踪监测,讲究聚焦,讲究精到,讲究准确,去伪存真。

地平线扫描和技术监视两个概念关系极为密切、互相伴随——在一些情况下,技术监视可被看成是地平线扫描的一个特殊的部分(把已知或已存在的技术及其最新变化也不例外地纳入地平线扫描)。那些积极主动开展卓有成效地平线扫描活动的图书情报档案机构,可以利用这种紧密关系,在国家技术预见、颠覆性技术发现和硬科学技术监视项目立项决策活动中,争取到更多话语机会和发展机会。

8.3.5 技术预见或面向未来的技术分析

地平线扫描往往与技术预见工作有密切关联。Phillips 在其博士论文[②]中详尽地研究了技术预见(Technology Foresight)及相关方法家族。徐峰和冷伏海[③]系统地总结和梳理了面向未来的技术分析(FTA)的相关概念、方法体系和发展情况,介绍了情报学领域中各种 FTA 分析方法及实证研究、FTA 未来研究方向和重点。孙成权、曹霞、黄彦敏和王颖[④]介绍了战略情报研究和技术预见的概念定义、研究对象、特征特点、类型模式、意义作用、研究内容、主要方法、发展现状与未来趋势,特别阐述了技术预测与技术预见的联系与区别、战略情报研究工作与技术预见工作的联系与区别。陈峰[⑤]用竞争情报视角,从多领域/综合性技术预见项目、具体领域技术预见项目、具体产品及课题技术预见项目 3 个层次,通过案例研究方法,解析了大量技术预见项目案例,从需求、信息收集、信息分析、成果及其表达、组织过程、社会组织机构网络的构建和运用、现代信息技术手段和工具的运用等环节,透视技术预见项目的过程和方法,探讨了技术预见与竞争情报有效整合的可能性。

孟弘、许晔、李振兴指出[⑥]:"技术预见是信息占有者与相关利益人共同参与的前

---

① 本书在讨论技术监视的时候,侧重软科学研究部分,同时也兼顾讨论与软科学研究联系紧密的部分硬科学技术监视研究工作。
② PHILLIPS J G. Technology foresight for small- to medium-sized enterprises [D/OL].Canda:University of Alberta [2020-08-08]. https: //era.library.ualberta.ca/files/0c483k09s/pnillips-Joanne-fall%202013.pdf.
③ 徐峰,冷伏海.面向未来的技术分析方法与实践研究进展 [J].情报学进展,2010,10:202-243.
④ 孙成权,曹霞,黄彦敏,等.战略情报研究与技术预见 [M].上海:科学技术文献出版社,2008.
⑤ 陈峰.国外技术预见项目过程与方法的竞争情报学透视及思考 [D].北京:中国科学院,2006.
⑥ 孟弘,许晔,李振兴.英国面向 2030 年的技术预见及其对中国的启示 [J].中国科技论坛,2013(12):155-160.

瞻性活动，是分析和综合过程的结合……因而，在技术预见过程中往往要综合应用多种预见方法解决系统性问题。英国在三轮技术预见活动中，都是根据不同的研究需求和研究内容，采用不同的预见方法，且往往是几种方法的综合运用，并在实践中进行集成创新……反观我国，多采用德尔菲法和专家会议法，其他方法较少使用。"

中国工程院院士徐匡迪2016年8月在上海大学举行的"机械与运载工程科技2035发展战略"国际高端论坛做主旨报告时，谈到了他的一个看法[①]：新想法、新技术在冒尖的时候，大多数人一般都不看好、不赞同，甚至无法理解——这正是颠覆性技术的本质。而我们国家现有的重大科研项目都是搞专家评审制，专家们坐在一起评审、投票，最终的结果，往往是把真正具有创新想法的项目给投没了。

这种不良局面凸显了地平线扫描/技术监视工作的必要性：让需要参加德尔菲调查、专家评审和专家会议的相关人员事先充分、普遍、长期地沐浴在"开放的、不受干扰的、相对低成本的地平线扫描/技术监视活动及其成果"之中，是避免"潜在颠覆性技术被投票投没"窘境出现的一剂良方。原则上说，国家重大科研项目专家评审的环节本身合理，重要的是专家们需要日常地沉浸在"与时俱进的前沿科技进展"的信息环境中。

8.3.6 技术评估

技术评估（Technology Assessment）是一种旨在为"形成关于科学技术社会影响的公共与政治舆论"做贡献的科学的、互动的、沟通式的过程[②]。

技术评估的主要内容有：①针对关涉某项技术（或某一问题）的方案和政策，考察"采用或限制该技术（如转基因作物种植）将引起的广泛社会后果"，尽可能科学客观地对正负影响特别是"非容忍影响"做全面充分的调查分析，建立综合评估指标体系；②研究针对上述后果的政策选择，如拟定法律、税收或优惠政策，实施控制，以达到趋利避害目的。

从纵向划分，有企业级、国家级和全球性问题评估。企业级的问题主要围绕公司推行新技术能否获取利益开展评估活动。国家级的问题是从国家整体利益出发，对关系到

---

① 徐匡迪.搞项目评审、专家投票，往往把颠覆性技术"投"没了[EB/OL].（2016-08-16）[2020-01-01]. http://m.sohu.com/a/110805780_465915？from=groupmessage.
② DECKER M, LANDIKAS M. Technology assessment in europe: between method and impact. final report of the TAMI project [M] // Bridges between science society and policy. Berlin: Springer, 2004.

国计民生的重大项目开展评估研究,包括制定有关技术评估政策、确定方向、研究评估方法和建立监控系统,并负责指导、协助地方和企业的技术评估活动。全球性问题评估就是把全球作为一个整体、一个系统,考虑各种相关因素及其后果。

20世纪60年代,技术评估在美国兴起。美国国会还在1972年10月立法[①]建立了国会技术评估办公室(OTA)。OTA的工作流程如图8-6所示。23年之后,在1995年10月,美国OTA的职能整体转移到美国政府问责署(GAO)。在美国的影响下,瑞士、德国、丹麦、挪威、英国、荷兰、比利时等国成为首批设立技术评估机构的国家。

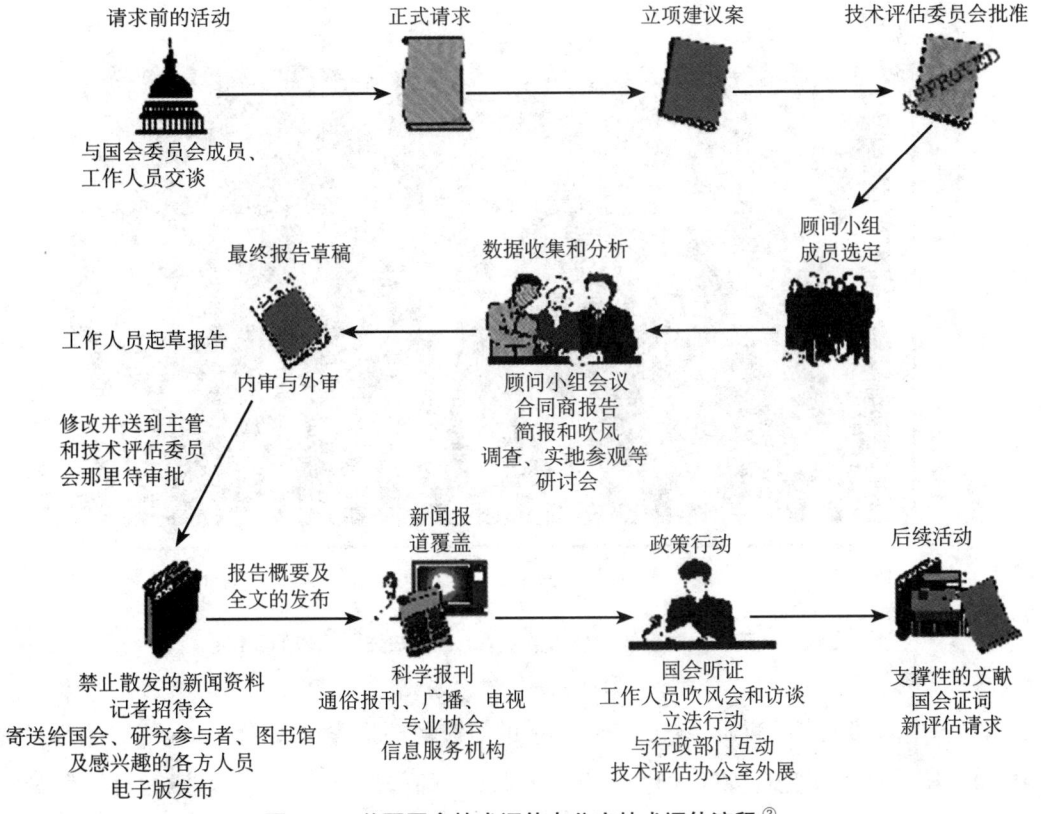

图8-6 美国国会技术评估办公室技术评估流程[②]

---

① Technology assessment act of 1972 [EB/OL].(1972-10-13)[2020-08-08]. https://www.gpo.gov/fdsys/pkg/STATUTE-86/pdf/STATUTE-86-Pg797.pdf.
② The assessment process [EB/OL].[2020-08-08]. https://www.princeton.edu/~ota/ns20/proces_f.html.

8.4 地平线扫描的实施要求

本节具体讨论地平线扫描的概念模型、方法流程步骤。

8.4.1 英国国防部的技术监视/地平线扫描概念模型

英国国防部的技术监视/地平线扫描概念[①]如图 8-7 所示。英国国防部认为,外部发展的"地平线"极其复杂,包括全谱的技术、政治、社会、经济、立法和环境变化等。这里讨论的科学技术地平线仅是这个总地平线的成分之一。结合英国国防部现有科技规划中的项目,技术地平线扫描力求达到对所有科学技术领域的 360°覆盖。

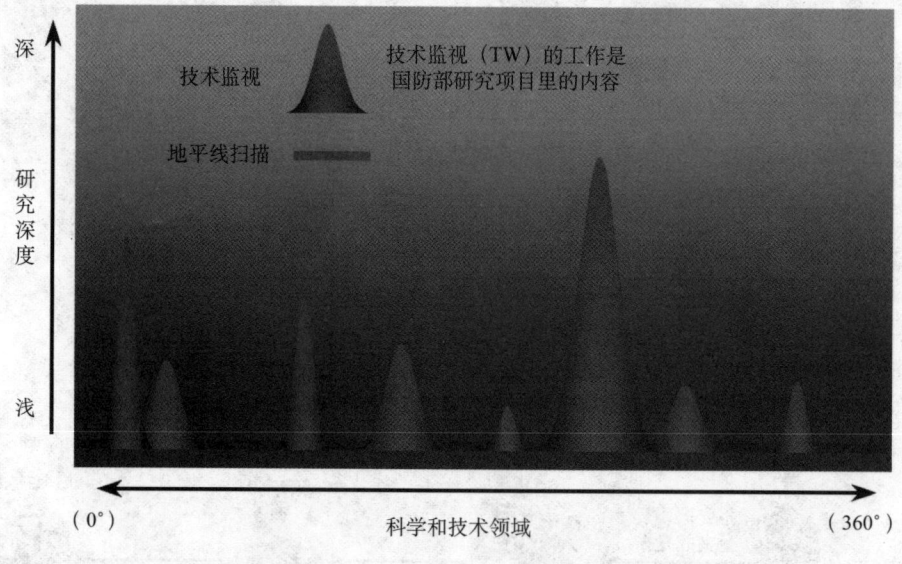

图 8-7 英国国防部的"技术监视/地平线扫描"(TW/HS)定义

英国国防部现有的科研项目,要把离散的研究活动集群起来(Clustering,也作"聚类"),实现稀缺研究资源的优化利用,重点放在那些重要性(或潜在重要性)已知的技术领域。图中大小不一的那些山峰代表这些集群。技术监视(TW)实践——通常由每个集群来组织和执行——能部分地了解每个集群在全世界所在领域的进展。然而,在技术监视语境下,潜在重要性尚待识别的那些科技领域,得到的关注少之又少。因此,作为对技术监视(TW)的补全,地平线扫描(HS)的重要作用是对英国国防部当前技

---

① DSTL S&T HORIZON SCANNING WHITE PAPER(COMPACT VERSION 3). March 19,2008.

术监视视野所未顾及的那些外部发展动态进行及早"浅"评估。浅评估的对象范围，包括从基础科学发现到商业现货装备的所有进展动态。在技术监视（TW）过程中，头脑里一般已经有了某一特定应用或一整套应用，并且对整套技术都有较深入了解。相比之下，地平线扫描则尝试对之前认为不重要的技术进行识别，并从萌芽的非军事科技进展中，挖掘出潜在军用价值。

8.4.2 英国政府部门的地平线扫描新结构

尽管地平线扫描概念早已有之，但正式把地平线扫描纳入政府规划工作的实践，则开始于英国 2004 年建立地平线扫描中心[1]。以英国国家安全战略的编制工作为例，地平线扫描活动紧密伴随 2008 年开始的英国第一个《国家安全战略》编制的全过程[2][3]。

英国联合情报委员会主席 John Day 于 2012 年末完成了对英国全政府地平线扫描能力的审议工作，审议报告为政府后续如何更好地开展地平线扫描工作提出了改进意见[4]，并给出了全政府地平线扫描新结构（图 8-8）。

---

[1] Cabinet Office. A history of horizon scanning［EB/OL］.（2013-01-21）［2021-08-18］. https：// www.gov.uk/government/uploads/system/uploads/attachment_data/file/79253/Annex_A_History_Horizon_Scanning_20120711.pdf.

[2] Statement on national security strategy［R/OL］.［2019-09-25］. https：//statewatch.org/news/2010/apr/uk-nss-statement-2010.pdf.

[3] A strong britain in an age of uncertainty：the national security strategy［R/OL］.［2019-09-25］. https：//www.gov.uk/government/uploads/system/uploads/attachment_data/file/61936/national-security-strategy.pdf.

[4] Cabinet Office. Review of cross-goverment horizon scanning［EB/OL］.(2013-01-21)［2021-08-18］. https：//www.gov.uk/government/publications/review-of-cross-government-horizon-scanning.

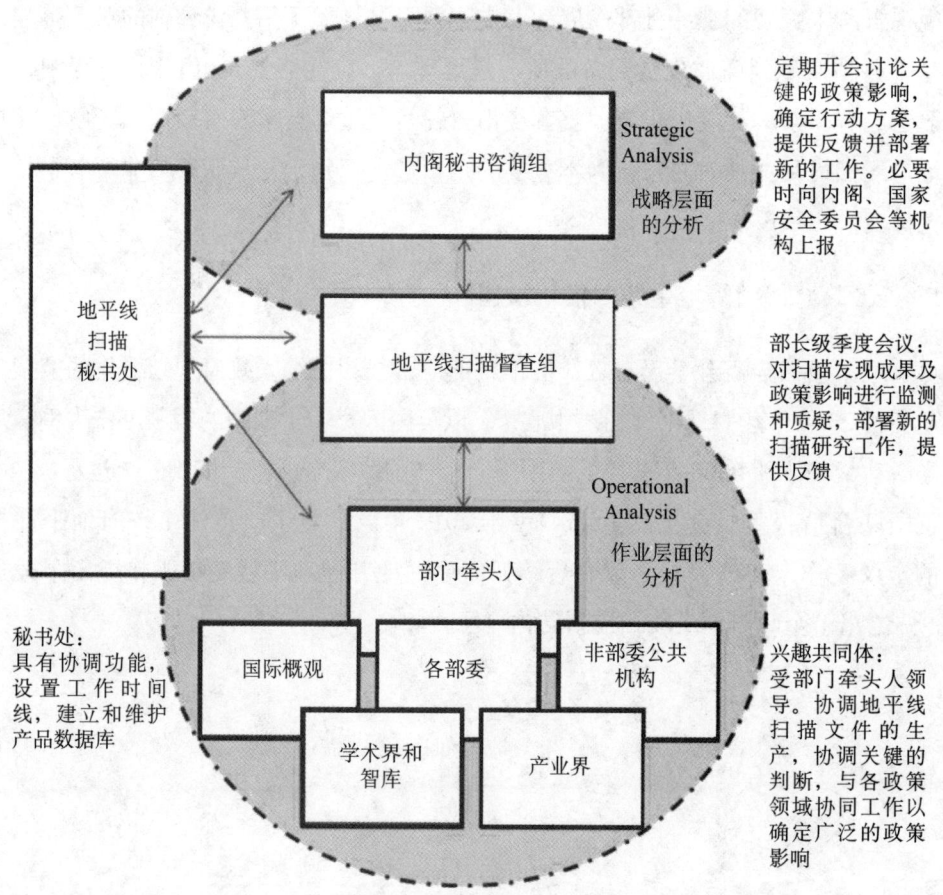

图 8-8 Day 报告建议的全政府地平线扫描新结构

8.4.3 美国国防部的技术监视/地平线扫描概念模型

美国国防部借鉴英国国防部的做法,在 2011 年设立了明确的"技术监视/地平线扫描"(TW/HS)项目,并研制出如图 8-9 所示的美国国防部的"技术监视/地平线扫描"(TW/HS)的定义。

第8章 情报感知的方法工具

		国防部	
		已知技术	未知技术
国防部外 （对手、工业界等）	已知技术	风险管理	易遭突袭
	未知技术	突袭机会	创新机会
		⬇	⬇
		技术监视 （预测）	地平线扫描 （发现）

图 8-9　美国国防部的"技术监视/地平线扫描"（TW/HS）定义[①]

美国国防部 TW/HS 项目的重点是对整个技术空间（Technical Space）进行全面分析。这里，"整个技术空间"指的是这两方面的内容。①史无前例科学/技术的发展动态；②科学/技术（向一些原本没有路子获取这些科学/技术的国家和组织）的扩散情况。此外，TW/HS 项目也会适当关注常规和非常规对手对萌芽技术和现有技术的非对称应用。

TW/HS 项目的目标是研制和部署一种"不依赖本地存储大量数据、能利用现有各类数据和分析结果"的自动化预报能力：能探测到颠覆性科技（已知的或从前未曾识别出来的、对国防有影响的）进步的启动迹象；并能识别新的未知的或刚冒出地平线的有颠覆性潜力的科学技术。这个能力使美国国防部能够了解美国能力与世界其余国家能力之间的动态变化。美国国防部希望 TW/HS 项目研制出来的系统能回答表 8-2 所列的一些问题。

表 8-2　TW/HS 系统能回答的问题

序号	总问题	细分问题
1	·美国能力和世界其余国家能力的差别是什么？	·现在有什么差别？ ·将来会有什么差别？ ·成熟度级别是什么？
2	·未来 10～20 年将使能力增强的萌芽科学/技术领域是什么？	·谁是这些科技领域的全球领导者？ ·研究活动的普遍性如何？

---

① Technology watch and horizon scanning（TW/HS）conceptual framework［EB/OL］.（2011-11-02）［2021-03-08］.https：//www.fbo.gov/index？s=opportunity&mode=form&id=9651b1d140a9561c3cb04b9ef9db85a1&tab=core&_cview=0.

续表

序号	总问题	细分问题
3	·未来6个月内，全球有哪些科学技术将进阶到技术成熟度5级（TRL 5）？	·哪些地方的科学技术将进阶到技术成熟度5级（TRL 5）？ ·这些技术的什么样的新应用正在或即将进行样机研制？
4	·长期（10年以上）基础研究战略中应当包括的科学领域是什么？ ·长远来看将导致重大新发现的科学领域是什么？	·"未来年份国防项目"（FYDP）之外，还有哪些领域将可能改变世界运行的方式？ ·哪些领域将会导致革命（而非增量式改变）？
5	·什么样的迹象（特征）能够表明另一些全球性大国已取得潜在突破？	·沟通量是上升还是下降？ ·讨论的地方正在发生变化吗？ ·资金来源和资金量的变化？ ·市场投资变化还是市场情绪变化？
6	·还有其他方法能找出差异吗？	

8.4.4 地平线扫描的两个含义：瑞士模型

瑞士的 Beat Habegger[①] 系统地研究了英国、新加坡和荷兰等国政府开展地平线扫描的做法，形成了适用于瑞士的地平线扫描概念，如图8-10和表8-3所示。

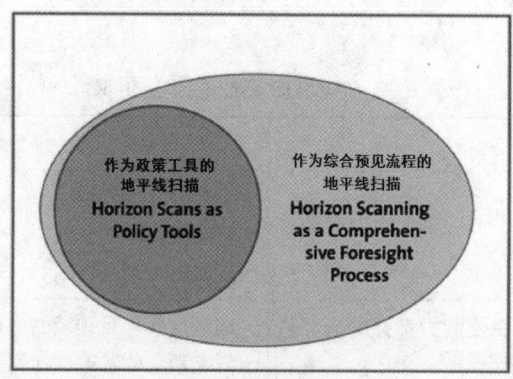

图8-10 地平线扫描的两个含义

---

① BEAT H. Horizon scanning in government: concept, country experiences, and models for switzerland [R/OL]. [2020-10-10]. http://www.css.ethz.ch/content/dam/ethz/special-interest/gess/cis/center-for-securities-studies/pdfs/Horizon-Scanning-in-Government.pdf.

表 8-3 地平线扫描：综合性预见（Foresight）三阶段流程的第一阶段

阶段	早期探测（阶段一）	生成预见（阶段二）	编制政策选项（阶段三）
描述	对问题、趋势、动态和变化的识别和监测	对政策难题的评估和理解	对想要的未来和政策行动的展望
价值链	从信息到知识	从知识到洞见	从洞见到行动
政策工具	地平线扫描	未来学项目	场景

Beat Habegger 还总结了地平线扫描的 5 个特点。

①地平线扫描在概念上要囊括扫描的各种各样的模式；

②地平线扫描要覆盖一个组织机构的各种外部环境；

③地平线扫描通常是一个长期且连续的过程；

④地平线扫描兼收并蓄地汲取各种来源的信息；

⑤地平线扫描系统地采集和记录探测到的实证（Evidence）。

根据英国、新加坡和荷兰的经验，Beat Habegger 向瑞士政府提出了如下 6 点建议。

①让地平线扫描成为所有政策领域和政府部门的主流政策工具；

②地平线扫描项目要支持政府的不同部门发展本部门的地平线扫描活动；

③地平线扫描项目要建立专业共同体网络并使其活动拓展到私营公司、智库和高校；

④地平线扫描项目要紧密联系学术界并与学术界一道工作，确保地平线扫描活动吸收专家的真知灼见；

⑤地平线扫描项目需要广泛的政治支持，因为其目的是产生新的思想；

⑥地平线扫描项目应当确保其对决策过程的影响力，否则所有参与者将很快失去兴趣。

8.4.5 美国农业部的地平线扫描概念模型

图 8-11 的内容，来自美国农业部 2013 年的一篇技术报告[1]。从图 8-11 可以看出，扫描的一个主要好处是提高利益相关者的知情度，建立共同语言，形成知识共同体[2]，

---

[1] BENGSTON D N. Horizon scanning for environmental foresight: a review of issues and approaches [R/OL]. [2013-09-10]. https://www.fs.fed.us/nrs/pubs/gtr/nrs_gtr121.pdf.

[2] 杜元清. 论信息环境设计[D]. 北京：北京大学，2009.

让利益相关者们对所关切的关键事态和情况有共识。

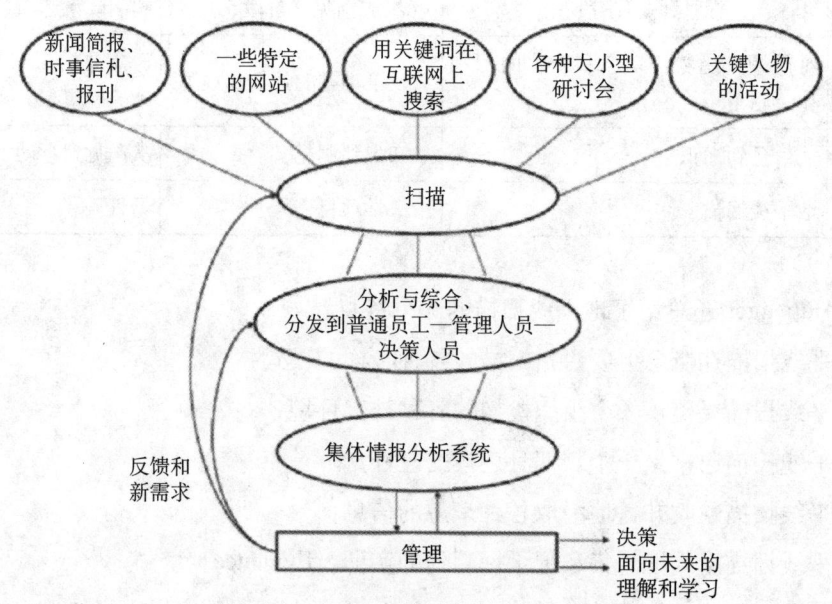

图 8-11 美国农业部的地平线扫描系统

8.4.6 欧洲委员会的地平线扫描模型

为了了解欧洲委员会科学、技术和创新（STI）地平线扫描的最新发展动态概况，识别好的做法，吸取经验教训，德国夫朗和费系统与创新研究所（Fraunhofer Institute for Systems and Innovation）、荷兰应用科学研究院（TNO）和芬兰 VTT 技术研究中心于 2015 年 12 月联合编写了《地平线扫描模型：如何将地平线扫描集成到欧洲研究和创新政策里》研究报告[1]。这篇报告研究了确定地平线扫描模型的各种要素，给出了关于地平线扫描的定义。

---

[1] Models of horizon scanning: how to integrate horizon scanning into european research and innovation policies [R/OL]. [2020-10-10]. http://www.isi.fraunhofer.de/isi-wAssets/docs/v/de/publikationen/CU_ERL_PW_Models-of-Horizon-Scanning.pdf.

第8章 情报感知的方法工具

Horizon Scanning

Horizon Scanning is the systematic outlook to detect early signs of potentially important developments. These can be weak (or early) signals, trends, wild cards or other developments, persistent problems, risks and threats, including matters at the margins of current thinking that challenge past assumptions. Horizon Scanning can be completely explorative and open or be a limited search for information in a specific field based on the objectives of the respective projects or tasks. It seeks to determine what is constant, what may change, and what is constantly changing in the time horizon under analysis. A set of criteria is used in the searching and/ or filtering process. The time horizon can be short-, medium- or long-term.

《地平线扫描模型：如何将地平线扫描集成到欧洲研究和创新政策》这篇报告引用的探索式扫描（Exploratory Scanning）模型（图8-12）和一般性扫描模型（图8-13）很值得关注。

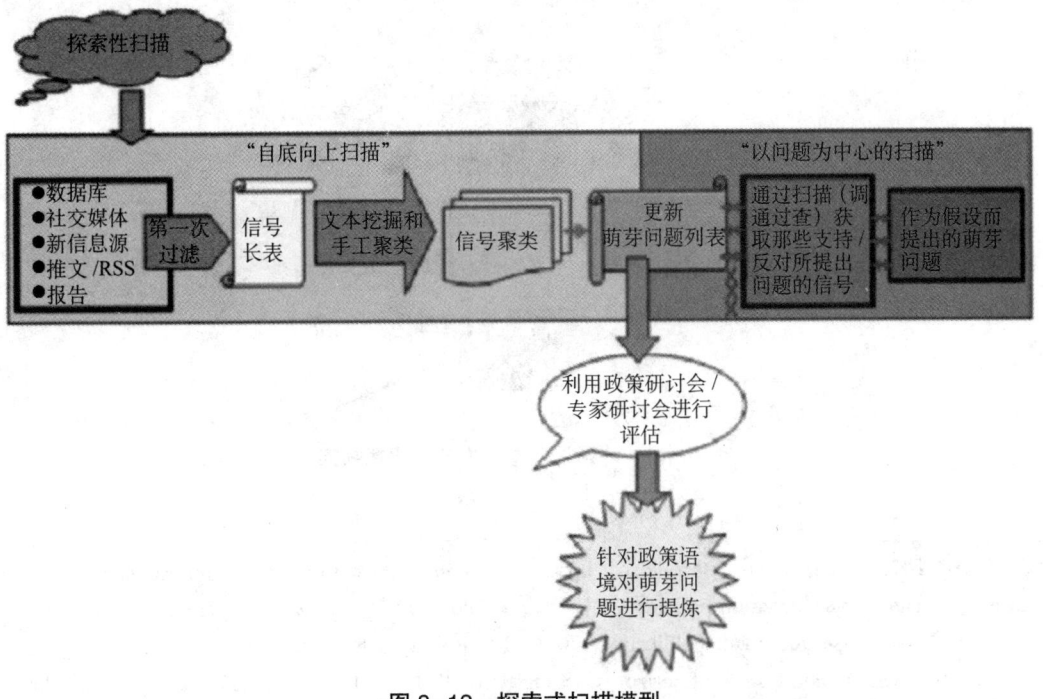

图8-12 探索式扫描模型

1. 搜索，获取概貌
2. 定义具体的扫描领域
3. 表征扫描领域
4. 选择待扫信息源和扫描方法并扫描
5. 更细致地按扫描方案搜索
6. 对上下文（语境）进行搜索
7. 专家对话
8. 意义建构（将所得搜索结果进行迁移和变通）
9. 扫描产品/报告的制备和设计
10. 扫描产品/报告的流通和使用

图 8-13　一般性地平线扫描步骤示例

8.4.7　地平线扫描的其他模型

欧盟委员会报告[①]认为，凡是技术预见，必然离不开地平线扫描（图 8-14）。SPARKRAIL 甚至认为[②]，"地平线扫描（Horizon Scanning）"是"战略预见（Strategic Foresight，又译"战略先见"）"的另一个名字，是"预见/未来学研究和战略规划（Foresight/Futures Studies and Strategic Planning）"三者的汇流。

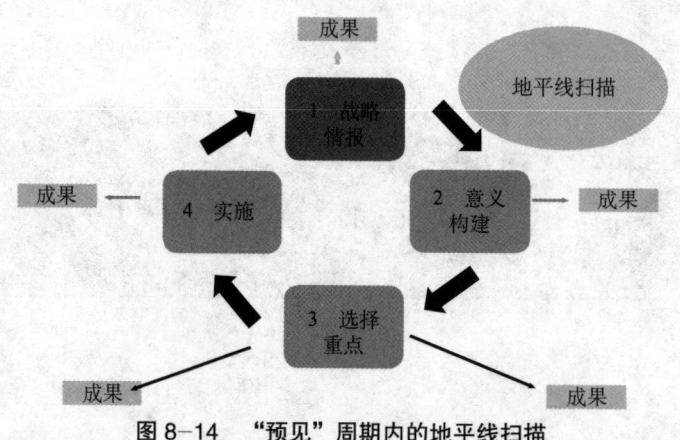

图 8-14　"预见"周期内的地平线扫描

---

① CUHLS K, ERDMANN L. Models of horizon scanning: how to integrate horizon scanning into european research and innovation policies [EB/OL]. (2015-12-10) [2021-08-02]. http://www.isi.fraunhofer.de/isi-wAssets/docs/v/de/publikationen/CU_ERL_PW_Models-of-Horizon-Scanning.pdf.
② SPARKRAIL. A short history of horizon scanning [EB/OL]. [2021-08-02]. https://www.sparkrail.org/Pages/HSHistory.aspx.

根据 Georg Schreyögg 和 Horst Steinmann 的观点，地平线扫描（战略监视）伴随战略过程的全周期（从开始战略制定到战略实施完成），如图 8-15 所示。

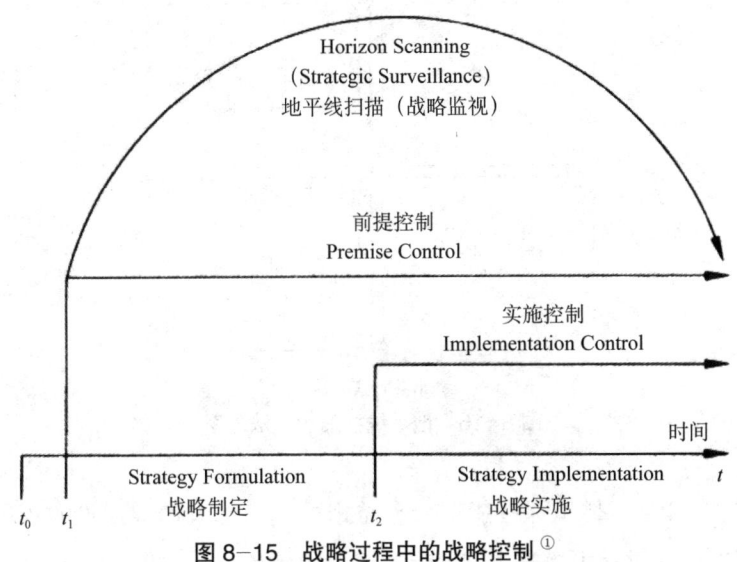

图 8-15　战略过程中的战略控制[1]

时间点 t_0 标志战略制定工作的开始。

时间点 t_1 标志初始前提开始确定，前提控制（Premise Control）原则确立。自 t_1 开始，前提控制一直伴随着战略制定与战略实施过程中的所有前提选择活动。也是自 t_1 开始，地平线扫描（战略监视）活动开始，并一直持续到战略实施结束。

时间点 t_2 标志战略实施的开始，对实施控制（Implementation Control）开始发挥作用。这就是说，从 t_2 开始，前提控制、地平线扫描和实施控制这 3 个控制工具同时发挥作用，以抵消规划工作的内在风险。

8.4.8　地平线扫描的方法体系

地平线扫描活动一般是以效果为中心的，所以对活动中哪些方法可以用，哪些方法不可以用，并无任何的限制，一般地说，效果好的方法肯定会越来越多地使用。从世界各国、各机构已完成和正在进行的地平线扫描实践来看，所采用过的方法各式各样：从手工方法（Manual Methods）到半自动化方法、从参与式方法（Participatory Methods）

---

[1] SCHREYÖGG G, STEINMANN H. Strategic control：a new perspective [J]. The academy of management review，1987，12（1）：91-103.

到非参与式方法,其体系如图 8-16 所示[①]。

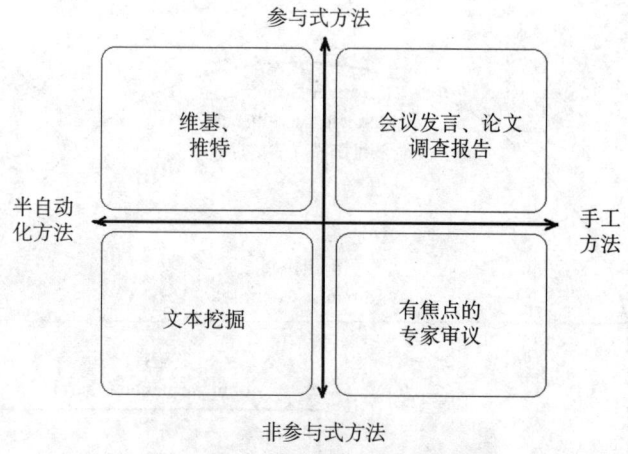

图 8-16 地平线扫描的方法体系

参与式方法(PM)是指那些能纳入利益相关者和感兴趣者意见的各种方法,旨在使利益相关者在决策过程中扮演主动而有影响力的角色。

总而言之,任何有助于使扫描更有效的方法——量性分析法、质性分析法、场景分析法(Scenario Analysis)等——都可以结合进扫描过程中。如图 8-16 所示地平线扫描的方法体系,对各种方法都能包容吸纳,唯有效果是不变的追求。

Sutherland 教授从 2008 年开始系统研究和应用地平线扫描方法论,并整理出了一个地平线扫描方法体系(表 8-4)。

---

① Strategic futures analysis techniques: horizon scanning [EB/OL]. [2021-08-02]. https://samiconsulting.co.uk/training/techniques-horizon-horizon-scanning/.

第8章 情报感知的方法工具

表8-4 地平线扫描法分类[①]

扫描阶段	方法	方法描述	优点	缺点
确定范围	访谈	一对一提问（通常问资深专家或利益相关者）以识别问题、探讨重要驱动力量及不确定性领域；可能是高度结构化的、无争议的（如7个W），也可能是开放的、牵涉对话过程的	访谈是一种很好理解、广为接受的技巧；易于得到关键人物关于未来的前瞻意见	在有兴趣的个体或专才之间没有互动
	问题树	将关键问题分解成"彼此互斥、穷尽所有"的一系列子问题	识别出"针对关键问题能提供一个完整答案"的所需信息	不太适合一般性问题或不能精确定义范围的问题
收集信息	文献查找和科学审议	查找已出版的关于威胁和机会的文献	只利用已出版（可能已经被同行评议过）的证据	很可能回头看到已然结果，除非专门花工夫生产关于未来的观点（如西格玛扫描）
	专家讨论会	让专家团队成员们会聚一堂，基于他们自己的经验及文献知识，提出可能的问题	专家参与使可信度更高；讨论会的互动特质，激出有深度（或部分已成形）的想法，把问题提炼得更准确	参加的人不同，结论会不同；所用的引导出专家知识的流程不同，结论也会不同
	开放论坛	针对一个在线论坛（如维基），任何人都可供稿	利用"众人智慧"，且很可能拥有最宽广范围的供稿人	缺乏一个用于确保词条品质的严格系统
捕捉信号	德尔菲调查	通过问卷获取专家咨询建议	提供某个科学领域当前状况的概述	非互动式的
对趋势进行监视	趋势分析	研究历史表现以识别未来趋势	有助于识别和理解驱动因素	过去的表现未必是未来的先导
构建意义	场景分析	考虑一系列可能的未来状态，然后探索每个状态的后果	帮助组织机构为变革做好准备，测试现行战略的鲁棒性	需要相当多的资源（时间和专才）来实现产出
	系统地图	展示影响中心问题的所有因素之间的关系，同时标明这种影响效果是正的还是负的	提供关于影响中心问题的一系列问题的一种理解	需要前摄知识

---

① SUTHERLAND W J, WOODROOF H J. The need for environmental horizon scanning [J]. Trends in ecology & evolution, 2009, 24（10）: 523-527.

续表

扫描阶段	方法	方法描述	优点	缺点
商定应策	逆推	描述一个关于"喜闻乐见的未来"的愿景，然后识别出实现愿景所需的关键步骤	可作为一个孤立的作业来完成	需要小心地分解结构以识别所有相关的（重要的）因素

8.4.9 大型扫描团队对弱信号进行监测和评估的流程

英国克兰菲尔德大学学者 Garnett 等人[①] 研究了萌芽问题数据与可信政策决策之间勾连不良的困扰及其解决办法，提出了大型扫描团队监测和评估弱信号的基本流程（图8-17）。在一阶作业阶段，针对复杂政策空间，扫描团队要探索研究所有可能获得的信息（信息全貌），开展大致评估，如果捕捉到闻所未闻的弱信号，就立刻向各领域专家请教。在二阶作业阶段，扫描团队要进行重要的定性评估，捕捉重要的变革性信号，同时针对不太靠谱的洞见，返回到信息源头重复一阶作业。在三阶作业阶段，针对业已认定的弱信号和重要变革信号，组织德尔菲调查，或者组织利益相关者（Stakeholders，干系人）开会评价这些信号的重要性并进行意义建构（参见图1-3"意义建构概念框架"），制定政策措施、分析政策影响。

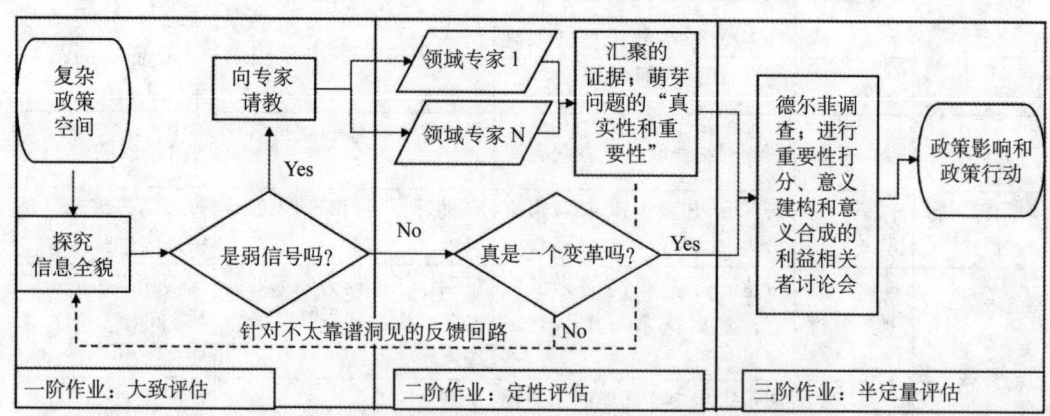

图8-17 大型扫描团队监测和评估弱信号的基本流程

---

① GARNETT K, LICKORISH F A. Integrating horizon scanning and strategic risk prioritisation using a weight of evidence framework to inform policy decisions [EB/OL]. (2016-08-01) [2021-08-01]. https://dspace.lib.cranfield.ac.uk/bitstream/handle/1826/9888/Integrating_horizon_scanning_and_strategic_risk_prioritisation-2016.pdf; sequence=2.

8.4.10 地平线扫描的工作体系与产品体系

有了这样的一个工作体系（图 8-18），扫描就可以输出日报、周报、月报、季报、半年报、年报、不定期深度报告等一系列产品和服务。地平线扫描的最大意义之一是，做"可成为他人进阶之基石的工作"。

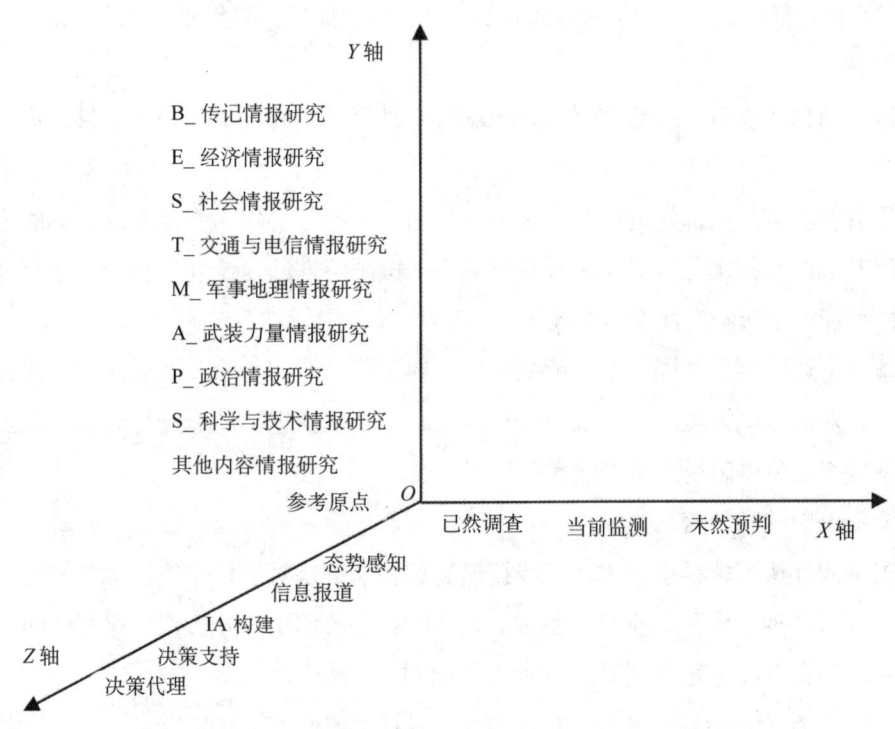

图 8-18　情报研究部门的工作体系：一个案例[①]

8.5　地平线扫描的应用解读

本节通过英国、新加坡、美国的一些典型的地平线扫描实操案例，对地平线扫描的应用进行解读，展示地平线扫描三要素：扫什么、怎么扫及扫描成果怎么分发。

8.5.1　英国国防部 DSTL 的地平线扫描

本案例编译自英国国防部地平线扫描白皮书[②]。

---

① 王延飞，杜元清，钟灿涛，等．情报研究论［M］．北京：北京大学出版社，2017.
② DSTL S&T HORIZON SCANNING WHITE PAPER（COMPACT VERSION 3）. March 19，2008.

英国国防部自2006年1月起，就一直在支持"利用DSTL开发的工具和技术，对科学技术进行系统化扫描"。这项工作对非常广泛的技术文献"地平线"进行全面扫描，不偏好特定技术领域。逐渐地，地平线扫描工作给那些受国防部资助的科学家们（以下简称"DSTL科学家"）提供了一个强大的新（技术）概念库，使DSTL科学家了解其原本不大关注的那些不同领域科研人员的研发成果。DSTL科学家的创造力因此而得到激发，从而促进整个国防部的创新，使国防部能利用机会、减少重复、避免遭受技术突袭。

(1) 背景

英国国防部本来有一个旨在对萌芽科学技术进行评估和开发的科研项目。该项目吸纳的信息来自以下几个方面。①英国国防部发展、概念、条令中心（DCDC）的重要专著；②现有实验室的内部研究成果；③战略规划；④国际协作；⑤他荐或自荐的研究方案。但因其他国家技术总量日益增长等缘故，英国国防部的传统评估和开发项目难以覆盖对国防可能产生影响的所有科学技术。

为解决上述问题，英国国防部明确提出了地平线扫描的需求：发展新颖搜索技巧和浏览能力；对尚未纳入英国国防部科研计划的科学技术新进展动态进行简单而又系统化的高效率考查，免得忽视了某些技术的早期进展。

(2) 无偏颇的高效信息检索

英国国防部认为，科学技术地平线扫描的首要前提是对"地平线"本身的定义——找到代表实际"地平线"的重点信息源。DSTL定义地平线的方法，是找到这样一套信息源，它们加在一起能充实以下4个维度所描述的空间。

维度一：类（Class）——无论是基础性的（科学或原理）还是应用性的（技术）；

维度二：共同体（Community）——无论是主流的还是"边缘"的；

维度三：性质（Character）——无论是定义明确的还是推测的；

维度四：竞争（Competition）——无论是学术领域还是商业领域。

图8-19表示主流共同体研究成果的"类"和"性质"，每个椭圆代表一种信息源。这些信息源共同覆盖着"类"（从"基础"到"应用"）和"性质"（从"定义明确的"到"推测的"）。在实际操作上，所收集的信息谱，一端是技术专利；另一端是一组技术专家在一起讨论科学幻想变成现实的可能性（靠近左侧的基础科学一端）。

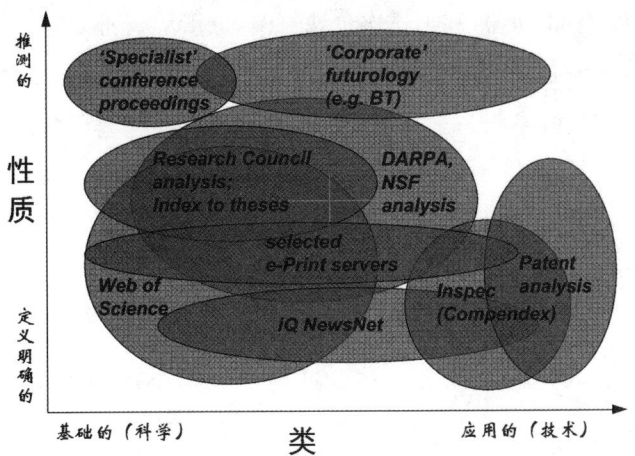

图 8-19 主流科技共同体研究成果的"类"和"性质"

确定了地平线（一套信息源组合），接下来就是设计一种搜索机制（前述"新颖搜索技巧和浏览能力"）来处理每一个信息源里的数量巨大的出版物，用自动化信息检索方法将注意力集中到英国国防部最可能感兴趣的那些新动态上。

（3）专家评估、产品和创造性

监视过滤（Surveillance Filtering，也称初滤，如图 8-20 所示），提供了对世界范围"技术共同体"（Technology Community）已出版的成果进行监视的"窗口"。初滤的输出要经过一系列过滤器，伴随这些过滤器，还有相对应的一系列输出。最终的成果是提交给英国国防部各项目主管们的建议（图 8-20）。

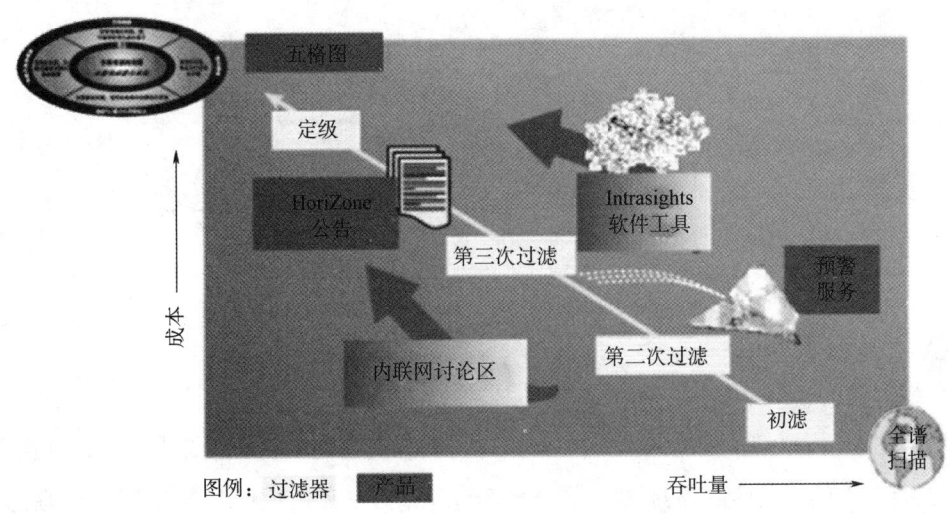

图 8-20 地平线扫描的过滤器和产品

第二次过滤（Plausibility）和第三次过滤（Possibility），都要靠人（而非机器）的分析来完成。第二次过滤是由地平线扫描核心团队实施的结构化测试，而第三次过滤则需要国防部专家们更广泛的参与。未来，要让内网也能方便地进行技术讨论、连串发帖和跟帖。

告警：那些看起来与英国国防部现有需求直接相关的新发展，是电子邮件告警的主要选题。收到邮件告警的人必须反馈，以便发出告警邮件的团队检验并加深其对国防部现行需求的理解。

HoriZone 公告：每两个月发布一次，同时还发布不定期专题公告（趋势告警和专报）。

Intrasights 软件工具：一种实施各种搜索和浏览界面的软件工具，用于对做了摘要和建了链接的那些数据库进行操作。有研究表明各种不同性质的、新概念的集中呈现，会激发科学家个体的创造力（图 8-21）。地平线扫描正好可以汇聚"各种不同性质的新概念"。图 8-21 表明，抽象度高、相似度低的信息，更容易刺激创造性思维。

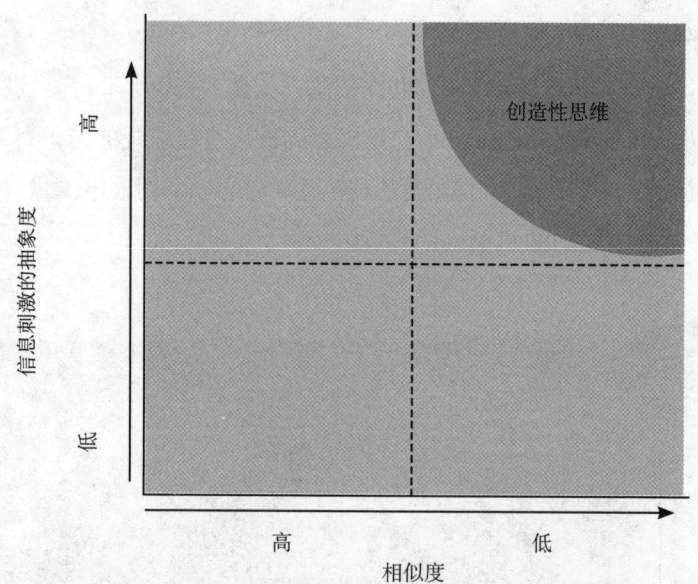

图 8-21　低相似度高抽象度的信息更易刺激创造性思维

低相似度的新概念集合，由聚类技术创建出来，概念链接模式如图 8-22 所示。这些链接用于驱动新颖浏览器，使英国国防部员工看到其问题的潜在创新解决方案，看到那些通过搜索传统文献无法找到的解决方案。地平线扫描方法非常适合于用来激发"创造力"。

第8章 情报感知的方法工具

图 8-22 利用聚类技术创建的概念链接模式

五格图：这一成果含有一个供英国国防部立项决策时参考的恰当策略，旨在为科研项目的选题提供建议。每一个像图 8-23 这样的五格图，都靠手工（人力）对新发展的及时性、相关性（既针对英国国防部，也针对商业界）、非相似性和可利用性进行评估和归类。应特别指出的是，这些评估是基于英国国防部的视角，可能不适合其他机构。

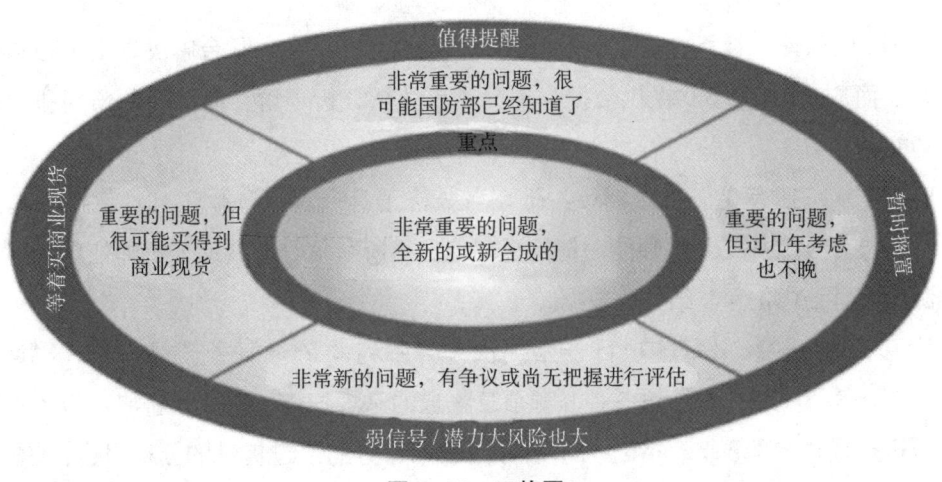

图 8-23 五格图

咨询服务：地平线扫描团队基于对科学技术发展的了解，结合上述信息资源，提供一系列咨询服务，从刺激创新到解决具体问题（解决具体问题就是在科技地平线的某些重要部分开展更深入的研究，找到切合客户需求的新颖解决方案）。

（4）DSTL 地平线扫描案例小结

DSTL 地平线扫描项目采用一种简单、高效、系统化的方法使英国国防部能利用机会、减少重复、避免遭受技术突袭。

8.5.2 新加坡政府的风险评估和地平线扫描（RAHS）项目办公室

新加坡政府的风险评估和地平线扫描（RAHS）项目办公室[①]下设 RAHS 思想中心（RTC）、RAHS 解决方案中心（RSC）和 RAHS 实验中心（REC）。RAHS 项目设立于 2004 年，是新加坡国家安全协调秘书处（NSCS）的一部分。

RAHS 探索"用于预判那些对新加坡有重大影响战略问题的方法和工具"。在美国和英国国际伙伴的帮助下，通过实验，RAHS 项目已开发出一系列使"政府各部门采集、分析、知会、建模、监测萌芽战略问题"成为可能的流程。

这些流程由一系列"使分析师能更好履行职责"的产品所支撑。这些产品包括专门设计开发的 RAHS 软件平台，具备"运用信息抽取和可视化工具及建模和普查工具来支持研究与分析工作"的能力。

有流程和工具在手，RAHS 团队就积极地通过培训、咨询和联合项目，与政府各部门、学术机构和国际伙伴密切互动。这些联合项目一般都是探索萌芽问题，目的是提高各部门的战略预判能力。

RAHS 的软件平台已经有了 3.0 版本，由实验中心牵头，联合解决方案中心和思想中心开发而成。RAHS 3.0 提供数据收集分类、关系分析理解、萌芽问题预判和发现的端到端能力。

RAHS 系统拥有 3 个能力板块：研究与分析工具、观点分享工具、建模工具。其中，研究与分析工具使分析师能密切检视环境扫描所获信号，帮助分析师处理来自不同信息源的大量结构化和非结构化数据。

从 2007 年开始，RAHS 项目开始提供 3 个系列的情报服务产品。① SKAN：日报，含 7~8 篇文章，基于对各种开源信息渠道的常规扫描，对关涉新加坡的多领域重点问题进行描述；② Vanguard：关于萌芽问题和趋势的经过提炼的分析报告；③ Tech-SKAN：月刊，重点刊载与 RAHS 自身能力提升有关的萌芽技术。

RAHS 项目办公室还组织了八届国际风险评估和地平线扫描研讨会（IRAHSS），参

---

① https://www.nscs.gov.sg/rahs-programme-office.html.

第 8 章
情报感知的方法工具

见表 8-5 新加坡历届国际风险评估和地平线扫描研讨会的日期与主题。

表 8-5　新加坡历届国际风险评估和地平线扫描研讨会的日期与主题①

届次	日期	主题
IRAHSS 2019	23rd & 24th July 2019	The Future Reimagined
IRAHSS 2017	18th & 19th July 2017	Black Swans and Black El ephants
IRAHSS 2015	7th & 8th July 2015	Connecting Foresight, Policy, and Practice
IRAHSS 2013	16th & 17th July 2013	Strategic Foresight, Actionable Policies
IRAHSS 2011	18th & 19th October 2011	Emerging Risks, Emerging Opportunities
IRAHSS 2010	15th & 16th March 2010	Strategic Anticipation：Developing Effective Strategies for the Future
IRAHSS 2008	13rd & 14th Oct 2008	Realising the Vision: Challenges and Solutions
IRAHSS 2007	19th & 20th March 2007	

8.5.3　美国 FutureScout 公司为美国陆军执行的一个地平线扫描

2016 年 6 月，美国 FutureScout 公司受美国陆军委托研制完成了一篇典型的地平线扫描报告——《萌芽科技趋势 2016-2045：若干一流预测报告的综合》②（35 页，以下简称《2045 报告》）。

FutureScout 公司专做战略与分析，长于帮助组织机构"理解萌芽趋势，并在战略上做好准备在面对不确定未来的情况下繁盛不衰"。

FutureScout 公司在为美国陆军研制《2045 报告》时所扫描的"地平线"，是过去 5 年内，国内外一些政府机构、工业机构、智库发表的 32 篇科技趋势相关研究调查报告，其中来自政府机构的有 13 篇，来自产业界的有 12 篇，来自智库的有 7 篇。FutureScout 公司选择这 32 篇文献的标准是：①所有报告都必须是由那些一直生产高品质趋势分析产品的、声誉卓著的机构基于严谨且文档齐整的研究而形成的；②所有报告都必须是过

---

① International risk assessment and horizon scanning symposium（IRAHSS）[EB/OL].[2019-12-31]. https：//www.nscs.gov.sg/.
② Emerging science and technology trends：2016-2045 - a synthesis of leading forecasts [EB/OL].（2016-06-16）[2021-08-02]. http：//files.cn.gov/deftech/press-release/files/2016_scitechreport_16 june 2016.pdf.

去 5 年内出版的；③所有报告都必须是研究"那些在未来 30 年可能影响到陆军行动和未来行动环境"的科学和技术趋势的；④所有报告都必须是研究范围广泛的科学和技术趋势的，而非那些关于高度专门产业或技术领域的窄预报（Narrow Forecasts）。

把多个趋势分析报告整合成一篇《2045 报告》的初衷是：①识别出美国陆军感兴趣的"那些最可能在未来 30 年产生出革命性或颠覆性变革"的趋势；②帮助美国陆军在总体上把握未来 30 年可能影响国家实力的核心科技。《2045 报告》本身的具体用途在于：①方便陆军领导层在考虑"科学和技术在塑造美国陆军未来方面将要发挥的重要作用"时参阅，一本《2045 报告》在手，32 篇高品质报告的精华尽收眼底；②为国家及社会资本指明科学技术投资方向，以确保美国在未来世界中的战略优势。

FutureScout 公司研究人员利用该公司的先进计算能力，采用"隐性语义分析"（LSA）法，对趋势数据库中的 690 个科学技术趋势（取自前述 32 篇报告）进行综合对比聚类，最终明确了 6 类 24 组最值得美国陆军关注的趋势。隐性语义分析的具体步骤如下。

①对趋势数据库中的引语（Quotes）进行预处理，除掉标点和停用词；

②这些文本数据随后被标记（Tokenized）；

③一个"词频－逆文档频率（TF-IDF）"模型被用来与上述被标记的数据进行拟合；

④来自 TF-IDF 模型的结果，随后被用于计算趋势之间的余弦相似度，得出一个余弦相似度矩阵；

⑤用沃德法（Ward's Method）① 得出的聚类分析结果，随后被用于识别出萌芽趋势初始集合。

8.5.4　英国剑桥大学 Sutherland 教授团队的地平线扫描

Sutherland 教授领导的国际团队连续多年用地平线扫描方法研究全球自然环境保护问题，从 2010 年起，每年 1 月在学术杂志《生态与进化趋势》的第一期（从第 25 卷开始）刊登扫描研究成果。截至 2018 年 1 月，Sutherland 教授团队已经连续完成 9 个年度全球扫描研究工作。

以新出版的第 9 个年度地平线扫描论文② 为例，该团队识别出了可能影响全球生物多样性、自然资本（Natural Capital）和生态系统服务（Ecosystem Services）、环境保护工作

---

① JOE H, WARD J R.Hierarchical grouping to optimize an objective function [J]. Journal of the american statistical association, 1963, 58 (301): 236-244.

② WILLIAM. A 2018 horizon scan of emerging issues for global conservation and biological diversity [J]. Trends in ecology & evolution, 2018, 33 (1): 47-58.

的若干萌芽问题。拥有雄厚背景的国际团队成员们，审议了117个潜在问题，并从中识别出15个具有重大正面或负面影响却尚未被全球自然环境保护共同体认识到的问题。

8.5.5 美国对外关系委员会的年度应预防重点事件调查报告（PPS）

美国对外关系委员会下属的预防措施研究中心（CPA）采用地平线扫描方法，具体分3个阶段开展年度应预防重点事件调查（PPS）。以2019年度的PPS报告[①]为例。

阶段一：征集"2019年应预防重点事件调查报告"中应包含的重点事件

2018年10月初，预防措施研究中心运用各种社交媒体平台和博客来征集关于"应包括在本调查问卷中的可能发生的冲突事件"的建议。在对外关系委员会内部的一些地区专家的帮助下，预防措施研究中心把可能发生的冲突事件清单从近1000个压缩到30个，这30个重点事件被认为在未来12个月中可能发生，而且很可能损害美国利益。

阶段二：向对外政策专家进行民意调查

2018年11月初，向近6000多名美国政府官员、对外政策专家和高校研究人员随机发放了调查问卷，其中近500多人进行了回复。每个回复者都按照统一标准（表8-6、表8-7）评估了重点事件发生的可能性及其对美国利益的影响。

表8-6 评估"对美国利益的影响程度"的准则

大	对美国利益影响度高的重点事件，包括：直接威胁美国国土安全的重点事件；可能会因条约承诺而触发美国军事介入的重点事件；威胁到美国关键战略资源供应的重点事件
中	这类重点事件将影响那些对美国有战略重要性的国家，但不涉及相互防御的条约承诺
小	这类重点事件可能会造成严重的或广泛的人道主义后果，但发生在那些对美国来说只有限战略重要性的国家

表8-7 评估"发生的可能性"的准则

高	2019年可能发生和很可能发生的重点事件
中	2019年发生的概率与不发生的概率差不多均等的重点事件
低	2019年不可能发生和极不可能发生的重点事件

---

① PAUL B S. Preventive priorities survey: the center for preventive action [EB/OL].（2018-12-17）[2019-01-02]. https://www.cfr.org/report/preventive-priorities-survey-2019.

阶段三：对应预防重点事件进行评级

根据阶段二的调查结果，对30个重点事件进行分级。这30个重点事件分别落在风险评估矩阵的9个格子里（图8-24）。

对美国利益影响大且发生可能性高或中等的重点事件，以及对美国利益影响中等且发生可能性高的重点事件，均列入第一级。发生可能性中等且影响中等、发生可能性低但影响大，以及发生可能性高但影响小的重点事件，列入第二级。那些对美国利益影响小且发生可能性中等或低等的，以及影响小发生可能性低的重点事件，则列入第三级。

		对美国利益的影响程度		
		大	中	小
发生的可能性	高	第一级	第一级	第二级
	中	第一级	第二级	第三级
	低	第二级	第三级	第三级

图8-24 风险评估矩阵

8.5.6 美国国防部从事技术监视和地平线扫描工作的机构及其产品举例

（1）技术情报办公室（The Office of Technical Intelligence，OTI）[①]

美国国防部负责工程与研究的助理国防部部长［ASD（R&E）］下辖的技术情报办公室（OTI）的3个主要工作之一，是技术监视和地平线扫描（另2项工作是：技术评估、精准情报支持和协调）。针对技术监视和地平线扫描项目，近两年正在开发"旨在通过利用量身定制的办法和工具（包括运用开源数据和内部数据的科学计量学、专利分析、全球投资分析）来识别萌芽的和颠覆性的科学、技术和能力"的方法。

---

① Technical assessment：data-enabled technology watch & horizon scanning［EB/OL］.［2020-01-01］. http：//www.defenseinnovationmarketplace.mil/resources/OTI_Data_Enabled_Tech_Watch_Horizon_Scanning_Tech_Assessment_vPublic.pdf.

(2) 技术净评估办公室 (Office of Net Technical Assessments, ONTA) 及其产品 TECHSIGHT SNAPSHOT 报告

美国国防部负责工程与研究的助理国防部部长 [ASD（R&E）] 下辖的技术净评估办公室（ONTA）一直在输出 "TECHSIGHT SNAPSHOT 报告"[①]，对萌芽的和潜在的颠覆性研究领域中的活动进行简短概述。这类报告的目的是快速及时地提出供进一步研究的问题。TECHSIGHT SNAPSHOT 报告的读者可以通过一个动态界面直接访问报告中涉及的数据，以便做进一步探索。TECHSIGHT SNAPSHOT 报告分发到国防部所有工作人员及合同商。

ONTA 负责技术监视和地平线扫描的分析师们，使用 ONTA 的 TechSight 系统，运用来自科学与专利文献出版物趋势统计分析的量化指标，来形成这种 SNAPSHOT 报告。

每篇报告的格式框架都包含以下 10 个部分。

Ⅰ. Snapshot 报告简介。

Ⅱ. 某个具体新概念新技术是什么，如 Spintronics？

Ⅲ. 研究概貌（Research Landscape）。包括首要研究分支（Top Research Disciplines，如凝聚态物质物理学和材料科学）、首要研究话题（Top Research Topics，如磁电子学与 DMS）、首要应用领域（Top Application Areas，如数字记忆与信息存储）。

Ⅳ. 该项新技术新概念的成熟程度。

Ⅴ. 哪些国家在领先？

Ⅵ. 有待进一步研究的问题（包括国际竞争、技术进步、技术影响等）。

Ⅶ. 有待深入阅读的资料（被引用最多的著作）。

Ⅷ. 免责说明、反馈方式、作者（多为博士）。

Ⅸ. 参考资料。

Ⅹ. 附录（如方法论）。

8.5.7 中国沈阳格微软件有限公司的地平线扫描案例[②]

2017 年 9 月 14 日，格微软件有限公司（简称"格微公司"）接受某客户的一项紧

[①] Office of Net Technical Assessments（ONTA）. Spintronic techsight snapshot report [EB/OL].［2020-01-01］. http：//www.defenseinnovationmarketplace.mil/resources/TechSight_Snapshot_Report_2017OCT.pdf.

[②] 张聚恩. 大数据时代的科技情报工作：在中国航发科技情报工作会上的发言［EB/OL］.（2017-12-11）［2020-08-02］. https：//mp.weixin.qq.com/s/tVT5rWCOQE0hpxqOm4oUzw.

急任务：要求用一周时间，完成对"XYZ"专题情报的采集和挖掘分析，设计和提交专题研究报告。9月22日，格微公司以极高的效率和品质如期完成"作业"，获得任务下达部门的高度评价。

格微公司完成这项任务的进程是这样的：在北京接受任务，2小时后向沈阳远程部署任务，配置"比特能机器人（一种爬虫软件）"，开始跟踪和采集相关资料。3天后，确定XYZ知识图谱第1版。在建立可用于持续跟踪的XYZ数据挖掘平台的同时，进行分析、归类和碎片化处理。又经过一天，形成XYZ知识图谱第2版。第5天，体现研究成果全貌的综合报告初稿形成。专家组集中讨论后，确定报告内容，形成可向客户推送的成果，编制汇报文件。9月22日，即接受任务的第8天，任务完成。

在短短一周时间里，格微公司研究人员在公司计算能力帮助下，对一个此前无任何积累的陌生专题，进行了极深极广的采集和挖掘。采集总量达到12 192篇（专利7824篇、报道1209篇、标准234篇、文献2925篇），采信总量3183篇（专利2696篇、报道200篇、标准40篇、文献247篇）。在对上述文献进行高效协同翻译的基础上，建立了XYZ知识图谱、专题云和XYZ知识雷达等。

在完成这项任务的过程中，格微公司任务团队的具体作业可以细化成以下8个步骤。

①任务（地平线）定义——理解需求，研究、描述和分解任务，越细越好，落实到具体需要扫描的文献类型，如专利、新闻报道、标准文献、其他文献（期刊论文专著）等；

②服务模式定义——确定任务要输出的产品与服务的样式，包括具体的成果形式和提交频率；

③信息采集——配置和使用爬虫［所谓比特能（Bit Power）机器人］自动采集获取步骤①定义的各类型文献；

④鉴别采信——人机结合、以人为主，从步骤③已获取的文献中选择较贴合任务需要的文献；

⑤协同翻译——格微协同机译系统，对步骤④采信的这部分文献进行翻译；

⑥挖掘分析——专家组分析资源属性，从步骤④与步骤⑤输出的结果中再次确定重点；

⑦构建图谱——解构步骤⑥所输出的成果，运用碎片化存储、聚类分析等自然语言处理技术，构建XYZ专题领域的图谱；

⑧知识雷达——将新闻、专利、标准和其他文献等进行综合，形成专题云，提交专题研究报告。

2017年8月,格微公司副总经理在做"为某航空制造企业对标创新服务"演讲[①]时,展示了格微公司"企业宝"平台为某集团公司提供全方位产品和服务的案例。①每个人拥有自己的"知识雷达";②每个课题组拥有自己的"知识魔方";③每个部门拥有自己的"知识门户";④每位领导拥有自己的"千里眼"和"顺风耳";⑤每个公司拥有自己的"知识中心";⑥整个集团拥有自己的"创新生态圈"。

8.6 本章小结

概而言之,地平线扫描有3个要素:扫什么、怎么扫、扫描成果怎么分发。全谱思维贯穿地平线扫描的各项活动。

扫什么。这个要素就是要明确具体要扫描的对象——地平线是什么。待扫描的地平线可以是人物(找当事人面谈),也可以是文献(包括一切载体上的主动和被动记录);可以是全球各地,也可以是特定地区;可以是政治、经济、技术、文化、法规,也可以是科学技术,甚至仅仅是军工技术(或军工技术里边的一个细分领域)。扫描不仅要聚焦于我们所不知道或知之甚少的事物,还要充分放眼已知事物的各种可能的新动态。如果不能确定扫什么,就更不清楚为什么扫描了。

怎么扫。这个要素就是要明确扫描的频率(过多久就去全景式地获取一次关于扫描对象的信息),以及从方法体系中确定要用的具体方法。各种研究方法都可以被纳入地平线扫描的方法库。地平线扫描讲究全方位和全谱系扫描、行进中扫描,不像传统"技术预见"那样,多为提交一个高显示度的报告,提交后工作团队往往会寂静很久,甚至解散。而地平线扫描的工作一般不是短期的、一蹴而就的。

扫描成果怎么分发。这个要素主要是明确扫描成果的受众——扫描成果派送清单里该有谁,或者微信群里应该把谁拉进来?扫描成果的形式是书面的、多媒体的,还是一场面对特定受众的演讲?扫描成果及时分发到利益相关者(至少是全体决策者)手中,能最大限度地彰显地平线扫描工作的意义和效果。

"地平线扫描"的表里意义及其对情报工作诸多业务、诸多实践的包容性,深刻体现着情报学的精神,让越来越多现代开源情报分析者们乐此不疲。一方面,具体开源情

[①] 陈建军. 工业大数据助力企业发展 [EB/OL]. (2016-09-02) [2021-08-02]. http://lu.qq.com/a/20160902/054379.htm.

报机构多直接用地平线扫描方法进行日常情报工作①（还有如英、美国国防部的 TW/HS 活动②）；另一方面，学界众多研究者们还从理论上进一步系统化地研究着地平线扫描的方法学③④⑤⑥⑦⑧⑨。

鉴于地平线扫描理论和实践的具象、丰富与高效，笔者建议中国的情报学教育机构尽快添加地平线扫描的教学内容，培养更适应社会需求、具有全谱思维能力的人才。领衔或参与高品质的地平线扫描作业，是科技情报工作者的社会责任。

---

① SUTHERLAND. A 2018 horizon scan of emerging issues for global conservation and biological diversity［J］. Trends in ecology & evolution, 2018, 33（1）：47-58.
② Technology watch and horizon scanning community of practice meeting［EB/OL］.（2017-09-19）［2021-08-02］. https：//community.apan.org/wg/afosr/m/afosr/207127/download.
③ ROWE E，WRIGHT G，DERBYSHIRE J. Enhancing horizon scanning by utilizing pre-developed scenarios：analysis of current practice and specification of a process improvement to aid the identification of important 'weak signals'［J］. Technological forecasting & social change，2017（125）：224-235.
④ MEYER I，MARAIS M. Influencing the future： open access horizon scanning in Africa?［EB/OL］.［2021-08-01］. https://www. researchgate. net/publication/260248368_Influencing_the_Future_Open_Access_Horizon_Scanning_in_Africa.
⑤ GARNETT K，LICKORISH F A，ROCKS S A, et al. Integrating horizon scanning and strategic risk prioritisation using a weight of evidence framework to inform policy decisions［J］. Science of the total environment，2016（560-561）：82-91.
⑥ GARNETT K，LICKORISH F A，ROCKS S A, et al. Integrating horizon scanning and strategic risk prioritisation using a weight of evidence framework to inform policy decisions［J］. Science of the total environment，2016（560-561）：82-91.
⑦ SHARPE B，HODGSON A. Three horizons： a pathways practice for transformation［J/OL］.Ecology and society，2016，21（2）：47［2020-10-10］. http：//dx.doi.org/10.5751/ES-08388-210247.
⑧ 陈美华，王延飞. 科技管理决策中的地平线扫描方法应用评析［J］. 情报理论与实践，2017（12）：63-68.
⑨ CARNEY J. The ten commandments of horizon scanning［EB/OL］.（2018-03-08）［2019-09-25］. https：//foresightprojects.blog.gov.uk/2018/03/08/the-ten-commandments-of-horizon-scanning/.

第 9 章
从情报感知到情报刻画

情报工作者输出的 WIKID 是以"促进感知的形式"呈现的[①]吗？WIKID 只有被智能体感知（作用于智能体的思维），才可能引发巨大力量。

这里，以"促进感知的形式"呈现就关系到本章要研究的主要问题——情报刻画。钱学森说："情报是激活了的知识"[②]。这个刻画的工作，就是激活。本章讨论"情报刻画"的意义、情报刻画的动因、情报刻画的实施要求、情报刻画的能力保障、情报刻画的实现途径等问题。

情报工作者在制作具体情报产品的每一个步骤时，都需要时刻设想最终客户拿到产品那一刻的可能场景和想法，力求用清晰准确的图文，刻画所发现的事物原貌（meme）特征，使 meme 鲜亮起来，以便让客户及时快速地感知到情报产品竭力想让客户关注的一个或多个特征（meme）。这里的情报产品，就是为着呈现鲜亮的 meme 而产生的。

情报产品可以是一则关于最新前沿动态的短文（数十字数百字构成的微型研究报告）、一篇千字（万字）的专题报告、一期两页纸的《每日快报》（含有 5～7 篇微型研究报告）、一份 24 页纸的半月刊，等等。这些情报产品，送达客户之后，就是客户所处信息环境里一个不易忽视的信息建筑物（Information Architecture，IA）。

设想一下客户拿到产品那一刻的可能场景和想法。

---

① LEEDOM D K. Final report sensemaking symposium［EB/OL］.（2001-10-25）［2021-08-02］. http：//www.dodccrp.org/files/sensemaking_final_report.pdf.
② 刘植惠. 情报学基础理论讲座第七讲钱学森同志关于情报学的新见解［J］. 情报理论与实践，1988（4）：42-44.

> **客户拿到产品那一刻的可能场景和想法**
>
> 有一种高频有规律（每日、每周）分发的、风格一致的、短小精悍、简洁明快、贴近事实、揭示事物原貌的情报产品，在客户办公楼里流通。因为频率固定，客户对这种情报产品就有了稳定预期，于是会在自己的工作日常里安排固定议程——每天（每周）上班第一件事情就是阅读这种产品，必要时做出批示。
>
> 客户一到办公室就直取产品，一取到手很快粗看一遍。每次，客户都能概略知道刚过去的这一日（一周）的动态发展，同时体验到产品研制者所付出的匠心——"一看就知道是下过功夫的"。
>
> 文字表达准确到位，产品内容里总有零金碎玉，令人感觉不白看、值得存留，客户愿意每天（每周）都看。
>
> 有资格看到此产品的那些客户临时碰面时，常常会以产品里某个内容做谈资。

9.1 情报刻画的意义

所谓"刻画"，实际就是 Exploit 的意思，即识别信息（素材）的情报价值并通过构建 meme 来揭示情报价值。刻画环节的输出就是所谓信息建筑物 IA——一种含有"情况 meme"的情报产品和服务。

情报刻画是指情报分析者把自己感知到的情报（WIKID）用"吸引客户注意力、让客户感到轻松"的方式有效表达出来、输出含有"情况 meme"的情报产品和服务且便于客户更迅速感知到"情况 meme"的作业过程。那些旨在帮助客户感知"情况 meme"（情报 WIKID）的各种努力，都算是"刻画（导视）"操作。

情报刻画这个作业过程，输出的是情报产品。

9.1.1 借"用户画像"理解"情报刻画"

客户（用户）画像（Persona Profile）概念是 Alan Cooper 于 1999 年提出的[①]。Alan Cooper 认为："客户画像是目标客户的虚拟代表（Personas are a concrete representation of target users），是建立在一系列属性数据之上的目标客户模型"。客户画像其实就是"所

---

① XIN W. Personas in the user interface design [EB/OL]. (2007-11-13) [2019-11-18]. http://pages.cpsc.ucalgary.ca/~saul/wiki/uploads/CPSC681/topic-wan-personas.pdf.

提取的客户特定属性的一个集合"。

马化腾说[①]:"每天早上醒来最大的担心是,不理解以后互联网主流客户使用习惯是什么。"互联网企业,若不为客户考虑、不切实解决客户的问题、总是被"以我为中心"思维模式主导,是不可能生存的。因此,互联网企业十分重视客户画像的工作。

客户上网过程中留下的种种足迹,显示了客户在赛博空间里的存在。这种存在展现着客户的社会属性、生活习惯特征和消费行为特征。用这些属性和特征(也就是人们常说的标签,即经过提炼的特征标识)所刻画出的客户模型(客户的一个拟态存在),就是客户画像。对客户进行刻画形成客户画像,就是"以促进感知的形式"把客户模型呈现给产品开发人员,以便产品开发人员随时随地感知客户需求。目的是最终让供给侧能设计并生产出适销对路的产品并实现精准营销。

受"用户画像"的启发,我们也需要对情报所涉事物的属性特征进行认真精准的提炼、组织和呈现(刻画),让情报的内容特征和外表特征更凸显,以便更容易被客户感知、更快被客户获悉。不同的是,前述客户画像往往是机器自动实现的,而目前的情报刻画多是情报分析研究人员主导实现的(无论有没有机器辅助)。情报刻画的主要目的,是让需求侧客户快速实现对情报的感知。

情报分析师需要学习"用户画像"概念所反映出的刻画者对客户的尊重和在意,把情报内容(WIKID)刻画(揭示)得十分明晰和非常易于被客户感知,让客户/用户不费什么时间和精力就可及时获得其关心的情报产品。

事实上,本书第 2 章研究客户情报需求、讲究对客户情报需求进行感知的时候,也是在对客户进行某种程度的画像。

情报感知论重视"对信息的情报价值加以识别"。需要特别指出的是:Exploit 是指"识别信息的情报价值"。在兰德公司《定义第二代开源情报》这份报告中,"识别 WIKID 中对客户有价值的成分"的 Exploit 环节的执行主体,是情报共同体成员单位(职业情报分析机构)里的员工。这个 Exploit 环节,真不是指情报客户一方的"情报利用——用情报帮助决策者解决具体问题"的行为。Exploit 环节的含义,有点像把花生米先弄成稍细一些的粉,然后实施压榨,榨出花生油。花生表面看起来没有什么油,但若采用巧妙的 Exploiting 工艺技术(含加工压榨等),就可让其多出油,出好油。

情报感知论不仅重视情报分析者识别信息的情报价值,而且重视让情报分析者把识

---

① 王可心. 马化腾:最大的担心是不理解年轻人喜好[EB/OL]. (2013-11-06)[2019-11-18]. http://tech.qq.com/a/20131106/015120.htm.

别出来的价值通过精心打造的信息建筑物（IA）形式醒目地呈现给客户，即重视情报产品生产环节的事物原貌属性（meme）打磨，重视在信息环境中为客户主体进行情报导视。这种重视具体就落实到这里所讨论的情报刻画环节。

情报刻画的活动，对应于情报分析循环（图1-4）中的"价值识别和价值增强（Exploitation）环节"（"识别信息中的有价值情报"这个环节）。在本书里，"识别信息中的有价值情报"这个环节就是情报刻画激活环节。对情报进行刻画，就具有激活的意味。在"价值识别和价值增强（Exploitation）环节"，情报工作人员负责把情报信息源里蕴含的有价值情报meme都一一提取出来，判定meme的真实性和可信度，通过背景分析和产品化使meme更容易被后续环节主体感知到。在《定义第二代开源情报》报告中，作者（Williams和Blum）指出，"开发利用"有时就是指"分析"（"Exploitation is also sometimes referred to as analysis."[①]）。

价值来源于国家（部门/机构/公司）利益。刻画就是把与利益相关的事实特征提取出来，以令感官愉悦的简洁形式呈现给利益相关者（客户）。

情报刻画活动与平时人们买菜择菜洗菜的活动好有一比。情报工作者从WIKID（各种情报信息线索和素材）中淘洗、择出可用的零金碎玉，生成宜于呈现meme（知识点）的具体字词句篇创意，进行创意组织，然后修改、打磨（多一字嫌多、少一字嫌少）、阐释，最终做成各种长短情报研究报告（情报产品），这些报告中含有便于情报客户感知的一个meme或多个meme。含有meme的情报报告要足以明示meme的价值、引起客户注意、加速客户的感知，打磨出来的meme要有影响力/感染力/生命力（活到被客户知悉）——易于被感知、被吸收，甚至促使客户有继续传播这个meme的冲动和意愿。

刻画的宗旨是：节约客户时间、节省客户精力（"别让客户费脑子"）；使情报易于"被客户（决策者）感知、吸收并用于决策"。

刻画活动无处不在。提出一个既揭示文章内容又简洁明快的标题（引起读者关注，引导读者进一步点开页面、点开附件）就是一种刻画操作。好标题的关键是要保证在没有错误的情况下做到吸引眼球（不误导）。若为吸引人而不惜用令人错愕的文字做标题（所谓尖叫体），就极端不可取了。

《小蝌蚪找妈妈》里边，小蝌蚪对"妈妈"的特征（属性）提取的逐渐完备的过程，

---

① WILLIAMS H J, BLUM I. Defining second generation open source intelligence（OSINT）for the defense enterprise [EB/OL].（2018-05-17）[2019-11-18]. https://www.rand.org/pubs/research_reports/RR1964.html.

就是一个刻画过程。把长篇大论缩写成 3000 字的报告（便于决策者马上做出一个决策）的过程也是刻画过程。建立一个网站并为网站设计网站地图和导航系统，更是刻画作业。在失物招领处，你对自己所失之物的描述，也是刻画。还有寻人启事对所寻之人的描述，也是一种刻画。

各种建模、各种框架与谱系的设定，也都是刻画。

> **总想着把这个字词句篇刊打理得更好**
>
> 写某一个句子时，我担心这个句子是否够好；制作一份日报时，我担心日报里边的一组微型情报研究报告是否够好。
>
> 如果今日送出的这一组 5～7 个微型的科技情报研究报告无一被读者看上，那么，载有这些微报告的这张 A4 纸很可能就会被塞进碎纸机或被团起来扔进垃圾桶。
>
> 在终于决定印发的时刻，我便相信：只要用心，情报客户总会感受得到。

9.1.2 "以促进感知的形式"呈现要送出的情报产品

即将送给情报客户的情报产品是以促进感知的形式呈现的吗？《每日快报》在基本定稿后印发前，至少要由两个人现场再核审一次。这种审核操作很特别、很有效：一个人大声读，另一个人用心听。这两人中一定要至少有一个专家级别的，对新发生的任何改变进行当场确认（否则，印发稿的水平有可能瞬间跌落至最后落笔者的非专家水平）。这个特别的审核操作，也是一个典型的刻画过程——如此朗读，能非常有效地避免最后时刻不小心引入低级错误（错别字、多字、少字、不通顺、歧义），优化情报产品的内在品质（印的份数越多越值得这么严审）。可以避免出现类似于"北京地铁某号线各站英语播音发音错误令人难以忍受"的问题——数亿元都花了，却在地铁运行的每时每刻用这样的发音给乘客带来如此低端的听觉体验。

下面是两个体现"情报刻画"含义的例子。

例 1：关于"What to expect in 2019：science in the new year"这篇文章

英国《自然》杂志网站 2018 年 12 月 21 日发布的文章"What to expect in 2019：science in the new year"[①]，讨论了 2019 年科学领域的十大看点：极地项目；一大笔钱（涉

---

① What to expect in 2019：science in the new year［EB/OL］.（2018-12-21）［2019-11-18］. https：//www.nature.com/articles/d41586-018-07847-3.

及全球研发经费）；人类起源；对撞机迷局；基因编辑影响；S 项目的规划（涉及开放获取）；生物安全圣经；气候修修补补；对大麻的期望；宇宙信号（涉及中国 FAST），如表 9-1 所示。

表 9-1 事物属性刻画案例

事物："What to expect in 2019：science in the new year" 这篇文章

属性	属性值
when	2018 年 12 月 21 日
where	英国《自然》杂志网站
what	2019年科学领域的十大看点：极地项目；一大笔钱（涉及全球研发经费）；人类起源；对撞机迷局；基因编辑影响；S 项目的规划（涉及开放获取）；生物安全圣经；气候修修补补；对大麻的期望；宇宙信号（涉及中国 FAST）

例 2：关于《全世界最前沿的 125 个科学问题》这篇文章

题为"全世界最前沿的 125 个科学问题"的文章，近几年反复出现，都看不出最初是什么时候发布的了[①]。循着"Science 创刊 125 周年"这个线索考证，我们得到这样一个精准的"情况 meme"。

> 2005 年 7 月 1 日，"WHAT WE DON'T KNOW？ 125 Science Questions"刊于《科学》杂志（*Science*）（ISSN 0036-8075）309 卷 78~102 页。

"2005 年 7 月 1 日"就是情报分析研究人员考证出的"WHAT WE DON'T KNOW？125 Science Questions"这篇文章发表的准确时间属性，"《科学》(*Science*) 杂志（ISSN 0036-8075）309 卷 78~102 页"就是这篇文章发表的准确出处属性。

当然，从《全世界最前沿的 125 个科学问题》这篇文章出发，你还可以考证出更多属性（参见表 9-2，你可以考证出更多事物的更多属性），就看你考证研究的兴趣、精力和范围管理的边界到哪里为止。

---

① Science 发布：全世界最前沿的 125 个科学问题［EB/OL］.（2018-01-29）[2019-12-18］. http：//www.nsfc.gov.cn/csc/20340/20289/22023/index.html.

表 9-2　你可以考证出更多事物的更多属性

"WHAT WE DON'T KNOW？125 Science Questions"这篇文章的更多属性	① 2005 年 7 月 1 日,"WHAT WE DON'T KNOW？125 Science Questions"刊于《科学》(Science)杂志（ISSN 0036-8075）309 卷 78～102 页。 ② "WHAT WE DON'T KNOW？125 Science Questions"一文的头 25 个科学问题各有一篇署名小文。 ③ "WHAT WE DON'T KNOW？125 Science Questions"一文的后 100 个问题各自后面只有一两句话。 ④ 125 个问题提出的背景是:《科学》(Science)杂志社以此文庆祝《科学》(Science)杂志 125 周年纪念日。 ……
《科学》(Science)杂志的更多属性	①《科学》(Science)杂志诞生于 1880 年 7 月 1 日,由爱迪生投资 1 万美元创办。 ②《科学》(Science)杂志的刊号:ISSN 0036-8075（Print）,1095-9203（Online）。 ③《科学》(Science)杂志 1894 年成为美国科学促进会（American Association for the Advancement of Science,AAAS）的官方刊物。 ④《科学》(Science)杂志发表原创研究论文及对当前研究和科学政策进行综述和分析的论文。 ⑤《科学》(Science)杂志是周刊,每年出版 51 期。 ……

每一个 meme 所涉及的 1 个或多个属性都有来历,每篇长短报告都是由这些 meme 构成的巧妙作品。

9.1.3　把握情报刻画的实质

情报刻画落实到操作层面,实质上也就是"事物属性（特征）信息 WIKID 的更精致的表达——meme 化"。事物属性（特征）信息 WIKID 提取（见第 6 章"情报感知的特征信息提取"）是情报刻画的基础。例如,图书馆分类编目工作者每天面临的事物,主要是各种文献,分类编目工作者们要揭示文献的外表特征和内容特征。科技情报分析师日常要研究的事物,不仅包括文献,还包括文献内容所涉及的主题,也包括要回答的来自客户、来自自己所思所想的种种疑问。

在情报刻画环节,情报分析重点聚焦的事物属性主要包括 what/where/when/who 等自然属性和 why/how/how much 等社会属性（表 9-3）。

当然,如果继续追根究底的话,某属性本身也会成为更深层次的研究对象（事物）。例如,真正的科技情报分析者在做内容特征提取时,会不可避免地涉及技术细节和具体技术原理。科学技术前沿往往都是些特别新的东西,以至于中文不曾有过对应词汇。这时，科技情报分析者对关键词语要采取"译文词语（原文词语）"的表达方式，这就让客户有机会用原文词语自己去找到更多同主题原汁原味资料；并且一定要及时标注引用文献，让客户有机会自己去直接体会技术原创者的实际探索路径。

表 9-3　事物的基本属性（特征）

	内容特征	外表特征
自然属性	what	when / who / where
社会属性	why / how / how much	who 也有社会属性

情报分析团队的输出要达到产品化，就必须要对客户感兴趣的事物的自然属性和社会属性、外表特征和内容特征进行提炼（而不是简单地提取），并且还要加以清晰表述。这里的提炼加清晰表述，就是情报刻画。平时，客户说某篇文章言之无物，其实就是说文章没有说清楚哪怕一个属性；客户说一篇文章写得好，往往是这篇文章让客户脑子里关于某事物的某个属性的知识，豁然清晰起来，甚至催发出新思想萌芽。

9.2　情报刻画的动因

情报刻画最直接的目的，是为了让"你想要客户感知到的那个（那些）meme"至少活到被特定客户感知到的那一刻。某些情报产品，其中内容尚未被目标客户感知到，就被扔进了垃圾桶。有时候，本来对客户有意义的情报，会因为刻画不到位或客户注意力不到位，而未被客户及时感知。而且，严格地讲，"客户注意力不到位"也可能是因为情报刻画没有先做到位。

9.2.1　初心：赢取客户注意力

随时到手的各种信息，都在不停地争夺着客户注意力。客户往往因为注意力不够用而越来越烦躁焦虑。你送来的所谓情报产品若无实质内容且抓不住客户注意力，立刻就会被客户 pass（忽视）。一般情报产品往往只注意报告一下情况，而在客户注意力稀缺的当今环境下，情报表达需要讲究更高层次的打动和说服力，即情报产品要打造得更适合客户的心智运行方式。情报刻画的初心，是赢取客户注意力。刻画，实质上就是以富有想象力的、独创性的、鲜明的方式说事情。

> **刻画：以富有想象力的、独创性的、鲜明的方式说事情**
>
> William Bernbach 曾说过一句很有名的话[①]："The truth isn't the truth until people believe you, and they can't believe you if they don't know what you're saying, and they can't know what you're saying if they don't listen to you, and they won't listen to you if you're not interesting, and you won't be interesting until you say things imaginatively, originally, freshly."
>
> "真相之所以不算真相，是因为人们不相信你；人们之所以不相信你，是因为他们不知道你在说什么；他们之所以不知道你在说什么，是因为他们都不听你讲；而他们之所以不听你讲，是因为你无趣；你之所以无趣，是因为你没有以富有想象力的、独创性的、鲜明的方式说事情。"

9.2.2 要求：凸显 WIKID 对接收者的意义

只有那些经过精心刻画、凸显了 WIKID 对接收者意义的情报产品，才能吸引客户的注意力。

要想让情报获得更多"被客户感知、帮客户实现恰当意义建构"的机会，情报工作者就必须努力地把情报产品刻画得能够呈现该产品对特定接收者的意义。前文已经说过，信息是物质变化状态与事件运行方式的一种表征，与接收者无关。但是，"情报"必须是"对接收者有意义"的；"对接收者有意义"是情报的本质属性之一。

> **情报：从"情况的报告"到"更具影响力的打动和说服"**
>
> 关于新出的"无磷的环保洗衣粉"，有这样两则信息：①"传统含磷洗衣粉中的磷排入江河后，会污染水源"；②"残留于衣服上的磷长期接触人体，会带来不良影响"。

---

① William bernbach quotes [EB/OL]. [2019-11-18]. https://www.azquotes.com/author/1307-William_Bernbach.

> 哪一则信息更可能打动正要采购洗衣粉的人呢？显然是第二则信息。第二则信息与买家有切身的关系，因而更有感染力——买家当场被说服，做出购买"无磷的环保洗衣粉"的决策。
>
> 而对于负责环保工作的人来说，这两则信息同等重要。

9.2.3　追求：提高情报的可信度

客户相信你信任你，就会愿意阅读你的产品，愿意接受产品里的 meme，成为被这个 meme 感染的人，并且会去继续传播这个 meme。没有信任就没有所谓的知识服务，没有信任就没有 meme 的流传。所有的认真细致的刻画作业，都可以提高 meme 的可信度。

每一个经过精心刻画的有生命力的 meme，都伴随一个即时生效的令受众感到靠谱的微观信息环境（具体包括贴心的注释、引用文献、案例等），客户在这种环境中更易于感知 meme。

例如，美国人做出了"世界所有重大发明的75%"[1]这个结论的可信度，至少需要以下信息的支撑。

①"世界所有重大发明"的定义——什么是重大发明？凡是对今天的生活仍然有重大影响的那些发明；

②"世界所有重大发明"发生的时间范围（如1900—2000年）；

③"世界所有重大发明"公布的载体，如各国各地的专利文献中所刊载的；

④世界上在这段时间内的所有重大发明的清单，其中每个发明的元数据项至少要包括：重要发明的名称、发明者及其国籍、发明公布的日期；

⑤该"世界所有重大发明"清单的产生方法和过程。例如，如果要评选出100项"重大发明"，可以先让工作人员根据定义找出200项，然后制定一个评分量表，请80～100个领域专家给这200项发明打分，得分高的前100项为"世界重大发明"。

如果没有这①至⑤的信息内容支持，美国人做出了"世界所有重大发明的75%"这个结论的可信度就要打折扣了。追寻这①至⑤信息内容的过程，就是一个比较典型也比较复杂的刻画过程。

---

[1] 王晋. 成功人士所具备的五大心理素质［EB/OL］.（2008-01-04）［2019-11-18］. http：//blog.sina.com.cn/s/blog_476df96a01007rmr.html.

9.2.4 宗旨：方便客户理解和传播 meme

有一位科技情报分析专家在 2005 年某月连续写了两篇 3000 字以内的报告，一篇讲"技术成熟度九级台阶"概念；另一篇讲"挣值管理（EVM）"概念。结果，前者因内容简单易理解而立刻得到强烈关注、快速传播、普遍接受、广泛采用，后者则反响平平。

由此可见，"别让客户费脑子"是刻画的一个重要原则。具体地说，就是情报分析者在制作情报产品的时候，要关注受众体验、减轻客户心智负担（节约客户心智）、为客户提供最大便利、节省客户注意力，努力把报告写得简单、易于理解，这样报告中的 meme 就易于传播。

9.3 情报刻画的实施要求

本节重点研究如何实现情报刻画的问题。

9.3.1 遵循情报刻画的原则

第一，推论是推论，事实是事实。

meme 制作的首要注意事项是：不得把推论混入事实；事实胜于推论；不能用推论干扰事实。

《外媒炸裂！真是外星人？宇宙深处神秘信号到底要不要回应》这篇文章[①]里所贴的截图都没问题、大多数信息点单独看也没问题[②]，但作者把他自己从这些信息中推导出的观点，如"单独信号可能是宇宙天体产生的，但是重复的信号你怎么解释？"强行混入描述文字中，似乎在告诉你一个确定的事实：重复的快速射电暴（Fast Radio Burst，FRB）信号不能由宇宙天体产生，顺手就引入"智慧外星文明发送的信号""必是外星文明所为"。而事实上，原始信息点本意是"重复 FRB 很有趣，但将来很有可能基于现在所知和新观测，得到更科学的解释。外星文明是面对未知的最后一个选项，不是唯一或第一个选项"。

---

① 魔都因. 外媒炸裂！真是外星人？宇宙深处神秘信号到底要不要回应［EB/OL］．［2019-11-18］．https://new.qq.com/omn/20190111/20190111A1FD3K.html.
② 科学大院. 宇宙深处神秘信号？这篇关于外星人的爆文刷屏了，却被科学家狂怼［EB/OL］．［2019-11-18］．http://baijiahao.baidu.com/s?id=1622341847944835380.

观众为什么哄堂大笑

电视节目正在进行中……

主持人:"你长大后想要做什么呀?"

小朋友:"我要当飞行员!"

主持人:"如果有一天,你的飞机飞到太平洋上空所有发动机都熄火了,你会怎么办?"

小朋友:"我会告诉坐飞机的人绑好安全带,然后我挂上我的降落伞跳出去……"

(此时,在场观众哄堂大笑……)

主持人:"为什么你要这么做?"

小朋友:"我去拿油来!"

点评:观众笑,是因为观众把自己的臆断加到小朋友跳伞那句话后面了。而训练有素的具有批判性思维的情报分析者需要像这个主持人一样,耐心地多问一个为什么,挖掘出说话人的本意。显然,小朋友的本意跟那些发笑的观众所猜想的很不一样。高品质的情报刻画作业,容不得这种"把自己的臆断加在别人所说的话后面"的行为。

有人说"狗在叫"不是情报,"鬼子进村了"是情报,这恰恰把推论凌驾于事实之上了。很多时候,把"狗在叫"这个事实无比快速地告诉客户,是更有意义的工作;你费了半天劲做出"鬼子进村了"这个判断并把这个判断告诉客户,很可能误大事(进村的也许是新武工队员)。

第二,刻画时,不得凭想当然增加原始资料里没有的东西、不得迎合客户本位偏见而舍弃真相。

可以舍弃无关的东西,却不可以故意舍弃真相。事实为王,排除偏见。

第三,凝聚工作激情于 meme 中。

meme 首先是激情的产物。如果没有追求"做一个好情报"的意志和激情,就不可能生产出长寿命的 meme。激情可以引起受众共鸣,而共鸣是 meme 的生存力之源。

第四,数量的控制:多则惑——7±2 法则。

1956 年,美国心理学家米勒(George A. Miller)在《心理学评论》(*Psychological Review*)杂志上发表了题为《神奇数字 7±2:我们加工信息能力的某些限制》的论

文 [①]，指出短时记忆容量是 7±2 块（Chunks），即一般是 7 块，并在 5～9 块波动。

有一款 A4 纸两页体量的《每日快报》，正文字数容量约为 1200 个汉字，每天就发布 7±2 条短报告，短报告平均 200 字左右（约 7 行）。该"快报"很受客户欢迎。"快报"信息容量在某种意义上契合了米勒的"神奇数字 7±2"。

第五，稳定的预期。

客户每天一上班就能看到《每日快报》已经被摆到办公桌上，并且每次看《每日快报》都多少有些收获，于是客户每天上班第一件事情就会是看《每日快报》——《每日快报》成功嵌入了客户的日常。情报产品的频率、内容、风格、品质的稳定运行，让客户对情报产品有相应的稳定预期，能有效提高客户对情报产品的接受度。

9.3.2 把握情报刻画的品质

情报用户在体验到好情报之前根本不知道他们想要的好情报是什么样子。一份情报好不好，可从价值方面看，也可从技术方面看。

从价值方面看，"好"情报之"好"是相对的。你的好情报（你的知识之序）可能让别人看起来并不好（别人没看出有什么序，没看懂）。一定是既了解情报客户（U）又了解情报源（S）的那种情报人员才能搞到客户（U）认为好的情报。

从技术方面看，一份情报好不好，则有一定客观性。例如，若描述同一事实，则"绝对信息"一般优于"相对信息"。

从"一切为了减轻受众认知负担、为信息客户提供最大便利、为主体节约注意力"出发，情报工作者需要在 S-T-U 约束下提供品质尽可能高的情报产品。提高品质，从"绝对信息"开始。使用"绝对信息"，不使用"相对信息"。因为"绝对信息"优于"相对信息"。"绝对信息"比"相对信息"具有更强的刻画力。

"绝对信息"是指无须任何其他语言环境的辅助就能清晰传达完整语义的 WIKID 单元，如一句话、一段话、一个参考文献条目、一个独立的 meme 等。"绝对信息"是用最直截了当、最节约读者心智的方式供应的信息。这种信息客户理解起来只需花费最小的心智（Mind），不至于发生信息疲劳。客户引用这样的数据只需注明出处，无须额外考证。

那些需要其他语言环境支持才能传达意义的信息单元，就是"相对信息"。信息接收者要理解"相对信息"，需要花费更多的努力去分析、比对那些支撑性的语言环境。

[①] MILLER G A. The magical number seven, plus or minus two: some limits on our capacity for processing information [J]. Psychological review, 1994, 101（2）: 343-352.

一旦这些支撑性的语言环境被割裂了,这则"相对信息"将失去意义。一篇情报报告,如果里边充满了需要继续求证的句段,将给读者的思维带来沉重负担,令读者唯恐避之不及。如果读者是日理万机的领导,这样的报告就容易直接进纸篓了。

如图9-1所示,"今天"就是一个"相对信息",我"今天"要引用这篇文章的话,就不得不把"今天"换算成确切的日子"2019年11月18日"。这样,我写的文章就带着"2019年11月18日"这个无须换算的日期信息走遍天涯了。

```
宇宙深处神秘信号?这篇关于外星人的爆文刷屏了,却被科学家
狂怼
  科学大院    今天

    加拿大的一架望远镜在两个月内,捕获到13个快速射电暴,其中有一个很不同寻常的重复电
……
```

图9-1 "相对信息"案例:网络报道截图

在表9-4的例1中,"今年"是一个相对的时间信息。当你今天(如2019年11月18日)阅读到这句话时,"李四"到底是不是"28岁"呢?你至少需要额外去考证一下这句话是哪一年说的。在例2中,"目前"是一个"相对信息"。同样你需要额外去考证一下这句话是哪一年说的。在例3和例4中,"今天""今"指的是具体哪一天呢?你需要额外去考证一下这句话是哪一天说的。

表9-4 "相对信息"的例子

例1	李四今年28岁
例2	到目前为止,全世界已有1000多人接受心脏移植手术或使用人工心脏,最长的已存活12年
例3	今天的失败,是阿里安系列火箭诞生以来的第5次发射失败
例4	从1967年第一例心脏移植手术至今,全世界大概进行了17万例心脏移植手术[①]
例5	.../upfile/abc.html

对于找到上面这些句子并想引用的研究者来说,他肯定希望信息的来源方最好注明"今年"是哪一年、"今天"是哪一天、"目前"又指的什么时间段。否则,引用者/研究

---

① 袁晔. 南非纪念全球首例心脏移植手术40周年[EB/OL].(2007-12-05)[2019-11-18]. http://news.xinhuanet.com/newscenter/2007-12/05/content_7196275.htm.

者就需要推理换算,很浪费精力,这又需要进一步寻找补充的信息,如这个信息周围所附带的"信息发布时间"等。互联网上掐头去尾的转载行为,使互联网上充斥着大量令人不敢引用的"相对信息"。因此,元数据诸项中必须有一项是代表事物的时间戳记的。没有时间戳记的数据容易成为垃圾。

在内容分析工作中,为了提高内容产品的品质,研究人员需要做很多这样的分析推理和考证工作,这样的"相对信息"正在浪费着人们的宝贵精力。

不过,"相对信息"并不总是一无是处。如果某个网站的一个栏目里的每一页都是"表9-4 '相对信息'的例子"中例5这种形式的链接,则这个栏目的所有内容在被整体移动/复制/再用到另一个网站里做栏目呈现时,就不会出现坏链。

表9-5"绝对信息"的例子中所列的"绝对信息",则用最直截了当、最节省读者注意力的方式供应了信息,使读者理解这些信息时只需花费最少的精力,有效地减少了读者发生信息疲劳的机会。引用这样的数据只需注明出处,无须额外考证。

表9-5 "绝对信息"的例子

例1	李四出生于1980年
例2	自1967年首例人类心脏移植成功以来,心脏移植效果已有了显著提高。至1999年4月为止,全球已经有304个医疗中心完成心脏移植手术48841例,心脏移植后总的1年、3年、5年和10年生存率分别为79.4%、71.9%、65.2%和45.8%。心脏移植已成为晚期充血性心力衰竭治疗的有效手段[1]
例3	截至1926年12月底,美国登记注册的汽车有900万辆,占到世界汽车总数量的39%。在美国,平均每6人有一辆汽车,在英国每57人有一辆,而在德国每289人有一辆。自1924年以来,全世界汽车总计增加了800万辆
例4	国家安监局新闻发言人披露[2]:2007年全国事故总量50万起,平均每天1387起,因事故死亡者平均每天278人;其中重大事故86起,每42天发生一起;亿元产值死亡率是先进国家的10倍
例5	据国家统计局数据[3],1995—2006年,国家财政支出中行政管理费由996.54亿元增加到7571.05亿元,12年间增长了6.60倍;行政管理费用占财政总支出的比重在1978年仅为4.71%,1995年为14.60%,到2006年上升到18.73%。 而从国际横向来看,2006年预算内的行政管理费占财政总支出的比例,日本是2.38%,英国是4.19%,韩国是5.06%,法国是6.5%,加拿大是7.1%,美国是9.9%

---

[1] 心脏移植手术[EB/OL].[2019-11-18].http://baike.baidu.com/view/530202.htm.
[2] 黄毅.中国生产亿元GDP死亡率是先进国家的10倍[EB/OL].[2019-11-18].http://www.chinanews.com.cn/gn/news/2008/01-18/1138296.shtml.
[3] 唐敏.行政成本难降主因[J].瞭望,2008(17):56-57.

	续表
例6	2007年中国互联网客户达到2.1亿户;电话客户2007年11月达到9.09亿户,无论固话、移动电话还是总量都居世界首位;信息产业2007年预计实现销售收入5.6万亿元,增长18%,产业规模将跃居世界第二;电子信息产品出口完成4500亿美元,增长23.6%,占全国外贸出口总额的比重为37.6%[①]
例7	http://www.efg.com/upfile/abc.html

还有一种"绝对信息"的例子——便于在网络上传播的完整文献单元信息。每个Web页面文件、每个Word文件、每个PDF文件、每个PPT文件的制作者,都在其所制作的这些文件的末尾,提供相当于CIP(在版编目)一样的信息,便于这些文件的被引和流传。

2008年1月,我们从互联网下载了一篇PDF格式的文章。该文作者在文中周到地附上了这样一个引用提示(图9-2)。

图9-2中,这篇文章的作者把这篇文章的题目、主题词、摘要、年代、出处等所有特征都提取出来伴随文章一起提交到网络信息环境中,使得这篇文章仅仅依靠自身就能提供便于读者使用的一切书目信息要素,让读者不再需要去费力地考证文章的出处。保存这篇文章时,只需要在文件名中添加下载日期即可。一次下载操作就解决了关于这篇文章的全部外表特征信息采集的问题。这就贴心地提供了永久跟随文章的促进读者感知文章内容的伴生信息环境。

> **Citation:**
> Federman, M. (2004). *What is the Meaning of the Medium is the Message?* Retrieved <DATE> from http://individual.utoronto.ca/markfederman/MeaningTheMediumistheMessage.pdf.

图9-2 "绝对信息"案例:便于在网络上传播的一则完整书目信息

情报分析者要谨记自己只是对原始WIKID进行分类、组织、考证并提供全部的出处,为客户"理解评价这些WIKID并对这些WIKID做出反应"提供帮助。

上述绝对信息的概念异常简单,实施起来也不难。在为自己的工作项目建立网络信息环境的时候,可以百分之百地贯彻下去。平时为了增加自己生产的信息产品的品质,可以为自己的文章写好文摘、注明所有引用文献的出处。根据DUBLIN CORE(都柏林

---

① 王健君. 信息化规划择机出台[J]. 瞭望, 2008(4): 32-33.

核心元数据集）①，为自己发布的文件提供完整的书目信息。

为了保证情报品质，还须注意对过期未来时态（曾经的将来时态）的及时纠正。

2018年5月19日，腾讯发布了《现代高科技版"望闻问切"使用激光技术可以远程看病》的文章②，提到"在2018年年底之前推出原型机"。而现在已经是2019年，原型机造出来了吗？这显然需要考证。

2018年1月27日，新浪发布题为《Space X 猎鹰重型火箭或将于2月6日发射》的报道③，现在，"2018年2月6日"早已过去。那么，Space X 猎鹰重型火箭到底是不是2018年2月6日这个日子发射的呢？有没有再次推迟呢？这也显然需要考证。

9.4 刻画的典型案例

9.4.1 刻画案例一："补充素材"

起点素材——A 公司某年某月某日在自己官网上发布一则报道说，国防部刚刚宣布其在最终二选一的竞争中获得了 XX 项目 YY 亿元的合同。

在这个案例（参见表9-6"刻画的时间要求、起点素材、补充素材"）里，情报分析者需要首先找到国防部宣布这个事的文本，确认合同所覆盖的项目内容；其次要找到那个与 A 公司竞争的另一家公司 B 的名字（至少）；再次若要分析 A 公司为什么赢、B 公司为什么败，或要分析 XX 项目的意义及以往研发研制历程，都需另找更多相关资料（表9-6）。

---

① 1995年，在线计算机图书馆中心（Online Computer Library Center，OCLC）部分成员在美国俄亥俄州小城都柏林开会，提出了一套元数据的元素集（Metadata Element Set），用来描述网上的所有信息（音频、视频、图文页面……）。理论上互联网上的每个页面都应该嵌入这套元数据。这套元数据就是著名的"都柏林核心"（Dublin Core）。"都柏林核心"的简化形式共含15个元素：题名(Title)、创建者(Creator)、主题(Subject)、描述(Description)、出版者(Publisher)、其他责任者(Contributor)、日期(Date)、类型(Type)、格式(Format)、标识符(Identifier)、来源(Source)、语种(Language)、关联(Relation)、覆盖范围(Coverage)、权限(Rights)。
② 现代高科技版"望闻问切"使用激光技术可以远程看病［EB/OL］.（2018-05-19）［2019-11-29］. https://new.qq.com/omn/20180519/20180519A1N4KR.html.
③ Space X 猎鹰重型火箭或将于2月6日发射［EB/OL］.（2018-01-27）［2019-11-29］. http://tech.sina.com.cn/d/s/2018-01-27/doc-ifyqyqni3617211.shtml.

表 9-6 刻画的时间要求、起点素材、补充素材

情报报告时间要求	起点素材	补充素材	刻画并输出
0 时立刻完成	A 公司某年某月某日在自己官网上发布一则报道说，国防部刚刚宣布其在最终二选一的竞争中获得了 XX 项目 YY 亿元的合同		标题 A 公司赢得国防部 XX 项目 YY 亿元合同（附原始消息全文及出处、时间戳等）
24 小时内完成		找到国防部的这个文本，确认合同所覆盖的项目内容；（至少）还要找到那个与 A 公司竞争的另一家公司 B 的名字	数十字 meme 国防部某年某月某日宣布 A 公司赢得 XX 项目 YY 亿元合同。B 公司在这场二选一竞争中最终落败
3 日内完成		若要分析 A 公司为什么赢、B 公司为什么败，或要分析 XX 项目的意义及以往研发研制历程，都需另找更多相关资料。一般来说，"分析 XX 项目的意义及以往研发研制历程"更有紧迫性	2000 字左右的文章 国防部某年某月某日宣布 A 公司赢得 XX 项目 YY 亿元合同。 B 公司在这场最终二选一竞争中落败。 合同的具体内容是（如 A 公司将在未来 TT 年内为国防部研制出 ZZZ 装备并完成演示验证）…… XX 项目的意义及以往研发研制历程……

亲自获取补充素材，是情报刻画者在刻画阶段难以避免的工作。刻画输出任务越多，补充素材的工作量就越大，对素材进行进一步考证的工作量也就越大。

9.4.2 刻画案例二：把程序性的知识变成陈述性的知识

把"Know-How"（或最佳做法 Best Practice）与"Know-How 的承载者"分离开来的过程、把自己的想法变成文字的过程、把自己写的文字发布到网上的过程、标准化过程、工作分解结构（WBS）活动过程，都算是刻画（属性为信息采集、映射）活动过程。

把方法分解成一个个的动作，再把每一个动作描述出来以便别人理解（如果理解不

第9章 从情报感知到情报刻画

了就分得再细致一些,取样密度再大一些)。

"Know-How 承载者"做事情的每一个过程都可被分解成最简单的小步骤,就像广播操挂图把动作按照每一拍分解、像高速摄影机把飞行器的动作分解成一张张照片,每一个小步骤都是一个简单的无歧义的陈述性(静态画面般)的简单知识。任何操作者依照这样的简单的无歧义的一个个陈述句按部就班地执行,最终就能高质量地完成整个操作程序,从而也能像专家(标准制定者)那样,完成一件合格的产品。

把一种例外操作过程分析整理出来,变成一种例行操作过程(把大量的例外,压缩成常规),就可以交给更基层的操作人员来做(形成标准)。

详尽的生产过程条件规定(标准化、机械化),减少知识转移过程中的认知负担,在提高产品数量的同时,增加产品质量的确定性。就标准的实施而言,"理解"也并非总是必要的。标准化工作的"确定性"来源于"理解的要执行,不理解的也要执行"。

(1) 对 Know-How 的属性(特征)信息采集(感知)

从煮鸡蛋的寓言[1],到惠特尼的毛瑟枪制造方法[2],到证实某种病毒是某种疾病的起因的科赫(Robert Koch)法则,到波义耳的石蕊试纸,到美国国防部已经执行了数十年的工作分解结构和挣值管理方法,再到多国联合制造多军兵种 F-35 系列飞机的实践,再到 ISO 9000 质量体系,都证实了这样一个原理:

把程序性知识有效地转变成陈述性知识,找到致使"想要的事情总是发生"的那些条件、那些操作,并把找到的这一切都记录下来传承给干系人,即知识转移/技术转让,是降低干系人认知负担、减少产品品质不确定性、提高生产率、扩大规模的必由之路。

科赫法则[3]

1905 年,诺贝尔生理学或医学奖得主、细菌学之父、德国医师兼微生物学家科赫(Robert Koch)所确定的科赫法则,是指要证实某种病毒是某种疾病的起因而必须进行的四项科学试验。

第一项试验:在所有患者身上发现这种病毒,但健康人身上没有。

---

[1] 林星. 软件和需求的实践 [EB/OL]. [2021-08-02]. https://www.cnblogs.com/tdskee/archive/2009/09/18/1569676.html.
[2] 王寅. 伊莱·惠特尼与他的发明 [J]. 历史教学,2005(11):62-67.
[3] 科赫法则 Koch's postulates [EB/OL]. (2016-10-12) [2021-08-02]. http://zhidao.baidu.com/question/66984667.html.

> 第二项试验：从患者身上分离出这种病毒，并使其在实验室的培养皿内繁殖。
>
> 第三项试验：用皮氏培养皿中的病毒使实验动物患上与人同样的疾病。
>
> 第四项试验：从患病的实验动物身上分离出病毒，并证明这种病毒能在皮氏培养皿中发育。

在知识共同体的信息环境中，规则、标准的设计和实施，就是为了增加知识共同体内协同者行为的确定性和机械性。

(2) 标准化工作的四步过程

归纳起来，对 Know-How 的属性（特征）信息采集（感知）操作正是标准化工作的四步过程。

第一步：发现规律 meme

实验各种操作（或各种条件），看看哪些操作（或各种条件、事件、物质）导致了一个想要的现象（产品、品质等）出现；反复进行这些操作（或反复提供这些条件），这个现象（产品、品质等）就反复出现。

第二步：提取规律 meme

编写关于"在一定操作（条件）下总是发生的事情"的陈述文档（如各种标准：国家标准、军用标准、国际标准等），实现模式化。

第三步：利用规律 meme

人们若希望一种现象（产品、品质等）再次出现，就再次那样操作（或再次提供这些条件）；人们若不希望这种现象（产品、品质等）再次出现，就不再那样操作（不再提供这些条件）。

第四步：传播规律 meme

采用图解或任何其他方式解读标准，令标准所规定的每一步对更多更普通的人来说都十分简单、易感。

9.4.3 刻画案例三：把 500 个词左右的文章缩写成 120 个词左右的文章

钟平在《英文写作简单极致美学》一书[①]中讲解了概要写作（将一篇较长文章大意找出、改写、构成一篇不偏离原意的短文）的两个步骤（先找出文章中含关键信息的句

---

① 钟平. 英文写作简单极致美学 [M]. 北京：首都师范大学出版社，2017（3）：127-131.

子；然后将这些句子适当改写形成逻辑清晰的短文），并在一个案例中演示了把 500 个词左右文章缩写成 120 个词左右文章的全过程。

9.5 情报刻画的能力保障

开展情报刻画作业的人员应当具备一些对应的基础知识（应知应会）。刻画能力建设有助于提高感知与刻画效率。

9.5.1 "能指"与"所指"的区分与歧义避免

（1）"能指"与"所指"的区分

"能指"与"所指"是语言学、符号学中的概念。语言是思维的载体，是人际交流的工具，人类历史上以语言文字形式记载和流传的知识占到知识总量的 80% 以上。而计算机有 85% 左右的应用都是语言文字处理[1]。研究信息环境设计自然避不开"能指"与"所指"的问题。

"能指"是"所指"的载体。"所指"搭乘着"能指"在沟通者之间往返飞翔。

"能指"和"所指"[2]

"能指"和"所指"是语言学上的一对概念，"能指"意为语言文字的声音、形象，"所指"则是语言的意义本身。

瑞士语言学家索绪尔（Saussure）在《普通语言学教程》中把语言符号看作一个概念和一个有声意象的统一体，有声意象又称"能指"（Signifier），概念又称"所指"（Signified）。在同一个符号系统中，"能指"和"所指"是统一的，符号的意义是固定的。

索绪尔把符号看作"能指"（也译施指）和"所指"的结合，"能指"就是表示者，"所指"就是被表示者。拿玫瑰花来说，玫瑰的形象是"能指"，爱是其"所指"，两者加起来，就构成了表达爱情的玫瑰符号。符号是用一个东西来指另一个东西。

---

[1] 史忠植. 自然语言理解［EB/OL］.［2010-10-10］. http：//www.intsci.ac.cn/ai/nl.html.
[2] 非洛. 汉语的能指与所指［EB/OL］.（2004-09-13）［2020-10-10］. http：//www.chinathink.net/freetext/DisplayArticle.asp?BoardID＝7&ArticleID＝252.

> "能指"和"所指"都是索绪尔语言学的术语。索绪尔认为,任何语言符号都是由"能指"和"所指"构成的,"能指"指语言的声音形象,"所指"指语言所反映的事物的概念。比如英语的"tree"这个单词,它的发音就是它的"能指",而"树"的概念就是"所指"。
>
> "能指"和"所指"是不可分割的,就像一个硬币的两面;但是,索绪尔认为,某个特定的"能指"和某个特定的"所指"的联系不是必然的,而是约定俗成的。比如在"树"这个词中,树的概念和"树"的特定发音不是必然结合在一起的,"树"在英文中的读音和在法文、拉丁文中的读音明显不同,却都能表达"树"的意思。这就是符号的任意性原理。符号的任意性原则是索绪尔语言学的一条重要原则,它支配着索绪尔的整个语言学系统,是头等重要的。

1) 多个"能指"对应一个"所指"

人们往往可以使用不同的语言文字,来表达相同的内涵和外延。

多个不同的"能指"(如世界上存在的各种不同的语言、不同的墨的分布——如手写或打印出来的墨迹)会有语义等效的一个"所指"。这正是翻译、映射、建模、计算等效性、代数、属性(特征)信息采集(感知)、数据挖掘、商业智能、人工智能等这一切能够成立的基础。

例1:语义等效

3个"能指"对应一个"所指"、一个语义,导致一个行动结果。

3个"能指"对应一个"所指"

有3个互相隔离的房间[①],第一间里有一个中国人,第二间里有一个英国人,第三间里有一个机器人(图灵机)。

考虑下面3句语义相同的话:

"请把窗户关上!"

"Please close the window!"

"01001110111。"

这3句话分别说给上述3个不同房间中的人听。

[①] 张江. 图灵机与计算问题 [EB/OL]. (2005-11-03) [2021-08-02]. http://blog.csdn.net/dansin/archive/2005/11/03/521485.aspx.

> 第一句话告诉了那个中国人，于是中国人关上了窗户；第二句话告诉了那个英国人，于是英国人关上了窗户；第三句话告诉了那个机器人，于是机器人也关上了窗户。
>
> 三组完全不同的符号，让 3 个完全不同的主体实现了相同的最终结果：窗户被关上了。

这个例子讲的是：把一个确切的"所指"，以一个具体传感器（U）所能理解的格式（"能指"），清晰地送达到该传感器，并导致该传感器采取了一个行动（显示了效果）。

如果根据效果的这种一致性就认定这 3 个传感器"理解"了这 3 个不同的"能指"所携带的同一个语义"请把窗户关上"，那么就有了人工智能。人工智能是基于效果的。参见第 7 章"情报感知的效用发生机制"。

例 2：框架效应：往往关键不在于说什么，而在于怎么说

不同的"能指"，可以左右决策结果。

心理学中的框架效应（Framing Effects）也是多个"能指"对应一个"所指"的例证。框架效应是指一个问题的两种或多种在逻辑意义上相似甚至相同的说法却导致了不同的决策判断。例如：A 大臣对皇帝说，您的亲戚将在您之前亡故，皇帝听了决定给 A 大臣降职；B 大臣对皇帝说，您将比您的亲戚更长寿，皇帝听了决定提拔 B 大臣。这就出现了宦官效应：为了让皇帝制定一个宦官所期望的决策，宦官就依据皇帝的特点来找到合适的"能指"（在尽量不改变原有所指的情况下）。

一种语义可用多种"能指"来表达，不同的"能指"可能导致同一个主体做出完全不同的决策，也可能导致不同的主体做出相同的决策。相信框架效应的心理学家就认为，在人际沟通中，关键往往不在于说什么，而在于怎么说。

2）一个"能指"对应多个"所指"

相同的语言文字（相同的墨的分布），也可能让接收者看出不同的内涵和外延（同一"能指"的意义具有不确定性）。这是信息传递出现讹误、沟通交流出现偏差的根源。客户（U）这一侧的受众可能捡拾同一个 S 的不同"所指"，尤其会捡拾那些合乎自己意愿的"所指"。

例 1：CONTENT

计算机情报检索技术人员所说的"内容"（Content Based Retrieval 中的 Content），与情报咨询人员、图书馆员所说的"内容"（Table of Content 中的 Content），有不一样的内涵和外延。

平常，IT 人员和情报工作者们每日工作时，都在与具体"内容"（Content）打交道。你在一个"基于内容检索（Content Based Retrieval）"的系统里检索老虎图像时，你可能得到台阶或梯田的图像（这里的"Content"与维纳的通信中的信息是相通的——墨的分布）。而当你在图书馆里对图书馆员说"我想知道《基督山伯爵》的内容是什么"时，图书馆员一准会帮你找到一些关于《基督山伯爵》的文字说明，甚至直接把《基督山伯爵》这本书的摘要和目录都出示给你。尽管事实上馆员递给你的就是墨的分布，但你和馆员却关注的是墨的分布所表达的意义内容。

例 2："你是教授"

说者李四对听者王五说了一句话："你是教授。"李四的"所指"包括表 9-7 所列的 4 种可能性。[①]

表 9-7 "你是教授"的 4 个"所指"

"能指"	可能的"所指"
你是教授	①直接指出王五的身份，表示王五与他人（职称上）的区别 ②表示王五看问题的观点角度比我李四高明 ③讥讽王五 ④表示向王五提出更高的要求：你是教授，不同于普通人

听者王五可根据当时的语言环境、互相之间的信任度等，从 4 种可能的"所指"中选择一个自认为恰当的，然后向李四回应。李四根据王五的回应可得知王五从"你是教授"这句话中选择了哪一种"所指"。

例 3：自然语言理解

表 9-8 中列的是自然语言理解教案中的经典案例。当机器遇到表 9-8 右列中的句段时，将无法判别左列单词的含义。

表 9-8 机器理解自然语言的局限

单词	在不同的句段中有不同的"所指"
flies	Time flies like an arrow.（flies 是"飞"这个动词的第三人称单数形式） Fruit flies like a banana.（flies 是"蝇"这个名词的复数形式）

---

① 能指与所指［EB/OL］.（2021-04-06）［2021-08-03］. http：//baike.baidu.com/item/%E8%83%BD%E6%8C%87%E4%B8%8E%E6%89%80%E6%8C%87.

续表

单词	在不同的句段中有不同的"所指"
they	We gave the monkeys the bananas because they were hungry. （they 代指 monkeys） We gave the monkeys the bananas because they were over-ripe. （they 代指 bananas）
意思	他说："她这个人真有意思（funny）。" 她说："他这个人怪有意思的（funny）。" 于是人们以为他们有了意思（wish），并让他向她意思意思（express）。 他火了："我根本没有那个意思（thought）！" 她也生气了："你们这么说是什么意思（intention）？" 事后有人说："真有意思（funny）。" 也有人说："真没意思（nonsense）。"[①]

事实上，与此同类型的句子，不仅机器翻译起来有困难，就是经过了一定语言训练的成年人翻译起来也会经常出错。

现实生活中，同一个事物的"能指"所发生/转发的"所指"还有可能是无穷无尽的（如一本《红楼梦》就有难以计数的解读）。这正是导致组合爆炸、信息疲惫的原因。

(2) 歧义的避免和数据的可再用性/多用性

一定要避免可能发生的任何歧义。例如，有一个段子是这样的：妻子跟做程序员的丈夫交代说"……买一笼包子……看见卖西瓜的就买两个"，结果丈夫买回了两个包子。这个段子当然是为了幽默。但在实际生活中，你无法预料读到你写的文字时，读者的脑子里正在转着什么念头。代词的使用一定要特别谨慎。

歧义现象就是指：有些看起来相同或听起来相同的话语，在字面上可以有不止一种解释。产生这种现象的道理在于同一事物具有多组不同特征信息（属性信息）。

对于同一个事物（"能指"），可能会提取出若干套不同的特征数据，正如"横看成岭侧成峰，远近高低各不同"所言。设想有一个具体的人张三（本体、"能指"）。不同的系统会采集他的不同的特征信息（属性信息、不同的"所指"）。美国驻华大使馆在办理中国公民赴美签证的时候，要提取申请人的指纹；中国居民身份证上有照片、姓名、性别、出生日期、住址、身份证号码、签发机关、有效期限等信息；工作单位的人事部门存储一个员工的信息的时候，除了需要知道上面的基本信息外，还需要知道员工

---

① 词的向量表示［EB/OL］.（2017-06-07）［2021-08-03］.http：//www.hanks.com/nlp/word-vector-representations-word 2 vec.html.

的学历、取得的学术成就、研究兴趣等；若张三在"婚姻介绍所"的数据库中做登记，则其年龄、身高、相貌、家庭背景、收入财产、朋友圈子、性格特点等，有可能受到更多关注。

从另外一个方面看，正是因为一种"能指"可对应多种"所指"，所以人们相信对现有数据（"能指"）的分析开发利用一定还有多种可能的机会，即为了A目的而采集的数据（一个"能指"），可能用于B、C、D等目的（对应多个"所指"）。这正是数据挖掘、知识发现之所以能兴起的最本源却未曾有人言明过的一个公设。这也是我们今天为什么觉得占星时代所记录的天象资料仍有价值的原因；也是日本人透过当年关于铁人王进喜的报道，分析出他们感兴趣的情报的原因。古代的天象记录典籍和报道铁人王进喜的文章所呈现出来的"能指"，为有心人发掘其中令人感兴趣的各种"所指"，提供了充沛的可能性。

普及到私家车上的GPS装置，配备有精美的城市数字地图。同样的地图，在战争中敌人也可以用以执行他们的任务。度假照片和明信片也会有军事用途。如诺曼底登陆前，英军通用地形分队通过BBC向听众征集有关世界任何地方的度假照片和明信片，因为这些资料可从水平角度显示海滩、建筑物和地形的情况。消息发出后，数以万计的照片和明信片铺天盖地般飞向BBC电台。如此，BBC总共收集了约1亿张图片。

往往有这种情形：发送者通过一种媒介企图发送某一"所指"，而接收主体却通过同一媒介注意到另外的"所指"。例如：发送广告的一方，希望人们看广告了解他们的产品，而看广告的人中则可能包括一个专门研究广告现象的人士，他看广告可能根本就不是为了了解他们的产品，而是研究这则广告本身的技巧。这样的规律常常被公共关系管理专家用来提高公司在社会上的可见度，也常常被情报分析家用来发掘某一个"能指"中所有可能的"所指"。

第9章 从情报感知到情报刻画

> **大楼里的鸽子（根据网上资料整理）**
>
> 　　一家公司在某大都市新盖了一座高层总部大楼。老板和有关人士正在考虑如何广为宣传。
>
> 　　有一天，数千只鸽子不知何故飞进了楼里，把正在装修的各个房间弄得一塌糊涂。
>
> 　　当公司里一部分人正要把鸽子赶走之时，公关顾问却下令立刻关闭所有门窗，不让鸽子飞走。然后，公关顾问指示有关人员与动物保护机构联系，请专家来指导抓鸽子；与新闻机构联系，请记者来采访报道……结果新闻媒介三天三夜连续报道这家公司的这件新鲜事。
>
> 　　这些报道（"能指"）寄生了关于这家公司的信息。公众了解鸽子问题（"所指"1）的同时也知道了这家公司新盖的总部大楼（"所指"2）。同样的道理，电影、电视剧画面中人物手持的物品或背景中出现的物品都可能寄生隐性广告。

　　为了一个目的（如结账收取货款）而采集的数据，可能再用于另一个目的（商务智能分析活动，如啤酒与尿布的故事①）。这也是知识发现和数据挖掘工作能够兴起的理据。

　　数据已经被采集来了（已然数据，"能指"已经被掌握在手中），现在的任务是要在这些业已采集来的数据中挖掘出可能有用的"所指"——隐藏其中的模式（Hidden Patterns）。数据挖掘是在数据（自己或别人以往采集的数据）中进行挖掘，挖掘出的往往是数据之间关系的样式（关系也是一种知识），或取出对现行项目有用的那部分数据。可能存在这样的情形：一个数据挖掘方面的专家，会更愿意在他自己设计部署的采集系统所采集来的数据中进行挖掘。面对别人给出的数据，他首先会担心这些数据是否采集得合理（缺乏足够的信任）。

　　从本质上说，某一个具体的知识点原先本来就存在于原有数据及这些数据原有的关联中，"以前不知道"（Previously Unknown）只能说是某具体人或某具体机器尚未发现这个具体的知识点（Hidden Patterns）而已。

　　中国古代占星术曾企图用天象来预告人间社会的祸福。在占星术驱使下，古代天文观测者长期坚持观测天象，并记录积累了大量观测资料。中国古代从事占星术的先人们，也许不会想到他们记录下来的资料，会在随后几百年里一直是后人们探索宇宙的宝

---

① 吴沆.婴儿尿布与啤酒："数据挖掘"的魅力[J].知识就是力量，2002（12）：63.

贵素材。一代代天文学家对这些宝贵的观测记录进行了分析、继承、再用。

现代人则确信,他们凭借先进感知手段所获得的关于某些事物的巨量数据中,一定隐藏着某种可用而尚未利用的知识。等几百年太久,他们总想尽快在这些数据中进行挖掘,进行知识发现,尽快用发现的知识获取更多的收益,成就更多"啤酒和尿布的故事"。

互联网上那浩瀚的数字海洋中,肯定存在着大量与各种任务相关的已编码的知识等待着"有任务的干系人"去发现。因此,任何干系人一接到任务,首先去做的事情往往就是上互联网搜索一番。如果一个人需求非常明确,就会认为互联网是一个非常好的知识发现工具。而如果任务不明确,任何人即使穷尽其一生也不可能把互联网里边已经汇集的各种知识都亲自发现一遍。

同一套数据你觉得里边没什么东西,别人却可能从中感知到模式(表 9-9)。

表 9-9　数据再用

	自己用	别人$_1$用	别人$_2$用	……	别人$_n$用
过去用 现在用 将来用			同一套数据		

(3)"能指"/"所指"与决策

面对同样的情报发现,不同的人会做出不同的响应。

阿凡提赶集请的脚夫运载着货物不见了,阿凡提损失了货物。再次赶集时,有朋友告诉阿凡提:"快看,那个脚夫就在前边,赶快追过去找那脚夫,索回货物吧!"而阿凡提却决定自己躲藏起来——阿凡提认为脚夫反而会要阿凡提支付这么多日子运载货物的费用。

源自中国的任何信息、源自他方的关于中国的信息,都会有各种人从各个不同的角度去理解。日本、美国、欧洲等地都有一些"吃中国饭"(专门研究中国问题)的研究项目、团队甚至机构。"中国威胁论""中国崩溃论"都出自这些人的手笔。

由此可见,根据同一情报,人们可能得出多种方案,其中包括互相对立的方案。因此,引用客户决策后的成果作为衡量情报效果的依据,不总是恰当的。例如,一个数据库检索软件工具被一家企业安装到图书馆里,读者检索馆藏数据方便了。于是,该软件工具发展商在其"成功故事"中说,读者检索到的某个资料被应用到生产中,节省了多少万元的经费——这就是一个"不恰当效果报告"的案例。

报纸传递的错误信息可能导致灾难性后果,而报纸一般不对这个后果负责任。例如,在电影《魂断蓝桥》中,一份报纸登载的阵亡将士名单中赫然列有男主人翁的名字(而后来的情节表明男主人翁并未阵亡)。女主人翁玛拉在与男主人翁之母第一次见面的前一刻,碰巧看到了这份报纸,于是悲剧就从这里开始了。

为保险起见,现在的互联网上每一个稍微正规一点的网站为了避免不必要的官司,都积极发布免责声明。上市公司所发布的每条消息后面,都专门附上一个标准的段落,申述本条信息可能存在的问题,要读者对自己随后的决策自负后果。

9.5.2 知识服务问题的识别

本小节所说知识服务指知识共同体内部的知识服务。

知识共同体是"知识管理"概念有效的边界条件,在S、T或U(参见第5章)3个要素中,如果有一个或多个要素是开放(确定度为0)的,则所谈的知识管理,就是不可操作的。

一般地说,和项目(项目群)管理相伴随的知识管理,才是真正的知识管理。若没有项目任务约束,S、T、U三者中只要有一个没边界,那么,谈知识管理就没有意义了。只有在S、T、U三者均有确定边界的样式下谈知识管理才有意义。

知识共同体的一个信息环境的持续有效运行,需要干系人随时、及时在信息环境中留下表明自己日常工作绩效的痕迹(成果)。

知识管理就是把恰当的信息(信息内容 S 因素)以恰当的格式(媒介 T 因素)在恰当的时间(时间 T 因素)送给恰当的人(客户 U 因素)。

(1)恰当的人(Right People)

在知识共同体信息环境中,送达对象(客户)就是一起做项目的协同者。一次"报告"事件中,发出报告者需要按照组织中规定的报告顺序向上级递送报告,此时,"上级"就是这个"报告"事件中的"恰当的人"。

每一个协同者,根据不同的信息内容和沟通目的,选择最直接需要某则信息的协同者去送达。

(2)恰当的信息(Right Information)

Right Information 应该是"恰当的信息"而不应该仅限于"正确的信息"。有些信息的确是与任务相关的,但却同时可能是错误的。

一般来说，经过知识共同体成员的智力操作过滤之后，进入信息环境的内容，就会与任务充分相关（与干系人要完成的任务高度相关，是干系人关心的），就会更全面、不偏颇、多层面、多角度（不是"御用情报"）。

"恰当"还有一层含义，就是在所需要的抽象程度上，能恰当地反映所关心事物的原貌。例如，有些场合规定：用 1 页纸 600 字，就把一件事情说清楚。

恰当就是强调这个信息发布在这个环境中对身处其中的主体完成任务可能很有帮助甚至是主体必须知道的。如果给一个战场上迫切需要知道确切前进方向的士兵发送大量的股票涨落的信息，就是不恰当，即使信息是真的（真实反映了股票涨落的原貌）。

在围绕对手的信息环境中，给对手送一个让其上当的虚假信息却是"恰当的信息"。

(3) 恰当的格式（Right Format）

主要是指格式是"恰当易用的"，这是属于 T 问题域的话题。根据不同干系人的特点，选择不同的格式或载体，如果情报客户是一位有眼疾不能阅读电子文档的院士，情报工作者就不能给他送电子版的资料，也不能指望他上网获得信息。另外，传递的信息的粒度一般应由粗到细，信息量逐渐增加；还要考虑客户的接受习惯。

在知识共同体中，需要建立起上下左右的递送手段（恰当的格式、媒介的选择）。确保这些渠道的双向性与畅通性，使干系人能有效表达个人想法。最有效的做法就是建立基于计算机网络的有效的信息环境，同时使用口头、书面、电子等多重沟通方式，使干系人能从不同渠道获得/供应相关信息，了解、持续支持、持续参与项目任务各项活动。

知识管理与知识服务活动，不能像普通新闻报道工作一样，发出报道就算完事，只等着看反响了。非常情况下，的确可以利用新闻媒介向可能的干系人发送信息（如列宁通过无线电台宣布"撤销杜鹤宁的总司令职务、委任克雷连柯做总司令"的决定）。但在平常情况下，如果认为在新闻媒介上报道过就说所有干系人都知悉了，则是不妥当的。参见第 4.4.2 小节里"大众传媒的局限——送而不达"讲到的故宫博物院的门票官司。

(4) 恰当的时间（Right Time）

恰当的时间强调送达时间的恰当。特别要明确何时需要这些信息。根据情报内容的特性及重要程度，选择"常规递送"或"即时递送"。恰当的时间就是对于任务进程而言，恰好需要某一信息的时刻；所需信息若晚于这个时刻送达，会耽误组织的利益，令客户遭遇意外之事。例如，希特勒把装甲部队指挥权拿到了自己手上（希特勒因此成为唯一能调动装甲部队的干系人)。然而,在关键时刻他睡着了,没人敢惊扰靠吃安眠药才成眠的希特勒。

"盟军已在诺曼底登陆"这个信息不能及时送达干系人。等希特勒睡醒之后,胜机已经消失。

还有一个例子与恐怖袭击有关。基地组织成员之间通过网络进行沟通联络的过程和内容会在Google或其他类似搜索引擎系统的数据库里。

反恐作战指挥部里的人们知道,这些数据库里边一定有某种需要知道的东西存在,但是如何抢在恐怖袭击之前从海量数据中发掘出这些知识呢?这就像截获了一大堆被人加密后的字符串,如果不能及时破译密码,就可能在某次行动中被动地失败。相对于这次行动而言,这些数据的效用就和"这些数据本身不存在"一样。当然,这些数据对失败后分析"为什么数据上次没起作用"还是有用的,就像"9·11"事件之后那些事后诸葛亮式的分析,可以支撑那些类似于亡羊补牢的行动。

9.5.3 知识服务发生前提的理解

只有当情报产品中凝结的情报工作者发现的WIKID直接被客户所接受(愿意相信愿意拿来就用),知识服务才可能发生。换句话说,知识服务发生在情报工作者的"知"和情报客户的"知/行"之间距离最短的时候。

> "客户直接接受情报工作者供应的知识"起码需要如下的前提(知识服务发生的前提):
> ①客户认为(Believe)自己需要这种知识;
> ②客户认为(Believe)情报工作者能提供这种知识;
> ③客户认为(Believe)情报工作者认为(Believe)自己能提供知识,而且情报工作者认为客户的确需要这种知识。

图书馆员、情报工作者如果要做所谓的知识服务,则必须构建一个让伙伴客户和非合作客户都看得见的(Highly Visible)、信得过的(Highly Credible)知识共同体,构建一个同样让伙伴客户和非合作客户都看得见的、信得过的围绕这个知识共同体的高品质的信息环境。

在这个前提下,客户与情报工作者构成了一个大型的知识共同体。例如,《科技参

 情报感知论

考》团队为自己建立的信息环境向客户开放之后,事实上其成了客户与情报工作者之间思维接力的地方。情报工作者在这里存储、交流、分享自己新近的情报发现;客户在这里说明自己最新澄清的情报需求,让情报工作者有机会及时修订下一步情报发现的方向。客户的思维与情报工作者的思维趋于同步(大致相同的时间里关注相同的事情、对 WIKID 理解达到同质,如图 2-3 所示),共鸣的思维流就容易发生了。

客户信得过的情报工作者

知识服务容易发生在互相信任的人之间,也就是说客户容易从信得过的情报人员那里获得知识服务。制作《科技参考》的情报工作团队容易获得《科技参考》的读者的信赖。《科技参考》的一些读者在忙不过来时,可能会发一个合同,请《科技参考》制作方代为消化整理,提供分析、综合之类的信息服务。

情报人员在其编写的情报咨询报告中列出详细参考文献,有效地向情报客户展示自己的思维操作过程,这就是在为读者建立一个高品质信息环境,这个环境让读者很容易就借鉴到情报工作者的经验,让读者的思维能够与作者的思维实现高效率的接力。这样的信息环境能有效提高咨询报告的参考价值。读者在读完报告之后,往往会选择保留报告,以便日后再次参考、重复使用。有的客户可能因为报告里引用文献的齐整且切合需求而决定购买这份报告。

在此,笔者认为有必要对"知识服务"进行一个严肃的说明。

本来,"知识服务"是计算机领域的用语,是一个与知识挖掘和知识发现有关的人工智能领域的概念。

图书情报工作者说自己要进行知识服务,这就不是人工智能而是自然智能领域里的概念了。如今,IT 界和非 IT 界的人士互相拿对方的术语直接使用,造成了很多混淆。因此,一些术语在使用的时候,往往需要进行一些定义以求区别。

例如,为了与机器搜索相区别,人们创造了"人肉搜索"一词来表示"利用网络、多人协同进行的答案搜索活动"。类比之下,图书情报工作者目前所讲的知识服务就相当于"人肉知识服务"了。

当然,从等效原理来看,机器可以进行知识服务,人也可以进行知识服务。无论机器还是人,知识服务发生时,S 和 U 的思维必须具有同质性:U 正想要的东西,S 正好送来了。

例如,在"知识共同体"协同认知的盲人摸象模型中,知识服务就是及时填充图中的任意一个格子,无论是人填充的、机器填充的,还是人机协同来填充的(图 9-3)。

M 种来源的关于某一事物的 N 种特征的信息		事物特征 A_1	事物特征 A_2	事物特征 A_3	事物特征 A_4	事物特征 A_5	……	事物特征 A_N
S_1	通过数字图书馆、情报机构找到的任何来源的信息,包括 intelligence,外源性的(已然)	$S_1(A_1)$	$S_1(A_2)$	$S_1(A_3)$	$S_1(A_4)$	$S_1(A_5)$	……	$S_1(A_N)$
S_2	档案记录,课题组研究人员所在单位的档案里的记录,内源性的(已然)	$S_2(A_1)$	$S_2(A_2)$	$S_2(A_3)$	$S_2(A_4)$	$S_2(A_5)$	……	$S_2(A_N)$
S_3	课题组成员通过分析/计算得到(未然)	$S_3(A_1)$	$S_3(A_2)$	$S_3(A_3)$	$S_3(A_4)$	$S_3(A_5)$	……	$S_3(A_N)$
S_4	课题组成员通过建模仿真得到(未然)	$S_4(A_1)$	$S_4(A_2)$	$S_4(A_3)$	$S_4(A_4)$	$S_4(A_5)$	……	$S_4(A_N)$
……	……	……	……	……	……	……	……	……
S_M	课题组成员直接观察、测试得到的,直接经验的(未然)	$S_M(A_1)$	$S_M(A_2)$	$S_M(A_3)$	$S_M(A_4)$	$S_M(A_5)$	……	$S_M(A_N)$
对 M 种来源的信息进行拼接和整合,课题组研究人员(包括科研人员、图书情报档案人员、IT 人员)可快捷地获得关于某一事物的 N 种特征(A_1、A_2、A_3、A_4 … A_N)的知识,其中包括大量有效的间接经验								

图 9-3 知识共同体成员协同采集填充知识的盲人摸象模型

如果图书情报人员在讲数据、信息、知识、情报、智慧(WIKID)等概念的时候,在分析的层次上沿着某一个人(如情报理论家自己作为情报客户)的体验走得过远,就很难与客户 U 方的思维取得同质,参见图 2-3"二主体对信息环境中内容进行的 WIKID 分类"。图书情报人员认为是新知的东西,客户可能认为是常识。事实上,情报学家们正是根据自己的认知体验来定义数据、信息、情报、知识这些概念的。正是这种体验的个人主义色彩,导致关于情报概念的争论不休。

按照建构主义的观点,要图书情报机构向客户(伙伴干系人和非合作干系人)提供知识服务,这几乎是一个不可能实现的目标。假设传授者是第一方,学习者是第二方,观察者是第三方。那么,站在第三方的角度看,知识不是传授的,不是灌输的,也不是转移的,不是客户的被动接受、等待送达、死记硬背;而是客户在一定的情景(信息环境)中,借助他人(如同伴、师长)的帮助,与旁人互动和磋商,形成共识,利用必要的学习资料,主动发现、主动经验,通过主动的意义建构的方式在自己的头脑中建设出来的。这里,意义建构具体指:①内部的心智行为(主动构建,包括组织、适应、重新排序、创造);②外部信息环境的影响,参见图 1-3"意义建构概念框架"。

我们写的文章最终是否成为客户的智慧，取决于客户的信念——客户内心是否相信情报人员。情报工作者在自己工作的信息环境中，通过自己的工作建立了所研究之科目的知识秩序。而这个知识秩序在客户看来是否同样有秩序呢？要使这个问题的答案是"yes"，我们做情报工作的过程能力必须十分强大、强得有足够高的显示度，从而强化客户对我们的情报产品的信念。

因此，在讨论"数据、信息、知识、情报、智慧"等一系列相关概念时，情报人员需要采取一种现实的态度，而不能拘泥于脱离实际的文字游戏。

图书情报机构是社会记忆的一部分，主要任务应当是建立一个便于读者主动进行意义建构的环境（如《科技参考》团队所做到的），无论是物质世界的物质的实体环境，还是虚拟世界的赛博空间环境。在这些环境里，可以进行一些议程设置的工作，尽可能地向各类客户提供适宜的图式和沟通环境；或不动声色地让读者自己去发现，去偶遇[①]，甚至在技术上可以做得像英国情报人员在"肉馅行动"中不动声色地诱导希特勒去发现一样。

需要指出的是：这里的"知识服务"不是"知识密集型服务业"（Knowledge Intensive Business Service）中的"知识服务"或"知识密集型服务"的"所指"。服务需要重视把握以下两点。

①情报产品投放的频率与情报感知。必须管控好情报产品投放的频率和内容，密切关注客户体验。

面向上级客户的情报产品，应以短小精悍的日报、周报、双周报、月报（如美国中央情报局的《总统每日简报》）为宜。上级客户一般日理万机，对文字长周期长的情报产品，无法及时消化。但对于一般客户而言，除了短小精悍的日报、周报、双周报、月报外，也会拥抱高品质的双月刊、季刊、半年刊和年度报告。关键仍在于情报产品本身所含内容的品质。

从 2018 年开始，国家国防科技工业局对国防科技情报研究项目的"立项—拨款—写报告—验收"的模式进行了变革，那些一年到头只出一本报告的软科学项目几乎全部要采用"奖励性后补助"方式进行管理，以"切实发挥中央财政资金效率效益，激发有关单位积极性、主动性"[②]，只有"日报、周报、双周报、年报"等高频、强时效、事实性、扫描类情报产品，仍一如既往地得到稳定而又明确的资金支持。

---

① 刘春茂，袁敬芸，杜雪. 信息偶遇研究综述［J］. 情报学进展，2018，12（0）：248-270.
② 科工技〔2017〕1515 号文件《国防科技工业技术基础科研奖励性后补助实施细则（试行）》［EB/OL］.（2018-03-09）［2019-02-07］.http: //jmjh.miit.gov.cn/newsInfoWebMessage.action？newsId=3317755.

②信任促进情报感知，互动促进信任。情报工作者与客户之间的任何沟通互动（使过程中有错怪），是有助于建立信任的。曾经出现过一次这样的情况——见"互动有助于建立信任"文本框。

互动有助于建立信任

周边某国发布了一个重要文件，《快报》24 小时内就做了报告。

4 天后，那个新上任的客户从其上级口中听说某国发这个文件的事，突然觉得很重要。于是，他当即来电：×国发布××文件的事情，你们怎么不报？（腹诽：《快报》漏报重要信息了？）

《快报》编辑部速答：4 天前那份《快报》报过了。

该客户果然在桌子上的快报中找到了相关的文字。他因此感受到了《快报》之快、《快报》选题有水准，因此增加了对《快报》的信任，成为《快报》的口碑。

……

这个互动过程说明，该客户对《快报》是有期待的、友好的。若无期待，就不会来电，编辑部也就不知道该新客户对《快报》曾有腹诽，更没有机会证明自己。

9.5.4 吸收率金字塔原理的应用

情报分析团队内部要运用吸收率金字塔原理[①]。主要客户是"非合作目标"。

"学习吸收率金字塔"（The Learning Pyramid）对如何提高情报供给侧团队感知情报的能力有很好的启示（参见图 9-4 "学习吸收率金字塔"）。参与式方法带来更高吸收率，也就更能促进团队对情报内容的感知。例如，《快报》各领域编辑部每日早晨 9 点会商选题，总编辑部每日下午 2 点会商确定所有领域最终选题；然后，每周各领域进行动态跟踪小结并与其他领域跟踪团队进行分享。在会商、分享、讨论的过程中，所有人员都要发言并且发言之前要做准备（类似于备课并做 Teaching Others 的操作）。

[①] ER N F，DAG H. Comparison of cost-free computational tools for teaching physics [EB/OL]. [2021-08-01]. http: //www.researchgate.net/publication/261347822_Comparison_of_cost-free_computational_tools_for_teaching_physica.

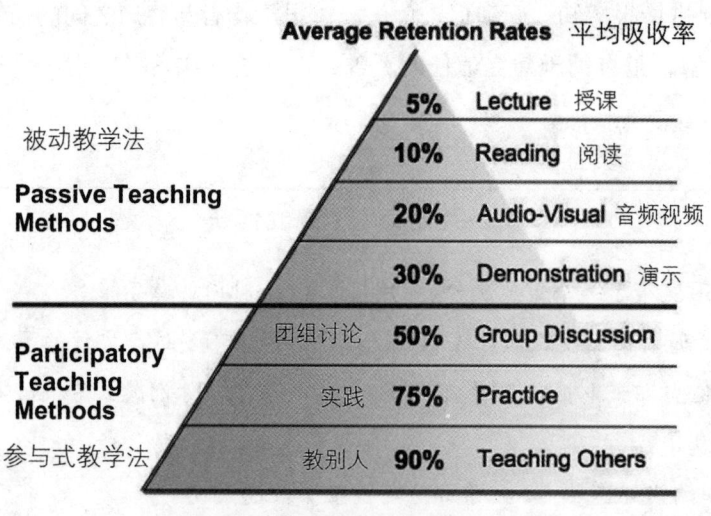

图 9-4 学习吸收率金字塔

有效的沟通——会商、分享、讨论——参与式主动协同感知，既利于弄清事物真相，又可校正个人在某些方面的思维偏差。

9.5.5 若干理论工具在情报产品供给侧的运用

这里是说在情报产品供给侧内部，运用议程设置（聚焦感知者的注意力）、先验图式理论、意义建构、信息偶遇的情况。服务于供给侧的议程设置，可以同时借助于隶属关系（如雇主雇员关系）来促进注意力管理。而服务于需求侧的议程设置，则重在情报产品本身努力做最好的自己。

（1）传播学中的议程设置理论及教育与认知心理学中的先验图式理论，是知识共同体的信息环境发挥应有效用的引擎

知识共同体中的干系人（主体、利益相关者），特别是处于领导地位的干系人，有望通过有意识地利用议程设置原理和先验图式理论，来显著提高信息环境运行的绩效。

议程设置理论认为[1]，大众传媒在一定阶段内对某个事件和社会话题的突出报道，会引导公众对该话题的普遍关心和重视，进而成为社会舆论讨论的中心议题。大众传播具有一种为公众设置"议事日程"的功能，通过反复播出某类话题的新闻报道，强化该话题在公众心目中的重要性。传媒的新闻报道和信息传达活动，以赋予各种"议题"不

---

[1] 谢新洲."议程设置"在互联网环境下的实证研究［J］.中国记者，2004（2）：66-67.

同程度的重要性（如重要的新闻放在头版头条、不重要的内容放在一般的版面位置）的方式，影响着人们对世界上的事物及其重要性的判断。

（2）先验图式对情报感知过程的重大影响力——Anderson-Pichert 实验（这个也是再用的理据）

情报感知论中运用先验图式的原理，主要看重的是先验图式对情报信息感知的重大影响力。这一点从著名的 Anderson-Pichert 实验[1]可以看出。

研究人员 Anderson 和 Pichert，把同一篇内容为"两个男孩在一座房子内外的活动和对话"的短文（The House）配以 3 种不同的阅读提示，分发给 A、B、C3 组学生。

A 组学生得到的提示是：请以"买房者"的立场阅读这篇短文 2 分钟，然后回忆并记录你认为重要的内容。

B 组学生得到的提示是：请以"小偷"的立场阅读这篇短文 2 分钟，然后回忆并记录你认为重要的内容。

C 组学生得到的提示是：请认真阅读 2 分钟，然后回忆并记录你认为重要的内容。

学生在 2 分钟内可以反复阅读文本。随后短文文本被收走。

实验结果显示：A 组与 B 组学生所写的内容迥然不同。

A 组学生所记的内容主要包括"高高的篱笆""宽广的院子""潮湿的地下室""前门后门及通车库的边门""厅里的洗手间""漏水的天花板"等这些买房者会注意的事项。

B 组学生所回忆的内容却是"妈妈星期四从不在家""四周没有别的人家""有名的油画""硬币收藏""抽屉里的钱""衣柜里的皮货""上锁的珠宝首饰盒""边门总是开着""车库里的三辆自行车"等这些小偷会注意的事项。

以下是 Anderson 和 Pichert 当时让学生阅读的文本内容——The House。

---

[1] PICHERT J W，ANDERSON R C. Taking different perspectives on a story. technical report（ERIC number ED134936）[EB/OL].［2021-08-03］. https: //files.eric.ed.gov/fulltext/ED134936.pdf.

The House

The two boys ran until they came to the driveway.

"See, I told you today was good for skipping school, "said Mark. "Mom is never home on Thursday, " he added.

Tall hedges hid the house from the road so the pair strolled across the finely landscaped yard.

"I never knew your place was so big, "said Pete.

"Yeah, but it's nicer now than it used to be since Dad had the new stone siding put on and added the fireplace."

There were front and back doors and a side door which led to the garage which was empty except for three parked 10-speed bikes.

They went to the side door, Mark explaining that it was always open in case his younger sisters got home earlier than their mother.

Pete wanted to see the house so Mark started with the living room.

It, like the rest of the downstairs, was newly painted.

Mark turned on the stereo, the noise of which worried Pete.

"Don't worry, the nearest house is a quarter of a mile away, " Mark shouted.

Pete felt more comfortable observing that no houses could be seen in any direction beyond the huge yard.

The dining room, with all the china, silver and cut glass, was no place to play so the boys moved into the kitchen where they made sandwiches.

Mark said they wouldn't go to the basement because it had been damp and musty ever since the new plumbing had been installed.

"This is where my Dad keeps his famous paintings and his coin collection, "Mark said as they peered into the den.

Mark bragged that he could get spending money whenever he needed since he'd discovered that his Dad kept a lot in the desk drawer.

There were three upstairs bedrooms.

> Mark showed Pete his mother's closet which was filled with furs and the locked box which held her jewels.
>
> His sisters' room was uninteresting except for the color TV which Mark carried to his room.
>
> Mark bragged that the bathroom in the hall was his since one had been added to his sisters' room for their use.
>
> The big highlight in his room, though, was a leak in the ceiling where the old roof had finally rotted.

这个实验表明，预设的阅读角度对被试者（信息环境所包围的干系人，即项目参与者）的注意力有明显的控制和管理作用。这里，预设阅读角度的提示语，相当于给被试者预先分配了认知任务。在面向项目的信息环境的运行过程中，预先向干系人分配认知任务，有助于高效率地管理干系人的注意力。

同样，在面向项目的信息环境中进行议程设置（可称为项目议程设置Project-Oriented Agenda Setting），也是为了提高干系人注意力管理的力度。

（3）信息环境所包围的任何干系人都有运用先验图式、进行议程设置的权利和义务

在项目信息环境运行过程中，干系人的议程设置活动是日常的，体现着干系人对项目的贡献。例如，项目抓总任务的干系人及时发布调度信息，其他干系人或提出一个新观点引起项目其他干系人的关注和参与，或总结前一阶段工作的优缺点并供应一个提高项目品质、提高项目工作效率的新建议，或转载一份相关参考资料并加上按语，等等。

需要强调的是，对于项目信息环境的持有者——项目负责人而言，先验图式理论的最重要的一次运用，发生在信息环境设计完毕之后、项目开工之时，发生在对新进入项目的人员进行培训之际。项目负责人（主要的干系人、信息环境设计人）需要就信息环境如何运行的问题，对参与项目的干系人进行认真的培训，明确规定报告关系，在全体干系人的头脑中、行为习惯中，牢固建立项目信息环境运行模式。如干系人必须牢记自己所担负的项目认知任务，及时向信息环境供应项目相关的知识或知识线索，履行"每天至少两次（一般是在8：00左右和17：00左右）访问项目信息环境"的义务；必须按照节点与调度安排，完成例行工作并留下工作痕迹（递交工作结果）；遇到例外情况，要沿"报告关系"链，进行报告或提出问题，等等。

伊拉克战争的前半年，美军曾经进行过一次"千年演习"。这次演习就确定了之后的伊拉克战争信息环境运行的基本模式，参与演习的各军兵种、各战斗单元在演习中都

体验了完成战争任务过程中自己应当如何作为，建立起了一个工作模式。事实上，一些发达国家的军队在平时进行的大量非战争军事行动（如抢险救灾）中，都在进行信息环境运行的演练，为战争军事行动做准备。

9.5.6　情报感知路径的优化

再问为什么研究情报感知？因为在情报的发现、情报的刻画和情报的吸收等一系列过程中，都会存在想象不到的种种误差。正因为情报感知过程存在误差，就需要通过研究找出优化情报感知的路径，避免误差在情报传递过程中被以讹传讹。

让我们来具体看看这则关于"鱼牛"的童话。

鱼牛：一个童话[①]

在一个小池塘里住着鱼和青蛙，它们是一对好朋友。听说外面的世界很精彩，它们都想出去看看。鱼由于自己不能离开水，只好让青蛙一个人走了。

这天，青蛙回来了，鱼迫不及待地向它询问外面的情况。青蛙告诉鱼，外面有很多新奇有趣的东西。

"比如说牛吧，"青蛙说，"这真是一种奇怪的动物，它的身体很大，头上长着两个犄角，吃青草为生，身上有着黑白相间的斑点，长着四只粗壮的腿。"

鱼惊叫道："哇，好怪哟！"同时，鱼的脑海里勾画出心目中的"牛"的形象：一个大大的鱼身子，头上长着两个犄角，四只粗壮的腿，嘴里吃着青草……

从这则童话可知，青蛙描述了牛，但鱼脑海里牛的形象走了样（"鱼牛"）。鱼脑中的牛形象在实体世界里是错误的，但对于鱼来说却是合理的。鱼将青蛙关于牛的描述与自己头脑中已有的知识相结合，就构建出了"鱼牛"形象。牛在青蛙的脑子里活得像真正的牛（青蛙直接经验了牛），而在鱼的脑子里活得像那个"鱼牛"（鱼听到青蛙关于牛的描述之后根据自己的已有的图式在自己脑子里构建的牛）。在日常生活中，人们对一件新事物的感知，如果浅尝辄止不求透彻的话，往往就会停留在"鱼牛"水平。在情报感知吸收过程中，显然也会出现类似于"鱼牛"这样的感知走样现象。这就意味着任

[①] 建构主义十大核心教学主张［EB/OL］.（2018-08-16）［2021-05-21］.https://baijiahao.baidu.com/s?id=1608911250263289906.

何情报感知，都存在一个修正、优化的空间。鱼脑子中形成的关于牛的情报图景，就需要修改、优化。《情报感知论》的研究，将帮助情报分析者在研制情报产品时积极考虑如何帮助情报客户更顺利地感知情报。

9.5.7 信息新秩序的建立

本质上说，情报刻画就是建立面向最终客户（U）的信息新秩序。

面对来自最终客户（决策者）的需求，情报工作人员在事实上把自己变成媒介（T）的一部分，在 WIKID 源（S）和最终客户（U，决策者）之间进行有成效的转换与传递（含刻画）操作。情报工作者的效用就体现在"建立面向客户的信息新秩序"的努力中。

在客户（U，决策者）视野里，情报工作者及其制作的产品只不过是企图分散客户（U，决策者）注意力的另一个 S 或 T（围绕 U 的信息环境的一部分）。当然，在 U 需要的时候，情报工作者可以无限地接近 U 甚至成为客户（U，决策者）团队的一个部分。

情报本来就含在此刻之前已经采集和此刻之后即将采集来的 WIKID 之中，只是这些情报在你（或你的客户）看来，尚未显示出某种想要的秩序。

情报分析工作就是建立对应于最终客户（U，决策者）当前任务的 WIKID 新秩序。

例如，别人写的一篇论文，是别人在他自己的任务空间中建立的一种信息秩序。设想你现在新接手了一个任务。别人的那个信息秩序，符合你的任务空间的信息秩序吗？若符合，就以某种契约获取之（不经契约过程，直接把别人建立的信息秩序据为己有，即为剽窃）；若不符合，就需要自己进行情报分析，针对当前需求进行某种引用、揭示和坐标变换。

有些格式转换（刻画）的工作，人可以做，机器也可以做；有些只能由人来做；有些则机器比人做得更好。例如，按照不同的排序（建模）规则对同一数据集进行不同的排列、展示（饼图、柱状图、曲线图）、数据清洗等，机器做起来就可能比人做得更快更好。有些则是人和机器联合起来做更有效果，如所谓人肉搜索（真人参加的搜索活动）、脑图（Mind Map）等，"知识挖掘""知识发现"等工作想要做得完美，人的参与和干预依然不可或缺。

9.5.8 知识共同体的知识配置

一个知识共同体的知识的配置，包括该知识共同体的知识的总量和知识的结构。研究信息的人们在谈论信息的性质时，经常引用诺贝尔奖获得者萧伯纳（George Bernard

Shaw）的一个名言：

> If you have an apple and I have an apple and we exchange these apples then you and I will still each have one apple. But if you have an idea and I have an idea and we exchange these ideas, then each of us will have two ideas.

实际上，萧伯纳的话隐含了一个前提，就是：每个人各自拥有的知识越多越好，并且这两个人都在追求拥有尽可能多的知识。

但是，我们认为，在同一个知识共同体内，成员所拥有的知识的互补性比一致性更有意义；知识冗余了，可能还增加认知负担。

知识共同体内的知识交换不改变知识总量

如果你有一个苹果，我也有一个苹果，我们交换这些苹果，那么，你我仍将各只有一个苹果，共有的苹果数是两个，总量没有改变。

如果你有一个知识，我也有一个知识，我们交换这些知识，那么，我们就各有两个知识了；我们共有的知识还是两个，总量没有改变。

这就是说，从总量上看，在知识共同体内，交换知识与交换苹果一样，知识总量不因为交换而增加。

在知识共同体中，就一个具体目标而言，协同者的认识水平、知识水平是接近的，有共同语言；或协同者之间因为承诺（权利、权利和义务约束）而建立充分互信，即使协同者就某一种具体知识而言水平是参差不齐的，但相对于一个有限的任务目标来说，整个共同体的知识总量是基本完备的。现在，我们来看如下文本框里的案例。

第9章
从情报感知到情报刻画

> **知识共同体案例:"最熟悉这些数据的人就是他了"**[①]
>
> "神舟一号"飞船顺利升空后,人们发现其一举一动都无懈可击地掌握在控制系统之中。但是,在"神舟一号"飞船即将返回地面时,胆大的陈祖贵还是心跳了一会儿。飞船进入制动130秒时,来自飞船的信号突然消失。北京航天指挥中心的大厅里一时静了下来。
>
> 那是让人最紧张不安的时刻,陈祖贵紧盯着飞船的一举一动,很多双眼睛都在盯着陈祖贵,因为,最熟悉这些数据的就是他了。
>
> 正在大家紧张不安的时候,他猛地喊了一嗓子:"配平攻角调整成功!"大厅里猛地响起了暴风雨般的掌声。

在这个案例中,很多人不清楚"这些数据"意味着什么,但对于专家来讲,这些数据的意义就非常明确。人们充分相信专家,使自己节省了钻研这个领域的认知负担,而把精力集中于发展自己的专长。

有人误以为最理想的状态是全体协同者之间有完全的沟通,所有人都对一件事物有同步的知识,甚至误以为知识管理就是用一切手段尽可能多、尽可能快地实施知识转移。

在实际操作中,知识转移并非总是必要的。在知识共同体内,有些知识无须转移。为了最大限度地减少认知负担,协同者一般要发挥特长分头承担不同的认知任务。

在由供应链上合伙人组成的知识共同体中,协同者还要互相尊重各自的知识产权,不能互相刺探商业秘密。拥有独特核心能力的干系各方,可以本着"互利共赢,分工合作,互相尊重知识产权"的原则,建立合伙的协同关系。例如,卫星制造商公司 A 在接受运载火箭公司 B 的火箭发射卫星的服务时,不能过多了解 B 公司火箭研制的技术细节,而 B 公司也不能过多了解 A 公司卫星制造的技术细节。

有些时候,过分向对方的知识领域深究可能会遭到明令禁止。韩国宇航员高山因"设法弄到了与训练计划毫不相关的'联盟'号飞船驾驶手册,并拿到训练中心外进行复制"[②]而遭遣返就是这个道理。

在知识共同体内,某个知识是集体所有还是个人所有,并不重要。重要的是,在任务需要的时候,这个知识能够恰当地、及时地发挥作用。人们总可以设计一种机制,让

[①] 张传军,徐珊. "神舟"号揭秘[M]. 北京:中国文联出版社,2005.
[②] 韩宇航员涉嫌窃密真相大白 俄宇航城常有"间谍"[EB/OL].(2008-03-25)[2021-07-30]. http://news.sciencenet.cn/htmlnews/20083251750427812 04508.html.

某个协同者拥有的知识，属于整个共同体。对专家的依赖与信任，是使知识共同体显示较高"智力水平"的方法之一（对应于知识管理理论中所谓的"个性化知识管理模式"）。

9.6 本章小结

这里重申一下本章所强调的情报刻画的宗旨：节约客户时间、节省客户精力（"别让客户费脑子"）；使情报易于"被客户（决策者）感知、吸收并用于决策"。要送出的情报产品，均需被刻画得具有"促进感知的形式"。情报刻画最直接的目的是让你想要客户感知到的那个（那些）meme，至少活到被特定客户感知到的那一刻，让需求侧客户快速实现对情报的感知。

本章第一节讨论了情报刻画的意义——情报刻画是指情报分析者把自己感知到的情报（WIKID）用"吸引客户注意力、让客户感到轻松"的方式有效表达出来，输出含有"情况 meme"且便于客户更迅速感知到情报的产品和服务的作业过程。如果说情报感知等于事物特征信息的采集提取（参见第6章"情报感知的特征信息提取"），输出的可能是一系列的结构化的数据库，那么，情报刻画环节的输出则主要是所谓信息建筑物（IA）——一种含有"情况 meme"的情报产品和服务。情报分析团队的输出要达到产品化，就必须要对客户感兴趣的事物的自然属性和社会属性、外表特征和内容特征进行提炼（而不是简单地提取），并且还要加以清晰表述。没有提炼和清晰表述就不是情报刻画。

本章第二节展示了情报刻画的4个动因：为获取客户注意力而刻画；为凸显 WIKID 对接收者意义而刻画；为了让客户相信你的情报，你需要对情报进行刻画；为 meme 更易于理解易于传播而刻画。

本章第三节研究了实施情报刻画的原则，研究了情报刻画的品质问题（"相对信息"与"绝对信息"，以富有想象力的、独创性的、鲜明的方式说事情）。

第四节提供了情报刻画的3个案例。要想让情报获得更多"被客户感知、帮客户实现恰当意义建构"的机会，情报工作者就必须努力地把情报产品刻画得能够呈现自身对特定接收者的意义。

本章第五节研究了与情报刻画能力相关的问题，包括"能指"与"所指"的区分与歧义避免、知识服务及知识服务发生的前提、吸收率金字塔、议程设置理论、先验图式理论和意义建构理论、从鱼牛童话到情报感知路径的优化、信息新秩序的建立、知识共同体的知识总量和知识结构等一系列能力建设相关话题。

第10章
围绕人工智能的情报感知刻画实践

以人工智能（Artificial Intelligence，AI）为主要内容的智能信息技术近年来取得了突破性进展，成为当前世界各国关注的新焦点，在国家顶层设计、技术进步、科学研究、应用创新等方面形成"井喷式"发展的态势。与智能信息技术紧密相关的情报学，在新一代人工智能加速推进的背景下面临前所未有的重大挑战与新的发展机遇。围绕人工智能的情报感知刻画实践则表现为：立足国际，结合实际，梳理刻画智能信息技术的发展历程、现状和趋势，在探究智能信息技术与情报学关系的基础上，洞察分析智能信息技术对学科建设的影响，为新形势下中国情报学的学术建设提供参考依据。

本章以《情报学进展（第十二卷）》"智能信息技术发展现状、趋势与影响透视"一文为示例，说明特定情报任务情境下的感知刻画具体实战。该文简要分析了智能信息技术的概念，将人工智能技术作为智能信息技术领域的主要研究对象，论述了人工智能的分类、简史及其与决策的关系；追溯了情报学与人工智能的内在联系演变情况，阐明了新形势下情报学与人工智能的关系定位；梳理了2016—2017年度世界主要国家关于人工智能的战略制定、行业应用、科学研究等进展，探究了人工智能加速发展的原因，进行了发展趋势展望；在情报学兼顾发展与安全进行学科重塑和融合的大背景下，结合近年来大量国内外的实践案例，从基础理论、实践应用、专业教育等方面分析了新一代人工智能对情报学的影响，建议明确"醒得早、看得远"的学科定位目标，以情报的感知、刻画与响应为抓手，创新发展中国情报学术建设。

10.1 智能信息技术的谱系扫描

10.1.1 智能信息技术的概念

通过文献调研发现，目前国内关于智能信息技术的定义主要有以下几个。

金鑫将智能信息技术定义为主要以人工智能领域技术手段管理和处理各种信息的技术总称，对智能通信技术、智能网技术、智能化网络管理技术和网络信息智能搜索技术等智能信息技术的开发与应用进行了阐述[①]。

钟义信将智能信息技术分为人工智能和信息技术两个部分来定义，认为人工智能技术是信息技术的制高点，指出完整的人工智能系统是由核心人工智能系统和信息技术系统共同建立的，而新型信息技术的核心技术正是核心人工智能系统的知识生成和策略创建技术[②]。

郭军在《智能信息技术》一书中对通信、计算机和控制3个领域中智能化技术进行了介绍，认为网络技术的智能化是智能通信技术最重要的内容，智能计算机技术的两大内容是体系结构和人机接口，智能控制技术包括神经网络控制技术、专家控制技术、学习控制技术等，指出智能理论的发展和广泛应用，引导了信息技术的智能化发展方向。纷纷登场的智能信息技术功能越来越强大有效，服务越来越灵活多样，操作越来越简便自然[③]。

王延飞等概括了对智能信息技术的两种理解：一是具备智能的信息技术；二是实现人工智能时所运用的信息技术。前者以智能为目标，后者是实现智能的手段和工具，而两种理解都落在人工智能的范畴中[④]。

综上所述，本文认为智能信息技术是人工智能和信息技术有机组合的系统技术，人工智能的实现需要借助信息技术，信息技术的升级更要依赖人工智能。实现人工智能所需的技术（计算机技术、生物信息技术）绝大多数属于信息技术范畴，因而目前与人工智能相关的研究热点多体现于智能信息技术。发展和应用智能信息技术是实现科技创新、有效应对大数据及未来更复杂的战略挑战的有效途径。本文将从情报学的研究立场对智能信息技术的现状、趋势及影响进行评析。

---

① 金鑫. 智能信息技术开发与应用 [J]. 数字技术与应用，2015（8）：181.
② 钟义信. 人工智能，信息技术的制高点：献给《中兴通讯技术》创刊20周年 [J]. 中兴通讯技术，2015，21（3）：1-3.
③ 郭军. 智能信息技术 [M]. 北京：北京邮电大学出版社，2001：7-13.
④ 王延飞，赵柯然，何芳. 重视智能技术 凝练情报智慧：情报、智能、智慧关系辨析 [J]. 情报理论与实践，2016，39（2）：1-4.

10.1.2 人工智能分类

人工智能被认为是计算机科学的一个分支,随着研究与应用的发展,其领域不断延伸、扩大,涉及哲学、认知科学、数学、神经生理学、心理学、计算机科学、情报学、仿生学和法学等多个学科。目前,尚没有一个能普遍适用的关于人工智能的概念定义,其原因就在于人们主要依据特定领域对其进行限定。正是因为对人工智能没有统一定义,多个学科领域和部门能够共同参与、发挥各自优势,才促进了人工智能的持续发展。人工智能涉及范围广泛,对其进行统一定义的难度很大。然而,对人工智能的所有研究与应用领域进行整体审视和分类研究,对于清晰地梳理勾勒人工智能的发展脉络、分析其对情报学的影响、确立其在情报学领域中的定位,却是十分必要的。

迄今已经有部分学者从不同的角度对人工智能进行了分类研究。比较有代表性的分类主要有以下 4 种。

① Russell 和 Norvig 从人类的角度将人工智能分为 4 类:像人类一样思考的系统,如认知结构(Cognitive Architectures)、神经网络;像人类一样行动的系统,如利用自然语言处理通过图灵测试、知识表达、自动化推理、学习;理性思考的系统,如逻辑运算器、推断、优选法(Optimization);理性行动的系统,如智能软件代理,通过感知、计划、推理、学习、交流、决策和行动等实现目标的拟人化机器人(Embodied Robots)①。

② Chen 从人工智能所涉及的关键技术角度将人工智能分为 5 类:逻辑推理、知识表达、规划与导航、自然语言处理、感知②。

③ Domingos 根据研究方法将人工智能研究人员分为五大"部落":"符号主义者"(Symbolists)使用基于抽象符号的逻辑推理;"连接主义者"(Connectionists)建立结构的灵感来自人类的大脑;"进化主义者"(Evolutionaries)使用的方法受达尔文进化论的影响;"贝叶斯主义者"使用概率推理;"类推主义者"(Analogizers)根据之前类似案例进行推断③。

④ De Spiegeleire、Maas、Sweijs 从人工智能赋能大小的角度将其划分为 3 类:弱人工

---

① RUSSELL S,NORVIG P. Artificial intelligence:a modern approach [M].3rd ed. England:Pearson,2009.
② CHEN F. AI,deep learning,and machine learning:a primer [EB/OL].[2017-07-30].http://a16z.com/2016/06/10/ai-deep-learning-machines. 11 Pedro Domi.
③ DOMINGOS P. The master algorithm:how the quest for the ultimate learning machine will remake our world [M]. New York:Basic Books,2015.

智能、强人工智能、超人工智能[①]。弱人工智能，包括 Artificial Narrow Intelligence (ANI)、Narrow AI、Weak AI 等概念，指在特定任务情景下等同或者超越人类智慧的机器智能[②]。强人工智能，包括 Artificial General Intelligence (AGI)、General AI、Strong AI 等概念，指在任何任务情景下都能与人类所有表现相媲美的机器智能。超人工智能，包括 Artificial Superintelligence、Super AI、Super-intelligent Machine 等，指在任何任务情景之下均超越人类智慧的机器智能[③]。需要注意的是，超人工智能在创新创造、创意创作等各个领域均可超越人类，可解决人类无法解决的问题，可以如科幻小说中所描述的那样引发"智能爆炸"(Intelligence Explosion)[④]。人工智能的分类框架如图 10-1 所示[⑤]。

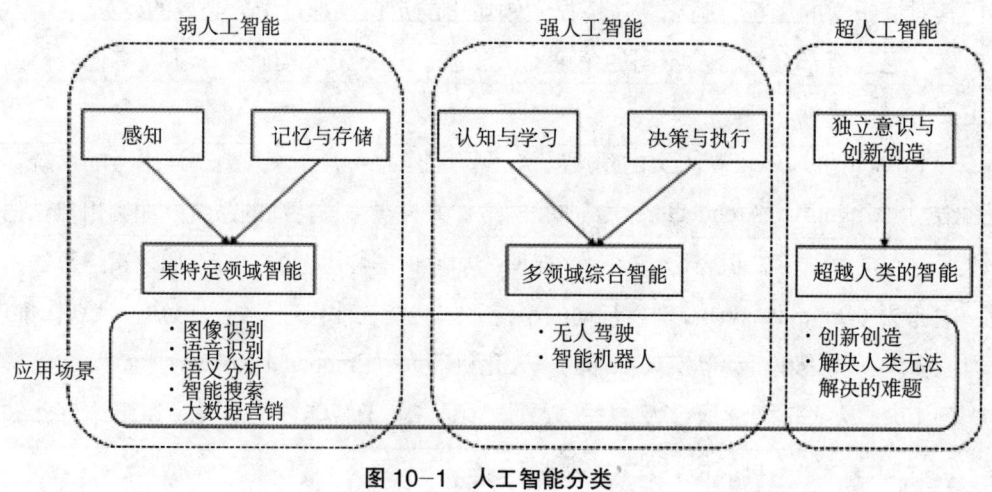

图 10-1 人工智能分类

上述 4 种分类方法体现了人们对人工智能的理解定义、研究视角、应用领域等方面的差异。前 3 种人工智能分类方法具有较强的针对性，第 4 种分类方法体现了人工智能

---

① DE SPIEGELEIRE S, MAAS M, SWEIJS T. Artificial intelligence and the future of defense [M]. Hague: The Hague Centre for Strategic Studies, 2017: 30.

② KURZWEIL R. Long live AI [EB/OL]. [2017-07-30]. http://www.forbes.com/home/free_forbes/2005/0815/030.html.

③ BOSTROM N. Superintelligence: paths, dangers, strategies [M]. Oxford: Oxford University Press, 2014: 53-56.

④ GOOD I J. Speculations concerning the first ultraintelligent machine [J]. Advances in computers, 1966 (6): 31-88.

⑤ 王洪磊, 徐勇, 郑连声, 等. 人工智能时代开启, 各领域应用加速落地: 人工智能行业专题报告 [EB/OL]. [2017-12-20]. http://www.3mbang.com/p-195467.html.

在决策与行动水平上的 3 个不同层次、不同阶段，兼顾了人工智能的代际差异，具有很强的理论性和现实指导性。由于情报工作的根本使命是解决决策过程中信息不完备的问题，所以对于信息或数据而言，无论其内容状态和载体形式如何，只要有助于解决决策信息不完备的问题即可被纳入情报范畴。因而，人工智能的分类为我们在保障决策的情报学视角下感知理解人工智能的发展现状、前沿方向及影响，提供了一个参考框架。

10.1.3 人工智能简史

中外历史上都不乏与人工智能相关的研究史料[①]。1950 年，英国数学家、计算机科学奠基人图灵在发表的著名论文《计算机与智能》（*Computer Machinery and Intelligence*）中，详细讨论了"机器能否拥有智能"的问题，预言了创造出具有真正智能的机器的可能性，现代意义上的人工智能开始孕育。国际上，公认其作为一门独立的新型学科，则是以 1956 年美国达特茅斯（Dartmouth）研讨会上首次使用"人工智能"这一术语为标志。人工智能发展历经了多次转折。关于人工智能的发展历史或者发展过程，不同国家、机构和学者有不同的划分标准和判断。2017 年，荷兰的海牙战略研究中心在其研究报告《人工智能与未来国防》[②]中对人工智能的发展阶段进行了划分，笔者基于这一划分进行整理并补充相关发展背景和标志性事件，如表 10-1 所示。

表 10-1 国际人工智能简史

年代	阶段	发展背景	标志性事件
1956—1974 年	早期的热情：人工智能的第一个春天	基于形式符号推理的原型系统、感知器（早期的神经网络）开始闻名	1956 年达特茅斯会议标志着 AI 的诞生；1957 年罗森布拉特发明第一款神经网络 Perceptron，将人工智能推向第一个高峰
1974—1980 年	宏伟的目标：人工智能的第一个寒冬	人工智能在进行进一步的研究发展的时候遇到了很大的阻碍。这一时期没有比上一时期更重要的理论诞生，人们被之前取得的成果冲昏了头脑，低估了人工智能学科的发展难度	20 世纪 70 年代的计算能力突破没能使机器完成大规模数据训练和复杂任务，AI 进入第一个低谷

---

① 蔡自兴. 机器人学［M］. 北京：清华大学出版社，2000.
② ALLEN G, CHAN T. Artificial intelligence and national security［EB/OL］.［2017-12-20］. http://www.sohu.com/a/159293110_358040.

续表

年代	阶段	发展背景	标志性事件
1980—1987年	专家系统：人工智能的第二个春天	在一个狭小的领域内回答和解决问题的基于推理的程序出现	1982年霍普菲尔德神经网络被提出；1986年BP算法出现使得大规模神经网络的训练成为可能，将AI推向第二个黄金期
1987—1993年	不是下一波：人工智能的第二个寒冬	人工智能硬件公司倒闭	1990年人工智能计算机DARPA没能实现，政府投入缩减，AI进入第二个低谷
1993—2011年	第三个持续的人工智能的春天	神经网络和遗传算法的发展	2006年Hinton提出，深度学习神经网络使得人工智能性能获得突破性进展
2011年至今	新一代人工智能：大数据、深度学习和人工智能革命	算法预测精准度的进步，促进人工智能达到一个新的转折点。得益于著名私营互联网企业的发展	2013年深度学习算法在语音和视觉识别上取得成功，识别率分别超过99%和95%，进入感知智能时代；2016年3月，谷歌AlphaGo 4∶1战胜李世石九段，揭开人工智能新篇章；2017年1月，智能机器人小度在人脸识别方面以3∶2的成绩战胜人类最强大脑代表王峰；2017年10月，《自然》杂志公布的论文显示，新一代AlphaGo Zero完全从零开始，不依靠人类指导和经验，仅凭自身算法强化学习，就以100∶0的战绩击败了AlphaGo

注：此表统计时间截至2017年10月20日。

从表10-1可以看出，国际人工智能的发展已取得了巨大的进步，目前正呈现爆发增长之势。我国由于历史原因，人工智能起步较晚，于20世纪70年代末进入艰难的起步阶段，做了一些基础性的工作，在起步上比美国晚了近30年，而且走过一段很长的弯路；20世纪80年代中期以来，中国的人工智能迎来曙光，步入比较正常的发展轨道，并在进入21世纪后开始蓬勃发展；如今，我国人工智能已成为国家战略，迎来了发展的春天①，为包括情报学在内的多个学科建设提供了前所未有的发展机遇。

从国内外人工智能的发展历程可以看出，人工智能绝不是一门单一的学科，更不是一种单纯的信息技术，人工智能的发展是整个社会科技发展的产物。人工智能的发展也为相关学科带来了新机遇。例如，在情报治理的生态观中，比较重视"生长"意识，强调对情报任务、情报工作环境和情报资源条件等方面动态变化的重视，这种重视离不开

---

① 蔡自兴. 中国人工智能40年[J]. 科技导报，2016，34（15）：12-32.

扫描、前瞻预测等技术来支持相关的评估工作。智能信息技术特别是人工智能相关技术的发展为生态化的情报治理提供了技术支持和理念支撑。

10.1.4 人工智能与决策

决策是人类社会实践活动的一个重要环节，科学的决策过程作为人的一种创造性思维活动，是从调查研究开始，经过分析判断，达到对事物客观规律的正确认识，直到做出决定的动态过程[①]。简单来说，决策即在未知情况下，通过认知推理并在两种或以上可能方案之间做出选择。认知（Recognition）和推理（Reasoning）是决策的两个重要方面[②]。人工智能与决策有着密切的联系，可以说，人工智能的发展史是嵌入在决策科学的发展史之中的。

首先，从理论缘起上看，决策和人工智能都与认知科学不可分割，人工智能源于人类的决策需求，是对包括决策在内的人类活动的模拟。决策理论的代表人物赫伯特·西蒙是人工智能的重要奠基人，在西蒙看来，经济学、管理学所研究的问题，实际上都是人的决策过程和问题求解过程，需要对人及思维有深刻的理解。根据其观点，人工智能可被视为新兴认知科学的一部分，旨在通过编程来模拟人类运用智能实施行为的实际过程[③]。在决策过程中，很多问题是复杂的，难以通过精确的数值计算来进行，决策的依据不是数学上的最优解，而是依赖于理解和经验，这种从"数据世界"到"知识世界"的转化，由数据处理扩展到符号知识处理的转变是人工智能诞生的重要因素[④]。试探性搜索和启发式、不精确、模糊的推理方法更符合人类的思维过程。随着计算机科学的发展，人工智能愈加关注自动化问题的解决，强调符号化的而不是数字化的信息，采用形象化的表示方法，研究计算机程序和人类思维的类比[⑤]。

其次，从技术发展的角度来看，人工智能为决策提供了有效的工具和方法，对决策科学有重要的支持作用。20世纪80年代人工智能技术的蓬勃发展，为决策支持系统

[①] 王延飞，秦铁辉. 信息分析与决策［M］.2版.北京：北京大学出版社，2010：12.
[②] POMEROL J C. Artificial intelligence and human decision making［J］. European journal of operational research，1997，99（1）：3-25.
[③] SIMON H A. Making management decisions: the role of intuition and emotion［J］. The academy of management executive，1987，1（1）：57-64.
[④] 石纯一，黄昌宁，王家廞. 人工智能原理［M］.北京：清华大学出版社，1993：2.
[⑤] HORVITZ E J，BREESE J S，HENRION M. Decision theory in expert systems and artificial intelligence［J］. International journal of approximate reasoning，1988，2（3）：247-302.

(Decision Support System，DSS) 注入了新的血液，提供了包括知识表示和建模、推理演绎、问题求解、语言理解及各种搜索技术在内的有效理论和方法。AI 和 DSS 的结合向人类提供了新的强大计算辅助手段，从而拓展了人类在常规和复杂压力环境下的应对能力[①]。智能决策支持系统（Intelligence Decision Support System，IDSS）是 DSS 和 AI 相结合的产物，其设计思想是把 AI 的知识推理技术和 DSS 的基本功能模块有机地结合起来[②]。IDSS 中的智能主要是指人工智能在计算方面模仿了一些人类的认知能力，如推理（Reasoning）、学习（Learning）和记忆（Memory）。

10.2 智能信息技术与情报学的关系感知

人工智能尽管是计算机科学的分支学科，但随着其不断发展，对人工智能的研究几乎拓展到与人类知识相关的所有学科，情报学亦不能例外。情报学以解决决策过程中的信息不完备问题为宗旨，以探索情报事业、情报业务和情报教育的规律为核心内容，以数据、信息、知识、智能与智慧为主要研究对象，因而情报学与人工智能之间存在天然的密切关系。事实上，早在人工智能发展之初，情报学者就予以高度关注，认识到人工智能的研究对情报工作的开展具有相当重要的意义，并预言人工智能的发展可能带来情报工作的革命，试图将二者结合起来[③]。

10.2.1 智能信息技术与情报学的渊源

情报学与人工智能间的特殊关系可谓源远流长，最早可追溯到美国学者 Linda C.Smith 在 1976 年发表的《情报检索系统中的人工智能》[④]，该文被认为是目前所知最早讨论人工智能与情报学关系的文章。1983 年出版的 *The Study of Information：Interdisciplinary Messages*[⑤] 是西方专门研究"人工智能"与"情报学"关系的早期学术著作之一。其后，人工智能以其对知识工程的注重，特别是对专家系统的研究，引起了美

---

① PHILLIPS-WREN G，ICHALKARANJE N. Intelligent decision making：an AI-based approach [M]. Berlin：Springer Berlin Heidelberg，2008：3.
② 高洪深. 决策支持系统（DSS）理论·方法·案例 [M]. 北京：清华大学出版社，2005：15.
③ 吴世忠. 图书情报学中人工智能应用文献的统计分析 [J]. 知识工程，1991（1）：41-44.
④ SMITH L C. Artificial intelligence in information retrieval systems [J]. Information processing & management，1976，12（3）：189-222.
⑤ BARNES R F. The study of information：interdisciplinary messages [M]. Hoboken：John Wiley & Sons，1983.

国情报学界的极大兴趣,在情报学的研究与发展中大量使用人工智能的概念、工具和技术。美国图书馆与信息技术协会还专门创立了人工智能与专家系统兴趣小组。1988年,美国情报学会年中会议以"Artificial Intelligence:Expert Systems and Other Applications"为主题,目的就是要揭示人工智能与情报学可能存在的关系[1]。据 C. C. Hsieh 等的统计分析,在 1976—1987 年这 10 余年时间里,学界已将人工智能作为情报学的一个新领域进行了大量的研究。

另外,也有部分学者将人工智能作为一种外来的技术知识,论述其在情报工作中的具体应用[2]。钱学森早在 1983 年就在《科技情报工作的科学技术》一文中讨论了人工智能与情报学的关系,提出了情报的"激活"理念,即"情报是激活了的、活化了的知识,或者精神财富,或者说利用资料提取出来的活东西",把情报作为思维科学领域的一部分来考虑,认为"思维意识和电子计算机的相互作用,这是思维科学需要研究的,也是人工智能需要研究的"[3]。在 1989 年 8 月 7 日至 1993 年 8 月 8 日这 4 年间的相关私人信件中,钱学森进一步指出了情报的"激活"理念与智能科学的密切关系,也就是将"情报资料的激活工作"或"知识激活工作"与 1989 年 Gelernter 关于"思维系统"的"机械化,即智能机化"工作相联系[4]。中国学者陈光祚也于 1986 年撰文指出:"人工智能与专家系统的研究成果,正在逐步地开始应用到情报服务中来,从而使情报科学站在了一个新的计算机世纪的门槛前"[5]。

俄罗斯学者 S. 弗拉基米尔于 1990 年发表文章,指出情报学(计算机)和人工智能之间存在天然近亲关系,情报学(科技情报)和人工智能之间存在较多共同要素[6]。1991年,R. E. Korf 指出,人工智能是对智能的计算研究,因此它就是一种情报学(Information Science),正如分子生物学旨在揭示产生生命现象的基本生化机制一样,人

---

[1] SMITH L C. Artificial intelligence:relationships to research in library and information science [J]. Journal of education for library and information science,1989,30(1):55-56.
[2] HSIEH C C,HALL W. Survey of artificial intelligence and expert systems in library and information-science literature [J]. Information technology and libraries,1989,8(2):209-214.
[3] 钱学森. 科技情报工作的科学技术 [J]. 情报理论与实践,1983(6):3-10.
[4] 王飞跃. 从激光到激活:钱学森的情报理念与平行情报体系 [J]. 自动化学报,2015,41(6):1053-1061.
[5] 陈光祚. 专家系统在情报检索中的应用 [J]. 图书情报知识,1986(2):28-32.
[6] S. 弗拉基米尔. 情报学相关学科的共性和特性(文摘)[J]. 朱江,译. 世界科技研究与发展,1991(3):95.

工智能旨在解释智能行为的信息处理基础[①]。1999年，邹永利提出，未来可能通过专家系统与人工智能的研究，使认知与实验这两种情报学方法和理论在互补基础上形成情报学新范式[②]。

进入21世纪后，中国情报学界继续推动情报学与其他领域尤其是信息技术应用的交叉融合，人工智能则是其中的重要内容。梁战平研究员在2003年提出了情报学的八大前沿领域，将人工智能作为"信息技术应用"前沿的技术课题[③]；白如江于2006年指出，人工智能研究的进步让各种新的理念运用于情报组织、查找、获取与分析领域，形成智能化分析、数据挖掘、知识发现、知识组织、信息过滤、自然语言检索等新兴研究方向[④]。马费成教授2013年提出了情报学需要研究的9个前沿课题，将人工智能定位为"数据库知识发现"的起源[⑤]。2016年，笔者梳理了"情报""智能""智慧"三者之间的内在关系，指出要依托智能信息技术的研究和开发来提升情报研究业务的智慧水平[⑥]。此外，王飞跃于2017年指出"Intelligence"包含了"智能"与"情报"两个意思，"智能"与"情报"是一个硬币的两面，知识将它们连成了不可分割的整体，情报是封装的智能，智能是开放的情报，强调智能与情报的一体化关系，认为这是智能科学未来的发展道路，并提出了"情报5.0——平行情报"（Parallel Intelligence）的概念[⑦]。

总体上看，与20世纪80—90年代中国情报学界对人工智能与专家系统的研究热情相比，近10多年来学界对人工智能缺乏应有的关注和持续跟踪，研究多集中于诸如本体、知识表达等信息技术细节的研发，缺乏宏观性战略规划思考，未能产生具有标志性的重大应用成果。这与世界人工智能的快速发展态势相悖，与国际情报学界对于人工智能的贡献相比，差距较大。反观日本的国立情报学研究所（National Institute of Informatics，前身是东京大学的图书馆情报学专业），在人工智能领域的研究就取得了较大的进步，其"东大机器人项目"（Todai Robot Project）所研发的人工智能机器人"东

---

① KORF R E. Artificial intelligence as information science［J］.Information sciences，1991（2）：131-134.
② 邹永利.关于情报学认知观点的思考［J］.图书馆，1999（1）：4-7.
③ 梁战平.情报学若干问题辨析［J］.情报理论与实践，2003，26（3）：193-198.
④ 白如江.我国情报学研究现状与发展趋势探析（下）［J］.情报学报，2006，25（10）：284-286.
⑤ 马费成.情报学发展的历史回顾及前沿课题［J］.图书情报知识，2013（2）：4-12.
⑥ 王延飞，赵柯然，何芳.重视智能技术 凝练情报智慧：情报、智能、智慧关系辨析［J］.情报理论与实践，2016，39（2）：1-4.
⑦ 徐宏宇.新智能时代颠覆情报的未来：访中科院自动化研究所复杂系统管理与控制国家重点实验室主任王飞跃［J］.竞争情报，2017，13（4）：4-7.

Robo 君"的学养表现堪比普通高三学生[①]。

近两年来,随着世界人工智能产业化拓展及国家人工智能战略的推进,中国情报学界再次提升了关注智能信息技术的热情。然而,当前的人工智能与 2000 年以前的专家系统、智能推理系统等已不可同日而语,新一代人工智能已不再只是一种单纯的信息技术,而是一种战略性、颠覆性技术,被认为将会有超乎人类想象的发展。那么,在新形势下,智能信息技术与情报学的关系如何?是否可作为战略性发展方向,形成情报学的新理论、新范式?这些问题亟待学界进行探索。

10.2.2　新时代智能信息技术与情报学的关系定位

尽管随着信息技术与社会的发展,人工智能和情报学都已发生了很大变化,但"数据""信息""知识""情报""智能""决策""智慧"及与之关联的信息通信技术、信息系统等均是二者所共同关注的重点研究对象,二者的关系不可分割,并且随着学科的交叉发展和实践的综合应用,未来二者的关系将会继续更加深入地相互渗透、相互影响。当前,人工智能发展到了新的阶段,国家情报治理也成为新的重大实践研究需求。笔者认为"情报治理着眼于情报事业管理,是政府管理必要的组成部分,也是情报学术重视的研究对象。政府管理决策中信息不完备的问题通常需要开展情报工作来解决。信息不完备的问题是长期存在的,信息不完备问题的具体表现是变化发展的,应对信息不完备问题的情报治理自然是不可或缺的。情报学术关注的实践领域不外乎情报业务、情报事业和情报教育。情报治理施力于事业管理,关系到业务操作,影响着人才培养,必然成为情报学术的重要研究对象"[②]。因此,新时代的中国情报学,理应积极对接国家重大需求,适应智能信息技术发展趋势,在保持情报学专业特色的基础上,充分利用人工智能等变革性技术,在情报业务、情报事业和情报教育等方面,加强学术研究和应用探索,加快学科建设的转型升级,着力打造中国特色的学科体系。

把握情报学与智能信息技术的相互关系有两个重点:一是情报学为智能信息技术的发展提供决策支撑;二是大数据时代情报学的发展,将越来越依赖于智能信息技术的应用。

从决策支撑角度来看,针对各国相继出台人工智能战略、制定公共政策的问题,情报研究人员可以对当前有关人工智能的研究及应用现状展开广泛研究,为决策者在制定人工智能发展战略方面提供科学依据,以充分发挥支撑决策的作用。随着人工智能产业

---

① Todai robot project [EB/OL]. [2017-10-24]. http://21robot.org/.
② 王延飞,刘记,陈美华,等. 情报治理的生态观 [J]. 情报理论与实践,2018,41(1):5-8.

化应用融合的加速推进，竞争情报人员可以开展有关人工智能产业发展的研究，这样做一方面可以开拓产业竞争情报研究的新领域；另一方面将为人工智能产业的集群发展提供科学的预测评估或指导。

从技术应用角度来看，各类信息技术的快速发展，为情报学的研究与应用创造了十分广阔的空间，互联网、大数据、云计算、物联网、人工智能的大规模推进，使情报学的研究向数字化、网络化、知识化、智能化迈进。情报学的重要技术之一就是分析技术，无论是人工分析还是自动分析，目标是实现信息知识与情报之间的转化。这些过程都是针对各种资源、运用各种手段、通过各种方法分析得出决策所需的情报，这就是情报活动的本质。分析只是过程，需要多种相关信息技术的支持。比如，数据挖掘技术在情报获取的智能化方面就起到了重要的推动作用。一方面，数据挖掘技术推动了情报检索迈向智能化，同时，情报的个性化需求也要求运用数据挖掘机制建立一对一的智能化服务平台；另一方面，数据挖掘是情报工作中知识获取的一个特定步骤，在加快情报生产和获取速度的同时提升情报的质量。类似的智能信息技术支撑情报学发展的应用还有很多，如智能检索、机器翻译、知识抽取等。2008年7月，美国国家情报总监办公室发布报告《2015年构想：全球网络化、一体化情报企业》，指出提供客观和相关的情报支援，帮助用户达成决策优势，是情报界永久不变的任务。其中，决策优势即调动情报的所有方面去获取和提供信息，以形成一种边缘性或竞争性优势，消除决策者的犹豫不决，而实现决策优势的两个先决条件就是全球感知和战略预测[①]。智能信息技术的应用，使情报学提升决策保障能力、帮助用户获得决策优势成为可能。

10.3 智能信息技术的发展刻画

人工智能迅速发展，成为继大数据之后新一轮科技创新的焦点，尤其是2016—2017年度，在国家层面上顶层设计、行业融合应用、科学研究创新等均呈现出井喷式发展态势。总体上看，人工智能讨论的主题集中在以下三个方面：赋能、应用、影响。其中，"赋能"关注能否以及如何使人工智能成为现实，主要体现为人工智能相关的战略制定、计划落实、制度保障、经费投入等；"应用"关注人工智能应用的各种场景及其实现技术，例如在军事、交通、医疗、制造等领域的应用；"影响"关注人工智能对社会、政

---

① ODNI. VISION 2015：a globally networked and integrated intelligence enterprise［EB/OL］.（2008-10-05）［2019-09-25］. https：//www.dni.gov/files/documents/Newsroom/Reports and Pubs/Vision_2015.pdf.

第 10 章
围绕人工智能的情报感知刻画实践

治、经济、军事、学科建设等带来的积极或消极影响,如智能机器人的大规模研发、应用所带来的失业问题、伦理问题、军备竞赛问题等。围绕上述 3 个主题进行文献调研,可以从战略制定、行业应用、科学研究等方面来阐明 2016—2017 年度智能信息技术的相关进展,为情报学界进一步规划加强对人工智能的研究、利用提供参考依据。

10.3.1 国家战略密集出台

世界上许多国家尤其是发达国家高度重视人工智能,将其视为未来战略的重要内容,突出强化对智能信息技术发展的顶层设计,近两年来纷纷出台发展战略规划,从国家战略层面进行整体推进,以抢占在技术领域的领先地位,如表 10-2 所示。

表 10-2 2016—2017 年度世界主要国家人工智能战略报告

国家	时间	战略文件	主要内容
美国	2016 年 10 月	白宫:《准备迎接人工智能的未来》(Preparing for the Future of Artificial Intelligence)①	阐述 AI 的发展状况、现状和未来可能的应用方向,以及因 AI 进步对社会及公共政策可能带来的问题,并提出具体问题的解决建议
	2016 年 10 月	白宫:《国家人工智能研究与发展战略规划》(The Nationalartificial Intelligenceresearch and Developmentstrategic Plan)②	为国家资助的 AI 研究和发展划定策略
	2016 年 12 月	白宫:《人工智能、自动化和经济》(Artificial Intelligence,Automation,and the Economy)③	人工智能时代已经来临,敦促国会议员设法让美国经济为此做好准备
中国	2016 年 5 月	发展改革委、科技部、工业和信息化部、中央网信办《"互联网+"人工智能三年行动实施方案》④	到 2018 年,打造人工智能基础资源与创新平台,人工智能产业体系、创新服务体系、标准化体系基本建立,基础核心技术有所突破,总体技术和产业发展与国际同步,应用及系统级技术局部领先

---

① BUNDY A. Preparing for the future of artificial intelligence [J]. AI & Society,2017,32(2):285.
② The national artificial intelligence research and development strategic plan [EB/OL]. [2017-10-18]. https://www.nitrd.gov/news/national_ai_rd_strategic_plan.aspx.
③ Artificial Intelligence, Automation, and the Economy [EB/OL]. [2017-10-18]. https://obamawhitehouse.archives.gov/blog/2016/12/20/artificial-intelligence-automation-and-economy.
④ "互联网+"人工智能三年行动实施方案 [EB/OL]. [2017-10-18]. https://wenku.baidu.com/view/dd529170284ac850ac024263.html.

续表

国家	时间	战略文件	主要内容
中国	2017年7月	国务院：《新一代人工智能发展规划》①	到2020年人工智能总体技术和应用与世界先进水平同步；到2025年人工智能基础理论实现重大突破，部分技术与应用达到世界领先水平；到2030年人工智能理论、技术与应用总体达到世界领先水平，成为世界主要人工智能创新中心
英国	2016年10月	英国国会下议院科学技术委员会：《机器人与人工智能》（Robotics and Artificial Intelligence）②	分析机器人与人工智能的经济与社会影响，讨论将引发的伦理与法律问题，提出可能的治理框架，评估对机器人与人工智能的研究、资助和创新范围
英国	2016年11月	政府科学办公室：《人工智能：未来决策制定的机遇与影响》（Artificial Intelligence：Opportunities and Implications for the Future of Decision Making）③	将利用独特的人工智能优势，增强英国国力
英国	2017年3月	英国数字、文化、媒体和体育部：《英国数字化战略》（UK Digital Strategy）④	对人工智能的评论及进一步的支持
英国	2017年10月	英国政府网站发布：《在英国发展人工智能》（Growing the Artificial Intelligence Industry in the UK）⑤	从数据获取、人才培养、研究转化和行业发展4个方面提出了如何从政府层面促进英国人工智能产业发展的重要行动建议
法国	2017年3月	《人工智能战略》（La stratégie IA en France）⑥	围绕人工智能科研、培训、技术转移、产业战略和伦理道德等方面制订了工作计划

---

① 新一代人工智能发展规划.国发〔2017〕35号［EB/OL］.［2017-10-18］.http：//www.gov.cn/zhengce/content/2017/07/20/content_5211996.htm.

② House of Commons Science and Technology Committee. Robotics and aRTIFICIAL iNTELligence［EB/OL］.［2017-10-12］.https：//publications.parliament.uk/pa/cm201617/cmselect/cmsctech/145/145.pdf.

③ Government Office for Science. Artificial intelligence： opportunities and implications for the future of decision making［EB/OL］.［2017-10-18］.https：//philpapers.org/rec/GOVAIO.

④ Department for digital， culturemedia & sport［EB/OL］.［2017-03-01］.https：//www.gov.uk/government/publications/uk-digital-strategy/uk-digital-strategy.

⑤ HALL D W， PESENTI J. Growing the artificial intelligence industry in the UK［EB/OL］.［2017-10-15］.https：//www.gov.uk/government/uploads/system/uploads/attachment_data/file/652097/Growing_the_artificial_intelligence_industry_in_the_UK.pdf.

⑥ Rapport de synthèse france intelligence artificielle［EB/OL］.［2017-03-21］.https：//www.economie.gouv.fr/files/files/PDF/2017/Conclusions_Groupes_Travail_France_IA.pdf.

续表

国家	时间	战略文件	主要内容
日本	2016年5月	日本文部科学省：《人工智能、大数据、物联网、网络安全综合项目》（AIP项目）①	利用快速发展与日益复杂的人工智能技术，开发出能利用多样化海量信息的综合性技术
新加坡	2017年5月	新加坡国家研究基金会：《新加坡人工智能计划》（AI.SG：New National Programme to Catalyse, Synergize and Boost singapore's Artificial Intelligence Capabilities）②	要促进和提升新加坡的人工智能实力

注：表中战略报告统计截至2017年10月20日。

从战略文件的出台举措可以看出，各国试图运用人工智能达到三个目的：

①提升经济实力。人工智能赋予机器一定的视听感知和思考能力，不仅会促进生产力的发展，也会对经济与社会运行方式的转型改变产生积极作用。埃森哲公司2017年对12个发达国家经济体中AI所发挥的影响进行研究后发现，到2035年，通过改变工作属性并创造新型的人机关系，人工智能将会把这些国家的经济增长率提升一倍[3]。日本政府2015年发布的《机器人新战略》指出，要保持其自身"机器人大国"的优势地位，通过在各领域推进机器人化，大幅提高作业效率和质量，增强日本制造业、服务业等行业的国际竞争力[4]，并于2017年制定了人工智能产业化路线图，计划分3个阶段推进利用人工智能技术，大幅提高制造业、物流、医疗和护理行业效率[5]。

②保持军事优势。一个很容易获得先进军用机器人的世界是一个军队不断现代化的世界——一个军备竞赛和冲突风险可能更高的世界[6]。各国为了保持或者获得军事优

---

① 中科院信息科技战略情报.日本人工智能研发确定2016年战略目标[EB/OL].[2017-10-18]. http：//www.sohu.com/a/80855736_297710.
② National Research Foundation.AI.SG：New national programme to catalyse, synergise and boost singapore's artificial intelligence capabilities[EB/OL].[2017-10-18]. https：//www.nrf.gov.sg/programmes/artificial-intelligence-r-d-programme.
③ MARK P, PAUL D. Accenture：why artificial intelligence is the future of growth[EB/OL].[2017-09-27]. https：//www.accenture.com/t20170927T080049Z__w__/cn-en/_acnmedia/PDF-33/Accenture-Why-AI-is-the-Future-of-Growth.PDFla=en#zoom=50.
④ 日本发布《机器人新战略》[EB/OL].[2017-10-18]. http：//www.xinhuanet.com/info/2015-04/02/c_134118585.htm.
⑤ 赵刚.人工智能大国战略[J].当代县域经济，2017（6）：6-7.
⑥ HOROWITZ M C. The looming robotics gap[EB/OL].[2017-10-18]. http：//foreignpolicy.com/2014/05/05/the-looming-robotics-gap/.

势，不断加大对人工智能的投入，以期利用人工智能、机器人等技术进步来提升军事能力。美国国防部成立了"算法战跨职能小组"，力图通过整合人工智能与机器学习技术，加速推进大数据转化为行动情报和军事决策能力，以保持对敌方和竞争者的能力优势①。美国国防部在2015年11月的"里根国防论坛：第三次抵消战略"上指出，当前正处在人工智能和自主技术的拐点上②，在2016年9月空、天、网会议上，进一步强调，"第三次抵消"战略的核心要素是要利用人工智能和自主技术的进步，使美军重新获得作战优势并强化常规威慑③。2015年5月，美国国务院发布的报告认为，强人工智能将变革国家安全事务，减少战争中的人员消耗，提升国家机器工具在战术、行动和战略层面应用的速度和效率。报告同时指出，由于存在上述好处，将会导致未来的人工智能军备竞赛，甚至会出现敌对的超级智能人（Superintelligent Hostile AI），为应对强人工智能的到来，必须开发出对付战场上敌对人工智能的方法，主动应对未来面临的人类安全挑战④。俄罗斯也在加速人工智能的军事化研发应用，计划将人工智能技术应用在导弹上。普京总统2017年9月公开表示，人工智能不仅对于俄罗斯是未来，也是全人类的未来，成为这一领域的领先者，将称霸全球⑤。韩国军方计划探索运用人工智能计算机系统指挥战役⑥。新加坡国防科技局举办了一系列旨在激励本国公司研制所谓"城市勇士"机器人的竞赛，以期运用这些机器人来协助反恐行动。

③解决社会问题。解决社会现实问题的需求推动了人工智能的应用发展，美国认为，将现场急救员和士兵从危险和行动中解放出来是机器人技术发展的重要驱动力⑦。

---

① Deputy Secretary of Defense. Subject：Establishment of an algorithmic warfare cross-functional team（Project Maven）[EB/OL].[2017-10-18]. https：//www.govexec.com/media/gbc/docs/pdfs_edit/establishment_of_the_awcft_project_maven.pdf.

② Reagan defense forum：the third offset strategy [EB/OL].[2017-11-12]. https：//www.defense.gov/News/Speeches/Speech-View/Article/628246/reagan-defense-forum-the-third-offset-strategy.

③ 伍尚慧，路静. 美国人工智能的发展现状[EB/OL].[2017-11-12]. http：//www.sohu.com/a/121060448_465915.

④ STEWART J. Strong artificial intelligence and national security：operational and strategic implications [EB/OL].（2015-05-18）[2021-07-30]. https：//www.belfercenter.org/sites/default/files/files/publication/AI%20NatSec%20-%20final.pdf.

⑤ 普京：人工智能领域领先者将称霸全球[EB/OL].[2017-10-18]. http：//tech.sina.com.cn/it/2017-09-01/doc-ifykqmrv7179316.shtml.

⑥ 李婷婷. 韩国防部：计划于2025年前将人工智能投入野战运营[EB/OL].[2017-10-18]. http：//world.huanqiu.com/exclusive/2017-10/11314417.html.

⑦ 刘耀华. 人工智能各国战略解读：美国机器人发展路线图[J]. 电信网技术，2017，2（2）：39-41.

阿里巴巴公司2016年在杭州市启动"城市大脑"项目，接管了128个信号灯路口，试点区域通行时间减少了15.3%，高架道路出行时间节省了4.6分钟，120救护车到达现场时间缩短了一半。如今各种感知能力强、动作敏捷、智能化程度高的先进机器人正在出现，这些小型化程度高、适应性强的机器人可以被安全地放置在人们身边[1]，帮助解决恶劣环境、人口老龄化等所带来的社会问题。

各国国情和资源、技术条件不一样，在国家人工智能战略的侧重点上有差异，比较和研究其他国家的战略对于我国相关战略的制定和实施，具有十分重要的意义。情报学作为一门与决策保障有关的学科，既要紧紧围绕国家战略部署，在学科建设上把握好未来的研究方向与研究重点，又要发挥"耳目、尖兵、参谋"作用，在监测战略实施、预警威胁挑战、识别发展机遇、降低决策的不确定性等方面发挥积极作用，正如T.Fingar所指，"情报不能产生或界定战略，不能决定战略的成效，但情报能使战略更有效，也就是使战略更好"，"虽然情报对制定大战略的独特贡献是有限的，但在制定和监督实施战略的政策措施方面却十分重要"[2]。

10.3.2 产业化应用融合加速推进

近年来，以自然语言处理、语音识别、图像识别、人脸识别为代表的智能感知技术进步显著，相关技术开始从实验室走向应用市场，促进人工智能与各垂直行业的融合和产业化应用迅速发展，给传统行业带来深刻变革。在产业应用热点领域方面，美国"人工智能百年"研究小组[3]通过对北美过去15年人工智能主要应用进行调查研究，归纳出过去15年已经应用或未来15年预计会产生重大影响的八大领域，依次是交通运输、医疗保健、教育、低资源群体（Low-resource Communities）、公共安全、就业与工作场所、家庭和服务机器人、娱乐。腾讯研究院认为，当前这一轮的人工智能技术应用中，自动驾驶、智能医疗、智能安防、服务型机器人、智能交通、智能制造、智能娱乐等应用是

---

[1] MANYIKA J, CHUI M. Disruptive technologies: advances that will transform life, business, and the global economy [EB/OL]. [2017-10-18]. https://www.mckinsey.com/business-functions/digital-mckinsey/our-insights/disruptive-technologies.
[2] FINGAR T.Intelligence and grand strategy [J].Orbis, 2012, 56(1): 118-134.
[3] STONE P, BROOKS R, BRYNJOLFSSON E, et al. Artificial intelligence and life in 2030 [EB/OL]. [2017-10-18]. http://ai100.stanford.edu/2016-report.

全球人工智能市场的热点[①]。

从产业图谱来看,智能信息技术主要分为基础设施层、技术支撑层、业务应用层3个层面。基础设施层主要由算法模型、关键硬件(如AI芯片、传感器)和数据等构成,传感器负责收集数据,AI芯片负责运算,算法模型负责训练数据;技术支撑层主要指人工智能通用技术平台(如AI开源平台),由感知类技术和深度学习应用技术构成;业务应用层,集成一类或多类基础技术应用,面向行业应用场景特定需求形成行业应用方案、应用产品等。2016—2017年两年来,以中美等人工智能行业巨头为代表的人工智能技术在AI芯片、深度学习平台及垂直领域应用等方面均不同程度地取得了显著进展,如表10-3所示。

表10-3 中美人工智能巨头产业应用技术进展

代表企业	基础设施层	技术支撑层	业务应用层	2016—2017年度应用案例
	芯片	平台/框架	行业解决方案	
谷歌	TPU(Tensor Flow专用集成芯片,2016年5月发布)、Cloud TPU(2017年5月推出)、Cloud TPU Pod(机器学习超级计算机,2017年5月公布)	Tensor Flow(第二代人工智能深度学习系统,2015年11月开源)、Cloud Machine Learning(开放机器学习平台,2016年3月发布)	Video Intelligence API(智能视频分析,2017年3月发布)、Cloud Translation API(2017年3月发布)	2016年1月,谷歌无人车(全球首款智能驾驶公交车)在荷兰投入运营;2016年3月,AlphaGo围棋首次战胜人类;2016年5月,推出能通过语音控制家庭设备Google Home;2017年10月,公布阿尔法元
亚马逊	Annapurna ASIC(专为超大数据中心而研制的芯片,2017年4月推出)	AWS分布式机器学习平台	聊天交互Amazon Lex、语音识别Amazon Polly、图像识别Amazon Rekognition,这3款基于机器学习的工具于2016年12月公布	2016年,亚马逊开始无人零售业务Amazon go

---

[①] 腾讯研究院. 中美两国人工智能产业发展全面解读[EB/OL].[2017-10-18].http://www.tisi.org/Public/Uploads/file/20170802/20170802172414_51007.pdf.

续表

代表企业	基础设施层 芯片	技术支撑层 平台/框架	业务应用层 行业解决方案	2016—2017年度应用案例
脸谱	Big SUR（新一代人工智能硬件平台）	深度学习框架Torchnet（2015年12月开源）、FBLearner Flow（人工智能母体，2016年5月正式对外介绍）	DeepMask、SharpMask、MultiPathNet，这3款智能图像软件于2016年8月开源	2017年4月，发布新一代聊天机器人Messenger Platform 2.0； 2016年，开发人工智能管家Jarvis； 2015年8月，推出个人助理Facebook M
苹果	Apple Neural Engine（用于移动设备上执行人工智能计算任务）	—	—	Siri、iOS照片管理
IBM	TrueNorth（让移动计算机以极低能耗运行先进机器智能软件，2015年10月发布）	类脑超级计算平台、SystemML（2015年11月开源）	Watson（2011年2月推出）、Bluemix（云计算平台，2015年推出）、ROSS（世界第一个人工智能律师，2016年5月推出）	2016年，超级电脑Watson诊断罕见白血病
腾讯	—	Angel（腾讯第三代的计算平台，2016年年初内部上线，2017年年初开源）	中文语义平台"文智"	WechatAI； 2015年9月，推出撰稿机器人Dreamwriter； 2017年8月，腾讯发布人工智能医学影像系统"觅影"； 2016年11月以来，围棋AI产品"绝艺"引发各界关注
百度	DuerOS芯片	分布式深度学习平台PaddlePaddle（2016年9月开源）	Apollo（向汽车行业及自动驾驶领域的合作伙伴提供的软件平台，2017年4月发布）、DuerOS（对话式人工智能系统，2017年1月推出）	2017年4月，展示高速公路辅助功能增强版演示车； 2017年1月小度与"水哥"王昱珩人脸识别比赛，最终小度机器人以2∶0胜出

续表

代表企业	基础设施层	技术支撑层	业务应用层	2016—2017 年度应用案例
	芯片	平台/框架	行业解决方案	
阿里巴巴	—	PAI2.0（机器学习平台，2017 年 3 月发布）	城市大脑（2016 年 3 月启动，2017 年 10 月杭州试点成功）	2017 年 5 月，发布智能音箱天猫精灵 X1

注：表中产业应用进展来源于各企业官网及相关公开报道统计，截至 2017 年 10 月 20 日。

总体上，当前人工智能仍是以特定应用领域为主的弱人工智能在唱主角，多以辅助的角色来辅佐人类进行工作，如图像识别、语音识别、旅游规划、购物推荐、医疗诊断等，这些应用带来了显著的社会效益和经济发展[1]。而真正意义上完全摆脱人类且能达到甚至超过人类的强人工智能、超人工智能尚未实现，但未来随着运算能力、数据量的大幅增长及算法的提升，弱人工智能将逐步向强人工智能转化，机器智能将从感知、记忆和存储向认知、自主学习、决策与执行进阶。2017 年 10 月，《自然》杂志网站公布的论文显示，DeepMind 团队研发出了新程序阿尔法元（AlphaGo Zero），阿尔法元的学习完全从零开始，单纯基于与自己的对弈，第一次完全脱离人类历史棋谱，仅凭自身算法强化学习，只通过 3 天的训练，就以 100 ∶ 0 的战绩击败了阿尔法狗（AlphaGo）[2]。阿尔法元不受人类经验限制，独立发现了人类用几千年才总结出来的围棋规律，还建立了新的策略，自主学习到非既定的能力[3]，这标志着 AI 正在向强人工智能加速迈进。把握 AI 的技术发展趋势，对于 AI 技术在情报学中应用方向的选择、社会科学技术发展预测、AI 领域商业竞争情报分析等都具有重要意义。

10.3.3 科学研究领域显著扩大

人工智能研究领域的扩大表现在以下两个方面。

①在国家战略的推动下，人工智能技术项目研究的规模被扩展，研究力度得到提升。例如，美国的 DARPA、IARPA、NSF 等机构在支持人工智能、智能机器人发展方

---

① PURDY M, DAUGHERTY P. Why artificial intelligence is the future of growth[EB/OL].[2017-10-18]. https：//www.accenture.com/us-en/_acnmedia/PDF-33/Accenture-Why-AI-is-the-Future-of-Growth.pdf.
② SILVER D, SCHRITTWIESER J, SIMONYAN K, et al. Mastering the game of go without human knowledge[J]. Nature, 2017（10）：354-359.
③ HASSABIS D, SILVER D. AlphaGo zero：learning from scratch[EB/OL].[2017-10-18]. https：//deepmind.com/blog/alphago-zero-learning-scratch/.

面发挥了重要作用；英国在人工智能研究领域涉及的主题有数字经济、信息通信技术、智能能源技术、机器人技术、医学影像等方面；法国着眼于人工智能中信息和数学方面的挑战，相应开展了一系列的研究项目。以近两年相关国家关于人工智能的战略文件为基础，提取出其研究投入的重点方向，如表10-4所示。

表10-4 世界主要国家现阶段人工智能研究的重点方向及尖端科研项目

国家（地区）	研究开发的重点方向	尖端与重大科研项目示例
美国	应用层：农业、通信、教育、金融、政府服务、法律、物流、制造、营销、医药、个人服务、科学工程、安全、运输； 基本研究层：长期投入——数据分析、感知、理论局限、强AI、可扩展的AI（Scalable AI）、类人AI（Human-Like AI）、机器人、硬件、人类与AI的协作——能感知人类的人工智能（Human-Aware AI）、人类增强、自然语言处理、人机交互与可视化； 基础结构层：伦理、立法与社会影响，安全保障，标准与基准，数据集与环境，人工智能人才	"终身学习机器"（Lifelong Learning Machines，L2M）项目；Babel；CAUSE；Cyber-Human Systems；Information Integration and Informatics（Ⅲ）；Robust Intelligence（RI）；NRP2.0国家机器人计划
中国	基础理论：大数据智能理论、跨媒体感知计算理论、混合增强智能理论、群体智能理论、自主协同控制与优化决策理论、高级机器学习理论、类脑智能计算理论、量子智能计算理论； 关键共性技术：知识计算引擎与知识服务技术、跨媒体分析推理技术、群体智能关键技术、混合增强智能新架构和新技术、自主无人系统的智能技术、虚拟现实智能建模技术、智能计算芯片与系统、自然语言处理技术； 基础支撑平台：人工智能开源软硬件基础平台、群体智能服务平台、混合增强智能支撑平台、自主无人系统支撑平台、人工智能基础数据与安全检测平台	大规模知识处理、机器学习与数据挖掘、生物信息学、视觉信息处理、图形学与可视化、自然语言处理； 医用植入式智能ECG传感器；用于灵巧手的触觉传感器；移动智能终端SoC存储控制器IP核关键技术研究； 计算光谱成像与深度视觉；基于参考图像的绘画机器人；3D SLAM、地图与路径规划； "面向多场景图像自适应的三维人脸建模研究""基于视觉感知的图像分割评价方法研究""基于人机共建智慧平台的语义搜索引擎"

续表

国家（地区）	研究开发的重点方向	尖端与重大科研项目示例
英国	统计与应用概论、信息系统、人机交互、通信技术网络和分布式系统、机器人、图像和视觉计算、理论计算机科学、软件工程、医学影像和复杂性科学	具有手势互动支持功能的终端系统设计；PAMBAYESIAN：Patient使用贝叶斯网络进行管理决策支持；实力驱动的人机在数学领域的协作；ASPIRE：自动感知和预测呼吸道恶化；可穿戴诊所：连接健康、自我护理；神经网络（DC-CNN）；具有连续非线性变化的人工智能计划
法国	机器学习和统计方法、安全与保密、网络与电信、分布式编程和软件工程、机器人和智能环境	统计学习中的模型选择；信息安全威胁分析与缓解；机器人与智能交通系统；机器人视觉服务、计算机视觉和AR
日本	人工智能、大数据、物联网、网络安全领域；利用人工智能，提高制造业、物流、医疗和护理行业的效率	面向数据的可持续渔业实时信息分析平台；全面无人驾驶风险与异常的预测；网络海洋：海上的下一代导航系统；基于未知目标检索和识别框架的媒体消费者的经验和行为感知；人工智能诊断与综合医疗系统发展项目；隐私存储数据分析，促进跨行业数据共享
新加坡	下一代可解释的人工智能系统（Explainable AI System），以及计算架构（Computing Architectures）、认知科学等相邻技术	新加坡国家基金会计划未来5年投入1.5亿美元于人工智能项目AI.SG
欧盟	生物技术、数据分析、绿色技术、全球系统科学、医疗和神经技术、机器人	人脑计划HBP；CompInnova；DREAM；FLORA ROBOTICA；GOAL-Robots；PHOENIX；SPECIAL；PEPPER

注：表中研究的重点方向及项目统计截至2017年10月20日。

从表10-4中可以看出，各国在战略层面加强对科研的经费投入和政策支持，涉及领域广泛，为科研提供了重大契机。AI研发从以企业自主研发向国家主导研发转变，跨国合作研究成为下一步的发展趋势。

②风险与对策研究成为人工智能领域的新议题。人工智能技术的进步对人类产生积极意义，但也带来新的风险挑战。人工智能技术的发展和应用，可能会存在违反现有社会、文化、政治、经济、法律、伦理常规的问题，牵涉到安全性、可靠性、劳动力冲击、社会互动、个人隐私和数据安全等方面。美国哥伦比亚广播公司互动业务旗下网站

TechRepublic 梳理出《2016 年人工智能 10 大失败案例》[①]。路易斯维尔大学网络安全实验室的 R. Yampolskiy 于 2016 年发表报告，概述了人工智能失败的历史，并指出"AI 系统的失败与这些系统的预设目标错误直接相关"[②]。2017 年 1 月 9 日，美国国家情报委员会发布了全球趋势预测报告《全球趋势 2035——进步的悖论》，对 2035 年前可能出现的世界性趋势进行综合预测。报告指出，作为关键的推动力，信息技术将影响几乎所有新的和既有的行业，然而，人工智能和机器人技术发展带来的变革速度可能会超过经济、社会和个人的适应能力，带来大规模的结构性失业，并加剧人们之间的财富不平等和机会不平等[③]。与人工智能相关的问题和风险，已经引起联合国、欧盟等国际组织，以及部分国家、机构和科研人员的注意，人工智能技术相关风险及应对策略研究成为新的重要议题，鼓励着政府监管的创新[④]。

联合国于 2016 年发布关于机器人的伦理政策报告[⑤]，呼吁世界各国采用全新的视角看待人工智能系统的未来监管以及他们在机器人和机器人技术上的应用，并提供了一种考察基于机器人物理形态下的人工智能系统全新路径，作为世界各国"国家中心"视角的有效补充；欧洲议会于 2017 年辩论、投票了关于机器人技术的民法规则的建议草案[⑥]，该草案表达了其对于机器人将给人类带来的风险的关注，讨论了应对的监管措施。欧盟在人工智能立法方面未雨绸缪，2016 年 6 月，率先提出了人工智能立法倡议，认为人工智能机器人也受法律约束，必须依法缴税，同时可以享有养老金。2017 年 7 月，美国哈佛大学肯尼迪政治学院贝尔弗科学与国际事务中心应美国情报超前研究项目

---

① REESE H. Top 10 AI failures of 2016［EB/OL］.［2017-10-18］. https：//www.techrepublic.com/article/top-10-ai-failures-of-2016/.
② YAMPOLSKIY R V，SPELLCHECKER M S. Artificial intelligence safety and cybersecurity：a timeline of AI failures［EB/OL］.［2017-10-18］. http：//pdfs.semanticscholar.org/dc36/a9454691c95a8e7c17f1529cadde125805a3.pdf.
③ National Intelligence Council. Global trends 2035：paradox of progress［EB/OL］.［2017-10-18］. https：//www.dni.gov/index.php/global-trends/the-future-summarized.
④ 腾讯研究院. 人工智能各国战略解读：联合国人工智能政策报告［J］. 电信网技术，2017，2（2）：26-28.
⑤ United Nations Educations，Scientific and Cultural Organization（UNESCO）and World Commission On the Ethics of Scientific Knowledge and Technology（COMEST）. Preliminary draft report of COMEST on robotics ethics［EB/OL］.［2017-10-18］.http：//unesdoc.unesco.org/images/0024/002455/245532E.pdf.
⑥ European Parliament. Draft report with recommendations to the Commission on Civil Law Rules on Robotics［EB/OL］.［2017-10-18］. http：//www.europarl.europa.eu/sides/getDoc.do? pubRef=-//EP//NONSGML+REPORT+A8-2017-0005+0+DOC+PDF+V0//EN.

局（IARPA）的要求，发布的报告《人工智能与国家安全》指出，考虑到 AI 应用对美国的潜在影响，建议美国国防和情报部门应当建立专门的 AI 安全组织。2016 年 6 月，英国标准化协会发布了《机器人和机器系统的伦理设计和应用指南》，希望以机器人伦理指南为突破口，探索规避这类风险[①]。

挖掘发现、预测预警潜在风险是情报学保障决策的必然要求，也是信息法律、信息政策、信息治理、信息规划、信息安全等相关领域研究与实践的应有之举。国际上关于 AI 的潜在风险及应对值得情报学界高度关注。结合我国实际、及时把握相关前沿动态，对于在大力推进人工智能研发应用的同时加强监管、调整政策以确保安全来说，意义深远。

10.3.4　人工智能技术加速发展的原因及启示

近 5 年，人工智能进步的幅度和效果为历史之最，产生这种情况的原因是多方面的，美国、中国、英国、新加坡等国家的政府部门及相关行业专家对此进行了分析判断。

美国白宫认为，从 2010 年开始至当前这一波人工智能热及其进步，是由以下 3 个相互影响的因素所驱动：包括来自电子商务、企业、社交媒体、科学和政府等信息源所形成的大数据的可获取性，这些大数据为机器学习方法与算法的巨大改进提供了原材料，机器学习方法与算法又依赖于更加强大计算机所具备的能力[②]。英国的政府科学办公室认为，人工智能依赖于一系列先决条件：计算能力、带宽、大规模数据集，而这些都是"大数据"的组成元素。由于可获得的数据和计算能力达到了一定程度，使机器学习成为现实。新加坡国家研究基金会认为，人工智能近几年上升为一种颠覆性技术，主要是由于大数据的可获得、高性能计算的进步、新的学习算法和架构的发明 3 个因素的综合作用导致的。中国政府认为，在新理论新技术以及经济社会发展强烈需求的共同驱动下，人工智能加速发展，呈现出深度学习、跨界融合、人机协同、群智开放、自主操控等新特征。

相关研究机构与专家对人工智能加速发展的原因也进行了分析。美国的"人工智能

[①] BS8611：2016 Robots and robotic devices［EB/OL］.（2016-04-30）［2021-07-30］. https：//www.standardsuk.com/products/BS-8611-2016.
[②] Executive Office of the President National Science and Technology Council Committee on Technology. Preparing for the future of artificial intelligence［EB/OL］.［2017-10-18］. https：//obamawhitehouse.archives.gov/blog/2016/05/03/preparing-future-artificial-intelligence.

第 10 章
围绕人工智能的情报感知刻画实践

百年研究"小组认为,推动人工智能革命的研究发生了快速变化,其中最重要的原因是机器学习的成熟,部分原因是数字经济的兴起,这两者都提供和利用了大量的数据,其他因素包括云计算资源的兴起和消费者对广泛获取诸如语音识别和导航支持等服务的需求。哈佛大学认为,推动 AI 快速发展的 4 个因素是:计算机性能在近几十年呈指数级增长、训练机器学习的大型数据集数量增加、机器学习技术不断进步、商业投资猛增,其中机器学习子领域的发展是主因[①]。

各国对人工智能加速发展的原因分析大同小异,已形成基本共识,即主要是大数据时代的到来、机器学习算法的显著改进、计算能力的大幅增强 3 个方面的相互作用和影响,从而使数据驱动范式下的人工智能取得了巨大成功,已经取代了传统的人工智能模式。事实上,上述三者之所以如此重要,是因为以下 3 点。

①海量数据为人工智能发展提供燃料。数据量和算法可以分别比作人工智能的燃料和发动机。算法是计算机基于所训练的数据集归纳出的识别逻辑,好的算法模型可以实现精准的物体和场景识别,数据集的丰富性和大规模性对算法训练尤为重要,如训练人脸识别算法模型的图片数据量至少应为百万级别。自 2000 年以来,得益于互联网、社交媒体、移动设备和廉价的传感器,世界上产生并存储的数据量急剧增加,为算法训练提供了很好的土壤。

②计算能力的提升大幅推动人工智能发展。AI 芯片的出现让大规模的数据处理效率大大提升,加速了深层神经网络的训练迭代速度,极大促进了人工智能行业的发展。出现最早的 GPU(图像处理器)为人工智能的发展做出了巨大贡献,GPU 是专为执行复杂的数学和集合计算而设计的数据处理芯片,它的出现让并行计算成为可能,为数据处理规模、数据运算速度带来了指数级的增长,极大地促进人工智能的发展。与传统 CPU 相比,GPU 在处理海量数据方面有压倒性优势,2009 年 6 月,斯坦福大学的 R. Raina 等发表论文《用 GPU 进行大规模无监督深度学习》[②],显示在运行大规模无监督深度学习模型时,使用 GPU 和使用传统双核 CPU 在运算速度上的差距最大会达到近 70 倍。

③深度学习突破人工智能算法瓶颈。2006 年,G. Hinton 等发表论文 "A fast

---

① ALLEN G, CHAN T. Artificial intelligence and national security. Paper, Belfer Center for Science and International Affairs, Harvard Kennedy School [EB/OL]. [2017-10-18]. https://www.belfercenter.org/sites/default/files/files/publication/AI%20NatSec%20-%20final.pdf, July 2017.

② RAINA R, MADHAVAN A, NG A. Large-scale deep unsupervised learning using graphic processors [J]. International conference on machine learning, 2009: 873-880.

Learning algorithm for deep belief nets"①，深度学习的概念被提出，突破了人工智能算法瓶颈。"算法"作为人工智能十分关键的内容，正在以各种各样的方式，影响着世界的方方面面，包括企业创新、产业变革、经济发展，甚至深刻地改变人们看待生活、看待宇宙乃至看待一切事物的方式②。譬如，在计算机视觉领域，机器通过学习算法从海量数据库里自行归纳物体特征，然后按照该特征规律识别物体，使得识别的精准度得到大幅提升，主要识别方式的转变，使得世界 ImageNet 计算机视觉比赛程序的图像识别准确率从 2010 年的 71.8%③ 提升到 2017 年的 97.75%④。

从社会与技术发展趋势来看，大数据将会继续深化发展、机器学习算法将会不断迭代优化，高性能计算能力将会继续加强，各国政府的资金、人才投入明显强化，可以预见，人工智能将会持续快速发展。并且随着硬件的改进，硬件存储、计算能力提升的同时，体积变得越来越灵巧，使智能机器人的诞生也成为可能。

从情报学的视角来看，大数据恰恰是情报学的研究对象"数据、信息、知识"的一种高级形式，机器学习算法与情报分析方法紧密相关，"智能"则正好是智慧、决策及行动的典型表现。北京信息科技大学的数据科学与情报分析联合实验室项目，通过智能融合手段实现对竞争情报的感知、刻画与响应，在产、学、研结合探索中再次印证了情报学与人工智能之间的天然关系⑤。

10.4 新一代智能信息技术对情报学的影响展望

中外情报治理的历史经验表明不全面的情报认知会带来诸如被动堵漏不足、预警探测受限和决策支持缺失的负面影响。在当前的情报任务环境下，正确的情报认知对于树立科学的大数据观和规划管理情报事业具有重要的现实意义。本部分所称"新一代智能信息技术"是指 2011 年后，伴随着大数据、深度学习而发生革命性变化的新一代人工

---

① HINTON G E，OSINDERO S. A fast learning algorithm for deep belief nets［J］. Neural computation，2006，18（7）：1527.
② DORMEHL L. 算法时代：新经济的新引擎［M］. 胡小锐，钟毅，译. 北京：中信出版社，2016.
③ Large scale visual recognition challenge 2010（ILSVRC2010）［EB/OL］.［2017-10-18］. http://image-net.org/challenges/LSVRC/2010/results.
④ Large scale visual recognition challenge 2017（ILSVRC2017）［EB/OL］.［2017-10-18］. http://image-net.org/challenges/LSVRC/2017/results.
⑤ 刘秀磊，王延飞，刘思含. 科技情报对象关系抽取的技术选择［J］. 情报工程，2018（4）：39-47.

智能。正如前面所述，人工智能与情报学之间存着在天然的密切关系，有人甚至认为人工智能就是情报学，人工智能的发展，必然对情报学同样产生深刻而重大的影响。在情报数据生态治理中，重视完善数据动员建设、增强动员胜算、促进深度融合、实现智慧动员等情报运用价值是重要的现实任务，新一代人工智能将在整个过程中从情报学的基础理论、应用实践和专业教育方面起到重要的支撑和完善作用。

10.4.1 新一代智能信息技术对情报学基础理论的影响

现代信息技术层出不穷，应用领域显著扩大，既给情报学大大拓展了研究空间，但同时，却使其学科特色越来越淡化，缺乏核心方向标志，甚至存在疲于应付技术发展、盲目跟风的情况。我国学术界对于情报学学科建设一直有着较大争议，当前更是存在着 Information Science、Intelligence Studies 两种"IS"观点分歧。不仅国内如此，国外也一样存在着这种分歧，也存在"信息"与"情报"两种研究对象之争[1]，一种以 Ischool 为代表强调对"人、技术、信息"的研究，另一种则在"9·11"事件后突出加强了对国防军事等专门机构的"情报工作"的研究，从形式上看，这二者之间大相径庭[2]。在情报学的理论体系中，具有两个基本的传统："文献传统"和"计算传统"。"文献传统"是情报学的源头，"计算传统"是情报学的天然特质，两者营造着情报学研究领域的双重语境[3]，在不同语境下的研究与应用方向可能存在着天壤之别。

在这种背景下，人工智能强势来袭，对于本就不够统一、基础理论薄弱的中国情报学来说，必然带来重大冲击。传统情报学的研究对象及其特征发生重大变化，信息组织从他组织向自组织转变、信息决策从信息系统辅助决策向自主决策转变、信息领域从文献信息向几乎所有领域拓展、信息环境从封闭环境向开放环境转变，等等。情报学的经典规律在新形势下是否仍然适应？伴随数据科学的兴起，情报链理论需要重新认识[4]，智能化的数据情报或成为未来研究。情报学的研究方法也面临重大挑战，中国情报学尽管历来对信息技术十分关注，但本身却缺乏对前沿技术的掌握和精通，人工智能、大数据的相关研究，由于缺乏足够的技术与数据资源支持，使得情报学的研究很难有大的理

---

[1] 沈固朝. 情报与信息：一船两夫——读《隐秘与公开：情报服务与信息科学的追忆与联系》[J]. 情报探索，2010，2（2）：3-5.
[2] 刘记，王延飞. 情报学教育生态探析[J]. 情报理论与实践，2018，41（1）：16-21.
[3] 毕强. 数字时代情报学发展前景[J]. 图书情报工作，2010，54（12）：5-7.
[4] 彭知辉. 数据：大数据环境下情报学的研究对象[J]. 情报学报，2017，36（2）：123-131.

论和方法突破。学界对于 Intelligence Studies 的研究也仅仅刚刚起步，尚处于萌芽阶段，缺乏坚实的理论与方法基础，应对和利用好崛起中的人工智能，是情报学界所面临的新的严峻挑战。

在新形势下，国内情报学是继续恪守传统、还是像以前一样跟风研究或者其他？回答这个问题之前，我们首先要把握好情报学发展的学科统一与融合的大趋势。对于上述两个"IS"的争议问题，马费成教授指出，"对知识和智能（情报）的研究可以定义为 Intelligence Studies，就是如何将知识和信息变成解决方案、变成情报、变成智能，直接提供给各级领导。因而 Information Science 中包含了 Intelligence Studies"，并强调"要加强 Information Science 链条中对'知识—智能'激活和转化的研究，并作为今后研究中的一个非常重要的部分"[①]，可见，上述二者实际上并不是真正的矛盾，而是统一的，只不过关于后者的研究是薄弱环节，今后应面向国家的重大需求、贴近应用实践、突出重点地加强研究。胡雅萍等通过分析 Intelligence Studies 与 LIS（图书馆学情报学）的异同点、两者融合的理论及研究现状，认为两个 IS 融合具备一定的可操作性，也是适应时代发展的需求的，并提出构建以两个 IS 融合为基础的教学培养体系[②]。笔者也曾撰文指出，亟待在用户决策保障框架下，形成统一的、通用的情报学理论体系，探索构建相应的方法论，以满足不同目标群体对情报学专业人才的需求；并提出情报学的学科建设与人才教育，应在生态观的理念下调整设计，即在国家与社会发展的大环境下，情报学各专业分支、理论流派要推进优势互补、多元发展，实现共生、共存、共进，并立足于当前最迫切的社会需求，解放思想，坚持实践导向，突出加强与治理环境的双向互动，通过情报治理的实践检验，实现学科发展的自组织、自生存、自适应和自修正，不断发掘、培育、壮大情报学的核心能力和社会影响力[③]。2017 年 10 月，由中国科学技术情报学会、中国社会科学情报学会共同主办的"情报学与情报工作发展论坛（2017）"呼吁重新定位情报学科的发展目标，形成大情报科学，促进各情报领域的相互融合与相互支持，实现军口和民口情报学的融

---

① 马费成. 情报学发展的历史回顾及前沿课题 [J]. 图书情报知识，2013（2）：4-12.
② 胡雅萍，潘彬彬. 国外关于两个 IS 的情报教育研究及对我国的启示 [J]. 情报理论与实践，2014，37（9）：5-10.
③ 沈固朝. 情报与信息：一船两夫——读《隐秘与公开：情报服务与信息科学的追忆与联系》[J]. 情报探索，2010，2（2）：3-5.

合①。国外也发生了类似的学科发展事件。从 2003 年开始，美国出现了一门情报与信息并列的学科"情报与安全信息学"（Intelligence and Security Informatics，ISI）②。ISI 的核心内容是研究如何利用并开发先进的数字化和网络化信息系统和智能算法，通过信息技术、组织结构和安全策略的集成，使情报采集和安全分析更加系统化和科学化，保障国际安全、国家安全、社会安全、商业安全和个人安全③。该项学科研究获得了美国国家科学基金会及政府相关部门的立项资助④，分别于 2003 年和 2004 年两次召开 ISI 国际研讨会议，从 2005 年开始，美国电子和电气工程师协会与美国国家科学基金会合办 IEEE ISI 国际年会，2017 年的年会以"安全与大数据"（Security and Big Data）为主题在北京召开⑤。

对于情报学理论中的两个"基本传统"问题，也呈现出逐步实现情报学学科建设中技术与人文两种研究取向协同发展的趋势。这种双重属性反映出情报学学科对于技术理性和人文价值相互统一的要求。在大数据时代，"情报学技术理性"的增强已经成为学界对于情报学学科体系重要性的再认识，但同时也强调要重视人文价值，张家年所提出的"在大数据环境下情报工作中倡导和拥抱大数据的同时，也应在情报工作中重视大数据时代的人文价值重要性"⑥，正是适应大数据时代技术理性和人文价值相互统一的体现。智能化情报技术成为情报学的前沿领域，人工智能研究的进步让各种新的理念运用于信息组织、检索、获取与分析领域，形成了许多新兴的智能化情报技术的研究方向。例如，信息组织领域的语音识别、大规模文本处理；信息分析与处理领域的文本挖掘、信息抽取、数据挖掘；信息检索领域的基于本体的智能检索、基于机器学习的情报检索等。除了技术应用以外，还涉及人工智能应用中对人的认知及影响的考虑。在揭示知识特征的基础上，情报学的学科建设还要关注用户的认知感受和使用体验，研究人与信息的关系、人的认知过程与知识结构、人的信息查寻行为、人际

---

① 中国科学技术情报学会，中国社会科学情报学会. 情报学与情报工作发展南京共识［EB/OL］.［2017-11-12］. http：//dik.whu.edu.cn/CN/column/item191.shtml.
② CHEN H，WANG F Y. Artificial intelligence for homeland security［J］. IEEE intelligent systems，2015，20（5）：12-16.
③ 王飞跃，王珏. 情报与安全信息学研究的现状与展望［J］. 中国基础科学，2005，7（2）：24-29.
④ CHEN H， YANG C C. Intelligence and security informatics：techniques and applications［M］. Berlin：Springer Verlag，2008.
⑤ IEEE ISI 2017［EB/OL］.［2017-11-12］.http：//www.isi-conf.org/home.html.
⑥ 张家年，王文韬. 融入工程化思维：大数据环境下情报分析机制的构建［J］. 情报理论与实践，2016，39（6）：1-6.

互动以及人与环境的互动等，更加重视信息服务中的人文因素。可以预见，智能信息技术的发展将给情报学注入生机和活力，加快情报生产和获取的速度，使情报不断得到更新和创新，使情报更具使用价值。情报学的学科建设将继续朝着技术驱动、人文结合的方向发展。

在这种学科统一和融合的大趋势下，笔者认为，国内情报学界应在生态观的理念下进行调整设计，即在国家与社会发展的大环境下，情报学各专业分支、理论流派要推进优势互补、多元发展，实现共生、共存、共进，并立足于当前最迫切的社会需求，解放思想，坚持实践导向，突出加强与治理环境的双向互动，通过情报治理的实践检验，实现学科发展的自组织、自生存、自适应和自修正，不断发掘、培育、壮大情报学的核心能力和社会影响力。

如前所述，人工智能与情报学存在天然的密切关系，人工智能的发展必然与情报学的发展息息相关。人工智能作为一种变革性、颠覆性技术，是对传统思维方式、理论体系、方法论等的变革甚至颠覆，学界要紧紧抓住这一契机，找准学科定位，在情报学基础理论研究上做更大的投入，在情报学概念与方法体系上有更多关注，推动情报学学科体系的重构，明确学科研究边界，重新确立研究范式，而非仅仅停留在一般性的对于新型信息技术的影响进行跟踪研究。

10.4.2 新一代智能信息技术对情报学应用实践的影响

情报学是一门实践性、应用性很强的学科。人工智能不仅在理论上能给学科建设造成影响，在军事、科技、商业、政治等情报实践方面也将带来重大变革。美国的相关军事部门、高校、智库等就此做过分析，认为AI的每一种技术都为美国军事情报机构的战略、组织、优先事项和资源分配带来重大变革，其未来影响力至少可与核武器比肩。美国国防部就将AI作为一种关键的使能技术，将其定位在战略层面进行推进[①]。

美国相关机构近年来大幅增强了对AI的投入，据公开报道不完全统计，美国国防超前研究项目局（DARPA）近50年来所安排的有关智能信息技术的项目达数十个，当前正在开展的项目有11个，美国国家情报总监办公室下属情报超前研究项目局（IARPA）当前开展的智能信息技术项目有32个，美国中央情报局目前进行的人工智

---

① POTEMBER R. Perspectives on research in artificial intelligence and artificial general intelligence relevant to DoD [EB/OL].（2017-01-01）[2021-07-30]. https：//fas.org/irp/agency/dod/jason/ai-dod.pdf.

第 10 章
围绕人工智能的情报感知刻画实践

能项目达 137 个。

在图书馆领域，2017 年 9 月，武汉大学图书馆与百度公司签订了《百度武大 AI 图书馆合作框架协议》，计划分阶段建设 AI 图书馆，以解决高校传统图书馆的资源利用问题，项目内容囊括了资源共享、个性化定制、大数据追踪记录以及智能化检索体验等，力图颠覆人们对传统图书馆的认知，让传统图书馆重焕活力[①]。

与情报实践相关的各方之所以加大这种投入，既有在军备竞赛中保持战略优势的目的，也有充分利用 AI 技术提升各项能力的需要。新一代人工智能的大发展主要通过以下途径对情报学应用实践产生影响。

①提升从"数据到决策"的能力，有力构建情报保障决策的新优势。一是数据收集与分析能力。《人工智能与国家安全》报告认为，人工智能将极大提升数据收集与分析能力，并提升产生数据的能力，从而变革信息优势。在情报行动中，意味着有越来越多的信息源可供分辨真相；相应地，制造伪情报也变得更加便利，借助人工智能技术伪造音视频媒体的质量迅速提升，同时成本迅速下降，这就要求要探索应对基于人工智能的伪造技术的方法。夏立新等梳理了情报学从大科学时代的情报爆炸到大数据时代的情报危机的发展历程[②]，从中可以看到人工智能将是解决科学研究、政府公共管理、企业管理等实践领域情报危机的有效应对策略。苏新宁指出有关情报处理分析软件也需要更新，要把智能化技术等尖端的理论技术方法运用于情报分析工具中[③]。二是通过人工智能，利用大数据从中挖掘情报，直接形成决策方案、作战计划，相关机构可以更加准确、快速、灵活地获得有价值的情报产品，并使之得到及时的应用，大大加快决策的速度和水平。2015 年 12 月，美国中情局的《情报研究》杂志刊登了美国国防情报局分析师 P. F. Yeh 的文章《情报分析中使用机器人》，梳理了自动分析技术（特别是自然语言生成技术）在情报分析领域的应用情况，并介绍了美国情报高新研究计划局（IARPA）赞助的"开源征兆"（Open Source Indicators，OSI）项目，该项目通过持续、自动化地对开源数据进行分析，来预测或监测社会重大事件，如政治危机、人道主义危机、大规模的暴力、骚乱、大规模迁移、疾病暴发、经济不稳定、资源短缺及自然灾害等。2014 年年初，OSI 宣称他们在拉丁美洲成功预测到疾病的暴发，比官方报告

---

① 武汉大学图书馆. 我馆与百度公司举行 AI（人工智能）图书馆建设合作研讨会［EB/OL］.（2017-09-08）［2017-09-08］. http://gzw.lib.whu.edu.cn/pe/Article/ShowArticle.asp? ArticleID=2931.
② 夏立新，陈燕方. 大数据时代情报危机的发展演变及其应对策略研究［J］. 情报学报，2016，35（1）：12-20.
③ 苏新宁. 大数据时代情报学与情报工作的回归［J］. 情报学报，2017，36（4）：331-337.

要早两周①。有些专家认为，通过借助人工智能，能够帮助政府改善经济决策的方式，能以前所未有的新途径解决问题②。未来的强人工智能或超级人工智能对决策的影响则是真正颠覆性的、使人类面临决策权转移的重大风险③。

②催生新的工作能力，形成情报感知与情报刻画的新优势。人工智能将以强化甚至催生新能力的方式给人类赋能，如在卫星获取的图像分析和网电攻防领域机器学习技术可使一些劳动密集型工作的自动化程度大幅提升。人工智能将促进形成新的工作模式和作战方式。例如，美国国家情报委员会在2008年发布的全球趋势预测报告《全球趋势2025——转型的世界》中就指出，传感器等硬件、人工智能等技术的发展将使服务机器人到2025年成为突破性技术，这些服务机器人将使各种远程控制、半自动（人工干预）和完全自主的机器人系统成为可能，信息技术的进步将使人工智能与机器人的拓展应用、先进的精确制导武器、强大的目标定位和侦察能力、提高的指挥和控制能力，通过有效组合而催生新的协同作战模式④。

人工智能不但能显著强化人类现在已能做的情报工作，还能开展人们之前所不能从事的工作。美国情报高级计划局主任 J. Matheny 指出，情报工作需要人工智能的原因是，人类智能（Human Intelligence）对世界复杂性的感知能力十分有限，靠人力分析师的数量堆积已不能很好地履行使命，而机器学习则提供了用来弥补可用资源与紧迫需求压力的差距的方法⑤。例如，利用先进的软件、人工智能和自动变化检测技术，机器可以理解并从包含无数图像的复杂数据堆中提取行动性情报，并实现商业开源卫星影像产品与军事卫星影像的契合⑥。此外，在网络领域，目前需要大量高技能劳动力的活动（如 APT 攻击等）未来可能会实现高度自动化，从而助力大幅提升攻防两端的网络安全能力。由于传统安全系统可能存在反应慢、无效等问题，人工智能技术将可能提高整体

---

① YEH P F. The case for using robots in intelligence analysis [J]. Studies in intelligence, 2015, 59 (4): 1-8.
② 王冬梅. 大数据背景下人工智能如何服务于政府经济决策 [J]. 中国统计, 2017 (4): 8-10.
③ 杰瑞·卡普兰. 人工智能时代：人机共生下财富、工作与思维的大未来 [M]. 李盼, 译. 杭州：浙江人民出版社, 2016.
④ National Intelligence Council. Global trends 2025: a transformed world [EB/OL]. [2017-11-08]. www.dni.gov/nic/NIC_2025_project.html.
⑤ ACKERMAN R K. Seeing is believing for artificial intelligence [EB/OL]. [2017-11-08]. https://www.afcea.org/content/seeing-believing-artificial-intelligence-0.
⑥ JONTZ S. The intelligence everyone can see [EB/OL]. [2017-11-08]. https://www.afcea.org/content/intelligence-everyone-can-see.

第 10 章
围绕人工智能的情报感知刻画实践

安全防护性能、更好地预测日益复杂的网络威胁①。2015 年，土耳其的 D. Selma 等认为，物理设备和人力干预难以有效实现网络基础设施安全威胁的监测和保护，故而需要一个灵活、适应、健壮，能检测各种各样威胁、能实时智能决策的更为复杂的网络防御系统，这为人工智能在网络安全领域的应用提供了广阔的空间。事实上，人工智能已通过人工神经网络应用（Artificial Neural NetworkApplication）、智能代理应用（Intelligent AgentApplication）、人工免疫系统应用（Artificial Immune SystemApplication）、遗传算法和模糊集应用（Genetic Algorithm and Fuzzy SetsApplication）等多种仿生计算方法在网络犯罪检测和预防中发挥了重要的作用②。2017 年 9 月，美国国家科学委员会发布的《向总统汇报的联邦信息技术现代化报告（草案）》中提到，美国国土安全部一直在探索利用人工智能来提升检测网络上恶意活动异常行为的分析能力，以使其能够对以前所不能确认的事件做出反应③。

③知识型工作自动化，变革情报服务模式。人工智能、机器学习能力以及更加人性化的用户接口（如语音识别系统）等技术的发展，令机器人可以越来越多地承担长期以来一直被认为无法实现的自动化工作。例如，一些计算机系统可以回答一些"非指令化"的问题（用日常语言而非软件设计预设的提问方式所提出的问题），未经专门培训的员工或客户也可通过这种提问方式获得所需要的信息。这将给知识型工作带来巨大的变换，提供更多的功能，提高可操作性。由于机器可以执行更多的智能型任务，未来将有更多的工作可完全实现自动化。

10.4.3 新一代智能信息技术对情报学专业教育的影响

经过近 60 年的发展，我国情报学教育从无到有，取得了长足的进步，"随着科学技术的发展，经济社会的进步，我国情报学教育也紧随时代步伐，及时设置相关的研究方向，培养符合社会发展的优秀情报专业人才"④。近年来，互联网、大数据、云计算等

---

① WIRKUTTIS N, KLEIN H. Artificial intelligence in cybersecurity [J]. Cyber, intelligence, and security, 2017, 1 (1): 103-119.

② DILEK S, CAKIR H, AYDIN M. Applications of artificial intelligence techniques to combating cyber crimes: a review [J]. International journal of artificial intelligence & applications, 2015, 6 (1): 21-39.

③ American Technology Council. Report to the president on federal IT modernization [EB/OL]. [2017-09-30]. https://itmodernization.cio.gov/assets/report/Report%20to%20the%20President%20on%20IT%20Modernization.pdf.

④ 赵蓉英，郭凤娇，魏绪秋. 我国情报学教育发展透析 [M] // 情报学进展（2014—2015 年度评论）（第十一卷）. 北京：国防工业出版社，2016：47-75.

信息技术的快速发展，对我国情报学教育已产生了不容忽视的影响，情报学专业特色与国家战略决策需要、信息技术发展等结合不够，传统图书情报领域所培养的学生在整个社会中的人才竞争优势有所弱化。不仅学历教育如此，近年来我国高校情报学对于社会人员的在职教育培训也明显减少，社会影响力不够。与之相反，美国相关高校的情报学专业承担着大量的在职培训任务，为不同机构、不同层次的职业人士提供在职学历、在职培训、网络教育等。胡雅萍研究发现，美国民口高校的情报学教育，为满足相关专门机构不同层次的人才需求，其培养层次除了本科、学士后、硕士、硕士后、博士教育，还设立了资格认证班、研修班以及网络学位认证班，呈现出多培养层次的特点[1]。与此同时，美国民口高校的情报学相关学院，与美国的军事部门及相关专门机构建立了紧密的合作关系，并获得了大量的经费资助[2][3][4]。这些事例从另一个侧面反映出我国情报学教育对于国家发展形势、行业领域前沿、情报应用需求等缺乏应有的感知敏感和充分的响应。

智能信息技术对情报学教育的挑战是显而易见的。作为一门颠覆性技术，其对情报学科专业教育培养的冲击前所未有，远远超出之前互联网、大数据等所带来的影响。办学资源和师资结构都面临着智能信息技术发展所带来的挑战。

目前，国内情报学专业普遍缺乏进行智能信息技术相关研究与教学所应具备的技术能力基础、数据资源和平台，适时实施教育转型存在很大的操作难度。在课程设置上也面临重大调整需求，需要兼顾情报分析的基本要求和智能信息技术条件，对机器学习、数据挖掘、自然语言处理等人工智能相关课程的教学将成为未来情报学教育中方法工具的重要内容。坚持以课程体系为引导，在教学的内容和形式上注意体现情报业务特色，是情报专业特色教育规划设计中不可忽视的原则性要求[5]。

美国高校的情报学院/信息学院开设的课程紧密结合理论与实践并根据时代的变化

---

[1] 胡雅萍，遇妍. 美国高校情报教育研究[J]. 情报杂志，2016，35（11）：5-9.

[2] ARKIN W M, O'BRIEN A. These are the 100 most militarized universities in America [EB/OL]. [2017-07-10]. https：//news.vice.com/article/these-are-the-100-most-militarized-universities-in-america.

[3] ARKIN W M, O'BRIEN A. The most militarized universities in America：a vice news investigation[EB/OL]. [2017-07-10]. https：//news.vice.com/article/the-most-militarized-universities-in-america-a-vice-news-investigation.

[4] ARKIN W M, O'BRIEN A. The most militarized universities in America：our ranking methodology explained [EB/OL]. [2017-07-10]. https：//news.vice.com/article/the-most-militarized-universities-in-america-our-ranking-methodology-explained.

[5] 王延飞，钟灿涛，赵柯然，等. 论情报专业特色教育[J]. 情报杂志，2016（11）：1-4，38.

保持前沿性，例如，美国的匹兹堡大学、雪城大学、印第安纳大学等大学的情报学院/信息学院已设置了人工智能课程①②。

威尔逊中心 2017 年 6 月发布的报告《中国如何为人工智能驱动的未来作准备》中提到，短期来看，中国人工智能的发展面临许多挑战，如缺乏顶尖人工智能研究人才，教育系统也未为自动化驱动的经济做好准备，而教育有助于培养学生的求知欲，使其在诸如人工智能等新兴领域的人才成长中具有长期优势③，可见，开展适应未来人工智能发展需要的教育体系十分重要。面对这些挑战，大力推进情报学教育模式转变是必由之路，通过加强与相关军事政府部门、科研院所、公司企业等的合作，充分利用其他单位已有的人才与技术资源，是保障教学质量和人才培养的基本条件。

10.5 本章小结

融合创新是指将各种创新要素通过创造性的融合，通过各创新要素之间匹配、互补，使创新系统的整体功能发生质的飞跃，形成独特的、不可复制和超越的创新能力和核心竞争力④。人类历史上所出现的颠覆性创新很久才会出现一次，且都是从量变到质变，一个不争的事实是：我们正处在一个盛产融合创新的时期，这给我们学科建设发展也带来了新的机遇。从世界人工智能探索的启动和中国（科技）情报学的发端至今，双双经历了 60 余年，均已发生了重大变化，迎来了颠覆性、融合性创新的时代，中国情报学界理应积极主动适应时代潮流、面向国家重大战略要求、贴近社会经济实践需求，凝聚各方共识，大刀阔斧地推进学科重塑。

同时，我们也要理性地看待科技革命所带来的影响。从人类历史视角来看，历次科技革命对人类的发展总体上都是积极的；从情报学的发展历程来看，每一轮新信息技术的出现都给学科发展带来冲击，然而，对情报需求、情报对象和情报任务的感知、刻画与响应这一情报研究实践的灵魂从未改变。"信息时代"在历史上就发生过多次，每次"信息时代"的出现，都给当时条件下的人类带来了极为重大的影响，最终都是以积极的结

---

① 向菲. 美国图书情报学科人才培养模式与特点[J]. 中华医学图书情报杂志，2013，22(11)：7-12.
② 张馨允. 对美国印地安那大学图情课程培养模式的思考[J]. 图书馆学研究，2016(5)：25.
③ HE Y J. How China is preparing for an AI-powered future[EB/OL].[2017-11-10]. https://www.researchgate.net/publication/317881261_How_China_is_Preparing_for_an_AI-powered_Future.
④ 陈运红. 巨浪：全球智能化革命机遇[M]. 北京：电子工业出版社，2016.

果过渡到新的阶段[①]。当前以"互联网、大数据、人工智能"为代表的信息时代同样会促进人类向更高级阶段发展。情报学的发展也一样,在"跑得快、算得准"的计算能力支援下设定"醒得早、看得远"的学科定位目标,在"交叉、融合"的理念支持下探索情报感知、情报刻画与情报响应的规律。若能如此,则既可彰显情报学的特色,也是当代学人对历史的一个交代。

---

① 丹尼尔·黑德里克.追溯信息时代[M].崔希芸,陈秀丹,胡晓姣,译.石家庄:河北教育出版社,2016.

参考文献

[1] BARNES R F. The study of information: interdisciplinary messages [M]. Hoboken: John Wiley & Sons, 1983.

[2] BROWN D. Horizon scanning and the business environment-the implications for risk management [J]. BT technology journal, 2007, 25 (1): 208-214.

[3] BUCKLAND M. The landscape of information science: the American society for information science at 62 [J]. Journal of the American society of information science 1999, 50 (11): 970-974.

[4] CHEN H, WANG F Y. Artificial intelligence for homeland security [J]. IEEE Intelligent Systems, 2005, 20 (5): 12-16.

[5] CHEN H, YANG C C. Intelligence and security informatics: techniques and applications [M]. Berlin: Springer Verlag, 2008.

[6] ENDSLEY M R. Toward a theory of situation awareness in dynamic systems [J]. Human Factors, 1995, 37 (1): 32-64.

[7] FETTERMAN D. Empowerment evaluation [J]. Evaluation practice, 1994, 15 (1): 1-15.

[8] FINGAR T. Intelligence and grand strategy [J]. Orbis, 2012, 56 (1): 118-134.

[9] HORVITZ E J, BREESE J S, HENRION M. Decision theory in expert systems and artificial intelligence [J]. International journal of approximate reasoning, 1988, 2 (3): 247-302.

[10] LANDON-MURRAY M. Big data and intelligence: applications, human capital, and education [J]. Journal of strategic security, 2016, 9 (2): 92-121.

[11] LONG L A. Activity based intelligence: understanding the unknown [J]. The

intelligencer, 2013, 2 (20): 7-15.

[12] MARRIN S. Training and educating U. S. Intelligence analyst [J]. International journal of intelligence and counterintelligence, 2008, 22 (1): 131-146.

[13] MARSHALL A W. A program to improve analytic methods related to strategic forces [J]. Policy sciences, 1982 (15): 47-50.

[14] PERKINS D, ZIMMERMAN M. Empowerment theory, research, and application [J]. American journal of community psychology, 1995, 23 (5): 569-579.

[15] PHILLIPS-WREN G, ICHALKARANJE N. Intelligent decision making: an AI-based approach [M]. Berlin: Springer Heidelberg, 2008: 3.

[16] PICHERT J W, ANDERSON R C. Taking different perspectives on a Story [J]. Journal of educational psychology, 1977, 69 (4): 309-315.

[17] POMEROL J C. Artificial intelligence and human decision making [J]. European journal of operational research, 1997, 99 (1): 3-25.

[18] PRUNCKUN H, GOLDMAN J. Handbook of scientific methods of inquiry for intelligence analysis [M]. Lanham: Scarecrow Press, 2010.

[19] RAINA R, MADHAVAN A, NG A. Large-scale deep unsupervised learning using graphic processors [J]. International conference on machine learning, 2009: 873-880.

[20] RAPPAPORT J. Studies in empowerment: Introduction to the issue [J]. Prevention in human services, 1984, 3 (2-3): 1-7.

[21] RUSSELL S, NORVIG P. Artificial intelligence: a modern approach [M]. 3rd ed. England: Pearson, 2009.

[22] DILEK S, CAKIR H, AYDIN M. Applications of artificial intelligence techniques to combating cyber crimes: a review [J]. International journal of artificial intelligence & applications, 2015, 6 (1): 21-39.

[23] SILVER D, SCHRITTWIESER J, SIMONYAN K, et al. Mastering the game of go without human knowledge [J]. Nature, 2017 (10): 354-359.

[24] SIMON H A. Making management decisions: the role of intuition and emotion [J]. The academy of management executive, 1987, 1 (1): 57-64.

[25] SMITH L C. Artificial intelligence in information retrieval systems [J]. Information processing & management, 1976, 12 (3): 189-222.

[26] SMITH L C. Artificial intelligence: relationships to research in library and information science [J]. Journal of education for library and information science, 1989, 30(1): 55-56.

[27] SONTAG S. On Photography [M]. New York: RosettabBooks LLC, 2005.

[28] WELLISCH H. From information science to informatics: a terminological investigation [J]. Journal of librarianship, 1972, 4(3): 157-187.

[29] WHITE H D. Annual meeting coverage: information science fiction (Talk on receiving the Society's 2004 Award of Merit) [J]. Bulletin of the American society for information science and technology, 2005, 31(3): 14-15.

[30] WIRKUTTIS N, KLEIN H. Artificial intelligence in cybersecurity [J]. Cyber, intelligence, and security, 2017, 1(1): 103-119.

[31] YEH P F. The case for using robots in intelligence analysis [J]. Studies in intelligence, 2015, 59(4): 1-8.

[32] ZHANG X, MAJID S, FOO S. The contribution of environmental scanning to organizational performance [J]. Singapore journal of library & information management, 2011, 40: 65-88.

[33] ZIMMERMAN M, ISRAEL B, SCHULZ A, et al. Further explorations in empowerment theory: an empirical analysis of psychological empowerment [J]. American journal of community psychology, 1992, 20(6): 707-727.

[34] 白如江. 我国情报学研究现状与发展趋势探析(下)[J]. 情报学报, 2006, 25(10): 284-286.

[35] 包昌火, 马德辉, 李艳. Intelligence 视域下的中国情报学研究 [J]. 情报杂志, 2015(12): 2-6.

[36] 陈雁居. 情报学导论 [M]. 北京: 北京文献服务处, 1987.

[37] 毕强. 数字时代情报学发展前景 [J]. 图书情报工作, 2010, 54(12): 5-7.

[38] 波拉克. 不确定的科学与不确定的世界 [M]. 上海: 上海科技教育出版社, 2005.

[39] 蔡自兴. 机器人学 [M]. 北京: 清华大学出版社, 2000.

[40] 蔡自兴. 中国人工智能 40 年 [J]. 科技导报, 2016, 34(15): 12-32.

[41] 陈超. 传统科技情报机构转型思考 [J]. 中国科技资源导刊, 2016, 48(1): 10-13.

[42] 陈传夫, 汤琪. 中外科技报告服务版权管理实践比较研究: 以 NSTRS, NTIS 等为

例[J].情报理论与实践,2016,39(10):134-139.

[43] 陈传夫,于媛.美国iSchool的趋势与启示[J].图书情报工作,2007(4):20-24.

[44] 陈峰.国外技术预见项目过程与方法的竞争情报学透视及思考[D].北京:中国科学院科技政策与管理研究所博士后论文报告,2006.

[45] 陈峰.竞争情报理论方法与应用案例[M].北京:科学技术文献出版社,2014:31-36.

[46] 陈光祚.专家家系统在情报检索中的应用[J].图书情报知识,1986(2):28-32.

[47] 陈美华,王延飞.科技管理决策中的地平线扫描方法应用评析[J].情报理论与实践,2017(12):63-68.

[48] 陈运红.巨浪:全球智能化革命机遇[M].北京:电子工业出版社,2016.

[49] 程莉,吴广印,王鑫.科技情报机构的发展模式研究:基于兰德公司与国内情报院所的对比分析[J].情报杂志,2014(5):13-18.

[50] 丹尼尔·黑德里克.追溯信息时代[M].崔希芸,陈秀丹,胡晓姣,译.石家庄:河北教育出版社,2016.

[51] 冬青.揭开行为的奥秘:行为科学概论[M].北京:中国经济出版社,1987.

[52] 杜元清.地平线扫描的概念及案例研究[J].情报学进展,2018,12:154-191.

[53] 杜元清.科技情报工作的特点和规律[J].中国国防科技信息学会通讯,2008,10:32-56.

[54] 杜元清.论信息环境设计[D].北京:北京大学,2009.

[55] 杜元清.情报分析的五个级别及其应用意义[J].情报理论与实践,2014,37(12):20-22.

[56] 杜元清.信息环境与信息传递样式[J].情报理论与实践,2009,32(8):16-20.

[57] 杜元清.虚拟现实技术在图书情报领域中的应用[J].情报理论与实践,1995(3):41-43.

[58] 多元智能理论的历史与现实:访加德纳《多元智能》中文译者、知名教育学者沈致隆[N].中国教育报,2004-05-20(7).

[59] 弗拉基米尔S.情报学相关学科的共性和特性(文摘)[J].朱江,译.世界科技研究与发展,1991(3):95.

[60] 高洪深.决策支持系统(DSS)理论·方法·案例[M].北京:清华大学出版社,2005:15.

［61］郭军．智能信息技术［M］．北京：北京邮电大学出版社，2001：7-13.

［62］何克抗．创造性思维理论：DC模型的建构与论证［M］．北京：北京师范大学出版社，2000.

［63］贺德方．基于事实型数据的科技情报研究工作思考［J］．情报学报，2009，28（5）：764-770.

［64］胡雅萍，潘彬彬．Intelligence视角下美国情报教育研究［J］．情报杂志，2014，33（11）：4-9.

［65］胡雅萍，潘彬彬．国外关于两个IS的情报教育研究及对我国的启示［J］．情报理论与实践，2014，37（9）：5-10.

［66］胡雅萍，遇妍．美国高校情报教育研究［J］．情报杂志，2016，35（11）：5-9.

［67］黄晓勇．千年文化的回响［M］．北京：社会科学文献出版社，2015.

［68］焦健，王祥．数据挖掘在美国本土安全中的应用［J］．舰船电子工程，2006（1）：32-35.

［69］杰瑞·卡普兰．人工智能时代：人机共生下财富、工作与思维的大未来［M］．李盼，译．杭州：浙江人民出版社，2016.

［70］金鑫．智能信息技术开发与应用［J］．数字技术与应用，2015（8）：181.

［71］靖继鹏，张向先，王晞巍．信息生态学的研究进展［J］．情报学进展，2016，11：1-26.

［72］靖继鹏，张向先．信息生态理论与应用［M］．北京：科学出版社，2017.

［73］克拉克．情报分析：以目标为中心的情报方法［M］．北京：金城出版社，2013.

［74］赖纪瑶，严心月，邓灵敏，等．中日韩"情报"概念认知比较［J］．情报杂志，2018，37（4）：1-5，54.

［75］李健，毛翔．兰德战略评估系统及其影响［J］．军事运筹与系统工程，2015，29（1）：5-12.

［76］李娟，郭鲁钢，潘锐焕．我国科技情报机构发展趋势研究［J］．图书情报导刊，2010，20（27）：104-106.

［77］李秦．竞争情报技术在Web2.0环境下的拓展［J］．现代情报，2008（7）：50-52.

［78］李啸虎，田廷彦，马丁玲．力量：改变人类文明的50大科学定理［M］．上海：上海文化出版社，2004.

［79］梁战平．情报学若干问题辨析［J］．情报理论与实践，2003，26（3）：193-198.

［80］刘记，王延飞．情报学教育生态探析［J］．情报理论与实践，2018，41（1）：16-21.

[81] 刘金明, 王耀球. 中美产业结构与物流成本对比 [J]. 物流时代, 2005 (18): 36-37.

[82] 刘秀磊, 王延飞, 刘思含. 科技情报对象关系抽取的技术选择 [J]. 情报工程, 2018 (3): 39-47.

[83] 刘耀华. 人工智能各国战略解读: 美国机器人发展路线图 [J]. 电信网技术, 2017, 2 (2): 39-41.

[84] 刘植惠. 情报学基础理论讲座第七讲钱学森同志关于情报学的新见解 [J]. 情报理论与实践, 1988 (4): 42-44.

[85] 卢太宏. 情报科学的三个研究规范 [J]. 情报学报, 1987 (1): 19-22.

[86] 卢泰宏. 社会的情报意识和社会的情报能力 [J]. 情报科学, 1983 (3): 1-7.

[87] 马费成. 情报学发展的历史回顾及前沿课题 [J]. 图书情报知识, 2013 (2): 4-12.

[88] 马秀芳, 李克东. 皮亚杰与维果斯基知识建构观的比较 [J]. 中国电化教育, 2004 (1): 20-23.

[89] 孟弘, 许晔, 李振兴. 英国面向2030年的技术预见及其对中国的启示 [J]. 中国科技论坛. 2013 (12): 155-160.

[90] 彭知辉. 数据: 大数据环境下情报学的研究对象 [J]. 情报学报, 2017, 36 (2): 123-131.

[91] 钱学森. 科技情报工作的科学技术 [J]. 情报理论与实践, 1983 (6): 3-10.

[92] 日本科技情报中心. 情报管理进修教材 [M]. 张保明, 译. 哈尔滨: 情报科学杂志社, 1982.

[93] 沙勇忠, 牛春华. iSchool 联盟院校的课程改革及其启示 [J]. 图书情报知识, 2008 (11): 26-35.

[94] 沈固朝. 两种情报观: Information 还是 Intelligence?: 在情报学和情报工作中引入"Intelligence"的思考 [J]. 情报学报, 2005, 24 (3): 259-267.

[95] 沈固朝. 情报与信息: 一船两夫: 读《隐秘与公开: 情报服务与信息科学的追忆与联系》[J]. 情报探索, 2010, 2 (2): 3-5.

[96] 石纯一, 黄昌宁, 王家廞. 人工智能原理 [M]. 北京: 清华大学出版社, 1993: 2.

[97] 苏新宁. 大数据时代情报学与情报工作的回归 [J]. 情报学报, 2017, 36 (4): 331-337.

[98] 孙成权, 曹霞, 黄彦敏, 等. 战略情报研究与技术预见 [M]. 上海: 上海科学技

术文献出版社，2008：10.

[99] 汤珊红，由庆斌，李天阳. 补充计量学的发展及应用[M]// 中国国防科学技术信息学会. 情报学进展2014—2015. 北京：国防工业出版社，2016：76-99.

[100] 腾讯研究院. 人工智能各国战略解读：联合国人工智能政策报告[J]. 电信网技术，2017，2（2）：26-28.

[101] 田运. 思维科学简论[M]. 北京：北京工业学院出版社，1985.

[102] 托马斯·达文波特，约翰·贝克. 注意力管理[M]. 北京：中信出版社，2001.

[103] 王道仁，傅俊英. 中日韩科技情报机构对比分析[J]. 情报探索，2015（8）：45-49.

[104] 王冬梅. 大数据背景下人工智能如何服务于政府经济决策[J]. 中国统计，2017（4）：8-10.

[105] 王飞跃，王珏. 情报与安全信息学研究的现状与展望[J]. 中国基础科学，2005，7（2）：24-29.

[106] 王飞跃. 从激光到激活：钱学森的情报理念与平行情报体系[J]. 自动化学报，2015，41（6）：1053-1061.

[107] 王健君. 信息化规划择机出台[J]. 瞭望，2008（4）：32-33.

[108] 王延飞，陈美华，赵柯然，等. 国家科技情报治理的研究解析[J]. 情报学报，2018，37（8）：753-759.

[109] 王延飞，何芳，闫志开. 情报研究方法构建的关系基础[J]. 情报杂志，2015（4）：1-3，26.

[110] 王延飞，刘记，陈美华，等. 情报治理的生态观[J]. 情报理论与实践，2018，41（1）：5-8.

[111] 王延飞，秦铁辉. 信息分析与决策[M]. 2版. 北京：北京大学出版社，2010：12.

[112] 王延飞，赵柯然，陈美华，等. 情报感知的研究解析[J]. 情报理论与实践，2018，41（8）：1-4.

[113] 王延飞，赵柯然，何芳. 重视智能技术 凝练情报智慧：情报、智能、智慧关系辨析[J]. 情报理论与实践，2016，39（2）：1-4.

[114] 王延飞，钟灿涛，赵柯然，等. 论情报专业特色教育[J]. 情报杂志，2016（11）：1-4，38.

[115] 王忠军，于伟，杨晴. 科技情报机构实践创新发展专家访谈[J]. 情报理论与实践，2017（12）：封三.

[116] 王忠军, 于伟. 情报导视: 情报学术与实践的新视界: 王延飞、张浩达、张骏、杜元清专家访谈 [J]. 情报理论与实践, 2018 (4): 封三.

[117] 王延飞, 刘记, 赵柯然, 等. 智能信息技术发展现状、趋势与影响透视 [J]. 情报学进展, 2018, 12: 117-153.

[118] 吴晨生, 张惠娜, 刘如, 等. 追本溯源: 情报3.0时代对情报定义的思考 [J]. 情报学报, 2017, 36 (1): 1-4.

[119] 吴世忠. 图书情报学中人工智能应用文献的统计分析 [J]. 知识工程, 1991 (1): 41-44.

[120] 吴运高. 数字时代美国联邦科技信息机构信息资源建设与服务创新及其启示 [J]. 数字图书馆论坛, 2009 (12): 14-24.

[121] 武夷山. 关于我国科技情报工作的几点思考 [J]. 中国科技资源导刊, 2009, 41 (6): 73-76.

[122] 夏立新, 陈燕方. 大数据时代情报危机的发展演变及其应对策略研究 [J]. 情报学报, 2016, 35 (1): 12-20.

[123] 向菲. 美国图书情报学科人才培养模式与特点 [J]. 中华医学图书情报杂志, 2013, 22 (11): 7-12.

[124] 谢新洲. "议程设置" 在互联网环境下的实证研究 [J]. 中国记者, 2004, 18 (2): 66-67.

[125] 徐峰, 冷伏海. 面向未来的技术分析方法与实践研究进展 [J]. 情报学进展, 2010, 10: 202-243.

[126] 徐海宁, 孙忠林. 大数据技术支持下的竞争情报净化系统模型构建 [J]. 图书馆理论与实践, 2016 (4): 100-102.

[127] 徐宏宇. 新智能时代颠覆情报的未来: 访中科院自动化研究所复杂系统管理与控制国家重点实验室主任王飞跃 [J]. 竞争情报, 2017, 13 (4): 4-7.

[128] 闫学杉. 信息科学: 概念、体系与展望 [M]. 北京: 科学出版社, 2016, 3: 112-113.

[129] 严怡民. 情报学与情报科学 [J]. 情报学刊, 1980 (8): 89-90.

[130] 张传军, 徐珊. "神舟" 号揭秘 [M]. 北京: 中国文联出版社, 2005.

[131] 张家年, 王文韬. 融入工程化思维: 大数据环境下情报分析机制的构建 [J]. 情报理论与实践, 2016, 39 (6): 1-6.

［132］张家年. 大数据环境下情报工程师的素质结构与培养模式［J］. 图书情报工作，2016，60（1）：12-18.

［133］张晓军. 美国军事情报理论研究［M］. 北京：军事科学出版社，2011：173.

［134］张馨允. 对美国印地安那大学图情课程培养模式的思考［J］. 图书馆学研究，2016（5）：25.

［135］赵冰峰. 迎接我国科技情报事业的第二个春天［J］. 情报工程，2016，2（4）：8-13.

［136］赵刚. 人工智能大国战略［J］. 当代县域经济，2017（6）：6-7.

［137］赵柯然，杜婉莹，王延飞. 论情报感知的赋意方法［J］. 情报理论与实践，2019，42（5）：23-28.

［138］赵楠. 基于认知心理的购物网站对用户界面设计研究［D］. 无锡：江南大学，2012.

［139］赵蓉英，郭凤娇，魏绪秋. 我国情报学教育发展透析［M］// 情报学进展（2014—2015年度评论）（第十一卷）. 北京：国防工业出版社，2016：47-75.

［140］钟平. 英文写作简单极致美学［M］. 北京：首都师范大学出版社，2017：127-131.

［141］钟义信. 人工智能：信息技术的制高点：献给《中兴通讯技术》创刊20周年［J］. 中兴通讯技术，2015，21（3）：1-3.

［142］朱礼军，段黎萍，赵婧. 面向创新战略的情报工程理论方法与挑战［J］. 情报工程，2016，2（2）：26-33.

［143］邹永利. 关于情报学认知观点的思考［J］. 图书馆，1999（1）：4-7.

索 引

A

Alan Cooper ……………………… 248
Anderson-Pichert 实验 …………… 283
Ansoff …………………………… 215
Awareness ………………………… 7
阿佛伽德罗 ……………………… 135
安德鲁·马歇尔 …………………… 66

B

Beat Habegger …………………… 224
Bill Sharpe ……………………… 212
Buckland ………………………… 122
半年报 …………………………… 10

C

Carr ……………………………… 205
Christensen ……………………… 206
Comprehension …………………… 7
Content Based Retrieval ………… 115
CPA ……………………………… 241
Critical Technologies …………… 212
CRS 报告 ………………………… 22
Cyber-Physical System, CPS …… 98
参与式方法 ……………………… 229
产品体系 ………………………… 233
长篇详报 ………………………… 22
场景 ……………………………… 17
场景分析法 ……………………… 230
超人工智能 ……………………… 294
传感器 …………………………… 5

D

D. T. Moore ……………………… 12
DARPA …………………………… 73
David Fetterman ………………… 65
Director of National Intelligence … 22
Disruptive Change ……………… 206
D-M-P 情报学教育模型 …………… 92
DSTL ……………………………… 233
德尔菲调查 ……………………… 218

地平线 2020	212
地平线扫描	16
地平线扫描的 5 个特点	225
第二种研究前沿	214
定性评估	232
动目标	42
动态情报	28
短篇快报	22

E

Emerging Technology	202
Endsley	4
Enigma	189
Evidence Based Decision	17
Exploitation	6
Exploratory Scanning	227

F

Feature Engineering	141
FOCUS	74
Fraunhofer Institute for Systems and Innovation	226
FTA	217
FUSE	74
FutureScout	239
非合作主体	19
风险评估	73
赋能理论	65
赋意	6

G

GAO	219
Garnett	232
George A. Miller	258
感知能力	21
感知样式	42
干系人	43
格微公司	243
工作分解结构（WBS）	159
工作体系	24
公信力	187
共识基线	207
关键技术	212
关切	6

H

Heijden	204
Heylighen	132
HFC	74
Horizon Scanning	208
Howard D White	123
HS	208
宦官效应	269
伙伴主体	19

I

Ian Coombe	49
IARPA	63
ICT	97

IDSS	298
information architecture	78
Information Cocoons	23
Information Pool	52
Intellar	83
Intelligence and Security Informatics	319
Intelligence Awareness	9
IRAHSS	238
iSchool	84

J

基本属性	254
计算等效性	117
技术成熟度等级	130
技术地平线	220
技术过滤	194
技术监视/地平线扫描	212
技术空间（Technical Space）	223
技术突袭	202
季报	10
价值过滤	194
间接经验	155
监测论	12
浸取分析	198
净评估	66
绝对信息	259

K

Know-How	49
客户画像	23
框架效应	269

L

Linda C.Smith	298
兰德公司	24
利益相关者	24
罗塞塔石碑	114

M

meme	8
meme 库	17
Mercury	74
Metcalfe's Law	109
马歇尔·麦克卢汉	110
媒介	48
敏感力	18
模因（meme）	122
墨的分布	20

N

News4U	83
NGA	63
NTIS	55
内容特征	133
能指	114
拟态存在	142
年报	10

O

OECD ……………………… 49
ONTA ……………………… 243
OODA ……………………… 8
OPAC ……………………… 162
OSTI ……………………… 55
OTA ……………………… 67

P

Perception ……………………… 7
Persona ……………………… 248
Phillips ……………………… 217
PPS ……………………… 241
Projection ……………………… 7
Pseudo Presence ……………………… 142
PTA ……………………… 71
普拉巴卡（Prabhakar）……………………… 213

Q

QL2 ……………………… 83
歧义现象 ……………………… 271
前沿 ……………………… 12
钱学森 ……………………… 2
强人工智能 ……………………… 294
强信号 ……………………… 214
情报产品 ……………………… 6
情报产品的感染力 ……………………… 17
情报导视 ……………………… 250

情报发现 ……………………… 19
情报感知 ……………………… 1
情报感知场景 ……………………… 17
情报感知共同体 ……………………… 20
情报工程学 ……………………… 91
情报共同体 ……………………… 5
情报过程 ……………………… 26
情报刻画 ……………………… 1
情报客户 ……………………… 10
情报客户的种类 ……………………… 22
情报素养 ……………………… 21
情报图景 ……………………… 5
情报响应 ……………………… 1
情报治理 ……………………… 27
全方位扫描 ……………………… 208
全谱能力 ……………………… 29
全谱扫描 ……………………… 26

R

RAHS ……………………… 73
RAND Strategy Assessment System …… 66
Research Front ……………………… 213
Robustness ……………………… 206
人机合作 ……………………… 176
认知（Recognition）……………………… 297
任务包 ……………………… 20
任意信息 ……………………… 126
日报 ……………………… 22

瑞士模型	224	思考的食粮（Food for Thinking）		17
弱人工智能	294	思维		2
弱信号理论	215	送达		14
		搜索引擎作弊		196
		所指		267

S

Saussure	267
Scenario Analysis	230
SCITE	74
Sense-Making	6
Situation Awareness	7
Stakeholders	232
Strategy Software	82
S-T-U 包	125
S-T-U 空间	157
S-T-U 样式	124
Surveillance Filtering	235
Susan Sontag	142
Sutherland	203
赛博物质系统（Cyber-Physical System, CPS）	98
三地平线	212
三类主体	24
杉原厚吉	197
社会属性	92
社会特征	156
实证（Evidence）	225
事实库	17
数据基础	55
数据再用	155

T

T. Fingar	307
TECHINT	209
Technology Watch，TW	216
TechSight Snapshot 报告	243
TF-IDF	240
TIA	73
TNO	226
TRL	130
TW	210
TW/HS	212
态势感知	5
探索式扫描	227
特征信息	23
体验经济	180
图灵	6
推理（Reasoning）	297
推论是推论，事实是事实	257

U

Ultra	189
Uskali	215

V

VTT ………………………………… 226

W

WBS ………………………………… 147
WIKID ………………………………… 5
Wishful Thinking ………………… 195
外表特征 …………………………… 133
完全信息 …………………………… 31
网络中枢 …………………………… 97
未然信息资产 ……………………… 43
未然预判 …………………………… 28
沃德法 ……………………………… 240
无限受众 …………………………… 119

X

细分扫描 …………………………… 54
先验图式 …………………………… 282
相对信息 …………………………… 35
项目合同 …………………………… 21
协同主体 …………………………… 19
信息不完备 ………………………… 1
信息工作条例 ……………………… 56
信息环境 …………………………… 5
信息环境模型 ……………………… 98
信息茧房 …………………………… 23
信息检视 …………………………… 207
信息建筑物 ………………………… 124
信息媒介因素 ……………………… 98
信息贫困 …………………………… 10
信息生态链 ………………………… 82
信息通信技术（ICT）……………… 128
信息污染 …………………………… 46
信息资产 …………………………… 43
信息资源 …………………………… 2
需求定义 …………………………… 27
学习吸收率金字塔 ………………… 281
循证决策 …………………………… 17

Y

雅可卡 ……………………………… 31
研究前沿的尸体 …………………… 215
一般性扫描 ………………………… 227
一般知识资产 ……………………… 45
已然情报 …………………………… 28
已然信息资产 ……………………… 43
议程设置 …………………………… 152
易感知性 …………………………… 9
影响力 ……………………………… 50
映射失真 …………………………… 194
用户画像 …………………………… 23
鱼牛 ………………………………… 193
元宇宙（Metaverse）……………… 181
月报 ………………………………… 10

Z

Zimmerman ………………………… 65

早醒远眺	26	智能	164
挣值管理（EVM）	257	周报	10
知道的结构	46	主题专家（Subject Expert）	118
知识服务	20	主体—信息环境关系	99
知识共同体	43	注意力	6
知识审计	15	自然属性	253
知识资产清单	45	自然特征	156
直接经验	34	自然资本	240
智慧、情报、知识、信息、数据	49	总体框架	26
智力操作	53	总统每日简报	22